Margot Seidel · Novalis. Eine Biographie

Margot Seidel

NOVALIS

Eine Biographie

Winkler Verlag München

ISBN 3-538-06799-6
© 1988 Winkler Verlag München. Alle Rechte, einschließlich
derjenigen des auszugsweisen Abdrucks und der photomechanischen
Wiedergabe, vorbehalten. Verlegt 1988 im Winkler Verlag, München.
Satz: Filmsatz Schröter GmbH, München. Druck und Bindung:
Friedrich Pustet, Regensburg. Printed in Germany

Inhalt

ANHANG

Sie waren wohl nicht so glücklich, diesen philosophischen Genius persönlich zu kennen? Er war der gesundeste, frohsinnigste Mensch, der keckste Reiter, unermüdlicher Bergsteiger und Wanderer, schlief fast nicht, indem er praktisch und schreibend immer tätig war – aber freilich starb er, und unerwartet, an der Schwindsucht.

Ludwig Tieck an Friedrich Wilhelm Riemer,
3. Juli 1841

1 Früh um sechs und protestantisch

Stellen wir uns ein Frauenkloster vor, das sich in einen Herrensitz verwandelt hat. An die alten Klostergebäude, die nun als Scheunen und Stallungen dienen, ist ein Schloß angebaut worden, wehrhaft und mit dicken Mauern.

Wir gehen die Lindenallee zum Schloß hinauf. Die Linden sind erst vor zwei Jahren gepflanzt worden, zur Hochzeit des Heinrich Ulrich Erasmus von Hardenberg mit der zwölf Jahre jüngeren, kaum zwei Jahrzehnte zählenden Auguste Bernhardine von Böltzig. Zuerst betreten wir die große Halle unten in der Mitte des Schlosses, bewundern die schweren, lastenden Gewölbe hier im Erdgeschoß. Dann finden wir die Wendeltreppe im Turm und steigen hinauf in die höheren und lichteren Räume. Aus dem langen Gang im ersten Stockwerk geht der Blick immer wieder nach draußen auf die Klosterkirche und hinab in den alten Hof. Die Fliederbüsche blühen.

Es ist der 2. Mai 1772. Unten im Erdgeschoß, in einem besonders dunklen Raum, wird ein Kind geboren. Georg Philipp Friedrich Freiherr von Hardenberg – so tauft man den Knaben am nächsten Morgen, früh um sechs und protestantisch. Pate steht

Ihro Exzellenz Herr Georg Wilhelm von Hardenberg, Deutscher Herr und kurfürstlich sächsischer Generalmajor, Erb-, Lehn- und Gerichtsherr auf dem Hardenberg. Er ist den weiten Weg aus dem niedersächsischen Nörten angereist, um die Stammlinie bei der Taufe des Stammhalters der Wiederstedter Linie zu vertreten. Die anderen Gevattern sind Geschwister des Vaters: der Hochwürdige Herr Gottlob Friedrich Wilhelm von Hardenberg, auch ein Deutscher Herr und Kommandeur zu Weddingen; der Hochwohlgeborne Herr Philipp Adam von Hardenberg und der Hochwohlgeborne Herr Georg Gottlieb Leberecht von Hardenberg, dazu die Hochwohlgeborne Frau Landkammerrat Johanna Dorothea Sidonie verwitwete von Dieskau. Da liegt er also – hochwohlgeboren auch er – in der Hardenbergischen Wiege auf Oberwiederstedt bei Hettstedt im Mansfeldischen, am östlichen Rande des Harzes.

Während seiner Geburt war eben eine Sonnenfinsternis; und Saturn und Mars verhielten sich gar nicht gleichgültig. Doch vermag die Familie an ihrem neuen Mitglied keine erfreulichen Besonderheiten zu bemerken: der kleine Friedrich gibt vielmehr zur Sorge Anlaß. Körperlich ist er ein zartes, ja schwächliches Kind, geistig wirkt er nicht nur still und zurückhaltend, sondern nachgerade zurückgeblieben im Vergleich mit seinen Geschwistern. Die Schwester Caroline, kaum ein Jahr älter als er, hat sich viel schneller entwickelt, und die beiden Brüder Erasmus und Carl, je zwei Jahre nach ihm geboren, eifern der Schwester schon nach. Um Friedrich zum Mitlernen zu ermuntern, unterzieht sich die gute kleine Caroline auch ersten gelehrten Studien, was für Mädchen gar nicht üblich ist. Das Experiment, von der Mutter klüglich eingefädelt, gelingt immerhin.

Wenn etwas Sonderliches an Friedrich zu verzeichnen ist, dann seine zärtliche Hinneigung zur Mutter. Die Mutter ist auch besonders liebenswert. Feinsinnig ist sie, klug und verständnisvoll, dabei kindlich fromm und unermüdlich in ihrer Dienstbereitschaft. Bescheidenheit hat sie gründlich gelernt, auch Dankbarkeit und Unterwürfigkeit gegenüber ihrem Eheherrn. Denn im Hause seiner Mutter, Katharina Sidonie geborene von Heynitz, einer frommen und mildtätigen Freifrau, die elf Kindern das Leben schenk-

*Die Mutter: Bernhardine Auguste von Böltzig (1749–1818) mit dem
Enkel Erasmus von Rechenberg. Zeitgenössisches Bildnis. Ihrem
Wesen nach war sie eine kluge, sensible und verständnisvolle Frau,
aber der Makel der Verarmung ihrer Eltern wie auch Demütigungen
in einer ungleichen Ehe ließen sie verschüchtert und unterwürfig
erscheinen.*

9

Schloß Oberwiederstedt, Hofseite. Um 1870. Das Gut war zum Zeitpunkt der Übernahme durch den Vater ein heruntergewirtschaftetes ehemaliges Klarissinnenkloster, das zur Ernährung der vielköpfigen Familie nicht ausreichte.

te, war sie vor ihrer Heirat untergekommen – als frühverwaiste Tochter verarmter Adliger. Der Makel, der durch die Verarmung auf ihren Eltern Carl von Böltzig und Erdmuthe Albertine von der Schulenburg lag, belastet sie gleichermaßen wie manche Demütigung in ihrer Ehe mit dem weniger sensiblen, eher polternden und strengen Hardenberg, von den Anforderungen durch die ständig wachsende Familie gar nicht zu reden. So richtet sich die Liebeskraft der Kinder und besonders die des ähnlich fein empfindenden und schon bald zu Mitleid neigenden Friedrich ganz auf die Mutter. Sie ist es auch, die die Ausbildung ihrer Kinder in den ersten Jahren selbst übernimmt, ehe diese dann in die Hand von Hofmeistern gelegt wird. Dem Sorgenkind Friedrich gilt der Mutter besondere Sorgfalt, und dieser seinerseits verbündet sich mit ihr in seiner Schwäche. Zum Zeichen ihres Bundes schreibt sie ihm heimlich kleine Verse. Oder sie verfaßt in seinem Namen um Liebe werbende Gedichte an den strengen Vater.

Der gibt in der Tat das Bild eines ziemlich erdrückenden Familienoberhauptes ab. Was ihn den Kindern so unzugänglich erscheinen läßt, ist seine unerschütterliche Strenge. Eines Tages unverhofft hat sie sich eingestellt mit der Erfahrung einer religiösen Erweckung. Wir müssen nämlich wissen, daß Erasmus von Hardenberg sich gegen Ende des Siebenjährigen Krieges freiwillig dem Militärdienst verschrieben und für Preußen geschlagen hat. Nach Kriegsende übernahm er dann den ausgedehnten Güterbesitz der Familie mit dem Stammsitz in Oberwiederstedt, machte sich auch gleich mit Eifer daran, die Güte wieder hochzubringen, welche recht bedenklich heruntergewirtschaftet waren, zuletzt auch unter den Einwirkungen des Krieges gelitten hatten. Und nahm sich eine Frau. Die starb aber bald an den Blattern. Ihr Tod erschütterte den Dreißigjährigen dergestalt, daß er in tiefe Seelennot geriet. Die religiöse Erziehung durch seine fromme Mutter kam ihm wieder vor Augen, er trat in Verbindung mit der Herrnhuter Brüdergemeine, wenn er auch nicht Mitglied wurde. Schriftlich schloß er ein Bündnis mit seinem Gott und gelobte: »Ich will mich bessern und durch einen strengen Wandel das wiedergutmachen, was ich in meiner Jugend versäumt habe.« Schrieb's und heiratete zum zweiten Mal – Friedrichs Mutter also –, hielt sich auch an seinen Vorsatz und tyrannisierte die Familie gleich mit. Jedenfalls geht es in seinem Hause seither pietistisch fromm und streng und kärglich zu. Weltliche Ehren gelten ihm nur noch wenig. Als er sich um den Grafentitel bewerben kann, lehnt er wacker ab mit der Begründung, der alte Freiherr sei ihm lieber als der neugebackne Graf.

An seinem Ältesten nimmt der gestrenge Vater erst ein eigentliches Interesse, als auch diesem ein Ereignis sonderlicher Art widerfährt. Friedrich erkrankt schwer. In seinem neunten Jahre bekommt er die Ruhr und als Folge dieser Krankheit eine Atonie des Magens, die nur durch die schmerzhaftesten Reizmittel und eine langwierige Kur behoben werden kann. Jetzt scheint sein Geist auf einmal zu erwachen. Der Knabe legt einen verblüffenden Lerneifer an den Tag, und zur Freude des Chronisten stellen sich all die wunderbaren Fähigkeiten ein, von denen unsereiner so gern berichtet. In den gelehrten Sprachen, Griechisch und Latein, kommt Friedrich mit großen Schritten voran, die Geschichte fesselt ihn ganz außerordentlich, und seine Lieblingsbeschäftigung in den Stunden der Erholung ist es, Gedichte und Märchen zu lesen. Die Hofmeister sehen sich hinfort nicht mehr genötigt, ihn zum Lernen anzuhalten.

Da sich Friedrich nun doch noch so glücklich entwickelt, wollen die frommen Eltern ihm auch eine gründliche geistliche Erziehung angedeihen lassen. Aber der Prediger der Herrnhuter Kolonie Neudietendorf, dem sie ihn zu diesem Zwecke anvertrauen, vermag ihnen nicht zu berichten, ihr Sohn folge dem Unterricht willig und ergeben. Und wir verstehen auch, warum. Friedrichs kindlicher Sinn, sein ästhetisches, auch wohl frommes Gefühl mögen ja auf ihre Kosten kommen. Aber sein nun erwachter, hochaufstrebender, nach Selbständigkeit trachtender Geist, wie kann der sich in die engen Grenzen fassen lassen, die hier der Glaube dem Wissen und Forschen zieht? Viel eher sagt es ihm zu, daß der Vater ihn gelegentlich auf Reisen mitnimmt. Als er fast zehn Jahre zählt, darf er das erste Mal mit nach Niedersachsen reisen, besonders nach Lucklum bei Braunschweig, wo jener Onkel Friedrich Wilhelm residiert, von dem eingangs bei der Taufe schon die Rede war. Als Hofmeister begleitet ihn kein geringerer als der nachmalige Jenaer Kirchenrat Carl Christian Erhard Schmid. Der gibt uns seinen Eindruck von Friedrich im Bild einer kräftig aufschießenden Pflanze und herrlichen Blüte zu Protokoll, lobt den schönen, lebens- und geistvollen, für alles regen und aller Herzen gewinnenden Knaben und bekennt später frei, er sei dem empfänglichen, selbsttätigen, originellen und fantasiereichen Zögling nicht gewachsen gewesen.

Friedrich hat denn auch rasch eine beachtliche Fertigkeit im Griechischen und Lateinischen erlangt. Wie einen Professor finden wir ihn über Geschichtswerke gebeugt, zum Beispiel über die

Hardenberg im Alter von etwa 15 Jahren. Zeitgenössisches Bildnis (Silberstiftzeichnung).

»Historia mei temporis« des Thouanus alias Jacques Auguste de Thou, welche die Zeit von 1543–1607 behandelt – lateinisch und in sechzehn Bänden. Gedichte schreibt er natürlich auch schon. Aber am sonderbarsten mutet doch ein poetisches Spiel an, das er mit den beiden jüngeren Brüdern zu spielen pflegt. Jeder von ihnen ist ein Genius, der eine des Himmels, der andere des Wassers, der dritte der Erde. Sonntag abends erzählt er ihnen dann von wunderbaren Begebenheiten, die sich in ihren Reichen zutragen. Er weiß diese so mannigfaltig zu erfinden und so anmutig vorzutragen, daß alle drei Brüder das Spiel wahrhaft lieben und über fast vier Jahre keinen Sonntag darauf verzichten wollen. Überhaupt ist noch vom Umgang der Geschwister miteinander zu erzählen. Es verbindet sie eine herzliche Liebe und warme Anteilnahme. Sie sind ja immer beisammen und aufeinander angewiesen so abseits auf ihrem Oberwiederstedt, einander allezeit die einzigen Spielkameraden. Ihr Vater will es auch nicht anders, als daß seine Familie still für sich lebt und jedwede Art öffentlichen Bekanntseins und Austausches meidet. Dergleichen vertrage sich nicht mit dem Wandel frommer Christenmenschen, meint er. Kommt einmal Besuch ins Haus, sind es nur die Verwandten.

So wächst Friedrich heran in der Liebe der Mutter und der engen Bindung an die Geschwister, zu denen sich inzwischen noch die Schwester Sidonie, der Bruder Anton und die Schwester Auguste gesellt haben – wobei wir uns stets nur mit den Rufnamen begnügen wollen. Sie spielen im Park, die jungen Hardenbergs, besonders gern am Teich. Sie erkunden immer neu die alten Räume und Gemäuer des ehemaligen Klosters. Und später wagen sie sich weiter vor, in die Wiesen und Felder und an die Ufer der lieblichen Wipper, hinter welcher sich der Wald erhebt, dunkel und geheimnisvoll.

Freilich ist auch von Schatten über dem Familienglück zu berichten. Die geliebte Mutter ist nach der verfrühten Geburt der Tochter Auguste, ihres siebenten Kindes, in eine langwierige körperliche, zuvörderst aber wohl seelische Erkrankung verfallen, die man die Schwermut nennt; deshalb soll Friedrich auch wieder, und womöglich für länger, zum Onkel nach Lucklum reisen. Zu

14

den Ursachen der Erkrankung zählt unzweifelhaft die übergroße Arbeitslast, der sie sich bei der vielköpfigen Familie ausgesetzt sieht. Dabei sind die Mittel, die ihr zum Haushalten zur Verfügung stehen, eher schmal, weil das Gut noch immer wenig abwirft und vier der kleineren Güter gar veräußert werden mußten. Der Vater, der übrigens seiner Ausbildung im Bergfach gemäß ohnehin schon nebenher als Berghauptmann der Grafschaft Mansfeld tätig ist, sieht sich also nach einer zusätzlichen Betätigung um. Er bewirbt sich um den vakanten Posten des Ersten Direktors der kursächsischen Salinendirektion von Dürrenberg, Kösen und Artern. Der Posten verspricht weitere 650 Taler Besoldung jährlich. Nur muß sein Inhaber in der Nähe von Dürrenberg ansässig sein.

Gespannt wartet man auf die Entscheidung. Wenige Tage vor Weihnachten kommt die Nachricht von der Ernennung des Vaters. Auf Gut Oberwiederstedt beginnt das Abschiednehmen von Schloß und Stallungen, vom Park und vom Teich, von den Gutsleuten und den Äckern, Weiden und Tieren. Der erste Abschnitt in Friedrichs Leben geht zu Ende.

Mit dem neuen Jahr – man schreibt inzwischen 1785 – übersiedelt die Familie an die Saale, nach Weißenfels. Weißenfels liegt in Thüringen, und Thüringen ist Provinz des Kurfürstentums Sachsen. Der geborene Kleinstaatler – die Herrschaft Wiederstedt gehörte noch bis 1780 zum Gebiet der Grafen von Mansfeld – wird nun ein kursächsischer Bürger.

2 *Wieder in Gedanken, Fritz?*

Er bekommt ganz große Augen, als die Kutsche endlich von der Straße nach Braunschweig abbiegt und durch die vierreihige Lindenallee auf Schloß Lucklum zurollt. Vor dem großen Eisentor kommt sie zum Stehen, so daß er rasch einen Blick hinauswerfen kann auf den spitzen kleinen Turm mit der Wetterfahne. Dann wird das Tor geöffnet, und die Kutsche rollt unter dem Torbogen des vorderen Wohntraktes hindurch in den Innenhof. Aus dem Portal des Herrenhauses, der Einfahrt gegenüber, tritt der Onkel heraus, stattlich und würdevoll. Während er den Vater begrüßt, sieht Friedrich sich um. Zuerst nach links zur Kirche, die er so mag; dann nach rechts hinauf zu den Fenstern im ersten Stock.

Dahinter liegt der Rittersaal mit all den prächtigen Gemälden – Da wird er angestupst und macht seinen Diener: untertäniger Neveu. Doch der Onkel hält ihm galant die Hand entgegen, lächelt: »Wieder in Gedanken, Fritz?«

Später bei Tisch verhält er sich still, beobachtet. Zum ersten Mal sitzt er an der langen Tafel. Früher bekam er die Mahlzeiten immer separat serviert, nur in Gesellschaft seines Hofmeisters. Auch jetzt ist einer neben ihm. Er fühlt sich wohl in der Nähe dieses klugen jungen Lehrers, der eine Art hat, dazusein und ihn doch nicht zu stören, für die er ihm von Herzen dankbar ist. Auch gibt er ihm ein Gefühl von Vertrautheit, das nicht schaden kann angesichts der vielen fremden Menschen. Seine Augen wandern langsam von einem Gesicht zum andern, bis sie in der Mitte der Tafel bei dem Onkel stehenbleiben.

Bedeutend sieht er aus, der Großkreuz. Recht wie eine Respektsperson. Schließlich ist er nicht nur der Herr auf Schloß Lucklum, sondern der Landkomtur des Deutschritterordens für die ganze Ballei Sachsen. Ein seltsames Wort: Ballei. Aber interessant klingt es schon, viel interessanter als »Provinz« oder »Bezirk«. Ich kenn mich wohl noch aus. Hofmeister Schmid hat mir ja damals die Zusammenhänge gründlich erklärt. Zwölf solcher Balleien oder Provinzen gibt es, und jede besteht aus mehreren Komtureien oder Kommenden. Zu der Ballei Sachsen gehören sechs Komtureien, eine von ihnen ist Weddingen bei Goslar, und deren Komtur oder Kommandeur war der Onkel damals, als ich geboren wurde. Jetzt also herrscht er über sie alle, über einen Ordensbesitz von rund zwanzigtausend Morgen Land! Was ist dagegen Oberwiederstedt.

Fast mitleidig muß er zum Vater sehen, der neben dem Onkel den Platz des Gastes einnimmt.

Wie fremd er in dieser Runde wirkt, so verschlossen, so streng in seinem schlichten dunklen Gewand. Der Großkreuz dagegen, der

*Gottlob Friedrich Wilhelm von Hardenberg (1728–1800). Unbe-
kannter Maler, zweite Hälfte 18. Jahrhundert. Landkomtur des
Deutschritter-Ordens. Der Onkel »Großkreuz« blieb eine bestim-
mende Gestalt im Leben Hardenbergs, besonders da sein Vater ihn
wie einen väterlichen Ratgeber und Lehrmeister betrachtete.*

17

scheint sich wohlzufühlen in seiner farbigen Tracht mit weißem Spitzenhemd und weiß gepuderter Perücke. Er redet lebhaft auf den Vater ein, und der nickt immer wieder mit dem Kopf und scheint alles für richtig zu halten, was ihm der große Bruder sagt. Jetzt sehen sie zu mir herüber – am Ende reden sie von mir?

Friedrich fühlt sich ertappt und läßt den Blick rasch weitergleiten.

Diesen da und auch den Nachbarn mit den buschigen Brauen, einige kenn ich noch. Man merkt ihnen an, daß sie Adlige sind, die Deutschen Herren. Gut geschnittene Gesichter haben sie und feine Manieren.

Manche plaudern leise miteinander. Der Silberhaarige gegenüber hüstelt und hebt die Hand zum Mund – eine hagere, feingliedrige Hand, die einen gewaltigen Wappenring trägt.

Schade, daß ich nicht verstehen kann, was der Großkreuz mit dem Vater redet.

Als die Kutsche in der Lindenallee immer kleiner wird, fühlt er sich freier. Höflich solle er sich gegen den Onkel betragen, auch gegen die anderen Herren, hat der Vater zum Abschied gesagt. Und fleißig auf seine Bildung bedacht sein. Er lächelt seinen Hofmeister an, der neben ihm steht und der Kutsche nachsieht. Zusammen gehen sie noch durch den Park, weil sie sich schon auf die alten Bäume gefreut haben. Da stehen die Buchen und die Platanen in stattlicher Statur, die einzelnen uralten Eiben mit ihren rötlich-braunen Rinden und immerdunkelgrünen Nadeln. Und die gewaltigen Roßkastanien, deren Stämme er zuletzt ausgemessen hatte. Fünfzehn Mal hatte er damals seinen Arm um den dicksten Stamm legen können. Sie schlendern weiter zu den Eschen. In gemessener Entfernung bleiben sie stehen und versenken sich in die Betrachtung des größten und prächtigsten Exemplars.

Fraxinus excelsior. Warum sollte diese nicht die Weltenesche sein?

»Habe ich Ihnen von der Linde in Oberwiederstedt erzählt?«

»Ja, ich glaube wohl.«

»Dieser Park erinnert mich schon an unseren daheim, auch der

Teich mit den Rasenflächen und natürlich die Lindenallee. Nur daß die unsrige viel jünger ist. Und auch nicht doppelreihig. Aber später wird sie wohl so stattlich sein.«

Er sieht den Lehrer wieder von der Seite an.

»Ich werde ein Gedicht auf diese Linde machen. – Gehen wir hinauf zum Unterricht?«

»Gerne, Herr von Hardenberg.«

Gut hat es getan, nach dem Unterricht noch den Anregungen nachzugehen, sich in die Texte zu vertiefen, ohne von den Geschwistern gleich wieder gestört zu werden. Bücher gibt es auf Lucklum! Hunderte von Büchern in dieser großen Bibliothek. Deshalb wollte ich ja auch wieder herfahren und war sehr damit einig, dieses Mal recht lang zu bleiben. Schade nur, daß die Tage nun schon so viel kürzer sind. Womöglich wird der Großkreuz gleich wieder dastehn und mahnen: »Verdirb dir nicht die Augen, Fritz.« Er hat so etwas Bestimmendes an sich, dem man gar nicht widersprechen kann. Wie neulich, als er mich unbedingt bei seinem Ausritt dabeihaben mußte, obwohl ich doch gerade im Horaz las. Aber sie boten schon einen trefflichen Anblick da draußen auf der Weide, diese Schafe. Und wie stolz der Großkreuz auf sie war! Eigens von Spanien hat er sie kommen lassen, um die Wolle zu verfeinern. Sieh sie dir an, hat er gesagt: das sind echte Merinos; dergleichen wirst du hierzulande nirgends sonst begegnen. Und der Schäfer stand mit großer Ehrerbietung neben ihm und nickte mit dem Kopf. Ob der nur ahnte, wo Arkadien liegt? Und wie es aussieht? Wie dort die Sonne im tiefblauen Himmel steht und die Schäfer mit ihren Herden ein einfaches und friedevolles Leben führen – in einem goldenen Zeitalter? Nein, der schöne Daphnis ist der Schäfer wahrlich nicht. Und der Großkreuz weiß wohl auch nicht viel von der Schäferdichtung. Dabei ist sie hier in seinen Büchern. Arkadien, Bukolien, schon die Namen faszinieren mich. Aber fragen werd ich ihn nicht mehr. Zu deutlich hat er mir neulich wieder das Ridiküle eines Schöngeistes vor Augen geführt, so daß ich mich hinfort wohl in acht nehmen will, meine Vorliebe blicken zu lassen.

»Wieder in Gedanken, Fritz?«

Tatsächlich steht der Großkreuz da.

»Ich erwarte dich zur Andacht morgen früh. Also gute Nacht.«

Friedrich trägt die Bücher zu dem schön verzierten Regal zurück, stellt sie hinein, zögert, nimmt eines wieder heraus. Er hält es in der linken Hand, den Leuchter in der rechten und geht leise durch das dunkle Schloß. Der Weg zu seinem Zimmer hinten im Herrenhaus führt durch die Ritterhalle. Er schmunzelt: Diese Öfen hab ich früher nicht durchschaut, mich nur gewundert, warum die Rüstungen sich so warm anfühlten. Bis ich den Diener dabei überraschen konnte, wie er Holz in das Podest schob. Da hat er mir gezeigt, daß das Ofenrohr durch das eine Bein und den Körper der Rüstung verläuft, um zwischen den Schulterblättern herauszutreten und durch die Wand in den Kamin zu münden. Kuriose Einfälle haben die Menschen!

Er geht weiter.

In meinem Zimmer ist es nie so warm wie vor den Rüstungen. Er hüstelt.

Wie der Silberhaarige gegenüber. Der hüstelt bei jeder Mahlzeit, und niemand scheint sich zu bekümmern. Der Lehrer sagt, das sei die Schwindsucht. Er soll doch nach Arkadien ziehen, sage ich. Ja nach Arkadien will ich ziehn –

Er schlägt den Vergil wieder auf und liest bis in die Nacht.

Im Zimmer ist es noch fast dunkel, der Leuchter vom Abend steht ganz heruntergebrannt und verkleckst auf dem Tischchen am Fenster, und mit den Buchenblättern sieht der Nebel herein. Friedrich wirft noch rasch einen Blick auf die aufgeschlagene Seite und den Bogen Papier, der daneben liegt.

»Tityre, tu patulae recubans... Tityrus! Du in den Schatten der breiten Buche gelagert...«? Ja, das ist recht treffend übersetzt. So kann es bleiben.

Auf der Patronatsempore geht er hinüber zu seinem Platz an der Brüstung. Unten stehen die Leute vom Hof schon grau und dicht beieinander, just unter ihm der alte Stallknecht mit seinem schiefen Kopf. Schwarz und grau, wohin er sieht. Doch die Kerzen leuchten um so heller vom Altar. Auf der Empore nehmen die Herren noch Platz.

Hier in der Kirche wirken sie noch würdiger als an der Tafel. Sie tragen ihr schwarzes Kreuz auf der Brust – sind ja geistliche Herren. Ob der Großkreuz schon in seiner Loge ist? Hinter den Scheiben läßt sich das nicht erkennen. Vielleicht sitzt er wirklich im Schlafrock da? Freilich wär das schwer zu glauben. Wie kann ein hochwürdiger Prälat der heiligen Andacht im Schlafrock beiwohnen?

Friedrich sieht wieder zum Altar.

Die schwarzen Kreuze überall. Sie sehen so würdig aus und auch so traurig, gerade wie der Pfarrer da unten. Wären wir noch katholisch – Aber die Bilder sind schön. Manche so kindlich fromm und ursprünglich, daß sie die lateinischen Verse gar trefflich illustrieren, wenn auch nur wieder schwarz-grau-weiß. Farbig sollten sie sein wie die Wappen. Die hat der Großkreuz früher ja alle erklärt. Wie lange er schon dem Orden angehört! Vielleicht wirst du auch einmal eintreten wie die anderen Hardenbergs hier, hat er gesagt und mir die Wappen mit dem schwarzen Keilerkopf gezeigt. Vielleicht? Vielleicht auch nicht? Jedenfalls will mir scheinen, ich möchte doch lieber heiraten, meine Familie haben – Erhebend ist dieser Schlußgesang ja nicht!

Friedrich nickt zum Abschied noch dem Alabasterstandbild zu: Auf ein andermal, Herr Landkomtur von einst.

Als er durch das Herrenhaus zurückgeht, wartet der Onkel im Gang.

Also nicht im Schlafrock.

»Ich hoffe, du hast wohl geruht?«

Rittersaal des Deutschritter-Ordens in Schloß Lucklum um 1740. ▷
Aufenthaltsort von Hardenberg 1786/87. Der Onkel glaubte: »Mein Haus ist für seinen jungen Kopf zu hoch gespannt, er wird zu sehr verwöhnt, und ich sehe zu viele fremde Leute und kann nicht verhindern, daß an meinem Tische viel gesprochen wird, was ihm nicht dienlich und heilsam ist.«

»Danke, Fritz, sehr wohl, sehr wohl.«

Langsam gehen sie weiter, grüßen die Herren, die an ihnen vorbeiwollen, werden gegrüßt.

Welches Ansehen der Großkreuz genießt! Wie selbstzufrieden er auch lächelt und wie er jetzt die linke Hand just unter dem Kreuz in seine Weste schiebt.

»Heute ist ein großer Tag, mein lieber Fritz. Du weißt, wiewohl sie alle ledig sind, empfangen die Herren hier in ihrem Ruhestand so mancherlei Besucher aus ihren weitverzweigten Geschlechtern. Dazu auch solche, deren Bekanntschaft noch von ihren Diensten für die Obrigkeit oder im Heere herrührt. Mich dünkt, du hast schon vielerlei bedeutende Gäste hier im Schloß erlebt. Heute aber kommt er selbst, dessen Haus, Gott sei's gedankt, ich auf so freundschaftliche Weise verbunden bin – Seine Durchlaucht, unser Herzog. Zu seinen Ehren werden wir uns alle vor dem Diner im Rittersaale einfinden. Ruhe zuvor und kleide dich sorgsam. Ich will dich ihm präsentieren.«

Die Flügeltüren zum Rittersaal sind weit geöffnet. Man könnte meinen, der Saal sei leer, so still ist es darin. Geradeso still wie morgens, wenn er manchmal ganz allein hier umhergeht, von Gemälde zu Gemälde, und Zwiesprache hält mit den Gesichtern, die immer unverwandt auf ihn heruntersehen. Oder abends gegen Ende der Dämmerung, wenn er ihnen den Leuchter hinhält und ihre Augen heimlich zu glänzen beginnen. Sie sind aber sämtlich versammelt, die Deutschen Herren von Lucklum im Braunschweigischen. In zwei langen Reihen sieht er sie stehen, aufgereiht zum Spalier. Schnallenschuhe neben Schnallenschuhen, aus denen die weißen Strümpfe herauswachsen, in edle Kniehosen übergehen, umgeben von Schoßröcken in den prächtigsten Farben – weinrot und hellblau, goldgelb und violett –, von Spitzenkrausen unter den kostbaren Ärmelaufschlägen. Über den schwarzen Kreuzen an den samtenen schwarzen Bändern quillt das Weiß der Jabots hervor, verläuft sich in den hohen Halsbinden und leuchtet schließlich frisch gepudert noch einmal von den Perücken herab, aus denen sich hier und da ein schöner Zopf leicht auf die Schulter legt. Wie große Nadeln stechen die Spitzen der Degen unter den Röcken

hervor, manche blitzen auf im Licht des Kamins oder eines Kande-
labers.

»Galanteriedegen« – wahrlich, fechten werden die Herren nicht
mehr. Allein Eindruck machen sie mir schon, selbst der kranke
von Wolzogen, schwer auf seinen Ebenholzgehstock gestützt, wie
er das mächtige Doppelkinn aufs neue anhebt und die Unterlippe
trotzig aufwirft.

Die fünf Schläge der Kirchturmuhr draußen zählen wohl alle
mit, doch niemand rührt sich.

Zucht und Disziplin, mein Sohn, Zucht und Disziplin.

Ohne sich zu bewegen, tastet er mit den Augen heimlich die
langen Reihen nach dem Silberhaarigen ab, findet ihn nicht unter
all den Perücken.

Ob er nicht hüsteln wird?

Da schlagen die Pferdehufe auf das Kopfsteinpflaster draußen
im Hof. Räder rollen, Kutschen halten an.

Fast steigt so etwas wie Enttäuschung auf. Aber freilich, er ist
nur ein Mensch. Und ein galanter dazu. Wie er den mächtigen Hut
nur mit zwei Fingerspitzen hält und freundlich nach links und
rechts nickend durch das Spalier hindurchschreitet in seinem
himmelblauen Gewand, eine Wolke aus kostbarem Parfum ver-
breitend. Und der Großkreuz beinah neben ihm, wie der strahlt!
Schade – in der kleinen Gruppe, die nachfolgt, ist kein Reifrock
auszumachen. Nun wohl, ich mag es mir ruhig eingestehn, daß ich
auf den Anblick jener anmutigeren Geschöpfe gehofft hatte.
Schließlich hab ich ihrer all diese Monate gänzlich entraten, statt
dessen immer nur die älteren Herren vor Augen gehabt. Allein hier
von der Wand haben mich die Damen angesehen, unter all den
Rittern und Komturen und Hochmeistern und Herzögen. Wieviel
reizender wäre es mir nicht erschienen, wenn mein Auge nun an
des Herzogs Gemahlin in persona sich zu delektieren Gelegenheit
hätte. Aber das werde ich dem Großkreuz nicht sagen, wenn er
mich morgen womöglich nach meiner Ansicht befragt. Ebensowenig, daß Seine Durchlaucht der Herzog mir auf dem Brustbild um
manches schöner erscheinen will, was also dem Pinsel des Malers
zu danken wäre –

»Friedrich«, hört er da sagen – »Friedrich« wohlgemerkt, nicht »Fritz«. Der Onkel sieht ihn fragend an: »So komm und träume nicht.«

Ach nein, er träumt mitnichten. Vermutlich sieht er mehr, als dem Onkel lieb sein kann. Den Glanz und das Gepränge – Aber er wird Ehre einlegen. Die Verbeugung ist schon vollendet geraten. Von seiner Lebhaftigkeit hört er den Onkel reden und daß sie einen glänzenden Erfolg verspreche. Gar von den berechtigtesten Hoffnungen, ihn eine Rolle in der Welt spielen zu sehen. Und der Herzog? Der sieht tatsächlich so aus, als fänden die Worte des Onkels sein Ohr. Er zieht die Augenbrauen erstaunlich weit in die Höhe, nickt schon wieder, aber er lächelt nicht, sondern macht ein ganz ernstes Gesicht. »Wenn Sie«, beginnt er seine Rede, »wenn Sie, mein lieber Herr Prälat, nur weiterhin Ihre Hand über diesen Jüngling halten und seiner Bildung förderlich sein wollen, wird er zweifellos dereinst die glänzendste Karriere machen.«

Gelobt sei Gott, der Großkreuz ist zufrieden!

An der Tafel sitzt er dann ganz unten. Es wird ihm eben erst vorgelegt, da werden die Speisen schon wieder abgetragen, weil der Herzog oben sein Mahl beendet hat. Die Gespräche werden jetzt lauter, bleiben aber verhalten. »Frankreich« ist immer wieder zu hören und »Ludwig« und »das Volk«. Die Herren gegenüber sprechen besonders lebhaft miteinander, so daß er sie recht gut verstehen kann.

»Wozu auch die Aufhebung der Privilegien? Ludwig ist besser beraten, als Joseph es war.«

»Ihr Wort in Gottes Ohr.«

»So denken sie an Friedrich. Wer hat es ihm gedankt? Einsam gestorben ist er in seinem Sanssouci. Nein, was Sie aufgeklärt nennen, nenne ich töricht.«

Friedrich sieht verstohlen seinen Lehrer an, um zu bemerken, daß dieser ihn seinerseits schon aus den Augenwinkeln beobachtet.

Der scheint wohl zu befürchten, ich könnte das Wort nehmen? – was sich wahrlich nicht schickte. Aber reizen könnte es mich. Eine Lanze würde ich brechen für das neue Bürgertum, ich, Friedrich

Freiherr von Hardenberg. Und von Gleichheit wollte ich reden, von der Brüderlichkeit der Menschen.

Er beugt sich vor, um dem Gespräch wieder zu folgen. Da wird zum Dankgebet geläutet, und augenblicklich verstummen sie alle.

Mit dem Hofmeister sehen wir Friedrich später recht eindringlich sprechen. Er stellt ihm deutlich und mit vieler Anteilnahme seine Meinung vor. Dazwischen läßt der Onkel sich plötzlich vernehmen. Er ist hinzugetreten, ohne daß Friedrich ihn bemerkt hätte.

»Ich sehe, lieber Fritz, du hältst die Ohren offen. Aber mein Haus ist für deinen jungen Kopf zu hoch gespannt. Ich kann nicht verhindern, daß an meinem Tisch gesprochen wird, was dir nicht dienlich und heilsam ist. So ist es wohl in der Ordnung, daß die Zeit näherkommt und du wieder zurückkehrst zu den Deinigen. Du hast hier einen Einblick in die große Welt getan, in die du, wie du weißt, nach meinem Wunsche einmal eintreten sollst. Laß dir den heutigen Tag als Höhepunkt im Gedächtnisse bleiben und ein Anreiz sein für deine künftigen Entwürfe.«

Damit entläßt er den Neffen, nicht ohne ihm wohlwollend nachzusehen.

3 Und dazu noch ein unbärtiger Jüngling

Nach Ablauf eines Jahres kehrt Friedrich nun nach Weißenfels zurück. Dort hat der Vater unterdessen das Haus Am Kloster Nr. 94 erworben, welches vor etwa zwei Jahrzehnten auf dem Grundbesitz der Klarissinnen erbaut wurde und an ein altes Äbtissinnenkloster anstößt, so daß man sich, wie in Oberwiederstedt, wieder auf kirchlichem Boden und in der Nähe von Klosterhallen und Kreuzgängen befindet. Als Freihaus untersteht es nicht der Gerichtsbarkeit der Stadt. Es ist ein stattliches Haus, aber ganz schmucklos, ein einfacher Großbau mit einer Freitreppe und vielen hohen Fenstern, zwanzig zur Front und zwölf zur Seite, in drei Stockwerken gleichmäßig aufgereiht. Aus dem hohen Dach

Am Kloster Nr. 94: Wohnhaus der Familie von Hardenberg in Wei-
ßenfels. Hardenberg vermißte das rege gesellschaftliche Treiben:
».. . aber wir an den Ufern der Saale leben wie in Böotien fern von
den Musen und ihren Tempeln.«

sehen noch einmal zwei Reihen Fenster wie Augen heraus. Die
Familie bedarf auch der vielen Räume, ist sie doch noch weiter
gewachsen; Friedrich findet noch den kleinen Bruder Bernhard
vor. Den Geschwistern erzählt er vom Großkreuz und von der
großen Welt, und während er erzählt, wird ihm recht deutlich, wie
das Erfahrene ihn beeindruckt, wie sehr es ihn in seinen Bann
gezogen hat und auch, wie weit er den Geschwistern nun voraus
ist. Ja, er will eine Rolle spielen in der Welt!

Hofmeister und Lateinschule genügen ihm nicht, er sorgt für zusätzliche Übungen. Lesen wir den Brief, den er eben – inzwischen sechzehn Jahre alt – an den Gerichtsverwalter in Schlöben schreibt:

»Mein lieber Herr Steinbrecher, dürft ich Sie nicht bitten, mir aus der Schrankbibliothek die italienischen Bücher aufzuschreiben und zuzusehn, ob überhaupt nicht eine italienische Grammatik vorhanden ist? Sollte eine da sein, so bitte ich Sie, mir dieselbe zu schicken und zugleich den Katalog der italienischen Bücher und zwar lieber gleich mit der Post. Ich empfehle mich gehorsamst und verharre mit der größten Hochachtung Ihr gehorsamer Diener Friedrich von Hardenberg.«

Dann schreibt er noch darunter: »Auch ein Lexikon wird vielleicht da sein. Dies schicken Sie mir auch mit.«

Zu unserm besseren Verständnis sei angemerkt, daß das Gut Schlöben der Familie gehört, seit der Vater es von einem Onkel geerbt hat. Die Hardenbergs sind zuweilen dort und nicht nur, wenn wieder ein Geschwister zur Welt kommt. Friedrich liebt es, von Jena zu Fuß nach Schlöben abzusteigen. Er hat auch jedesmal seine Freude an dem hübschen kleinen Schloßgut – schon weil es ihm als dem ältesten Sohn einmal zufallen soll. Jetzt aber interessiert ihn die Bibliothek, wie wir sahen. Und da es sich zu zweien besser lernen läßt, befreundet er sich mit dem Theologen Christian Gottlieb Wolf, der als Hofmeister beim Oberforstmeister Hans Damm von der Pforte ganz in der Nähe des Hardenbergischen Hauses aus- und eingeht. Mit Wolf betreibt er nicht nur gründlich das Lateinische, sondern auch das Italienische, Petrarch und Ariost und Tasso. Desgleichen liest er, was an deutschen Schriften er nur habhaft werden kann. Wieland heißt der Stern, der ihm zuerst am Dichterhimmel aufgeht; in Weimar leuchtet er, am Musenhof des Herzogs Karl August. Der frivole Ton zieht ihn an, den ahmt er nach in eigenen Erzählungen, die er teils in Versen, teils in Prosa angreift, aber kaum zu Ende bringt. Er will sich gar mit Wieland messen und ein Fragment desselben romantisch vollenden. Doch schon reizt es ihn, ein Gegenstück zu dessen »Agathon« zu entwerfen – was auch nur mehr ein Wollen als

Familiengut Schlöben bei Jena. Aquarell von M. von Hardenberg.
Die Familie wohnte nur zuweilen dort, später sollte es Hardenberg
einmal erben.

Vollbringen wird. Den Meister in Gedichten anzureden und zu
verherrlichen, getraut er sich wohl, nicht indes, sich ihm persönlich zu nähern. Statt diesem übermittelt er Wielands Tochter
Sophie ein Huldigungsgedicht in seiner feinen, schon ausge-
schriebenen Handschrift und legt gleich weitere Gedichte bei, um
auch die anderen Töchter zu bedenken. Artige Strophen schreibt
er ihnen, ganz in der Manier ihres Vaters.

Da blinkt ihm schon der nächste Stern am Dichterhimmel:
Gottfried August Bürger. Ein günstiger Zufall führt den Herrn
Privatdozenten aus Göttingen jetzt, im Mai 1789, zur Schwester
nach Langendorf, und Langendorf liegt nur gut eine Meile von
Weißenfels entfernt. Friedrich ist entschlossen, diese Gelegenheit
zu ergreifen.

»Glück auf, mein Bürger, hier in Deinem Vaterlande,
Willkommen hier, wo alles grünt und blüht,
Nimm meinen trauten Gruß und dieses schwache Lied,
Das mehr vom Herzen floß als vom Verstande...«,

so will er ihn begrüßen. Dann besinnt er sich darauf, daß ein
Schreiben herkömmlicher Art wohl angebrachter wäre. Auch fällt
ihm ein, er könne sich auf seinen Lehrmeister Wolf beziehen. So
schreibt er denn:

»Verehrungswürdigster Mann et cetera, schon lange hegte ich
bei mir die Hoffnung, Dich einst kennenzulernen, Dich, der zuerst
Geschmack und Eleganz in die Wissenschaften verbreitete, die bis
dahin oft, und zwar leider oft mit Recht, das Gespött witziger Köpfe
gewesen waren, und uns zuerst jene großen Leute der Vorwelt im
hellsten und vorteilhaftesten Lichte zeigte; aber bis jetzt blieb sie
noch unerfüllt. Du wirst gewiß meiner Kühnheit verzeihen, wenn
ich, ein Jüngling, Dich um Deine Freundschaft bitte in diesem
Briefe, und Dich bitte, eine Viertelstunde Deiner Muße anzuwen-
den, Deine Wohlgewogenheit mir zu erkennen zu geben. Einer
Deiner Schüler, der sich Deiner mit dem lebhaftesten Danke
erinnert, lehrte mich Schönheiten und Geschmack in den unsterblichen Werken der Alten finden, die mir nun Vergil und Horaz zu
meiner liebsten Lektüre gemacht haben. Du siehst also, daß ich
Dir eigentlich meinen geringen Geschmack und Einsichten verdanke und auch in dieser Rücksicht gezwungen bin, Dir meine
große Hochachtung und Verehrung schriftlich zu bezeugen, da ich
es leider nicht mündlich tun kann, und Dir zu sagen, daß ich bin
mit der größten Hochachtung Dein gehorsamer Diener Fridericus
ab Hardenberg.«

Wir haben uns beim Lesen über das vertraute Du gewundert?
Das verstehen wir besser, wenn wir ihn jetzt weiterschreiben
sehen. Er übersetzt seinen Entwurf Wort für Wort ins Lateinische
– was wir, o nein, nicht mitvollziehen wollen. Diese Fassung
scheint ihm freilich auch nicht zu behagen, denn er schreibt noch
eine vierte:

»Verehrungswürdigster Herr Amtmann, mit Recht werden Sie

sich wundern, daß sich ein Ihnen völlig Unbekannter, und dazu noch ein unbärtiger Jüngling, die Freiheit nimmt, Ihnen zu schreiben. Doch Sie wissen gewiß, daß eine ganze Menge deutscher Jünglinge, die nur etwas warmes Gefühl haben, Ihre unbekannten Freunde sind und Sie durch Ihre Schriftlein so innig verehren und lieben, als ob sie jahrelang Sie gesehen hätten, und unter ihrer Anzahl bin ich. Wenn Sie mir meine Bitte gewähren, daß ich Sie in dieser Woche zu Langendorf besuchen darf, so werde ich Gelegenheit haben, Ihnen meine Hochachtung deutlicher zu erkennen zu geben.«

Friedrich von Hardenberg, soeben siebzehn Jahre alt geworden, darf Bürgern seine Aufwartung machen. Kaum daß die Nachricht eingetroffen ist, greift er jubelnd zur Feder, um doch noch eine Versepistel zu schreiben:

> »Ein Brief war mir von jener Hand geschrieben,
> Die einst Lenoren schrieb und mit Homeren rang...
> Ich freute mich, da keimte mir im Busen
> Dies Lied, denn die Gefühle wurden Musen,
> Die Freude gab den Ton, und jede Nerve klang,
> Bis es aus der schon oft geübten Feder sank...

Sie sehen meine Unbescheidenheit, daß ich es wage, Sie sogar mit schlechten Reimen zu belästigen. Doch schieben Sie die Schuld auf meinen Enthusiasmus...«

Nicht wahr, wir können mitempfinden, wie ihm sonderbar stolz und festlich zumute ist. Er kleidet sich mit Bedacht, macht sich beizeiten auf den Weg und teilt seine Vorfreude allen Blumen mit, die rechts und links den Wegrand säumen. Nicht daß Bürger ihm schon an der Tür entgegenkäme; doch im Garten wartet er auf ihn. Eine liebliche Szene eröffnet sich vor Friedrichs Augen – der große Bürger am runden Gartentisch unter dem Kirschbaum, neben ihm ein Knabe.

Emil Bürger also, Mollys Sohn. Jeder weiß von dieser Liaison.

Lächelnd geht er auf den großen Bürger zu. Der sieht ihn freundlich an und grüßt ihn mit Wohlwollen, bittet ihn an ihren

Tisch. Emil, merkt er, mustert ihn ganz ungeniert, doch stört es ihn mitnichten, weil er ja genug Erfahrung hat mit seinen eigenen Geschwistern.

So alt wie Auguste mag er sein, so etwa sechs.

Friedrich sieht die abgepflückten Blümchen vor dem Vater auf dem Tisch liegen und lächelt wieder, unwillkürlich. Bürger merkt es wohl und schaut den Kleinen an:

»Wollen wir dem Herrn von Hardenberg hier diese Glockenblume schenken?«

Dabei nimmt er einen Stengel aus dem Strauß. Emil überlegt nicht lange, läuft schon los und ruft:

»Ich hole neue, laß nur, laß.«

Bürger legt die Blume wieder auf den Tisch, sieht seinem Emil nach und schüttelt den Kopf:

»Wie dieser Mai, so überschwänglich.«

Friedrich läßt Bürger nicht aus den Augen. Er prägt sie sich ein, die ganze schöne Erscheinung, die kräftige Nase, den vollen Mund, die großen, ruhigen Augen, die sich jetzt wieder auf ihn richten. Was sie reden? Sie kommen gleich auf jenes Buch, das sie beide beschäftigt – die neuerliche Auflage von Bürgers Gedichten, die gerade im April erschienen ist.

»Und Sie kennen sie?«

»Freilich kenne ich Ihre Gedichte! Ich habe sie mir unverzüglich kommen lassen und sie alle auf das gründlichste studiert. Wenn ich frei sein darf? So möchte ich bekennen, daß mich die Sonette am meisten faszinieren.«

»Kennen Sie denn den Petrarch?«

»Und ob ich den kenne.«

»Sie wollen sagen, daß Sie ihn original gelesen haben?«

»Eben dies.«

Bürger sieht ihn gründlich an.

»So werden Sie vielleicht verstanden haben, weshalb ich die Sonette schrieb?«

Er macht eine Pause, fügt dann hinzu: »Sie sind alle diesen Januar geschrieben. Alle zwölf und wie auf eins.«

»Damit hätten Sie die Gattung nach dem alten Vorbild neu

belebt. Jetzt wird es viele Dichter geben, die Ihnen darin folgen werden.«

»Nein, ich denke nicht.«

Um Emil ins Haus zu holen, kommt seine Tante Müllner, Bürgers Schwester, selber in den Garten. Der Kleine bringt jetzt eine Faust voll Blumen an und öffnet sie in Friedrichs Schoß. Friedrich nickt freudig, er fährt ihm dankbar übers Haar. Sagen kann er nichts, weil Bürger spricht. Von August Wilhelm Schlegel spricht er, der nicht nur den Petrarch vorzüglich übersetzt habe; er sei auch selber in der Lage, gelungene Sonette in dessen Manier zu schreiben. Von den mannigfachen Schwierigkeiten spricht er, vor welche die Form des Sonettes den Dichter stelle. Von der Unzumutbarkeit für jüngere Poeten. Überhaupt habe er ja schon in seinem Vorwort davor gewarnt, sich leichthin an dieser Form zu versuchen.

Friedrich freilich denkt nicht so und sagt das auch. Es zieht ihn mit Gewalt nach Hause an sein Schreibpult zu Papier und Feder.

Ich will ihm schon beweisen, daß ich dem Sonett gewachsen bin, und zwar gleich! Die Höflichkeit gebietet ohnehin, die Zeit für den ersten Besuch nicht zu überschreiten; der nächste mag dann länger werden.

So erhebt er sich und dankt noch einmal artig für die außerordentliche Ehre, die ihm zuteil geworden. Auf dem Weg zurück, schon fast im Laufschritt, formen sich die ersten Verse: »Trotz der Jugend, die um meine Wangen kaum noch erst den Flaum des Jünglings schlang...« Ja, das soll der Anfang werden. Und die Überschrift stellt sich auch schon ein: »An Bürgern, den Sänger der Deutschen.«

Zu Hause ist er erst zu sprechen, als drei Sonette fertig sind. Zwei schiebt er eilig ins Kuvert und schreibt dazu:

»Wohlgeborner Herr, hochgeehrtester Herr Professor, sehn Sie, trotz Ihrer Bitte und Warnung vor Nachahmung habe ich es doch gewagt, mich leicht in die Fesseln eines Sonettes hineinzuschmiegen, und überschicke Ihnen hier zwei Proben; und sollte ich vielleicht die Ehre haben, Sie noch einmal vor Ihrer Abreise zu sehn, so würde ich mich sehr freuen, wenn Sie ganz aufrichtig mir

Gottfried August Bürger (1747–1794), Stich von Cl. Kohl nach Fio-
rillo, Wien 1797. Die Bekanntschaft mit dem berühmten Dichter
beeinflußte den 17jährigen Hardenberg in seinen poetischen Versu-
chen nachhaltig.

Ihre Meinung sagten, ob ich es künftig mit einiger Hoffnung auf Beifall noch wagen sollte, die Schwierigkeiten eines guten Sonetts zu überwinden, oder es ganz zu unterlassen.«

Er versiegelt den Umschlag und läßt das Schreiben überbringen. Seine Gedanken kreisen unaufhörlich weiter um Bürger und Langendorf. Immer wieder hat er die Szene im Garten vor Augen, hört er den großen Bürger reden, sieht er den kleinen Bürger lachen und springen und seine Blümchen pflücken. Zum Dank schreibt er noch ein langes Gedicht: »An den Sohn des Herrn Professors Bürger.« Das schickt er nach mit der Bitte, es als Andenken mitzunehmen. Denn Bürger reist ab. Zu einer zweiten Begegnung kommt es nicht mehr.

Friedrich ist aber so erfüllt von der ersten Begegnung, daß ihm die Verse weiter wahrhaft aus der Feder fließen. In den Fächern seines Schreibpultes sammeln sie sich an, seine poetischen Blätter. Gedichte größtenteils, aber auch Dramenbruchstücke, Aufsätze, Essays. Manche säuberlich ins reine geschrieben, manche noch wie im ersten Entwurf, teils gestrichen und korrigiert, liegen sie da – die Gedichte an die Familie, den Vater, die Mutter, den Onkel in Lucklum, die Schwester Caroline, an Freunde und Bekannte; die Gedichte über die Natur, unter denen unterdessen auch das angekündigte Gedicht auf die Linde in Oberwiederstedt ist und eins auf die Erlen und eins auf den Rosenstock, auf das erste Veilchen, an die Taube, auf eine Mücke; die politischen Gedichte, die friedlich zusammenliegen, obschon sie sehr unterschiedlich gesinnten Potentaten huldigen, Friedrich II. und Friedrich Wilhelm II. und Joseph II. und Karl XII.; die Gedichte an die Dichtkunst und an andere Dichter, Horaz, Petrarch und Ossian, an Klopstock, an Jacobi, Gotter, Goeckingk und Gleim. Zuletzt noch die vier neuen Sonette an August Wilhelm Schlegel, auf den ihn Bürger hingewiesen. Zeitgenossen finden sich des weiteren genannt, Spuren ihrer Lektüre tauchen auf: Goethe, Schiller, Lessing, Klopstock, Hölty, Matthisson, immer wieder Wieland, Ramler, Claudius, Cronegk, die beiden Grafen Stolberg, Geßner, Voß, Götz, Haller, Uz, Gerstenberg, Weiße, dazu die Dichter der Antike, die Franzosen, die Engländer, die Italiener – er liest sie alle mit einer Hingabe und nicht müdewerdenden Konzentration, die für einen Siebzehnjährigen allerdings erstaunlich sind. Seine Bibliothek wächst zusehends, notiert er doch beständig, welche Bücher er noch beschaffen oder leihen könnte. Was er liest, regt ihn an, fordert ihn zur Nachahmung heraus, zur Übung der leichteren Versifikation. Daß es sich noch um Fingerübungen handelt, weiß er wohl, doch eben auch, daß diese Finger die Finger einer Dichterhand sind.

Im Vergleich mit den gedruckten Vorlagen sieht er sich ermutigt, schließlich Proben seiner Kunst zum Druck anzubieten. Den ihm bekannten Buchhändler und Verleger Friedrich Severin zu Weißenfels wählt er sich aus. Doch wird es nichts mit der erhofften Drucklegung. Friedrich kann das nicht entmutigen, im Gegenteil. Ich muß nur geschickter zu Werke gehen, denkt er und nimmt sich nun gleich den großen Göschen in Leipzig zum Adressaten. »Hochedelgeborner Herr«, so hebt er an, »es ist das erste Mal, daß ich die Ehre habe, an einen Mann von Gelehrsamkeit zu schreiben. Sie werden mir also gewiß mit nachsichtsvollem Blicke verzeihen, wenn ich kurz und ohne Komplimente mich in Geschäften eines Freundes an Sie wende, da ich sehr viel von Ihrer Güte gehört habe und sie gern selbst nun erfahren will. Ich schicke Ihnen eine Sammlung Gedichte, deren die mehrsten nach meinem Laienurteil nicht schlecht sind, um sie Ihnen für einen Freund zum Verlag anzubieten. Er erwartet das Honorarium ganz von Ihrer Großmut, nur will ich Sie in meinem Namen bitten, es ihm, wenn Sie die Gedichte Ihres Verlags wert halten, bald zu überschicken, da er zu einer Reise nach Leipzig wohl etwas nötig hätte, denn ihn trifft das Schicksal der meisten Schriftsteller, er ist arm. Wegen vieler Geschäfte hat er mir die Besorgung des Drucks derselben aufgetragen, die ich selbst in müßigen Stunden abgeschrieben habe. Vielleicht würde er, wenn Sie diese Gedichte in Verlag nähmen, Ihnen bald Trauerspiele, romantische Gedichte und andre vermischte Gedichte und Aufsätze nebst einigen Reisebeschreibungen anbieten, die noch nicht ganz zum Drucke fertig sind.

Wenn Sie so gütig sind und mir antworten, so adressieren Sie mir Ihren Brief an den Sekretär Semler im Hardenbergischen Hause zu Weißenfels, der ihn mir zustellen wird. Ich freue mich sehr, daß ich durch meinen Freund Gelegenheit habe, mit einem so verdienstvollen Manne, wie Sie sind, in Bekanntschaft zu kommen und mit der größten Hochachtung zu verharren Dero gehorsamer Diener Fähnrich von Hanstein.«

Fähnrich von Hanstein? Wenigstens den Namen hat er nicht erfunden. Zwar ein Pseudonym, ist er doch ein alter Name des Hardenbergischen Geschlechts. Friedrich liebt es nämlich, mit Namen zu spielen und sich andre zuzulegen – Vornamen wie Nachnamen, fremde wie verwandte.

Leipzig, ja da ist ein ander Pflaster als in Weißenfels! Sie leben in Pleiß-Athen, aber wir an den Ufern der Saale leben wie in Böotien fern von den Musen und ihren Tempeln.

Aber leider kommt kein Honorar zur Reise, denn auch diesmal wird nichts aus dem Druck. Friedrich beschließt, noch gründlicher an seiner Ausbildung zu arbeiten; noch stärker will er sich den klassischen Studien widmen, und zu diesem Zweck bedarf er eines hervorragenden Lehrers. Im Einvernehmen mit den Eltern gibt er die Hofmeistererziehung auf. Er verläßt sein Elternhaus und Weißenfels zum zweiten Mal und geht nun, Mitte Juni 1790, nach Eisleben, wo er die Prima des Gymnasiums beziehen will. Das Luthergymnasium ist nämlich weithin angesehen, was vornehmlich dem Mann zu danken ist, der seit zehn Jahren an dessen Spitze steht: Christian David Jani. Jani genießt den Ruf, nicht nur ein trefflicher Pädagoge, sondern auch ein exzellenter Kenner der klassischen Sprachen zu sein, ist er doch als Herausgeber der Werke des Horaz und gar als Verfasser einer lateinischen Poetik wissenschaftlich hervorgetreten. Um seinetwillen ist der Andrang groß; sogar von England kommen die Schüler angereist.

Friedrich hat Glück; bei Jani selbst findet er Unterkunft. Er ist dem Herrn Rektor ständig unter den Augen, genießt aber auch die anregende Gesellschaft der Töchter des Hauses. Auguste Jani vertraut ihm bald ihr Stammbuch an, in welches er der Freundin ausführliche Ermahnungen für ihren Lebensweg einträgt. Seinen schulischen Pflichten widmet er sich emsig und mit wahrer Leidenschaft. Fünfunddreißig Lektionen wöchentlich stehen auf seinem Stundenplan. Drei gelten dem Griechischen, elf dem Lateinischen, wobei auch andere Lektionen lateinisch gehalten werden. In den Griechischstunden liest er, was Sokrates' Schüler Xenophon vom Leben des Perserkönigs Kyrus zu berichten weiß; er liest die flammenden Freiheitsreden des Atheners Demosthenes, liest Homer und begeistert sich an Pindars Lyrik. Jani weiß seinen Unterricht so anregend zu gestalten, daß Friedrich sich, wie die meisten anderen Schüler, in den freien Stunden noch gründlichen Privatstudien hingibt. Im Griechischen haben es ihm die Idyllen des Theokrit besonders angetan. Schon morgens vor dem Unterricht versucht er sich an Übersetzungen dieser vielgeliebten Hirtenlieder. Und im Lateinischen bemüht er sich weiter um Vergil. Mit solcherlei gelehrten Studien ist sein Tag reichlich und willkommen ausgefüllt, da geht die schöne Zeit jäh zu Ende. Rektor Jani stirbt – nicht einmal fünfzigjährig.

Mit dem Zeugnis der Schule, das ihn zum Universitätsstudium berechtigt, kehrt Friedrich Anfang Oktober nach Weißenfels zurück. Doch will er nur bleiben, um die wichtigsten Vorbereitungen für seinen Abgang auf die Universität zu treffen, zu welcher er mit nunmehr achtzehn Jahren zugelassen ist. Er sucht sich Jena aus.

Welche Bücher soll er mitnehmen?

Schließlich sind es stattliche einhundertfünfundzwanzig. Etliche philosophische und historische, wenige juristische Werke sind darunter; die meisten sind literarischer Natur. In das nahegelegene Schlöben läßt er noch an die zwanzig umfangreichere Nachschlagewerke schicken. Wir sehen ihn auch seine poetischen Blätter hervorholen und bündeln. Die nimmt er sämtlich mit.

4 *Parze, hast du jemals deine Spindel nach dem Flehn des Erdensohns gedreht*

Zwei Wochen später sitzt Friedrich in der Postkutsche nach Jena. Und weil er seine Jugendzeit hinter sich läßt und sich nun anschickt, eine Rolle in der Welt zu spielen, wollen wir ihn nicht mehr Friedrich nennen, sondern hinfort Hardenberg.

39

Jena, von Süden gesehen. Stich von Jakob Roux. Der Zuzug bedeutender Wissenschaftler machte die Universität besonders im letzten Jahrzehnt des 18. Jahrhunderts zur geistig führenden Einrichtung.

Den 23. Oktober 1790 schreibt er sich an der Universität für das Studium der Rechte ein. Der Wunsch des Vaters, die Erwartung und Ermahnungen des Onkels, die Rücksicht auf das uraltadlige Geschlecht derer von Hardenberg, die immer schon Pflicht und Verantwortung auf sich genommen, solche Gründe der Vernunft legen das Studium der Jurisprudenz nahe. Freilich kann er es nicht lassen, kaum daß er angekommen ist, schon Auskunft einzuholen, wie es in der Stadt wohl um die Wissenschaften des Geistes und die schönen Künste bestellt sei. Immerhin beherbergt Jena neben Halle die größte Universität im mitteldeutschen Raum, und diese darf doch als die führendere gelten, seit in den letzten Jahren etliche bedeutende Gelehrte zugezogen sind. Zu einem hat er fast schon das Entree – zu Professor Karl Leonhard Reinhold oder richtiger zu dessen Frau. Sie ist eine der Töchter Wielands, jene Sophie, der er vor zwei Jahren die artigen Strophen geschickt. Nun ist Jena zwar größer als Weißenfels – von viereinhalbtausend Einwohnern, darunter gut achthundert Studenten, hat er reden hören –, aber nachgerade groß kann man es auch nicht nennen. Gleich in den ersten Tagen kennt man sich schon recht gut aus. Und die Johannisgasse war ganz leicht zu finden. Er geht sie entlang bis fast zum Tor, denn er will dem Ehepaar Reinhold seine Aufwartung machen. In dem Billett, das der Herr Professor auf seines hin geschickt hat, ließ er um Verständnis bitten: Er habe wenig freie Zeit, arbeite auch noch an der Vorlesung für das gerade begonnene Wintersemester.

Und wie er das versteht! Er will ja auch nur einen kurzen Antrittsbesuch machen.

So löst sich Reinhold denn von seinem Manuskript und kommt aus der Studierstube herüber. Doch bleibt er länger als geplant.

Dieser Hardenberg hat eine Art zuzuhören und einen anzusehen aus seinen großen, hellwachen und unsagbar intelligenten Augen, daß das Reden wahrlich Freude macht! Was man ihm entwickelt, greift er so rasch auf, daß man sich die umständlichen Erklärungen ersparen kann. Dabei hat der Studiosus sich noch nie mit Kant befaßt, wie er sagt. Und außerdem will er die Rechte lernen?

Nein, er wolle mehr als das. Er wolle auch der Vorlesung des Herrn Professors über die Kantische Philosophie beiwohnen, wenn dies erlaubt sei. Und selbstredend wolle er bei Schiller hören.

Beim Abschied ist den dreien klar, daß sie sich öfter sehen sollten. Der Herr von Hardenberg sei allezeit in ihrem Haus willkommen, sagt Sophie dem Scheidenden. Und Reinhold schüttelt ihm herzlich die Hand. Hardenberg eilt die lange Johannisgasse zurück.

Die ersten Freunde hier hab ich gewonnen. Und neues Land gesehen, herrliches, vielversprechendes!

In der Buchhandlung, die er sich gestern vorgemerkt, gibt er die ersten Groschen für Kants Schriften aus.

Den nächsten Abend kurz vor sechs findet er sich aufs neue im Reinholdischen Hause ein. Schon unterwegs sind ihm die Studenten aufgefallen, die einzeln oder in kleinen Gruppen in seiner Richtung zogen. Auch ein richtiger Trupp war darunter. Jetzt sitzen sie alle in Reinholds Auditorium. Sie warten nicht auf Reinhold, sie warten auf Schiller, denn Reinhold stellt dem Kollegen sein Auditorium zur Verfügung, weil Schiller in seiner Wohnung für Vorlesungen keinen Raum hat. Hardenberg sieht sich um.

Wohl an die achtzig Kommilitonen mögen es sein – »Kommilitonen«, das Wort kommt mir schon wie selbstverständlich. Älter als ich sehn die meisten aus, fortgeschrittene Semester.

Als das Gemurmel leiser wird, richten sich die Blicke nach vorne auf die Tür. Auch Hardenberg sieht auf die Tür.

Gleich wird er heraustreten – *Schiller*! Der Dichter des »Don Carlos«! Schöpfer der Luise Millerin. Und gar der »Götter Griechenlands« und all der anderen unsterblichen Gedichte. Ich muß ihm sagen, wie ich ihn verehre. Ich muß – – Wahrhaftig, das Genie ist an der Stirn zu lesen.

Schiller geht mit großen Schritten zum Katheder. Nickt zum Dank für die Begrüßung – zum ersten Mal hört Hardenberg dieses Pultepochen und Füßescharren. Als Schiller aufsieht, bricht das Pochen ab. Sein Blick trifft auf die vielen Augen, hält sie aus.

Freundlich sieht er aus. Und elend. Welcher Blick!

Wie er es angekündigt habe, werde er dieses einstündige Publicum über die Geschichte der Kreuzzüge lesen. Er wolle unverzüglich beginnen.

Hardenberg staunt, Schiller sieht nicht auf sein Pult, während er »liest«. Er scheint gar kein Manuskript zu haben, er spricht frei. Von der Stärke des Gemüts spricht er, die er den Kreuzfahrern als einen wichtigen Vorzug anrechne, indem sie einem bloß idealistischen Gut alle Güter der Sinnlichkeit zum Opfer brächten. Von dem erhabenen Schauspiel einer über alle Sinnenreize siegenden Überzeugung, einer feurig beherzigten Vernunftidee, welche über jedes noch so mächtige Gefühl ihre Herrschaft behaupte. Von der Willigkeit des Gemüts, sich von übersinnlichen Triebfedern leiten zu lassen, welches die notwendige Bedingung unserer sittlichen Kultur sei.

Während er spricht, ist es Hardenberg zumute, als stiege jeder Satz zutiefst aus seiner eignen Seele auf. Er läßt Schiller nicht aus den Augen, und dasselbe Feuer der Begeisterung ergreift ihn, das er auch an jenem wachsen sieht, der jetzt fragend ausruft: »Auf welchem anderen Strich der Erde hat der Kopf die Herzen in Glut gesetzt und die Wahrheit den Arm der Tapferen bewaffnet? Wo sonst als in dem neuen Europa erlebt man die Wundererscheinung, daß Vernunftschlüsse des ruhigen Forschers das Feldgeschrei werden in mörderischen Schlachten, daß die Stimme der Selbstliebe gegen den stärkeren Zwang der Überzeugung schweigt, daß der Mensch endlich das Teuerste an das Edelste setzt? Die erhabenste Anstrengung griechischer und römischer Tugend hat sich nie über bürgerliche Pflichten geschwungen; das höchste Opfer, das die Nation in ihrer Heldenzeit gebracht hat, ist dem Vaterland gebracht worden. Bei Ablauf des Mittelalters erblickt man in Europa einen Enthusiasmus, der einem höheren Vernunftidol auch das Vaterland opfert. Und warum nur hier, und hier auch nur einmal diese Erscheinung? Weil in Europa allein, und hier nur am Ausgang des Mittelalters, die Energie des Willens mit dem Licht des Verstandes zusammentrifft, hier allein ein noch männliches Geschlecht in die Arme der Weisheit geliefert worden ist.«

Als die Kommilitonen ihre Kolleghefte zuklappen, merkt Hardenberg, daß er gar nicht mitgeschrieben hat. Es zieht ihn mit Macht zu diesem Mann! Der verbeugt sich indes kurz und schickt sich an zu gehen. Etliche Studenten stürzen nach vorn und drängen ihm nach durch die viel zu enge Tür. Hardenberg sieht ein, daß er heute keine Chance hat. Ich werde den Weg über meinen neuen Freund Professor Reinhold nehmen müssen. Ich werde Schillern um die Ehre bitten lassen, auch an dem fünfstündigen Privatum teilnehmen zu dürfen, welches er über die europäische Staatengeschichte angekündigt hat.

In höchster Erregung verläßt er das Auditorium. Schiller ist sein neuer Leitstern.

Hardenberg hat wieder Glück. Neben Reinhold gibt es noch einen zweiten Freund, der ihm den Zugang zu Schiller öffnen könnte. Sein früherer Hofmeister Schmid wirkt unterdessen als Magister und Adjunkt der Philosophischen Fakultät zu Jena. Und er ist Schillers enger Freund, hat er doch diesen und Charlotte von Lengefeld im Februar des Jahres auf deren Wunsch in aller Heimlichkeit draußen in der Dorfkirche zu Wenigenjena kraft seiner Ordination zum Diaconus getraut. Hardenberg trägt ihm seinen Herzenswunsch gleich offen vor, und Schmid freut sich sichtlich, seinen früheren Zögling dem großen Freund zuführen zu dürfen. Schon nach wenigen Tagen kommt er mit der Nachricht, er solle den Herrn von Hardenberg zum Essen mitbringen.

Der weiß längst, wo Schiller wohnt. Er ist bei dem großen Eckhaus in der Jenergasse gewesen und hat es sich nicht nehmen lassen, wenn auch recht unauffällig, zu den Fenstern im ersten Obergeschoß hinaufzusehen. An diesem Abend, als sie auf dem Jenerplatz beim Weinhaus »Tanne« eintreffen und am Brunnen vorbei auf die Schrammei zugehen, sind die Fenster freundlich erleuchtet. Übrigens mag Hardenberg dies Wort: Schrammei. Und Schmid stimmt ihm zu, daß der Volksmund für gewöhnlich eine treffliche Art habe, die Dinge zu benennen.

Durch das große Holzportal treten sie in den spärlich beleuchteten Hausflur ein und gehen die breite Treppe hinauf. Oben öffnet eine Domestike; sie nimmt dem Herrn Professor Hut und Schal und Mantel ab und versorgt auch die Garderobe des jungen Herrn, ehe sie die Gäste zur Zimmertür geleitet. Schiller kommt ihnen entgegen, während die Frau Hofrätin, drüben auf dem Kanapee, mit einem Herrn im Stuhl ihr gegenüber weiterplaudert. Der Herr ist Professor Reinhold, wie Hardenberg bei der Begrüßung feststellt. Seine Frau lasse sich für den Abend entschuldigen, erklärt ihm Reinhold, sie sei etwas unpäßlich, hoffe aber sehr, ihn recht bald wieder in Gesellschaft zu treffen.

Er lasse sich der Frau Professor gehorsamst empfehlen, erwidert Hardenberg. Dieweil tritt Schiller neben ihn und weist ihm seinen Stuhl an: Man sei gerade beim Begriff der intellektuellen Anschauung.

So sitzt er wirklich hier?

Sich umzusehen, fällt ihm gar nicht ein. Schiller zieht seine ganze Aufmerksamkeit, alle Kräfte des Verstandes und alle Empfindungen des Gemütes so gänzlich auf sich, daß Hardenberg wieder zumute wird wie unlängst in der Kollegstunde. Was er sich in den heißesten Stunden jugendlicher Begeisterung immer gewünscht hatte: die Freundschaft edler und geistvoller Männer, die seine Modelle, seine Ideale zu werden lohnten, die einst zu erreichen seine Seele mit der stolzesten Hoffnung erfüllen, ihm die feurigste Zärtlichkeit für sie einflößen könnte – dieses höchste und reinste Glück steht nun vor Augen. Nichts entgeht ihm, wie er so mit vollem Enthusiasmus an Schiller hängt. Jede Miene, jedes Wort gräbt sich ihm mit unauslöschlichen Zügen ein. Und doch vergeht der Abend wie im Flug.

Er hat nicht über »Die Götter Griechenlands« gesprochen! Er hat Schillern nicht anvertraut, daß er, Hardenberg, eine eigene Apologie für ihn geschrieben, geschweige denn ihm diese in die Hand gegeben –

Das holt er aber nach. Denn der einunddreißigjährige außerordentliche Professor der Geschichte, dem das geistreiche Gespräch zunehmend nötiger wird zur Anregung, aber auch Entspannung nach seinen täglich vierzehnstündigen konzentrierten Studien der Geschichte, der Antike und der Philosophie nebst schriftstellerischer Arbeit, der Herr Hofrat Schiller bittet seinen achtzehnjährigen Hörer von nun an öfter zu sich. Hardenberg versäumt keine Einladung. Auch trifft er hier auf die gelehrtesten Köpfe in Jena. Den einen Abend auf die Herren Professoren Döderlein und Griesbach; den anderen auf den Orientalisten Paulus, Schillers schwäbischen Landsmann, mit der Frau Gemahlin und der Tochter Caroline, auch auf den Philosophen Tennemann; den dritten gar auf Schütz, Professor der Beredsamkeit und Redakteur der »Allgemeinen Literatur-Zeitung«, so daß diesmal weniger philosophiert, aber desto eifriger vom »Merkur«, von der »Thalia«, von literarischen Plänen gesprochen wird und Hardenberg sich besonders lebhaft einzumischen versteht. Auch auf den Juristen Hufeland trifft er, dessen Erscheinen ihn freilich unliebsam an seine

Pflichtkollegien gemahnt. Die nämlich hat er in der Tat vergessen. Einesteils lebt er ganz für Schiller, hört dessen Vorlesungen sechs Stunden die Woche, liest und liest seine Dramen und Gedichte immer von neuem, läßt sich durch dessen Genius beflügeln, versucht sich an einem eigenen Drama, bricht nach wenigen Seiten ab, nimmt ein anderes in Angriff und bricht wieder ab, schreibt Gedichte, studiert Kant, fiebert dem nächsten Treffen mit Schiller entgegen. Anderteils erkundet er wacker das Studentenleben. Er freundet sich mit etlichen Kommilitonen an, zuvörderst mit den Vettern Creuzer aus Marburg, besonders dem älteren, Leonhard, der Theologe ist. Beiden prophezeit er, sie würden gewiß bald selbst Professoren, gerade so wie Niethammer, der schon sein fünfjähriges Studium im Stift zu Tübingen absolviert hat und auf das interessanteste von dortigen Kommilitonen zu berichten weiß, die Hölderlin und Hegel und Schelling heißen. Niethammer ist nach Jena gekommen, um nun noch die Kantische Philosophie zu studieren, und er gesteht den Freunden bald, dieselbe begeistere ihn bereits mehr als die ganze Theologie. Hardenberg läßt sich auch in einen Zirkel ziehen. Mit seinen neuen »Brüdern« kostet er die Freuden solch unverhoffter Burschenherrlichkeit voll aus; er lernt trinken, singen, Pfeiferauchen, liebeständeln und schlägt sich auch mit durchaus scharfer Klinge. In den immer lauter werdenden Gelagen tut er sich bald als Verseschmied hervor. Da wird Schiller krank. Schwerkrank. Den 3. Januar 1791, während eines Besuches in Erfurt, bricht er mit katarrhalischem Fieber zusammen. Die Kunde erreicht Jena und verbreitet Schrecken unter den Kollegen und Studenten. Aber Schiller scheint sich rasch erholt zu haben. Über Weimar zurückgekehrt, nimmt er seine Vorlesungen wieder auf, bis ihn den 15. Januar ein neuerlicher Anfall trifft, der ihn dem Tod nahebringt. Hardenberg ist außer sich. Er eilt in die Schrammei, um seine Hilfe anzubieten, und fühlt sich der seligste der Sterblichen, als er kleine Dienste bei der Pflege und ganze Nachtwachen übernehmen darf. Seine unermüdliche, überaus innige Teilnahme an des Kranken Schicksal rührt diesen an. Sie kommen einander vertraulich nahe. Indes bleibt Schillers Zustand kritisch, auch als er nach acht Tagen mit Doktor Starks Einwilligung auf einige Stunden das Bett verlassen und am Stock herumkriechen darf. Schiller leidet und kämpft, Hardenberg leidet mit. Wie deutlich tritt ihm hier vor Augen, daß die Kräfte des Geistes sich gegen die Schwächen des Körpers wehren, ja diese gar besiegen können, wenn einer nur fähig ist, alle Energie in einen Punkt zusammenzuzwingen! Wie kontrastiert die Leidensgröße Schillers mit seinem eigenen sonnenschönen, dem schweifenden Genuß hingegebenen Studentendasein! Wie empfindet er sein eigenes Schicksal als weibisch! Im Angesicht des leidenden Genius – wenn sich unter Stürmen, unter Fluten, wie des Abends leuchtendes Gestirn, ihm, umstrahlt von echter Freiheit Kranze, eines edlen Dulders Seele zeigt, den der Himmel nicht in seinem Glanze, nicht die Höll in ihren Nächten beugt – im Angesicht des leidenden Genius formt sich sein Anruf an die Schicksalsmacht: »Parze, hast du jemals deine Spindel nach dem Flehn des Erdensohns gedreht, o! so nimm, was Tausende begehrten, was mir üppig deine Milde lieh, gibt mir Sorgen, Elend und Beschwerden und dafür dem Geiste Energie.«

Auf seiner Stube führt er solcherlei Gedankengänge weiter aus, bis ihm zuletzt ein langes Gedicht entstanden ist, das er »Klagen eines Jünglings« überschreibt. Er fühlt, es ist geraten, weil er es Schiller verdankt. Ihm will er es zu Füßen legen, wenn es angeht gar als Zeugnis seiner Verehrung vor aller Öffentlichkeit. Er schreibt sein Gedicht noch einmal sauber ab und schickt es Wieland für den »Neuen Teutschen Merkur« zu. Und wirklich antwortet ihm Wieland, er wolle es drucken! Hardenberg ist fast verwirrt. Denn nach den Erfahrungen, die er bislang gemacht hat, hätte er auf eine Drucklegung zumal in diesem berühmten Blatt doch eigentlich nicht zu hoffen gewagt, was er Wieland auch mitteilt. Im Aprilheft findet er sein Gedicht tatsächlich abgedruckt. Klopfenden Herzens überfliegt er alle neun Strophen und entdeckt dann, daß Wieland als Herausgeber eigens angemerkt hat: »Ich rücke manches Gedicht in den Merkur ein, nicht weil es mir gefällt, sondern weil ich dem Verfasser einen kleinen Platz zu öffentlicher Ausstellung eines Produkts seiner Art und Kunst, worüber er die

Stimmen der Liebhaber und Kenner zu hören wünscht, nicht versagen will oder kann. Aber *dieses* Gedichtchen (den ersten, noch wilden aber anmutigen Gesang einer jungen Muse) teile ich mit desto größerm Vergnügen mit, da der bescheidene Verfasser durch mein unvermutetes Wohlgefallen beinahe noch mehr überrascht wurde als ich durch sein unvermutetes Talent und seine heutzutage an Jünglingen so seltene Bescheidenheit.«

Unter dem Gedicht steht als Verfassername: v. H***g.

5 *Ich kannte ihn, und er war mein Freund*

Unterdessen hat Schiller einen dritten, wieder fast tödlichen Anfall und weitere Anfälle erlitten. Seine Vorlesungen fallen nun schon seit Januar aus. Jetzt befindet er sich in Rudolstadt, und Hardenberg muß einsehen, daß Schiller auch im Sommersemester, welches im Mai beginnt, nicht lesen wird. Zwar ist Hardenberg mittlerweile entschlossen, sein unruhiges Studentenleben aufzugeben oder doch in strengere Bahnen zu lenken; aber zu seiner ungeliebten Brotwissenschaft, Jurisprudenz, kann er sich auch in diesem zweiten Semester nicht bequemen. Das bekennt er auch frei, als ihn der Vater im Juni 1791 in Jena aufsucht. Und der Vater? In seiner Betroffenheit wendet er sich an den früheren Hofmeister Schmid, von dem er ja weiß, daß er nicht nur das Vertrauen seines Sohnes genießt, sondern auch jenes des Hofrats Schiller, von welchem der Sohn ihm so unermüdlich und begeistert gesprochen und dadurch kundgetan hat, wie sein ganzes Herz mit Achtung und Vertrauen diesem Manne zugehört. Er ersucht Schmid ergebenst um Vermittlung: Er möge ihm doch helfen, dem Sohn den Ernst seines Studiums durch eine Vermahnung von seiten des Herrn Hofrats vor Augen zu führen.

Da nun Schiller nicht in Jena weilt, schreibt Schmid ihm in dieser Sache einen bittenden Brief. Den gibt er – Hardenberg in die Hand, denn dieser schickt sich gerade an, Schiller in Rudolstadt zu besuchen. Schiller freut sich über den Besuch, das kann man sehen. Weil sie einander freundschaftlich verbunden sind, öffnet er Schmids Brief in Hardenbergs Gegenwart, liest und versteht. Er wird dessen Hiersein also wie von ungefähr zu einer Unterredung nutzen, um ihm das Rechtsstudium und die ernste Vorbereitung zum künftigen Geschäftsleben wichtig und interessant zu machen, zu seinem eigenen Besten und zur Beförderung des Wohls seiner Familie, die in seiner Person eine Stütze erwartet. Vorerst aber läßt er den jungen Freund erzählen, was diesem zu erzählen nötig ist. Und er hört ihn gern, denn selten erzählt einer so lebhaft und mit so wahrem inneren Feuer. Hardenberg hat ihm auch neue poetische Arbeiten mitgebracht, die er ihm jetzt vorlegt. Schiller nimmt das oberste Blatt und deklamiert laut, wie es seine Gewohnheit ist:

»Elegie beim Grabe eines Jünglings

Heimgegangen bist du, Jüngling, rinne,
Sehnsuchtsträne auf den Aschenkrug;
Halbbetäubt noch steh ich hier und sinne,
Ob es wahr sei oder Traumbetrug,
Kaum vor einem Sonnenschritte
Standst du, froh, mit blühendem Gesicht
Hier in deiner Lieben Mitte,
Und nun kam ich ach! und fand dich nicht.

Fand statt biedern Händedrucks und Kusses
Einen Totenkranz und Aschenkrug,
Sah die Blüte jeglichen Genusses
Hingewelkt, gehemmt des Adlers Flug
Durch der Vorzeit lichte Haine –
Um mich sproßte düstrer Bilder Kranz;
Bei des Grabelämpchens Scheine
Sah ich nur der Todesengel Tanz.«

Eine Anspielung auf sein Gedicht »Melancholie«, erkennt Schiller sogleich. Doch nicht nur dies. Seine Erkrankung hat den mitbangenden Freund zu dieser Vision inspiriert! Er sieht Hardenberg mit Rührung an. Der weist auf die nächsten Blätter, »Geschichte der Dichtkunst« und »Geschichte der Poesie« betitelt. Auch hier bestätigt sich Schiller schon beim Überfliegen, wie sehr seine eigenen Gedichte auf den Jüngling eingewirkt haben, wie seine eigene Theorie und ihrer beider Gespräche über die Dichtkunst dessen Anschauung beeinflußt und umgeprägt haben, wie insbesondere seine Kritik an Bürger, über welche sie sich schon des öfteren ins Vernehmen setzen konnten, nun in dem früheren Bürger-Verehrer Früchte zu tragen beginnt.

Ja, es steht außer Zweifel, daß dieser Hardenberg ein Talent zur Dichtkunst hat! Ich kann und will ihm die Beschäftigung mit den schönen Künsten nicht nehmen. Aber ich muß dem unruhigen Geist eine Richtung geben, diese aufs äußerste empfängliche Einbildungskraft behutsam lenken.

So gibt er ihm den Abend zu verstehen, das Dichten möge doch nicht seine Haupttätigkeit werden, sondern seine Nebenstunden lieblich füllen, gerade wie er selbst seine schriftstellerischen Arbeiten nebenher und gleichsam zur Muße betreibe.

Durch Schillers Ermahnungen bekehrt, beschließt Hardenberg auf dem Heimweg, Jena nach Ablauf des Semesters im September zu verlassen und in Leipzig ein streng geregeltes und den Wissenschaften geweihtes Leben aufzunehmen. Er bereitet seinen Abgang von Jena vor, trägt sich zum Abschied in die Stammbücher der Mitstudenten ein, läßt diese sich in sein Stammbuch einschreiben. Schiller will er noch sehen und in Erfurt besuchen, wo dieser inzwischen zur Nachkur weilt nach einem Aufenthalt in Karlsbad. Doch sieht er sich genötigt, den vereinbarten Besuch im letzten Augenblicke abzusagen. Lesen wir, was er ihm schreibt:

»Bester Herr Hofrat! Mein widerwärtiges Schicksal verhindert diesmal meine so lang ersehnte Reise nach Erfurt. Es ist hier in ganz Jena für heute kein Wagen und noch viel weniger ein Pferd zu bekommen. Meine angestrengteste Mühe ging verloren, und es blieb mir nichts übrig, als meine Fantasie so lebendig, als möglich, die Darstellung des auf mich wartenden Vergnügens vollenden zu lassen. Wie gern hätt ich Sie nicht gesehn, wie gern an Ihrer Seite so glühend und froh den Dichter des ›Don Carlos‹ und die gelungensten Augenblicke der Kunst in der Vorstellung genossen und verschlungen; wie freute ich mich nicht zugleich auf die persönliche Bekanntschaft mit dem guten, seelenvollen Statthalter Dalberg, den ich schon deswegen hochschätzen würde, wenn er sich nur für meinen lieben Schiller recht warm und innig interessierte: aber nun ist dies alles vereitelt, und ich muß mich resignieren; welches ich auch desto leichter kann, da mir wenigstens die Hoffnung nicht genommen ist, doch Sie noch während dieser Ferien einmal zu sehen. Offenherzig war Ihre persönliche Bekanntschaft und Ihr freundschaftlicher Umgang auch das einzige, was ich höchst ungern in Jena verlasse und was ich in Leipzig nicht aufhören werde zu vermissen. Ein Wort von Ihnen wirkte mehr auf mich als die wiederholtesten Ermahnungen und Belehrungen anderer. Es entzündete tausend andre Funken in mir und ward mir nützlicher und hilfreicher zu meiner Bildung und Denkungsart als die gründlichsten Deduktionen und Beweisgründe. Unendlich viel hätte ich in diesem Winter von Ihnen gewonnen und spielend gewonnen, was des angewandtesten Fleißes, des willigsten Bestrebens ohngeachtet, mir vielleicht erst in Jahren erreichbar wird. Und selbst dies abgerechnet, so wäre Ihr freundschaftliches Herz, Ihre ganze Individualität, der ich so nah mich wußte, genug gewesen, um Jena mir angenehm und unvergeßlich zu machen. Und doch werde ich alles leichter ertragen, wenn mich nur das Bewußtsein begleitet, daß ich Ihnen ein bißchen lieb bleibe und daß ich, wenn ich Sie wiedersehe, noch immer die alte Stelle in Ihrem Herzen offen finde. Denn wen sollte nicht das überschwänglich selige Gefühl, sich von Ihnen wärmer umfaßt zu wissen, für alles und selbst den persönlichen Umgang mit Ihnen entschädigen? Ihnen größtenteils werde ich es zuschreiben, wenn diesen Winter mein eifrigster Wille meine Kräfte unterstützt, um die gefährlichste Klippe eines jungen, lebendigen Kopfs, die sauren und anhaltenden Vorarbeiten zu einem künftigen, bestimmten Beruf, glücklich zu übersteigen. Denn Sie machten mich auf den mehr als alltäglichen Zweck aufmerksam, den ein gesunder Kopf sich hier wählen könne und müsse, und gaben mir damit den letzten, entscheidenden Stoß, der wenigstens meinen Willen sogleich fest bestimmte und meiner herumirrenden Tätigkeit eine zu allen meinen Verhältnissen leichtbezogne und passende Richtung gab. Ich kann Ihnen zwar nicht verhehlen, daß ich fest glaube, daß meine Neigung zu den süßen Künsten der Musen nie erlöschen und meine liebe, freundliche Begleiterin durchs Leben sein wird, aber demohngeachtet hoffe ich meinem gefaßten Vorsatz und dem mir am fernen Ziel winkenden Genius der höhern Pflicht treu zu bleiben und dem Rufe des Schicksals gehorsam zu sein, das aus meinen Verhältnissen unverkennbar deutlich zu mir spricht. Aber zuseufzen werde ich Ihnen doch noch wohl zuweilen: ora pro nobis.«

Weil nun aber aus dem erhofften Besuch in den Semesterferien wieder nichts werden kann, setzt er sich zwei Wochen hernach zu einem weiteren Erguß an Schiller nieder und schreibt:

»Ich leb und webe in der frischen Herbstluft, und neue Ströme von Lebenslust fließen in mich mit jedem Atemzuge. Die schöne Gegend und eine gutmütige Harmlosigkeit, in die ich aufgelöst bin, zaubern mich in die blühenden Reiche der Fantasie hinüber, die ein ebenso magischer, dünner Nebel umschwimmt als die ferne Landschaft unter meinen Füßen.

Ich habe jetzt die ›Odyssee‹ und den ›Don Carlos‹ gelesen; auf einem Weinberge gelesen, mitten zwischen hochaufgeschossen vollen Rebenbüschen, und beide waren wieder für mich neu, so unterschieden sich die dadurch in mir erregten Empfindungen zu andern Zeiten und in dieser romantischen Lage von einander. Ich habe den Homer wieder so liebgewonnen in seiner heiligen, einfachen, häuslichen, gutmütigen Sinn- und Denkart, daß ich Kronen darum gegeben hätte, wenn ich dem biedern Alten um den Hals fallen und mein errötendes Gesicht in seinem dichten, ehrwürdigen Barte verbergen könnte. So, dachte ich mir, ging er, so sprach er, so trug er sich. Jung und alt umhüpfte den heiligen Greis und bat ihn um ein Lied von ihren Heroenvätern vor Troja: und dann sang er es ihnen in der simpelsten, faßlichsten, melodischsten Volksart und Weise kunstlos, aber tieferschütternd, anschmiegend an jedes Herz und Sinn, und die himmlische Grazie schwebte leise und ihm nur sichtbar um seine Lippen, und Natur und Einfalt lehnten sich über seine Schultern.

Mir ist alles lieb im Homer, wie mir in der Natur alles auch lieb und wert ist, und so muß es mit jedem großen Menschen sein, dessen Geist eine runde, vollendete Form hat. Aber ich breche hiervon ab. Bei Gelegenheit der Lektüre des ›Don Carlos‹ habe ich noch einmal die Rezension von Bürgers Gedichten gelesen, und sie ist mir beinah in der Stimmung, worein Sie mich versetzt hatten, noch zu gelind vorgekommen. O! ich lerne immer mehr einsehn, daß nur moralische Schönheit, je absichtsloser sie bewirkt zu sein scheint, den einzig unabhängigen, wahren Wert eines jedweden Werks des dichterischen Genies ausmacht: daß nur sie demselben den Stempel der Unsterblichkeit aufdrücken kann und sie mit dem Siegel der Klassizität bezeichnet. Eine einzige, erhabene, moralische Stelle im ›Don Carlos‹ ist mehr wert als Voltaires ›Candide‹ und mehr wert vielleicht im Auge der Nemesis der schönen Künste als seine Werke zusammengenommen. Ein witziger Gedanke verzischt wie eine Rakete; der Erguß einer veredelten, reinen Empfindung ist ewig wie die Welt und jedem Edeln ein nie zu erschöpfender, nie zu verlierender Schatz. Eine echt erhabene Stelle, im größten Sinne dieses Wortes, kann nur moralisch sein. Sie ergreift die Seele in ihren mächtigsten Tiefen und bewegt den ganzen Ozean der Empfindungen. Sie erhebt uns über uns selbst und täuscht selbst den Lasterhaften mit einer augenblicklichen sittlichen Existenz. Sie setzt alle Kräfte in Bewegung und läßt uns höher denken und empfinden. Sie bleibt das unzerstörbare Monument der ewigen Schönheit der Seele, in der sie entstand. O! wie viel verdanke ich Ihnen nicht, wenn ich Ihnen auch nur diese einzige Überzeugung verdankte. Sie könnte mich allein zu Werken begeistern, die einen höhern Ursprung verrieten, und was noch mehr ist, nur ein Quell des heitersten Bewußtseins, der himmlischsten Empfindungen werden. Könnte ich doch diese Liebe zur sittlichen Grazie, zur moralischen Schönheit, zur reinsten, edelsten Leidenschaft entflammen, die je einen sterblichen Busen durchglühte. Tagtäglich such ich den Grazien meine Seele würdiger zu machen und an jede Stunde einen kleinen Sieg über meine befangne Seele anzuknüpfen. Die vorüberfließenden Eindrücke und Typen des Schönen halte ich fest und entlasse sie nicht eher, als bis sie sich auf manchem verstreuten Blatte meiner Seele verewigen. Vielleicht daß einst das mißgestimmte Instrument rein und voll tönt, und Natur und Einfalt ihren verlornen Sohn wiederfinden; daß Künstler erneuern, was Pfuscher verdarben, und was Künstelei verstümperte, die Kunst wieder adelt. Vielleicht daß auch die Linie, die hier sich um die Schönheit windet, dort auch an das Gute sich schmiegt, und auf ihrem sanftgeschwungnen Pfade sich Schönheit und Wahrheit finden und Herz und Geist mit dem zartesten Faden und im reichsten Bunde vereinigen. Jünglinge, die Ihr mit mir einem gleichen Wege nachspürt, bei den Grazien, folgt dieser Spur, die uns unser Lehrer, unser angebeteter Schiller zeigte. Ihr werdet glücklich sein.

Verzeihn Sie mir, bester Herr Hofrat, diesen wortreichen Erguß des herrschenden Enthusiasmus meiner Seele; ich war zu voll davon. Und konnte ich wohl mich besser ausschütten als in den Busen eines zärtlichgeliebten, duldsamen Freundes? Denn Sie unter dieser Beziehung zu denken, wird immer der Stolz sein Ihres Sie innig liebenden Verehrers Friedrich Leopold von Hardenberg.«

Auch an Professor Reinhold, dem er als erstem in Jena so viel zu verdanken hatte, schreibt er noch eine Epistel, womit sich denn der Bogen um diesen Lebensabschnitt schließen soll:

»Ermüdet von tausend Genüssen, die Natur und Kunst mir heute gaben, und gestimmt zu einer wunderbaren Heiterkeit, sitze ich hier in einem hohen, gewölbten, gotischen Gemach des alten Bergschlosses Goseck und blicke gerührt nach der Gegend zurück, die ich vor kurzem auf immer verließ. Meine gutmütige, leicht zu gewinnende Einbildungskraft läßt mir so manchen Augenblick vorbeigehn, in welchem Freunde der Wahrheit und der sittlichen Schönheit eine Herrschaft über mein Herz behaupteten, die mir unvergeßlich bleiben wird und mich in das süße Gefühl einwiegte, von Männern *der* Aufmerksamkeit gewürdigt worden zu sein, die leicht in ein zärtlicheres Gefühl übergeht. Von Schillern will ich mit Ihnen sprechen, denn kein Gegenstand der Unterhaltung ist Ihnen gewiß angenehmer und für mich interessanter. Sie haben ihn wiedergesehn, wenn Sie diesen Brief erhalten. Gewiß ist er

*Friedrich Schiller (1759–1805). Ölgemälde von Ludovika Simano-
witz, 1793. Im Wintersemester 1790/91 las er über europäische
Staatengeschichte und über die Geschichte der Kreuzzüge.*

munter, heiter, im vollen, entzückenden Gefühl seiner wiederge-
kehrten Gesundheit. Sie sehn ihn nun oft. Sie tauschen Ihre beiden
Seelen oft an traulichen Abenden gegeneinander um, und ich, der
ich so heiß darnach dürstete, kann kein stiller, lauschender, nichts
verlierender, alles tiefverschlingender Zeuge dieses herrlichen
Schauspiels sein. Ach! wenn ich nur Schillern nenne, welches
Heer von Empfindungen lebt in mir auf; wie mannigfaltige und
reiche Züge versammeln sich zu dem einzigen, entzückenden
Bilde Schillers und wetteifern, wie zaubernde Geister, an der
Vollendung des blendendsten Gemäldes. Und stört mich dann in
diesem Zaubermal meiner Fantasie der nagende Gedanke, daß
dieser Mann der Vernichtung nahe war, Schiller, der mehr ist, als
Millionen Alltagsmenschen, so bebe ich unfreiwillig vor meiner
eignen Existenz zurück, und es drängt sich ein Seufzer zwischen
meine Lippen, in welchen aller Glaube an eine höhere Hand, die
den Faden lenkt, und die ganze Liebe und das Mitleid gegen eine
Menschheit gepreßt ist. Aber er lebt und bleibt vielleicht leben.
Stolzer schlägt mein Herz, denn dieser Mann ist ein Deutscher; ich
kannte ihn, und er war mein Freund. Wie lebendig wird mir das
Andenken an die Stunden, da ich ihn sah; besonders an die, da ich
ihn zum ersten Mal sah. Sein Blick warf mich nieder in den Staub
und richtete mich wieder auf. Das vollste, uneingeschränkteste
Zutraun schenkte ich ihm in den ersten Minuten. Hätt er nie mit
mir gesprochen, nie Teil an mir genommen, mich nicht bemerkt,
mein Herz wär ihm unveränderlich geblieben; denn ich erkannte
in ihm den höhern Genius, der über Jahrhunderte waltet, und
schmiegte mich willig und gern unter den Befehl des Schicksals.
Ihm zu gefallen, ihm zu dienen, nur ein kleines Interesse für mich
bei ihm zu erregen, war mein Dichten und Sinnen bei Tage und
der letzte Gedanke, mit welchem mein Bewußtsein abends erlosch. Eine Geliebte hätte ich für ihn weinend aus dem Herzen
gerissen, wenn die Vorsehung ein so hartes Opfer verlangt hätte,
meinem liebsten, jahrelang gehegten Wunsche am Rande seiner
Erfüllung entsagt, denn das Leben ist nicht das stärkste Opfer, was
Enthusiasmus und Liebe ihrem angebeteten Gegenstande bringen können, denn wir fühlen nicht seinen Verlust. Sein Wort hätte

Funken zu Heldentaten in mir geschlagen, die keine Not, kein Hindernis hätten ersticken können, und vielleicht ist selbst das Gute und Schöne, dessen Spuren meine Seele trägt und tragen wird, schon durch sein Beispiel größtenteils mit sein Werk. Brächte ich einst Werke hervor, die einen inneren Wert unabhängig in sich trügen, tät ich etwas, das einen edlern Ursprung, eine schönere Quelle verriete, so ist es auch größtenteils Schiller, dem ich die Anlage, den Entwurf zur vollendeteren Form verdanke. Er zog in meine Seele die sanften, weichen Linien des Schönen und des Guten, die meine männlichere Vernunft nur tiefer zu ziehn, nur um die scharfen Ecken zu weben und zu schwingen braucht, um mein Glück und meine Ruhe auf Ewigkeiten zu gründen. Mein Morgen- und Abendgebet ist um Gesundheit: um die glänzendsten Lebensperioden Schillers mit genießen zu können, um von ihm begeistert, auch höhern Zwecken nachzustreben. Gibt mir diese die Vorsehung, was will ich weiter? Beschäftigung und Freudigkeit zu handeln hab ich dann auf Ewigkeiten.«

6 Immer voller tätiger, unruhiger Freude

Von Weißenfels bricht Hardenberg nun also nach Leipzig auf. Mit ihren rund dreißigtausend Einwohnern ist Leipzig die erste Großstadt, die er sieht. Der Puls dieser Stadt schlägt spürbar schneller als der in Jena oder gar jener in den alten Amtsstuben, den geruhsamen Bürgerhäusern und den winkligen Gassen von Eisleben und Weißenfels. Von nah und fern bringen die Messen die vielen Besucher herbei, die Politik spielt ihre Rolle mit, und das große gesellschaftliche Leben ist hier zu Hause. Dazu das musische. Musik, Kunst und Dichtkunst gedeihen und blühen in Pleiß-Athen unter der fördernden Pflege eines mächtigen Patriziats. Deshalb hat sich Hardenberg dann doch nicht überwinden können, dem gefaßten Vorsatz zuliebe seine poetischen Blätter in Weißenfels zurückzulassen. Er hat sie alle mitgebracht.

Den 24. Oktober 1791 schreibt er sich als Student der Rechte in das Fakultätsalbum der Universität Leipzig ein. Wie er es sich vorgenommen, schickt er sich an, in seinem nunmehr dritten Semester nach einer gänzlich veränderten Lebensordnung zu leben. Jurisprudenz, Mathematik und Philosophie sollen die drei Wissenschaften sein, denen er sich diesen Winter mit Leib und Seele ergeben will.

Ich muß mehr Festigkeit, mehr Bestimmtheit, mehr Plan, mehr Zweck mir zu erringen suchen, und dies kann ich am leichtesten durch ein strenges Studium dieser drei Wissenschaften erlangen. Seelenfasten in Absicht der schönen Wissenschaften und gewissenhafte Enthaltsamkeit von allem Zweckwidrigen hab ich mir zum strengsten Gesetz gemacht. »Erkenne dich selbst« soll mein Memento mori sein, und »Lebe im Verborgenen« der Wahlspruch meines praktischen Lebens. Schiller hat mir die höheren, reizenderen Zwecke in dem Studium dieser ernsteren Wissenschaften gezeigt. Er hat mich den Wink meines Schicksals belauschen und ihm gehorsam sein gelehrt. Man könne, was man solle, hat er gesagt, und wahre Größe des Geistes und echte sittliche Schönheit des Charakters sei mit eingeschränkten Zwecken unverträglich, wenn man zu höhern Beruf hätte.

Schillers Mahnungen befolgend, kann er mit einiger Zufriedenheit von der Gewissenhaftigkeit seiner Studien berichten, als er den Freund zu Weihnachten aufsucht, wie sie es vereinbart haben.

Doch mit dem neuen Jahr beschert ihm das Schicksal unverhofft eine neue Begegnung. Im Januar 1792 lernt er einen Jüngling namens Friedrich Schlegel kennen. Der hat sich schon ein Semester früher in Leipzig eingerichtet, um gründlichen Studien zum klassischen Altertum nachzugehen. Seine profunden Kenntnisse der Dichtung nicht nur der Alten, sondern gerade auch der Zeitgenossen ziehen Hardenberg magisch an, gar nicht zu reden von dem lebhaften, ungemein intelligenten Wesen, das dieser Schlegel hat. Hardenberg vertraut sich ihm spontan an, ja er gibt dem Erfahreneren seine poetischen Blätter zur Beurteilung in die Hand. Schlegel erfaßt augenblicklich das Außerordentliche ihrer Begegnung. Er beeilt sich, seinem Bruder August Wilhelm nach Amsterdam zu berichten:

»Das Schicksal hat einen jungen Mann in meine Hand gegeben, aus dem alles werden kann. Er gefiel mir sehr wohl, und ich kam ihm entgegen, da er mir denn bald das Heiligtum seines Herzens weit öffnete. Darin habe ich nun meinen Sitz aufgeschlagen und forsche. – Ein noch sehr junger Mensch, von schlanker, guter Bildung, sehr feinem Gesicht mit schwarzen Augen, von herrlichem Ausdruck, wenn er mit Feuer von etwas Schönem redet, unbeschreiblich viel Feuer. Er redet dreimal mehr und dreimal schneller als wir andre – die schnellste Fassungskraft und Empfänglichkeit. Das Studium der Philosophie hat ihm üppige Leichtigkeit gegeben, schöne philosophische Gedanken zu bilden. Er geht nicht auf das Wahre, sondern auf das Schöne. Mit wildem Feuer trug er mir einen der ersten Abende seine Meinung vor, es sei gar nichts Böses in der Welt, und alles nahe sich wieder dem goldenen Zeitalter. Nie sah ich so die Heiterkeit der Jugend. Seine Empfindung hat eine gewisse Keuschheit, die ihren Grund in der Seele hat, nicht in Unerfahrenheit. Denn er ist schon sehr viel in Gesellschaft gewesen (er wird gleich mit jedermann bekannt) – ein Jahr in Jena, wo er die schönen Geister und Philosophen gut gekannt, besonders Schiller. Doch ist er auch in Jena ganz Student gewesen und hat sich, wie ich höre, oft geschlagen. Er ist sehr fröhlich, sehr weich, und nimmt für jetzt noch jede Form an, die ihm aufgedrückt wird.

Die schöne Heiterkeit seines Geistes drückt er selbst am besten aus, da er in einem Gedichte sagt, ›die Natur hätte ihm gegeben, immer freundlich himmelwärts zu schauen‹. Dieses Gedicht ist ein Sonett, welches er an Dich gemacht, weil er Deine Gedichte sehr liebt. Es ist aber schon vor einigen Jahren gemacht, und Du mußt sein Talent nicht danach beurteilen. Ich habe seine Werke durchgesehen: die äußerste Unreife der Sprache und Versifikation, beständige unruhige Abschweifungen von dem eigentlichen Gegenstand, zu großes Maß der Länge und üppiger Überfluß an halbvollendeten Bildern – verhindert mich nicht, das in ihm zu wittern, was den guten, vielleicht den großen lyrischen Dichter machen kann: eine originelle und schöne Empfindungsweise und Empfänglichkeit für alle Töne der Empfindung. Im Merkur April

1791 stehen ›Klagen eines Jünglings‹ von ihm. Die Sonette hat er mir versprochen, und kann ich sie vielleicht beilegen. Sein Name ist von Hardenberg. Das Verhältnis mit einem Jüngern als ich gewährt mir eine neue Wollust, der ich mich überlasse.«

Halten wir uns vor Augen: Hardenberg geht auf seinen zwanzigsten Geburtstag zu, desgleichen der keine acht Wochen ältere Schlegel, der sich aber als der weitaus Reifere, Lebenserfahrenere fühlt. Hardenberg bewundert die Erfahrung des neuen Freundes, genießt dessen Gabe der raschen Auffassung und brillanten, zuweilen womöglich attackierend kritischen, gar satirisch zugespitzten Treffsicherheit des Ausdrucks. Zugleich entgeht ihm nicht, wie zerrissen und letztlich unzufrieden dieser Schlegel ist, wie ruhelos und unbehaust, so daß er sich hüten muß, sich durch die neue Freundschaft nicht gleich wieder aus seinem mühsam angestrebten Gleichgewicht bringen zu lassen. Sie sehen sich oft, und da ist niemand, den Schlegel so gern sieht. Anfangs ist er willens, Hardenberg ganz an sich zu ziehen; er glaubt, ihm dann sehr viel nützen zu können. Ihn zu beherrschen, ist zwar nicht schwer, denkt er, aber seine grenzenlose Flüchtigkeit zu fesseln, wird vielleicht selbst einem Weibe einmal schwer werden. Ich halte es für besser, ihn im ganzen so gehen zu lassen; ich freue mich über ihn. Es kann alles aus ihm werden – aber auch nichts.

Die Hinwendung zur Geschichte und besonders zur Philosophie, welche Hardenberg zu Jena unter Reinholds und Schillers Eindruck genommen hatte und hier in Leipzig schon fortgeführt mit eigenen Studien vornehmlich des antiken Plato und des zeitgenössischen, unlängst in Den Haag verstorbenen Hemsterhuis, die Hinwendung zur Philosophie sieht er durch Schlegel gleichermaßen gefördert. In den Gesprächen, die ihnen beiden zur Entwicklung der Gedanken unentbehrlich sind, verweist ihn Schlegel immer wieder auf die Philosophie des Königsberger Professors Kant, indem sie sich kritisch etwa mit dessen Begriff von der Moral befassen; er führt ihn aber auch an die Gedankenwelt jenes Johann Gottlieb Fichte heran, welcher soeben mit einer Schrift hervorgetreten ist, für die sich Schlegel sehr erwärmt. Überdies macht er den Lehrer in der Schule des Lebens. Alle Künste der Geselligkeit versucht er ihn zu lehren – zu sprechen, ohne zu denken; Freude zu geben, ohne sie zu haben; alles zu aller Zeit sein zu können; die Tiefen des Herzens zu ergründen; schnell in einer neuen Lage, was unser Wesen erfordert, zu bestimmen; geduldig zu tragen; Funken aus Wasser zu locken. Dazu machte ihn die Natur nicht, sagt er sich.

So sehr es die Freunde zueinander zieht, so wenig bleibt ihnen die Verschiedenartigkeit ihres Wesens verborgen. Mißverständnisse stellen sich ein, Vorwürfe folgen, es kommt zu Krisen und Zerwürfnissen. Gegenüber dem Bruder macht sich Schlegel wieder Luft: Hardenberg sei launenhaft, heftig, wenn auch treu, arrogant, stumm, gleichgültig, ja blöde. Die Freude über den unerwarteten Fund sei wohl das schönste an dieser Freundschaft gewesen, weil er Hardenberg nicht viel sein könne; denn der wisse noch nicht, was er an ihm, Schlegel, haben könnte.

Mitte Mai 1792, zum Sommersemester, folgt der zwei Jahre jüngere Erasmus von Hardenberg dem Bruder nach Leipzig, um hier ebenfalls die Rechte zu studieren. Im Verein miteinander sind die Lieblingsbrüder entschlossen, lieber eine brillante Rolle auf dem Theater der Welt zu spielen, als sich dem Studium ihrer Brotwissenschaft zu verschreiben. Das Leben an der Leipziger Universität kommt ihnen dabei auch weidlich entgegen. Mit etwa sechshundertundfünfzig Studenten um einiges kleiner als diejenige zu Jena, wird diese Alma Mater nicht so sehr durch die gelehrten Köpfe unter den Professoren, als durch die Studenten selbst geprägt, unter welchen sich so wenige von bürgerlicher Abkunft befinden wie sonst an keiner anderen Universität. Die adligen Herren Studenten legen Wert auf ihre Privilegien – etwa auf ihre besonders guten Plätze im Kolleg. Sie pflegen die heitere Geselligkeit in Zirkeln und in galanten Gesellschaften und wissen sich im vornehmen Salon ebenso lebemännisch zu geben wie in Auerbachs Keller.

Die Freiherren von Hardenberg treten mit einer Reihe junger Adliger auf, unter denen Ludwig von Berger, Hans Georg von Carlowitz und Hans Graf von Schweinitz ihnen bald die vertrautesten werden. Schlegel gehört zu ihrem Kreis; er schafft sich aber dank seiner scharfen Zunge zunehmend Schwierigkeiten im Umgang mit Hardenberg, so daß dieser sich schließlich ganz von ihm zurückzieht. Empfindlich gekränkt, läßt Schlegel seinen Bruder wissen:

»Sonst ist es mit allem Umgang, der noch etwas wert war, aus. Des Besten nicht zu gedenken, so ist die kleine Freude mit Hardenberg geendigt. Um bei ihm so wahr sein zu dürfen, als ich war (ich kann Dolche reden), hätte ich mehr Schmeicheleien lügen müssen. Eitelkeit wegen meiner Meinung von seinen Talenten und manches gleiche Interesse zog ihn nach häufigen kurzen Entfernungen immer wieder an mich, aber endlich beredete ihn doch beleidigte Eitelkeit, mein Benehmen sei hämische Tadelsucht und unsinniger Stolz; er hielt mich für gefühllos und fing an, mir nicht zu trauen. Auch sah ich immer deutlicher, daß er der Freundschaft nicht fähig und in seiner Seele nichts als Eigennutz und Fantasterei sei. (Ich sagte ihm einmal: ›Sie sind mir bald liebenswürdig, bald verächtlich.‹) Dazu kam – er hatte in pöbelhafter Lustigkeit schon einigemale meine Empfindlichkeit auf eine gewisse Art gereizt; endlich einmal brach ich trocken ab, mit Hindeutung auf ein Duell, obgleich er nichts gesagt, was einer Sottise entfernt ähnlich gewesen. Obgleich ich damals wirklich – das erste Mal in meinem Leben – in Zorn war, wo würde ich doch noch jetzt ebenso handeln. Von da erlosch sein Vertrauen und meine Neigung für immer. Er war mir doch etwas wert – ich wollte ihm so gern nützen, und auch gegen seinen Willen ist es doch wohl geschehen. Er hatte Interesse für mich und meine Eigentümlichkeiten, Verstand und Witz hatte er wirklich nicht wenig. Du hast nach den Versen und meiner Schilderung ihn Dir zu kindisch denken müssen. Vergebens hoffte ich, die Schwäche seines Herzens so zu erklären. Sie wird ewig bleiben und ewig mit schönen Talenten spielen wie ein Kind mit Karten. Ich sagte ihm noch zuletzt: ›Sie sehen die Welt doppelt; einmal wie ein guter Mensch von fünfzehn, und dann wie ein nichtswürdiger von dreißig Jahren.‹«

Allerdings ist das Verhältnis zwischen Schlegel und Hardenberg mitnichten beendet. Was sie erneut verbindet, ist die gleichermaßen heftige und leidenschaftliche Liebe, die sie zu zwei Leipziger jungen Damen erfaßt. Als erster fühlt sich Schlegel hingezogen zu Lenore Limburger, genannt Laura, der älteren Tochter des Kaufmanns und Textilfabrikanten Johann Gottlieb Eisenstuck. Laura freilich ist nicht nur älter als Schlegel; sie ist auch schon verheiratet, was die Liaison nicht eben begünstigt. Dann entbrennt Hardenberg für Lauras jüngere Schwester Juliane, genannt Julie oder Julchen. Julchen ist siebzehn Jahre alt, ein schönes, sehr kokettes Ding, das Hardenberg zu einer Leidenschaftlichkeit zu entflammen weiß, die ihn zugleich glücklich und unglücklich macht, die ihm nicht allein sein Ruhe raubt, sondern ihn gänzlich außerstande setzt, noch irgendeiner geregelten Tätigkeit nachzugehen. Wahrhaft überfließend von solch neuen Gefühlen, meint er, diese jedermann mitteilen zu müssen, auch seiner Familie, bei der er das Weihnachtsfest verbringt. Was Wunder, daß die Eltern sich ganz und gar nicht freudig zeigen! Nicht nur, daß ihr Ältester sein Studium nun erneut so gründlich vernächlässigt und das Examen wieder in weite Ferne zu rücken droht. Das Fräulein Eisenstuck ist auch noch eine Bürgerliche, und bei aller Abneigung gegen jedweden Standesdünkel fühlt der gestrenge Vater doch entschieden keine Neigung, solcher Mesalliance seinen Segen zu geben. Denn der leidenschaftlich Verliebte verkündet nichts anderes, als daß er sein Julchen ehelichen wolle.

Bringen wir das Schicksalhafte, das das neue Jahr – 1793 – auch diesmal über ihm zusammenbraut, so schnell als möglich hinter uns. Der Onkel Landkomtur, der von Lucklum aus die Schritte des Neffen auf dem Wege zur erhofften glänzenden Karriere wie immer streng überwacht hat, entsetzt sich dergestalt, daß er dem Verirrten für den Augenblick und fürderhin jegliches Wohlwollen aufzukündigen droht. Selbst die Freunde warnen den Entschlossenen, bitten ihn, seinen Entschluß zu überdenken, raten zur Vernunft. Hardenberg steht fest zu seinem Entschluß, ja er unternimmt die ersten entscheidenden Schritte zur Veränderung seiner Lage: er hält um Julchens Hand an. Da reist sein Vater abermals persönlich an, es kommt zur heftigen Auseinandersetzung mit dem Sohn, welcher sich indes als starrköpfig erweist. So greift der Vater wiederum zu allerhand Künsten, die diesmal freilich auf die Ehre des Sohnes abzielen und diesen nötigen, nicht nur seinem Vorhaben abzuschwören und dem Haus der Geliebten fernzubleiben, sondern auch Leipzig gänzlich zu verlassen. Julchen zieht sich daraufhin von ihm zurück; sein Antrag wird abgelehnt.

Schlegel, welcher sich von Laura ebenfalls sehr schlecht behandelt fühlt und sich zunächst mit den finstersten Mord- und Selbstmordgedanken trug, Schlegel ist voller Mitgefühl. In vielen Briefen sucht er ihn zu trösten und aufzurichten. Auch kämpft er um die Freundschaft, welche Hardenberg bei seinem Weggang von Leipzig Anfang März mit einem Abschiedsbrief abermals abgebrochen hat.

»Lieber Hardenberg, wie sehr wünschte ich, jetzt um Dich sein zu können, in diesem für Dich so großen und so gefährlichen Augenblicke, wo sich so vieles auf immer entscheiden wird. Ich glaube, Du nennst Deinen Zustand sehr mit Unrecht Gesundheit (Springen des Blutes und Jagen der Vorstellungen sind gewiß nicht ihre Symptome). Jetzt, da Du nur erst in die Bahn eingetreten bist, da Du Dich ganz zusammenraffen mußt, da Du alle Überlegung und Mut brauchst, um das Ziel zu erreichen, wünschte ich nicht, daß Du sorglos und sicher es schon zu haben glaubtest. Diese Täuschung und die Geringschätzung Deines vorigen Selbst hätten mir Deine Liebe verraten, von der ich so viel hoffe. Zwar hast Du durch sie schon gelitten, aber ich hoffe, Du sollst noch mehr leiden. Denn daß das Ziel so reicher Anlagen nicht die Fröhlichkeit eines Schmetterlings sein könnte, habe ich immer gedacht.

Nicht wahr, Du fühlst Dich plötzlich unbegreiflich reich, selbst stark? Das macht, wir besitzen gleichsam nur ein Stück unsres tiefren Selbst; ein starker Schlag muß erst die verborgnen Kräfte ans Licht reißen. Aber ich sage Dir, wenn der Frühling der Begeisterung versäumt ist, stürzen sie in die Nacht zurück, und es bleibt nichts als eine gräßliche Leere.

Ich hoffe, daß Dein Abschied an mich nicht Ernst ist, nur eine sophistische Aufwallung. Jetzt, da unsre Verbindung erst Wert hat, sollte eine Entfernung, und nichts mehr, sie trennen? Was ich Dir hätte sein können, kann ich Dir noch sein, wo und wie Du auch lebst; und Du mußt es auch mir sein können. Ich werde glauben müssen, Du wollest nicht. Undankbarer! Du stehst nicht in meinem Leben, glaubst Du? Du weißt nicht, daß ich Deiner bedarf? Ich hatte viel auf Dich gerechnet; ich habe mich entschlossen, zu leben; aber um es zu können, brauche ich Freunde. Wenn ich Dir wirklich meine Freundschaft schenkte, so bitte, fordere ich nun die Deinige.«

»Lieber Hardenberg, Du vermeidest Leipzig womöglich auf lange Zeit; alles wird vergessen, und wo das nicht ist, muß sich doch mit der Zeit alles von selbst in den gehörigen Gesichtspunkt setzen. Was man in den Zirkeln davon spricht, kann ich Dir nicht sagen.

Alles, was Du getan hast, billige ich ganz vollkommen. Man kann Dir gar nichts vorwerfen, als daß Du hier dennoch nicht so viel davon hättest reden sollen, daß Du von jeher vermutlich Deinen Vater nicht mit Klugheit behandelt hast. Was ich von ihm denken muß, wirst Du wohl nicht geneigt sein zu hören. Ich halte dafür, daß sein Betrug gar nicht gerechtfertigt werden kann. Der kindische alte Mann hat hier in Auerbachs Hofe einem Zirkel alter Herren erzählt, Du hättest eine Bürgerliche, die Schwester einer hiesigen Kaufmannsfrau, heiraten wollen. Er hat mit der größten Leidenschaft und beständigem Fluchen von Dir geredet.

Doch, Bester, das alles sind ja eigentlich Dinge, die kaum der Aufmerksamkeit und so vieler Worte wert sind. Ich hätte eine weit höhere Pflicht, den wichtigsten Teil Deines Briefs zu beantworten. Aber bis jetzt übersteigt es meine Kräfte noch ganz, mit Dir das Labyrinth Deiner Leidenschaft, Deines innern Daseins zu durchforschen. Ich kann nur sagen, daß ich Entschlüsse einer männlichen Fassung sehe, die gewiß den Sieg davontragen werden. Du bist in fürchterlicher Bewegung; Du mußt Dich den Schwärmereien entreißen, Du bist auf dem Wege, Deinen Kopf und Herz zu zerstören. Laß Dir gesagt sein, daß kalte Besonnenheit, Mut, Verstand und Ordnung das ist, nach dem Du jetzt streben mußt. Schmid hat Dir vortrefflich gesagt: Du mußt ein Mann sein, und Du kannst es auch. – Zerstreuung rate ich Dir nicht an, vielmehr

Einsamkeit, wenn Du nichts findest, was Dich wirklich beschäftigt – so wie gewiß ist, daß Du der Frau viel zu danken haben magst, wenn es nicht zu früh gekommen und Deine Unruhe vermehrt hat.

Ich fühle sehr gut, daß alles das ganz flach ist, was ich Dir da sage. Vielleicht kann ich's besser, wenn Du mir jetzt recht viel und recht oft schreibst, und zwar so viel Dir nur möglich ist. Tatsachen aus Deinem Innern und Deiner Leidenschaft. Von der letzten weiß ich eigentlich noch so wenig! Gesetzt auch, meine Briefe befriedigten Dich fürs erste sehr wenig, so hoffe ich doch, daß ich nach kurzer Zeit das würde nachholen können. Am besten ist es, daß ich Dich sehe, und dies kann bald und sehr füglich geschehen. Denn ich bin jetzt frei; meine Eltern haben endlich nachgegeben. Meinen ganzen Plan Dir mitzuteilen, diese Freude behalte ich mir selbst vor. Nur dies – ich bin sehr glücklich dadurch; es wird Dich freuen, mich fröhlich und heiter zu finden. Das war ich doch lange nicht!

Noch einmal, Bester! empfehle ich Dir Besonnenheit. Es ist ein großer Ruhm, bei allem Sturm um uns und in uns unser Selbst nicht zu verlieren, das echte Zeugnis des Mannes. Und unser Entschluß wirkt viel dazu.

Schreib ja bald, ich werde dann mehr und besser schreiben.«

»Liebster Freund! Du wirst sicher noch glücklich werden; überblicke nur die schönen Kräfte Deiner Seele, die Fülle Deiner Einbildungskraft, die Schnellkraft Deines Herzens, die Leichtigkeit Deines Verstandes und was weit mehr ist, alles das, was zum edlen Manne reifen wird – der Glauben, die schuldlose Zuversicht auf Dich und die Natur, die warme Ehrfurcht für alles Große. Du gibst Dich so offen hin und weißt den andern so rein aufzunehmen, daß es eine Wollust ist, in Deinem Herzen zu wohnen. Auch die Sünder ahnen dies in Dir und drängen sich um Dein Herz.«

Und schließlich:

»Lieber Hardenberg, Dein Brief hat mich sehr angenehm an die schönen Tage Deines Hierseins erinnert. Wirklich schöne Tage! Du hast so viel Sinn für geselligen Genuß und weißt alle meine Kräfte so harmonisch anzuregen! – Mit Schweinitzens Gesundheit geht es ziemlich wohl, man hat Dir übertriebene Nachrichten davon gesagt. Mit *ihm* bin ich sehr zufrieden; er wird den Ausweg finden aus dem Abgrund, in den das Schicksal ihn stürzte. Auch hoffe ich von diesem, daß er ewig mein sein wird. Denn er läßt nicht ab von dem, was sein Herz einmal mit Gewalt ergriffen hat.«

7 *Ich muß noch erzogen werden*

Wir fragen uns natürlich, wie wohl Hardenberg selber seine Liebesaffäre sieht und die Katastrophe, in die diese ihn vor sich und vor aller Welt herabgezogen. Nach dem schmählichen Scheitern seiner Pläne ist er nun entschlossen, sich einem neuen Leben zuzuwenden – wieder einmal, denken wir. Diesmal soll es in der Tat ein radikaler Bruch sein. Er will sich einer Lebensweise ergeben, die er bislang eher gefürchtet hat. Von Frankreich kommend, rollen die Wellen der politischen Erregung eine um die andere bis heran nach Leipzig. Stürmische Begeisterung für die Ideen der Revolution, Entsetzen über die verübten Greueltaten lösen einander ab. Von jenem Schelling im Tübinger Stift und dessen Übersetzung der Marseillaise zum Grauen seiner Oberen hatte schon Niethammer zu Jena erzählt; Schlegel verfolgt die Entwicklung mit brennendem Eifer; der große Klopstock gebärdet sich mehr denn je fanatisch demokratisch. Nachdem die Franzosen im April 1792 Österreich den Krieg erklärt, hat das verbündete Preußen ein Heer entsandt unter dem Oberkommando des Herzogs von Braunschweig, desselben, dem Hardenberg in Lucklum präsentiert worden war. Bruder Carl gehört dem Kontingent von Sachsen-Weimar an, Erasmus will sein Studium abbrechen und Soldat werden. Und Hardenberg? Er redet dem Bruder den Entschluß aus – und sich selbst ein, bis er ihm immer heller und lebendiger hervortritt. Doch lassen wir uns nicht täuschen: ihn ergreift nicht so sehr das Säbelrasseln ringsumher; sein Entschluß kommt aus persönlichen Motiven. Dank seiner Affäre hat er einen überraschenden Einblick in die eigene Natur getan und einen, der ihm gar nicht sehr willkommen ist. Heftige, allzu heftige Leiden-

schaftlichkeit hat er da sehen müssen, so daß er sich nun aufgeru-
fen fühlt, dieselbe mittels energischerer Selbsterziehung in die
Schranken zu weisen. So jedenfalls will er diesen neuen Entschluß
dem Vater vortragen, denn der Vater muß dazu nicht nur sein
Einverständnis geben, sondern auch die erforderlichen Mittel.
Hardenberg überlegt sehr genau, wie er den aufgebrachten Vater
versöhnlich stimmen und für seine Idee gewinnen könne. Schließlich schreibt er ihm:

»Voll Zutraun nah ich mich Deinem Herzen. Solang ich denken
kann, hast Du mir mehr versprochen, Freund als strenger Vater zu
sein. Jetzt appelliere ich an dies Versprechen, jetzt ist die Zeit, da
Du Dein Interesse vergessen und nur für das meinige sorgen
kannst. Ich hatte nie mehr Bedürfnis, ein erfahrenes Herz zu
finden, das mich zutraulich aufnähme, als jetzt. Vorwürfe, bester
Vater, und gerechter Tadel sind überflüssig, denn ich habe mir
hundertmal alles lebendig vorgestellt, was Du und die strenge
Stimme meines eignen Bewußtseins mir sagen können. Du weißt
schon, was ich wünsche, wonach ich ein heißes Verlangen trage:
Soldat zu werden ist jetzt die äußerste Grenze des Horizonts
meiner Wünsche. Die Erfüllung dieser Hoffnung wird die fieber-
hafte Unruhe stillen, die jetzt meine ganze Seele bewegt. Du,
bester Vater, bist die größte und fast einzige Schwierigkeit, die ich
zu überwinden habe. Hab ich den Weg zu Deinem Herzen gefunden, löscht dieser schnelle, jugendliche Entschluß nicht alle Funken einer zärtlichen Liebe zu mir darin aus, die schon zwanzig
Jahre alt ist und mehr aus dem innren Fond Deines Charakters, als
aus der Natur entstanden ist, so glaub ich, daß nichts mehr der
Ausführung meines Vorhabens entgegensteht. Eh ich meinen
Entschluß fest faßte, habe ich freilich innerlich sehr mit der
Vorstellung gekämpft, daß ich im höchsten Grade undankbar
gegen Euch beste Eltern sei, daß ich Euch liebe Hoffnungen
zerstöre und Euer Herz an der verwundbarsten Seite angreife; aber
als ich nachher bedachte, daß nicht der gegenwärtige Augenblick
gerade, sondern die Aussicht des ganzen Lebens mich bestimmen
müßte, daß das Glück und die Ruhe von meinem Leben und ein
großer Teil des Eurigen an diesem Entschluß hinge, indem ich von

ihm mir den vorteilhaftesten Einfluß auf die Bildung und Konsistenz meines Charakters verspreche, daß denn doch bald Zeiten kommen würden, wo Euch das alles klar und kräftig einleuchten würde und Ihr mit der Wendung meines Schicksals gewiß zufrieden sein, als ich dies alles bedachte, so war auch mein Entschluß da mit der freudigen Hoffnung, daß Ihr mir auch vertrauensvoll die Hand bieten würdet und mein ohnedem schon verwirrtes Herz durch eine Härte und Kälte, durch einen Mangel an freiem Zutraun und herzlicher Teilnahme, der Euch sonst so fremd war, nicht noch mehr niederdrücken.«

So kommt er denn auf seine Liebe zu sprechen:

»Die erste Zeit ging noch alles recht gut, aber diese Leidenschaft wuchs so schnell empor, daß sie in kurzer Zeit sich meiner ganz bemächtigt hatte. Mich verließ die Kraft, zu widerstehn. Ich gab mich ganz hin. Überdem war's die erste Leidenschaft meines Lebens. Vielleicht ist Dir dies nicht so fremd und analoger als ich glaube, da Du doch ein äußerst empfindliches und heftiges Temperament hast: aber Du bist von früh an schon vertrauter und inniger mit der Idee von Pflicht gewesen, und meine Fantasie ist vielleicht viel ungebändigter, als die Deinige war. Genug ich geriet in einen Zustand, in dem ich noch nie war. Eine Unruhe geißelte mich überall, deren Peinlichkeit und Heftigkeit ich Dir nicht anschaulich zu machen vermag. Hin und wieder gab's doch eine kühlere Minute, wo mir das Gefühl von Pflicht, von meiner Bestimmung, die Erinnerung an Euch einfiel und meine innre Pein um die Hälfte vermehrte, weil ich zu gut sah, daß ich nicht so sein sollte, und doch Mangel an Kraft fühlte, mich herauszureißen, weil ich zu unzertrennlich mit der Empfindung der Liebe verbunden war, weil ich gern beide verknüpft hätte und doch keine Möglichkeit vor mir sah. 14 Tage habe ich fast nicht ordentlich geschlafen, und selbst diesen kurzen Schlaf machten mir die lebhaftesten Träume peinlich. In dieser Epoche sah ich Dich. Deine kurze Gegenwart machte meine innre Situation verwirrter. Damals schrieb ich zuerst alles an meinen Onkel. Daß ich in dieser ganzen Zeit nichts tat, kannst Du Dir leicht vorstellen. So aufmerksam ich auch seit langer Zeit schon auf mich bin, so gut ich vorher glaubte, mich ganz zu kennen, so hat mir doch diese Begebenheit erst die Augen geöffnet. Von meiner Leidenschaftlichkeit wußte ich wenig. Ich glaubte nie, daß mich etwas so allgewaltig in so kurzer Zeit unmerklich ergreifen, mich so in meiner innersten Seele gefangennehmen könne. Ich habe nun die Erfahrung gemacht. Bin ich sicher, daß heut oder morgen mich nicht wieder so ein Unfall trifft? Als Soldat bin ich gezwungen, durch strenge Disziplin meine Pflichten gewissenhaft zu tun, und überdem sind es größtenteils mechanische Pflichten, die meinem Kopf und Herzen alle mögliche Freiheit verstatten. Hingegen als Zivilist, Gott im Himmel, wie würde das mit meinen Geschäften aussehn, wenn solche Pausen von gänzlicher Kopfabwesenheit kämen! Ich würde Euch, mich selbst und meine Pflichten täuschen, obendrein unglücklich sein und keinen Trost haben. Meine leidenschaftliche Unruhe und Heftigkeit würde sich auf alles erstrecken, und leider würden die trocknen Geistesarbeiten davon den wenigsten Nutzen haben. Ich muß noch erzogen werden, vielleicht muß ich mich bis an mein Ende erziehn. Im Zivilstande werde ich verweichlicht. Mein Charakter leidet zu wenig heftige Stöße, und nur diese können ihn bilden und festmachen. Schon diese heftige Leidenschaft hat auf meinen Charakter und meine Einsicht einen, wie ich mir schmeichle, vorteilhaften Einfluß gehabt. So ein Charakter, wie der meinige, bildet sich nur im Strom der Welt. Einem engen Kreise kann ich nicht meine Bildung danken. Vaterland und Welt muß auf mich wirken: Ruhm und Tadel muß ich ertragen lernen. Mich und andere werd ich gezwungen recht zu kennen, denn nur durch andre und mit andern komm ich fort. Dann fang ich erst an, meine Kräfte zu üben und männlich zu werden. Männlichkeit ist das Ziel meines Bestrebens. Nur sie macht edel und vortrefflich, und wo könnt ich sie eher für mich finden als in einem Stande, wo strenge Ordnung, pedantische Unbedeutendheit und *ein* Geist zu einem großen Ziele führt, wo das Leben immer nur als Medium erscheint und das Prinzip der Ehre das Selbstgefühl schärft, die Empfindungen veredelt, den Wetteifer erhöht und den Eigennutz aufhebt, wo man fast immer mit seiner letzten Minute umgeht? Wenn man da nicht geweckt wird zum Ernst, zur Männlichkeit,

70

Der Vater: Heinrich Ulrich Erasmus Freiherr von Hardenberg (1738–1814). Gemälde von Anton Graff 1772. Hardenberg sagte von seinem Vater später, daß ihn beständige Opposition gegen neue Vorschläge, asketische Strenge und Mißtrauen gegen die Subalternen charakterisierten.

zum klugen Gebrauch seiner Kraft und seiner Zeit, wenn da nicht der Charakter Konsistenz und Bildung und Größe erhält, so müßte man auf der untersten Stufe der menschlichen Würde, der moralischen Natur stehn. Ich hoffe, daß Du jetzt schon einsehn wirst, daß nicht eine kindische Vorstellung vom Soldaten mein Hauptbewegungsgrund gewesen. Ich weiß zu gut, was ich aufopfere und was ich erhalte, wozu ich mich entschließe und was ich verlasse. Ich weiß, daß der Soldatenstand kein Rosengarten ist, aber was gerade andre dran scheuen, das zieht mich an und läßt mich den heilsamsten Einfluß auf meine Bildung davon hoffen. Erlaube mir doch daher, daß ich jetzt dem Rufe folgen kann, den ich aus meinem Herzen und aus den Gegenständen um mich her höre. Hör ich zur Unzeit, nun so kann ich mir doch selbst Vorwürfe machen und habe nicht nötig, unwillig auf einen andern zu sein. Das tätige Leben, in das ich nun trete, wird meinem brausenden Kopfe und meinem unruhigen Herzen höchst willkommen sein. Die Erfahrung wird ihre Hand an meine Bildung legen, und in ihrem hellen Lichte wird manche romantische Jugendidee verschwinden und nur der stillen, zarten Wahrheit, dem einleuchtenden Sinn des Sittlichguten, Schönen und Bleibenden den Platz überlassen. Sieh, bester Vater, das ist der Zweck, den ich habe, mißbilligen kannst Du ihn unmöglich, und das gewählte Mittel scheint mir das zweckmäßigste zu sein. Ich glaube, mit allem diesem schon alle jene Einwürfe entkräftet zu haben, die Du mir etwa in Rücksicht des Verhältnisses meines Charakters zum Soldatenstande machen könntest. Mir wird die Subordination, die Ordnung, die Einförmigkeit, die Geistlosigkeit des Militärs sehr dienlich sein. Hier wird meine Fantasie das Kindische, Jugendliche verlieren, was ihr anhängt, und gezwungen sein, sich nach den festen Regeln eines Systems zu richten. Der romantische Schwung wird in dem alltäglichen, sehr unromantischen Gange meines Lebens viel von seinem schädlichen Einfluß auf meine Handlungen verlieren, und nichts wird mir übrigbleiben als ein dauerhafter, schlichter Bonsens, der für unsre modernen Zeiten den angemessensten, natürlichsten Gesichtspunkt darbietet.

Was die Strapazen betrifft, so weiß ich, daß ich sie ausdauern werde, wenn ich sie ausdauern soll, und so fürcht ich mich nicht davor. Was Todesfurcht anbetrifft, so müßt in mir kein Tropfen von Deinem Blute fließen, wenn sie mich zurückhalten sollte. Was das Zerschießen und das Zerhauen angeht, so bleibt mir auch in diesem Falle noch immer die Zuflucht zu den Wissenschaften, die das Glück meines Lebens ausmachten bisher und gewiß jetzt nicht aufhören werden. Mein Geist und seine Bildung ist ohnedem mein heiligster Zweck; äußere Veränderungen und körperliche Unfälle werden also diesem nie entgegenstehn, wenn sie nicht mittelbar seine Entwicklung und die Freiheit seiner Bewegungen hemmen.

Ich habe sonst noch viel überdacht, ob jemand reellen Schaden von meinem Entschlusse haben könnte, aber ich habe nichts gefunden. Euch wird's im Anfang schmerzen, meinen angefangenen Lauf unterbrochen zu sehn, mich, den Ihr so zärtlich liebt, dem ungewissen Kriegsglück anvertraut zu wissen, zwei Jahre Hoffnungen und Depensen umsonst gehabt zu haben; aber hängt nicht die ganze Lebenszeit des Menschen an unsichtbaren Fäden zusammen? Kann Euch beim festen Glauben an die Vorsehung der Umweg wahre Unruhe machen, und vergeßt Ihr nicht gern die Ausgaben, wenn Ihr mich nun endlich auf einer festen Bahn seht und mein Glück und meinen Charakter geborgen und Eure Hoffnung gegründet; und jeder gelungne Schritt Euch der beste Dank wird? Erleichtere mir also, bester Vater, meinen jetzigen Entschluß, und mache mir das Herz nicht mit Deinem innren, verhaltnen Kummer schwer, das ohnedem Hoffnung und Kraft und Mut bedarf, denn die bisherige untätige Ruhe hat es verzärtelt. Es wird Dich nicht gereuen, mir entweder meinen letzten oder meinen ersten männlichen Weg verkürzt zu haben und erleichtert. Komm ich nicht wieder, so bin ich doch meinem Schicksal gefolgt, das mir kein längeres Leben gönnte, und auch dann wirst Du der Vorsicht Plan still verehren. Seh ich Euch wieder, so hoff ich, Du sollst mir noch einmal Dein ganzes Vertraun wieder schenken, und wir wollen gewiß noch manchen fröhlichen Tag dann verleben. Ich habe jetzt die erste Aussicht, noch mir selber das Notdürftigste verdienen zu können und meinen Geschwistern so am wenigsten im Wege zu stehn und vielleicht am ersten Eure Unterstützung, insofern sie Euch zur Last fällt, entbehren zu können, wenn mir nur das Glück ein wenig mit dem Avancement wohlwill. Mein Onkel ist von allem diesem schon unterrichtet; seine Antwort drauf hat mich entzückt, wegen der Wärme und Teilnahme, mit der er zu mir sprach. Er glaubte, es sei Grille und nicht fester Entschluß. Die Gründe, warum er mir es widerriet, waren die, die ich auch von Dir vermutete, und auf die ich ihm eben so detailliert antwortete, als ich Dir jetzt schrieb. Ich erwarte seine zweite Antwort stündlich.

Sieh, bester, liebster Vater, das ist nun alles. Ich hoffe, Du läßt mir die wenige Gerechtigkeit widerfahren, die mir zukommt, und erkennst in mir zwar den leidenschaftlichen, unbesonnenen jungen Menschen, aber auch das freie, offne Herz, das es nicht gern mit andern, aber auch nicht gern mit sich selbst verdürbe und so gern besser, weiser und glücklicher sein und machen möchte.«

So rührend er alles vorgetragen hat – es rührt den Vater nicht, die Mutter nicht und nicht den Onkel. Sie wissen nämlich besser als er, daß zu einer militärischen Laufbahn, bei allem Uradel und gesetzt auch Tüchtigkeit, zuerst Vermögen nötig ist. Und daß sie dieses nicht besitzen. Der Vater geht nach Eisleben, um sich mit Mindermann, dem Rentmeister und Vermögensverwalter der Familie, zu besprechen. Von dort schreibt er dem Sohn, er solle gleich kommen, um Fahnenjunker zu werden, freilich mit den besten Aussichten zum baldigen Avancement.

Hardenberg sitzt gleich zu Pferde und reitet nach Eisleben. Spanische Schlösser baut er sich. Die Erbschaft der Jenaer Tante, welche gerade zu Anfang der Woche verstorben ist, macht ihm Mut, an die Kavallerie zu denken! Den Rentmeister trifft er in einer, wie ihm scheinen will, sehr vernünftigen Laune, so daß er mit ihm sich recht angenehm unterhält. Bis der ihm Aufschlüsse über das Vermögen der Familie gibt, die ihm völlig neu sind. Sogleich schwinden nun die schönen Hoffnungen. Der Vater schweigt dazu. Erst nach zwei Tagen, als er früh um sechs Uhr nach Artern weiterreist, fängt er mit dem Sohn zu reden an. Das erste Wort, das dieser von Kurfürstkürassieren fallen läßt, wird gleich wegen der Kosten ad acta gelegt, und die Perspektive des Fahnenjunkers bleibt allein. Der Vater schickt noch alles an den

Onkel und entläßt den Sohn mit sorgenbelastetem Herzen. Der ist kaum auf seinem Roß, so fällt ihm alles zentnerschwer auf die Seele.

Mit Geld ist's überall gut sein, selbst Fahnenjunker, aber ohne Geld, da ist's ein armselig Ding zu leben!

Tausend Projekte laufen durch seine Seele, die endlich bei zweien stehenbleibt. Das eine ist, von Vetter Miltitz 500 Taler zur Equipage zu leihen. Dietrich von Miltitz hat Sachsen verlassen, um in Paris in die Revolutionsarmee einzutreten; der Onkel in Lucklum und Hardenbergs Vater, welcher Miltitz Vormund ist, hatten ihm freilich entschieden abgeraten. Das andre: fortzustudieren. Um alles gehörig überlegen zu können, reitet er erst noch nach Leipzig. Von dort aus schreibt er an Miltitz. Aber das zweite Projekt will ihm nicht aus dem Kopf. Als er den nächsten Nachmittag nach Weißenfels zurückgelangt, steht der neue Entschluß fest: er wird doch lieber fortstudieren.

Mit beiden Händen ergreift die Mutter, was er ihr auseinandersetzt: Er sehe doch zu gut, wie langsam und eingeschlossen seine militärische Laufbahn trotz allen Glücks bei ihren mittelmäßigen Vermögensumständen sein würde. Und wie er seinen Hauptzweck doch noch eher beim Studieren erreichen würde, besonders da die Leidenschaft des Ehrgeizes, die in ihm jetzt noch nicht sehr hell brenne, sich mit gewissen Jahren erst entzünden und dann zur unerträglichen Peinigerin werden müsse; und dann gehe ihm auch noch vieles an äußerlicher und innerlicher Bildung ab, um eine freie Rolle bloß durch Verstand in der Welt spielen zu können, was doch selbst bei der Ergreifung des Militärs im Anfange seine Lieblingsidee gewesen, die er aber nicht recht durchgedacht habe.

Als der Vater zurückkommt und von dem endgültigen Entschluß des Sohnes hört, kann dieser mit des ersteren Humanität zufrieden sein – einige Vorwürfe abgerechnet, die ihm aber höchst natürlich scheinen. Der Vater schreibt an den Onkel, wobei er diesem auch des Neffen Wunsch unterbreitet, nach Lucklum zu kommen; Hardenberg schreibt an Miltitz und nimmt seine Bitte zurück.

Er fährt dann aber nicht nach Lucklum. Zur Ablenkung und

Bildung soll er statt dessen eine kleinere Harzreise antreten in Begleitung des um drei Jahre älteren Juristen Karl Salomo Zachariä, welcher, ihm aus dem ersten Leipziger Semester noch vertraut, danach an die Universität Wittenberg übergesiedelt ist. In Wittenberg, beschließt man im Familienrat, soll er alsdann seine Studien fortsetzen und vollenden.

8 Ganz artig

Guten Mutes entfloh ich am 15. April 1793 früh um acht Uhr mit meinem Hofmeister, Herrn Zachariä, und dem Bedienten David unserm dumpfen Musensitz in einer leichten Chaise mit zwei Pferden Extrapost«, so beginnt er sein Reisejournal. Ihr sämtliches Reisegerät schließt ein Mantelsack in sich, den der Bediente mit aufs Pferd nehmen soll, eine Unmöglichkeit, die sie erst zu spät einsehen, weil für jeden ein vollkommner Paradeanzug und desgleichen mehr die Last ziemlich beträchtlich macht.

»Um elf waren wir in dem angenehmen Wörlitz, dessen Garten auch jetzt, da noch kein grünender Baum seine mit Blättern und Blüten bekleideten Zweige in den blauen Wasserspiegel tauchte, durch seine in- und ausländischen toten Hölzer einen melancholisch schönen Spaziergang bildete.« Nachdem sie im neuen Gasthof ganz gut zu Mittag gespeist haben, fahren sie auf der schönen Chaussee, die durch kleine Eichenwäldchen, Wiesen, Dörfer und Felder in angenehmer Abwechslung hinläuft, nach Dessau, wo sie im »Ring« absteigen. In Gesellschaft eines früher angekommenen Wittenbergers bei dem schönsten Sommer, der den Winter des Vormittags abgelöst hat, gehen sie auf den Gottesacker, der vor dem Köthner Tor liegt, und in das Georgium, eine englische Gartenanlage, die dem Bruder des Fürsten gehört. Als sie wieder in die Stadt kommen, besehen sie auf der Kavalierstraße die Parforcehunde; der Wärter läßt einige siebzig aus einem der Ställe in den Hof, wo sie die Besucher mit einem gräßlichen Hungergeheul begrüßen. »Es sind hier lauter Hatzhunde, stark, aber doch

76

schlank gebaut; ein jeder hat seinen eignen Namen«, notiert sich Hardenberg. Sie gehen dann in die Reit- und Jagdställe rechts vom alten fürstlichen Schloß. Hardenberg geht noch alleine mit ihrem Gesellschafter etwas in der Stadt herum, und dann speisen sie in ihrem Gasthof in einer ganz angenehmen und ziemlich ansehnlichen Gesellschaft. »Ich freute mich, an einigen Dessauern in der Gesellschaft die Bemerkung machen zu können, wie zufrieden sie mit ihrem Fürsten sind«, notiert er sich. Das Dessauische Ländchen ist in der Tat eines der glücklichsten; der Fürst sucht auf alle Weise das Glück und den Wohlstand seiner Untertanen zu befördern und versteht die Kunst, durch gut angebrachte Freigebigkeit und Veranlassung zum Verdienst für den gemeinen Mann wie für den Handwerker, Künstler und Handelsmann ihrem allgemeinen und Privatwohl in der Tat beförderlich zu sein. Überall führt er selbst die Oberaufsicht, wozu er viel Anlage hat, und dabei ist er gütig gegen jedermann. Auch Fremde machen davon häufige Erfahrung, und wer einmal präsentiert ist, braucht sich an keine strenge Etikette zu binden, wie man sonst an kleinen Höfen findet. Die Einkünfte seines Landes vertut er nicht unnütz. Sein Militär kostet ihn auch wenig. Nur die Parforcejagd macht in Absicht auf die Jagdgehilfen, die vielen Pferde usw. eine unnütze Ausgabe und nimmt dem Fürsten viel Zeit weg: indes gibt sie doch mehreren Menschen Brot und dem Landmann Gelegenheit, Hafer und Heu abzusetzen, wenn das fürstliche nicht reicht.

Den 16. früh um fünf Uhr fahren sie mit preußischer Extrapost von Dessau ab und bleiben bis hinter Stift Mosigkau auf der Köthner Chaussee, die in einer Allee von Kirsch- und Pflaumenbäumen hinläuft. »Der ganze Strich, den wir im Köthenschen und bis nach Bernburg bereisten, bestand aus ganz gut bestellten Feldern, deren Boden aber um ein gut Teil zu fest und lehmig ist, so daß weder Pflug noch Egge die Erdklöße zu bändigen vermögen. Roggen wird viel gebaut; Wiesenwachs fanden wir sehr wenig. Bei Bernburg fiel mir der Rapsbau auf, der einen sehr festen Boden zu erfordern scheint. Der Raps ist eine Art Rübsen mit breiten Blättern; sein Samen gibt ein gutes Öl.« Um halb elf sind sie in Bernburg, wo gerade Markttag ist. Sie gehen auf den nicht eben beträchtlichen Markt in der Altstadt auf dem Schloßberg. Unter den jungen Frauenzimmern fallen Hardenberg viele edle Profile auf; dagegen kann er die architektonischen Verzierungen und Statuen am Tor der Saalebrücke nicht für Meisterwerke halten. Die Besucher geben ihr Brückengeld ab und besehen die Wache. Hardenberg vermerkt: »Das Bernburgsche Militär besteht nur aus dreißig Mann, die aber fast lauter schlanke, gut dressierte und auf preußischem Fuß sehr nett montierte Leute sind.«

Auch das Bernburger Schloß auf der Spitze des Schloßberges besehen sie. Es ist ein äußerst weitläufiges, unregelmäßiges gotisches Gebäude, das einen weiten Hof einschließt und auf der einen Seite von einem breiten und tiefen Graben umgeben ist; auf der andern Seite fließt in schauderhafter Tiefe die breite und reißende Saale. Zwischen den Schloßmauern und diesem Abgrund ist ein wilder Spaziergang angelegt, von dessen Höhe man Stadt und Land, eine schöne, fruchtbare Ebene, die sich in hundert Krümmungen daherwindende Saale und an ihren Ufern die schönsten Wälder fernhin übersieht. »Die vielen Zimmer des Schlosses sind zum Teil kostbar, aber sehr altmodisch möbliert und sind meist unbequem angelegt«, hält er am Abend fest. »Pracht und etwas gar zu große Simplizität wechseln zuweilen sonderbar; so hat z. B. die junge Prinzessin ein kostbares Visitenzimmer und weit davon entlegen eine ordinäre, schmale, weißgetünchte Schlafkammer mit einem Fenster mit runden Scheiben, und in einem der großen Zimmer steht ein alter, geschmacklos gearbeiteter, aber kostbarer Schrank, der auf 30 000 Reichstaler geschätzt wird; er wird als eine Rarität gezeigt, brauchbar ist er eigentlich nicht. Am Eingang des Schlosses ist die Hauptwache. Die kleine Wachtparade ist auf dem großen Schloßplatz, wo der Feldwebel seine Mannschaft, die ganz gut einexerziert ist, lange genug herumkommandiert.«

Nachdem sie sich die Stadt etwas angesehn und auf der Post selbst das Nötige bestellt haben, speisen sie in der »Goldnen Kugel« in der großen Billardstube, wo sie die einzigen sind. Durch schön bestelltes Land fahren sie drei Stunden lang nach Aschersleben, besehen sich diese Landstadt und den großen grünen Schützenplatz mit einigen passablen Häusern vor der Stadt und trinken dann bei der Postmeisterin, deren Tochter höchst gesprächig ist, Kaffee. »Die Sprache des gemeinen Mannes ist hier schon platt, klingt aber fein und angenehm«, hält Hardenberg fest. Gut fünf Stunden lang fahren sie noch in einer Kurierkalesche auf dem Stroh hingestreckt nach Halberstadt – bei wütendem Sturm, der Ströme von Staub über sie und die Felder herabgießt, und dann in Regen und endlich, als es ganz finster ist, in einem heftigen Schneegestöber. In Halberstadt steigen sie im »König von Polen« ab und bekommen eine kleine Stube hinten hinaus, wo sie vortrefflich schlafen. »Wir haben in achtzehn Stunden zwölf Meilen gemacht. In dem ganzen Strich, den wir passiert sind, hat man Winterung, Sömmerung und Brache.«

Erst um acht Uhr stehen sie am folgenden Morgen auf, beziehen eine große, tapezierte Stube vornheraus und gehen dann auf die Spiegelsberge, eine halb englische, halb französische Anlage auf einem Berg, der sich mitten in schönen Fruchtfeldern erhebt und auf einer Seite mit mehreren Hügeln zusammenhängt. »Einige wilde Partien, leider noch ohne alles Grün. Ein Tannenwäldchen, in dem eine feierliche Stille herrschte, muß in heißen Tagen seiner Kühlung wegen sehr angenehm sein; dicht dabei steht ein offner Pavillon, in welchem der Körper des Domdechanten v. Spiegel, der diesen Garten anlegte, in einem hölzernen Sarge aufbewahrt wird: er verlangte einen schwarz-marmornen Sarg, sein Sohn hat es aber bisher dabei bewenden lassen.«

Auf dem Rückweg nach der Stadt bedeckt sie ein Schloßenwetter mit Eis. »Wir trockneten uns in der großen Wirtsstube, aßen ganz gut zu Mittag und besahen den Dom, der zwar gotisch, aber mit einer Simplizität und einem so edlen Stil gebaut ist, wie ich noch in keiner gotischen Kirche fand.« Ein Gang nach dem reichen Dominikanerinnenkloster St. Burchardi, das vor der Stadt mitten in einem schönen und weitläufigen Wirtschaftshof liegt, ist vergeblich. Das Barfüßer- oder Franziskanerkloster in der Stadt zeigt ihnen ein freundlicher alter Vater, von dem sie zugleich manches Merkwürdige erfahren, z. B. von den Seminaren, wo ein Teil der Brüder, der nachmals ordiniert wird, Theologie studiert. »In Zellen kamen wir nicht, weil eben Gebet in der Kirche und also keiner von den 26 Mönchen in seiner Wohnung war; soviel ich weiß, macht ein Strohlager, ein Stuhl und ein Tischchen die ganze Möblierung aus; wer nicht zum Seminar gehört, muß von einer tödlichen Langeweile gedrückt werden.«

Das Vorfahren ihrer Extrapost verhindert sie, um fünf Uhr zum 70jährigen Domherrn Gleim zu gehn, der jeden Besuchenden gern sieht und mit Höflichkeit aufnimmt. Sie fahren bei jämmerlicher Kälte nach Wernigerode, wo sie um acht ankommen. »Meine Tanten empfingen uns sehr liebreich in ihrer ganz artig möblierten Wohnung auf dem Schloßberg, die aus fünf Zimmern und drei bis vier Kammern besteht, hatten ein feines Abendessen für uns anrichten lassen und wiesen uns ein Logis von zwei Zimmern und einer Kammer an, vor deren Fenstern das Gebirge sich in einiger Ferne amphitheatralisch erhob. Da wir uns hier gewissermaßen häuslich niedergelassen hatten, schliefen wir noch einmal so gut als sonst.«

Am 18. vergeht der Vormittag mit Journal-Schreiben, Frisieren und Anziehen. An Ausgehn ist wegen heftigen Schnees und Regens nicht zu denken. Gegen zwölf fahren sie mit den Tanten aufs Schloß, wohin sie, da der Graf verreist ist, von der Gräfin zur Tafel geladen sind, die aus zwanzig Gedecken besteht. »Der Saal war ganz artig und die Tafel gut serviert.« Nach Tische bleiben sie bis gegen Abend bei der gräflichen Familie, welche aus der Gräfin, ihrer Schwester, vier beinahe erwachsenen Komtessen, noch zwei Damen und den zwei noch unerwachsenen Söhnen besteht, die aber keinmal in diesem Zirkel erscheinen. »Eine gewisse Herzlichkeit und ein äußerst zuvorkommendes Wesen machte diese Gesellschaft überaus angenehm und liebenswürdig, und das Betragen, welches gegeneinander beobachtet wurde, gab mir, besonders als in den folgenden Tagen auch der Graf in diesem Kreis war, das Ideal einer glücklichen und zufriedenen Familie. Das Schloß, das auf einem hohen und steilen Berg liegt, wird durch die Aussichten aus seinen Zimmern, die heitere Luft, welche daselbst herrscht, und den es zum Teil umgebenden Lustwald ein anmutiger Wohnort; denn um dieser Schönheiten willen kann man wohl die Unbequemlichkeiten des Herauf- und Herunterfahrens oder

-gehens vergessen. Man mag sich stellen, an welches Fenster man will, die in den Hof abgerechnet, so findet man fast immer eine reizende und romantische Aussicht vor sich.« Nächst den schönen Aussichten müssen die artig geordneten, geschmackvoll möblierten und mit Landschaftszeichnungen und Kupfern ausgehängten Zimmer und eine Bibliothek von etwa 40000 Bänden erwähnt werden. Ein paar schöne Ausgaben von Voltaire und Rousseau, ein Koran, ein Hans Sachs, die »Altertümer von Pompeji« und Lavaters »Physiognomik«, die Hardenberg sich in sein Logis geben läßt, sind die Merkwürdigkeiten, auf die man die Fremden am meisten aufmerksam macht. »Es ist wohltätig vom Grafen, daß er in die Stadt und besonders die Stadtschule, die ganz gut eingerichtet sein soll, Bücher zu verborgen erlaubt hat.«

Den 19. früh geht Hardenberg zum regierenden Herrn, der eben aus Halberstadt angekommen ist, aufs Schloß und findet an ihm einen sehr leutseligen Mann, der bei vieler Würde äußerst freundschaftlich gegen ihn ist. Er gibt ihm sein Leibpferd Mylord, einen großen und schönen Braunen, und schickt noch einen Reitknecht mit, als sie sich zu guter letzt nach Ilsenburg aufmachen, eine Meile von Wernigerode. Der Ort interessiert Hardenberg wegen seiner Eisenwerke. Ein höflicher und, wie ihm scheint, wegen seiner Kenntnisse geschätzter Mann führt sie herum, so daß sie alles gründlich besehen. Abends reiten sie nach Wernigerode zurück. Ihre Reise endet schließlich in Wittenberg, von wo sie ausgegangen ist.

9 Mir gefällt's doch hier unter dieser Sonne

Da das Sommersemester erst Ende Mai beginnt, begibt sich Hardenberg noch einmal zurück nach Weißenfels. Keiner freut sich mehr darüber als seine Schwester Sidonie im Verein mit ihrer Freundin Louise Brachmann – ihrer allerbesten Freundin, sind doch schon beider Mütter seit ihrer Jugend Freundinnen. Denn in den letzten Jahren, seit Sidonie zehn und Louise zwölf

Jahre zählten, bemüht sich Hardenberg, die höhere ästhetische Bildung der Mädchen zu ordnen und zu leiten. Wir müssen dabei wissen, daß Louise eine starke Neigung zur Poesie verrät, sich auch schon in den ersten eigenen Gedichten versucht, die sie dem verehrten Jüngling zu zeigen sich zwar nicht getraut; Sidonie aber legt sie ihm vor, und die aufmunternde Freundlichkeit, die Aufmerksamkeit und der Beifall, die er diesen frühesten dichterischen Versuchen schenkt, tragen sehr dazu bei, das schüchterne Talent zu heben – zumal Louise von körperlicher Mißgestalt ist. Mit wahrem Mitgefühl sieht er sie an, mit zarter Sorgfalt wählt er die Lektüre für die Mädchen aus, denn deren Eltern, bei aller regen Liebe für die Kunst, vermögen doch nicht so lebhaft wie er den neueren Erscheinungen auf dem Büchermarkte zu folgen. Sidonie weiß, daß selbst der große Bruder Erasmus sich von Fritz genau beraten läßt, was er nun lesen solle und was nicht. Und daß auch Louisens Bruder Friedrich gern auf ihren Bruder hört. Die beiden Friedriche sind ebenfalls die besten Freunde.

Nach Pfingsten bricht Hardenberg endgültig auf zum dritten Teile seiner Studien. Den 27. Mai 1793 immatrikuliert er sich als Student der Rechte an der Universität zu Wittenberg. Nach Jena und Leipzig ist Wittenberg nun wahrlich ein bescheidenes Städtchen. Ganze zweihundertfünfzig Studenten sind hier eingeschrieben. Doch kommt man sehr anständig unter, und ein Mittagstisch im Hause der Frau Professorin ist auch schon gefunden.

Abends eß ich Butter und Brot und früh eß ich Obst, nimmt er sich vor. Ich knacke lateinische Nüsse und streue Bücherstaub auf meinen Scheitel. Die Kräfte der Seele müssen sich sammeln und setzen. Die Zeit ertragen zu lernen, ist ein Hauptgeheimnis des Lebens, und die Einförmigkeit eine Schule für Jünglinge, denen die Natur ein wenig Äther und zu viel Empfänglichkeit für alle angenehmen Eindrücke gab. Mein Wesen besteht aus Augenblikken. Will ich diese nicht ergreifen mit männlicher Hand, so bleibt mir nichts übrig als eine unerträgliche Vegetation. Ich bin voll Glauben und Zuversicht – und erwarte alles, wenn ich meine ruhlosen Launen bezwinge. Reine Willenskraft ohne alles Gewühl von raffinierten Gefühlen ist das, wodurch wir einzig leben und handeln können. Sie ist das Element des Mannes, der ohne sie nie Mann, sondern ein halber Verschnittner ist. Sie ist's, wodurch wir gesund sind und werden.

Auf Michaelis werde ich ungleich an Kraft gewonnen haben, und damit ist der erste Schritt zum männlichen Leben getan. Ich will mir doch zeigen, was guter Wille und uneingeschränkte Betriebsamkeit der Wahrheit vermögen; wie man mit redlicher Überzeugung und mit einem Herzen voll Zuversicht und Liebe und einem bißchen Verstand über alles Herr wird und auf Grundsätzen zu fußen anfängt; nur muß man bei seinen Erfahrungen immer nur bis an den Hals ins Wasser gehn und Besonnenheit genug haben, um sich dann wenigstens noch mäßigen zu können. Mit *einem* Kompaß orientiert man sich auf allen Meeren: mit gesunder, praktischer Denkungsart, ohne viele Weitläufigkeit und Subtilitäten, kommt man durch die ganze Welt. Der Lebensgenuß findet sich überall bei gesunden Kräften der Seele. Wichtig kann uns der Raum einer Nußschale werden, wenn wir selbst Fülle des Daseins mitbringen.

Mit derlei Vorsätzen kniet er sich tief hinein in seine juristischen Studien, und zu seiner Freude kann er bald feststellen, daß diese ihm leichter werden, als er sie sich vorgestellt hatte. Auch in den andren Wissenschaften bildet er sich weiter aus, vornehmlich in der Mathematik und in der Chemie. Aber bei peinlichster Observation aller Kollegien und fleißigster Weiterarbeit auf seiner Stube finden sich nach und nach auch wieder Zeit und Lust zum frohen, geselligen Leben. Oft versammelt sich der fröhliche Kreis der Studenten; Lieder, selbstgedichtete, und Possenspiele erhöhen die Freude des mäßigen Mahls. Auch muß man über die Gebühr singen, denn ein jeder glaubt ein Dichter zu sein, wenn er reimt. Der Leipziger Kommilitone von Freymann ist nach Wittenberg gekommen; Louis von Burgsdorff, einst Mitgymnasiast in Eisleben, dessen Weg nach Leipzig und Wittenberg Hardenberg mitverfolgt hat, ist nun bei ihm aufgetaucht; Zachariäs Zögling Ferdinand Graf zur Lippe-Biesterfeld und der temperamentvolle Hausgenosse von Kommerstedt haben sich hinzugesellt. So läßt es sich auch wieder in Gesellschaft gehen und dem armen Bruder Erasmus, der an den Freuden des Studentenlebens nicht mehr teilhaben kann, seit der Vater es für geraten hielt, ihn nach der Erkrankung und der Genesungszeit in Lucklum als Jagdvolontär und Forstjunker zur kurfürstlichen Oberförsterei auf Schloß Hubertusburg bei Oschatz zu schicken, dem armen Asmus also läßt sich quasi zum Ersatz von solchen Lustbarkeiten berichten.

»Ich lebe jetzt sehr vergnügt«, schreibt er ihm. »Alle Stunden, die mir nicht Beruf und Fleiß ausfüllen, leb ich in geselligem Genuß. Wittenberg fesselt mich jetzt ordentlich an sich. Kommerstedt und ich leben in hoher Eintracht und suchen den Stein der Weisen unter jeder Gestalt. Ich befinde mich sehr wohl, und meine Natur loht recht kräftig auf, ich könnte nicht besser jetzt leben. Wir spielen hier fast mit die erste Rolle, wohnen und essen gut, haben unsre Zeit sehr gut eingerichtet, und ich vorzüglich sehe kein anderes Buch an. Ich mache ziemlich beträchtliche Fortschritte; mein Repetent Mangold ist bei mir jetzt Mode, ich rede von nichts

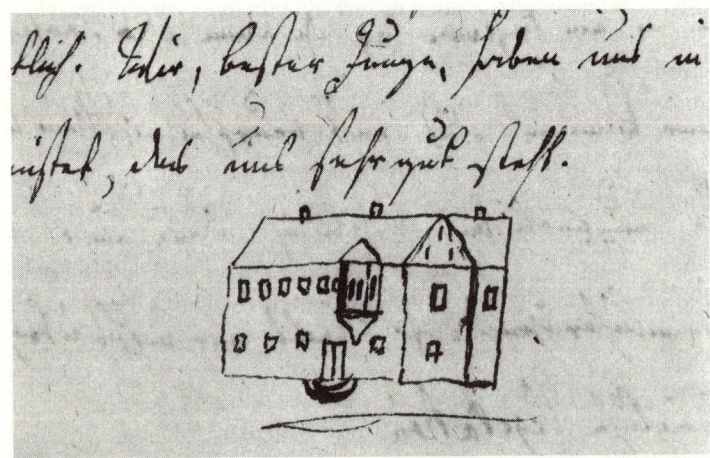

Zum Abschluß des Studiums der Jurisprudenz zog er im April 1793 an die Universität Wittenberg. Dort verkehrte er in einem »Häuschen«, das er dem Bruder in einem Brief aufmalte.

als von ihm. Es ist ein exzellenter Kerl. Burgsdorff lebt hier recht vernünftig und ordentlich. Wir, bester Junge, haben uns in ein Häuschen eingenistet, das uns sehr gut steht.«

Und zwecks besserer Anschauung malt er dem Bruder das Häuschen aufs Briefpapier, vom Eingang bis zu den drei Schornsteinen, besonders akkurat den Erker.

»In diesem Häuschen eine Treppe hoch in dem Erker wohnen ein paar Schwestern. Das Schicksal hat gewollt, daß wir zum Glück uns jeder in die andre verliebt haben. So kommen wir einander nicht ins Gehege und bestehn brüderlich alle Affenteuer. Auf Michaelis kann ich Dir tagelang erzählen. Sie sind sehr hübsch, wunderschön, aber um sie zu erlangen, haben wir Freiherrn müssen eine Fahrt in die Bürgerwelt machen. Es sind nichts als blanke, bare Bürgermädchen – aber sie haben hundertmal mehr Verstand als die Vornehmsten. Du kannst Dir vorstellen, wie angenehm wir leben. Alle Abende um 7–$\frac{1}{2}$8 gehn wir fast hin und bleiben dann bis 10–$\frac{1}{2}$11 da. Sie haben nur eine alte Mutter – eine herzensgute Frau. Mehreres mündlich.

Du wirst mich in vielen Dingen verändert finden. Ich bin jetzt viel gründlicher und lebensklüger als vorher. Ich freue mich sehr auf Michaelis – und noch mehr auf mein Examen. Der Philisterstand ist herrlich. Die überspannten, jugendlichen Ideen sinken dann von selbst in die Grenzen einer bestimmten Wirksamkeit und Tätigkeit herab.

Gott sei mit Dir! und alle gute Laune! Leb wohl. Dein Bruder Fritz Albert.«

Albert heißt er mitnichten – und auch nicht Leopold, wie er ebenso gern schreibt; er folgt nur wieder seiner Laune, sich zuzeiten andere Namen beizulegen.

Bei solcherlei auch den privaten Geschäften zugewandtem Fleiß kommt der Briefwechsel mit Schlegel wieder in Gang. Schlegel, in akuten Geldnöten steckend, hat den Freund zuletzt um einen Vorschuß ersucht, welchen Hardenberg ihm freilich bei bestem Willen nicht schicken konnte, was Schlegel auch einsah. Jetzt, zur Mitte des August 1793, mahnt dieser den Schreibfaulen deutlicher denn früher:

»Lieber Hardenberg, ist es die Schwerkraft des irdischen Stoffes, die Erbsünde der Trägheit, die Dich gehindert hat, mir zu schreiben? Oder der Zweifel, wohin Du Deine Freundschaft adressieren solltest, ob in die intelligible oder in die empirische Welt? – da Du vielleicht vermuten könntest, ich hätte mir eigenmächtig zur ewigen Freiheit und zum Anschaun Gottes verholfen. Solches ist nicht geschehn, vielmehr habe ich die Ehre, Dir hiermit zu versichern, daß ich noch atme und lebe; ja sogar will ich Dir im Vertrauen sagen, daß ich auch noch vorhanden bin; zwar nicht ganz, aber doch stückweise, wie immer bisher. Also schreib nur wieder, und zwar an mein empirisches Ich, hier nach Leipzig, in die Löwen-Apotheke. – Wenn Du Verzeihung erhalten willst von Dir selbst, so schreib mir genug, das heißt alles. Mehr als alles wäre es, wenn Du selbst auf einen Tag oder ein paar kommen könntest. Ich sollte nicht schon wieder wünschen und vermissen, da ich erst eine Woche mit meinem Bruder gelebt. Aber mir ist es unmöglich, *einen* von dem Weltall abzureißen; ich lebe in allen.

Jetzt ist es ein Jahr, daß ich die unselige Bekanntschaft Laurens machte, und von der innren Geschichte fast jedes Tages steht ein lebendiges Bild vor mir. Die Beschämung macht mich stark und die Erinnerung kühn, da das Schicksal so viel glücklicher war, als sich erwarten ließ. Aber völlig dunkel ist noch der Ausgang. Wie wird es nun wieder in einem Jahre sein? Vielleicht hörst Du dann meinen Ruhm aus unzähligen befleckten Mündern erschallen, oder Du trägst auch einen kleinen Flor zur Erinnerung an Deinen Freund. – Meine äußere Lage ist noch ganz dieselbe – Du mußt sie aus meinem letzten Briefe kennen, und sie ist so, daß selbst Deine alles verschönernde und belebende Einbildungskraft sie nicht zum Wohnort der Freude und Ruhe würde schmücken und umschaffen können.

Die Laura scheint wieder ganz zu ihrem Mann herabgesunken. Sonst ist auch niemand um sie, soviel ich weiß.«

Hardenberg antwortet sogleich:

»Lieber Schlegel, Dein Brief trifft diesmal ungemein glücklich. Ich saß soeben auf meinem Kanapee in ziemlich heller Laune und überließ mich den süßen Eingebungen der Göttin Farniente. Ein paarmal war ich schon an Dir vorbeigestrichen – da kam Dein Brief. Der alte Kopf vorn am Eingang erfüllte mich mit heiligem Schauer, und an den Zügen der Inschrift erkannt ich den frommen Mann, der diese Blättergrotte dem Sohne der Lieblingstochter Jovis und der Nemesis der Freundschaft weihte. Erwartungsvoller stieg kein Reisender in die Wunderhöhle von Antiparos als ich von Zeile zu Zeile in die Geheimnisse Deiner Wanderung. Umsonst – das Orakel schweigt. Deine Augen funkeln mit überirdischem Glanz, und Deine Stirn taucht sich ins Göttliche – ich stehe neugieriger als je vor Dir – – – Daß Du noch unter den Lebendigen bist, freut mich. Kann man Dich doch noch anfassen und fühlen Dein Fleisch und schlagen hören Dein Herz. Du trankst aus der Quelle der Durstigen – Du bist nun unersättlich. Das reißt Dich noch vielleicht aus den Banden der vier Elemente – in denen es uns doch wohler sein kann als einer Intelligenz in ihrer Haut. Mich dauert Dein armes, schönes Herz. Es muß brechen, früh oder spät. Es kann nicht seine Allmacht ertragen. Deine Augen müssen dunkel werden über der schwindelnden Tiefe, in die Du hinabstürzt. Der König von Thule, lieber Schlegel, war Dein Vorfahr. Du bist aus der Familie des Untergangs. Jetzt kann ich Dir's sagen und wundre mich, daß Dir's Dein Bruder nicht sagt. Du wirst leben, wie wenige leben, aber natürlich kannst Du auch keinen gemeinen Tod sterben; Du wirst an der Ewigkeit sterben. Du bist ihr Sohn – sie ruft Dich zurück. Eine seltne Bestimmung hast Du bei Gott. Vielleicht seh ich nie wieder einen Menschen wie Dich. Für mich bist Du der Oberpriester von Eleusis gewesen. Ich habe durch Dich Himmel und Hölle kennengelernt, durch Dich von dem Baum der Erkenntnis gekostet. Aber nun sag einmal, ist es denn nicht möglich, daß Du unter uns bleibst? Sind die feierlichen Worte der Weihung schon unwiderruflich ausgesprochen? Hat Dir schon Iris die Locke abgeschnitten? Mußt Du als Opfer sterben? Ich bitte Dich, antworte Dir selbst ohne Überspannung. Ich habe vor der Schönheit Deiner Idee unendliche Ehrfurcht, aber ich weiß auch, daß das Leben ewig schön sein kann. Erhalte Dich, wirf Dich der Natur in die Arme, sie hat Platz und Liebe genug für Dich. Mein ganzer Grund ist mein inniges Gefühl am Leben, mein Glaube und Zuversicht zu allem, was in mir und um mich ist – denn hier weiß ich jetzt sonst nichts von Recht und Unrecht. Freilich kann ich Dir keine solche Teilnahme einflößen, wie ich an allem Menschlichen habe, mich nicht auf die Verjüngungskraft Deiner Natur berufen, nicht auf den sichtbaren Gang einer himmlischen Ordnung und Nemesis in Deinem Leben – aber wer weiß, wie nah Dir ein solcher Augenblick des Zurücksehns ist? So hätt ich doch vielleicht einmal wahr gedacht und gesprochen.

Dein Geist kann unmöglich lange mehr diesen Aufruhr Deines innern Lebens ertragen. Alles klingt tief bei Dir hinab. Deine Erscheinung löst sich in sich selbst auf. Deine herrlichen Kräfte müssen erlahmen. Fürchtest Du Dich nicht vor dem Pflanzenleben? Ich fürchte mich nicht, aber ich erkenne hier nicht meinen noch Deinen Beruf. Kann Dich denn das Leben gar nicht fesseln? Mußt Du Deine arme Hülle zerreißen? Du verschwendest in Minuten, wovon Du jahrelang zehren könntest. Unbefriedigt wirst Du von allem zurückkehren und tödlich krank.

Mir geht's hier recht wohl. Ich habe alle Ursache, zufrieden zu sein, und bin auch jetzt in einer glücklichen Ruhe. Ich freue mich jetzt über alles. Aber mit meinem Schöndenken und Schreiben ist's jetzt vielleicht auf immer vorbei. Ich hoff es wenigstens von ganzem Herzen. Seitdem ich wieder von Leipzig zurück bin, hab ich keine zehn Blätter gelesen. Dafür bin ich jetzt tüchtig fleißig und nehme Anteil an manchen frohen, gesellschaftlichen Stunden. Diese Lebensart bekommt mir wie Bergluft. Tausendmal stärker, inniger und frischer als sonst.

Wir trennen uns, wie Abraham und Lot. Du gehst nach Aufgang der Sonne, ich den gewöhnlichen Weg nach Westen zu. Uns beide aber trägt der unendliche Vater am klopfenden Herzen, wenn wir unsre Kraft brauchen, soweit es gut ist und schön; und er selber läßt uns himmlische Freiheit. Fliehe nicht aus diesem Zeitpunkt des Nordlichts und ergreife nicht in der Blüte Deines Lebens den Hammer der Zerstörung. Mir gefällt's doch hier unter dieser Sonne. Du kannst's nirgends besser finden, und wenn Du glauben willst, so findest Du alles leicht, was Du suchst. Rede mir hier nichts vor von ewigen Bedürfnissen und Kraftanlagen. Deine urteilende Idee steht mit Deiner genießenden Idee im Mißverhältnis. Glaube und dann urteile. Laß Dir das Schicksal der Semele einfallen. Du kannst doch nicht Zeus zwingen, Dich zu Ganymed zu machen. Lebe wohl.«

Schlegel kann dies alles unmöglich lange auf sich sitzen lassen. Er reagiert ebenfalls recht prompt:

»Erinnre Dich aus dem Altertume des habsüchtigen Königs, dem man, da der Hunger ihn nagte, in silbernen Schüsseln Gold vorsetzte. Oder vielmehr denke Dir einen großen Unglücklichen, feierlich niedergeworfen vor Gott, tief flehend um zwei Tränen des Mitleids in Freundes Auge, nur um eine! – nur um eine halbe! – und plötzlich fühlt er sein Haupt von der furchtbaren Glut feuriger Ruhmesstrahlen umgossen. Sein einsames Herz mag erstarren.

So hast Du's mit mir gemacht: ich sehnte mich nach einem freundlichen Blick, einem Funken sanften Gefühls für mich, und statt dessen gibst Du mir – kalte Bewunderung. Verstehe mich aber doch nicht falsch: es ist sehr vieles in Deinem Briefe ganz treffend Wahres, noch mehr Vortreffliches. Solltest Du mich auch nicht kennen und begreifen, so wahrsagst und ahnst Du doch mit echtem Geist Gottes, der Geist des Herrn ruht auf Dir, und sein Odem fährt aus Deiner Nasen, und seine Liebe schlägt in Deinem Herzen. Du bist ein Prophet – werde nun auch immer mehr und mehr ein Mensch.

Mein Leben will ich forthin gern mit Dir teilen: dringen doch wenige, vielleicht niemand so tief in mich ein wie Du, und ich finde mich so gern in Dir wieder. Übrigens aber geht es Dir wie allenthalben; Du suchst Geheimnisse in den einfachsten Dingen, übertreibst selbst Deine Vorstellungen; Du siehst tief, aber umfaßt selten ein sehr großes Ganzes. Laß mich, wie ich war, bin und sein werde. Ich selbst bin ja nur eine Hoffnung. Dann wirst Du vielleicht Leben wahrsagen – obschon ich meine Abstammung von dem König von Thule anerkenne.

Mein Lieber, ich trachte gar nicht nach einem großen, feierlichen Untergange, sondern nach einem echten Leben. Ich will und werde auch nicht an einer schönen Idee sterben – in mir selbst liegt kein Keim des Todes mehr. Es sind die gemeinsten Dinge, die es mir zur Pflicht machen könnten – alles, was Du längst weißt: Mangel an Geld, Zeit, Gesundheit, das Zusammentreffen dieser unglücklichen Umstände, die möglichen Folgen, die Du Dir leicht denken kannst. Ich habe Dir ja so offen darüber geschrieben, daß Du auch deren einer bist, die ich um Hilfe bitten kann – auf eigentliche Dankbarkeit mag nur keiner unter Euch rechnen. Ich werde also leben, wenn ich kann; in mir liegt kein Keim des Todes. Es ist nicht bloß schön zu leben, sondern es ist Seligkeit. Aber diese und das höchste Leben selbst können und müssen zu Zeiten den Dolch ins Herz stoßen.

Von Dir muß ich aber mehr hören. Auch das, was Du mir versprachst, Eröffnung über gewisse Grundsätze und Dir eigne Denkungsart, worauf Du bei einigen Gesprächen über »Hamlet« und Kantische Moral hindeutetest, verlange ich von neuem. Vor allem mehr Offenheit über Deine Liebe oder über Deine Lieben. Schön, daß Du fleißig, häuslich, zufrieden lebst und denkst! Dabei lasse ich Dich. Der Unterschied zwischen uns ist der, daß Du eine Heimat vorfindest, die die gütige Natur Dir mütterlich bildete. Deine Bestimmung ist, Deinem Hause treu zu sein, es zu adeln und zu zieren. Ich Flüchtling habe kein Haus, ich ward ins Unendliche hinaus verstoßen – der Kain des Weltalls – und soll aus eignem Herzen und Kopfe mir eins bauen.

Daß Du nicht liest, ist mir sehr lieb. Aber das Denken verstoße doch nicht ganz. Es ist eine herrliche Sache damit, besonders wenn man gut und schön denkt. Nur denke aus Deinem Hause heraus.

Daß ein Schriftsteller in mir stecken möge, dies, deucht mir, mußte von jeher ein nur mittelmäßiger Prophet auf den ersten Blick sehen. Komm, wo möglich, noch vor Michaelis einen Tag zu mir. Du mußt zu Michaelis bei mir sein. Mich verlangt nach Deiner Gegenwart.«

Hardenberg geht aber nicht gleich zu Schlegel nach Leipzig, sondern auf Michaelis zunächst nach Weißenfels, wie es seit langem vereinbart war; zu Hause ist auch wieder ein neues Geschwister anzusehen, die Schwester Amalie, das inzwischen zehnte Kind der Hardenbergs. In Leipzig gibt es dann ein herzliches Wiedersehen mit Schlegel. Die alte Vertrautheit stellt sich augenblicklich wieder ein, so daß die Freunde sich ihre persönlichen Erfahrungen geradeso mitteilen wie ihre jüngsten Entwürfe und Gedankengänge. Man trifft sich auch bei Ferdinand zur Lippe, denn der ist ebenfalls zur Messe gekommen. Und wie früher, sucht Hardenberg selbstredend den Verleger Göschen auf; diesmal interessiert ihn besonders die neue Prachtausgabe von Wielands Werken.

Zum Wintersemester kehrt er nach Wittenberg zurück. Es soll sein letztes Semester sein, denn er beginnt sich nun gründlich auf das Examen vorzubereiten. Da erheitert ihn das Billettchen, welches Schlegel ihm hinterherschickt:

»Einen Pfeifenkopf hab ich vergessen mitzuschicken, der ganz gewiß Dir gehört, denn es brachte ihn mir etwa vor 14 Tagen, bald nach Lippes Abreise, ein Bediensteter aus dessen Logis. Mit dem blauen Himmel einer heitern Herbstmondnacht über Dir und dem Gesetz in der Tasche, hast Du Dich gewiß den kräftigen Eindrükken der Freiheit und Gleichheit, die man auf den hölzernen Sitzen der Postwagen empfängt, ungestört überlassen können. Ich habe Dich aber im Frost etwas bedauert, daß Du auf so rauhem Wege zur Wahrheit geführt wurdest; denn es war schneidend kalt.

Es ist mir, als bedürfte es jetzt Deiner Gegenwart, um alles das zur Sprache zu bringen, was ich Dir wohl zu sagen hätte. Schreib Du mir aber nur ordentlich, ich werde nichts unbeantwortet lassen!

Lauras Mann hat sich bei mir erkundigt, woher und wohin Dein Brausen gegangen, das ich ihm dann ganz kurz berichtet. Gestern müssen Dir die Ohren geklungen haben, denn hier war Ball. Komm doch bald dazu herüber, zu einer Ohnmacht, meine ich. Soviel Verse gibt es diesen Winter wohl nicht und sicher nichts so Brillantes wie eine Ohnmacht.«

Was Hardenberg hingegen rechte Sorgen macht, sind die Briefe, die von Erasmus kommen. Sie klingen so lakonisch. Hab ich ihn nicht schon gefragt, aus welchem Boden diese Verdrießlichkeiten aufsteigen wie Larven aus der Unterwelt? Und ihm geraten, sich jeden Morgen vorzunehmen, womöglich froher und heiterer als den vorigen Tag zu sein? Jetzt muß ich mir die Zeit nehmen und ihm ernstlich raten, wie die Grillen endlich zu verscheuchen sind. Erfahrung damit hab ich ja genug.

»Lieber Freund«, so hebt er an. »Dein Brief war mir sehr angenehm, ohnerachtet der Hypochondriacus an allen Ecken herausguckte. Armer Schelm, Du dauerst mich wirklich. Ich fehle Dir. Wären wir beisammen, so sollte die Schwindsucht geschwind zum Fenster hinaus. Ja, Lieber, wenn Dein Handwerk Dich nicht kuriert, so mußt Du das Übel von einer andern Seite angreifen – und die ist kurz: Du mußt Dich nicht so vor Krankheiten und dem Tode fürchten und beides besonders nicht in einem so ernsten Lichte ansehn. Denke Dir – glaube dem, der es erfahren hat – bei solchen Grillen oft einen lustigen Mann oder gar einen Hanswurst, der alles in Karikatur und in einem drolligen Lichte sieht. Sogleich wird das falsche Pathos Deiner Gedanken verschwinden, und Du wirst Dich bald wieder so kühl und leicht fühlen als im gesunden Zustand. Du mußt Dich nur erst dahin zu bringen suchen, daß Du während der grübelnden Laune fest daran denkst, daß es Schwäche und Nervenspannung ist. Dies nur immer geduldig wiederholt, ist der erste Anfang. Zerstreuende Tätigkeit ist der zweite Schritt, der, wie ich gern zugebe, ziemlich mühsam ist. Gewohnheit tut ja alles, so kannst Du Dich auch ans Lachen über Deine Schwachheiten gewöhnen. »Der Tropfen höhlt den Stein.« Glaube mir, in solchen geringscheinenden Gemeinsprüchen trifft man auf das älteste, gediegenste Gold der Lebensweisheit. Sei überzeugt, fortgesetzter Kampf mit Dir selbst muß Dich belohnen. Nur hüte Dich vor allgemeiner Unzufriedenheit.

Ich bitte Dich, vergiß die Fehler am Topf und laß Dir gut

schmecken, was drinnen ist, und sorge dafür, daß es hübsch gar wird. Ich hätte mich, so wahr ich lebe, längst erschossen, wenn ich nicht immer ruhig auf die Stimmung des andern Morgens gewartet hätte, wo ich dann gewöhnlich fand, daß es sich doch in dieser Erträglichkeit recht gutsein ließ. Der Abend ist ewig die Geburtsstunde der Gespenster gewesen. Da sitzt man mit glühendem Kopf und ermattetem Herzen, ohne Kraft und Saft, brütet über Windeiern und nagt am Knochen der Langeweile. Frisch sogleich die Peitsche zur Hand und damit in der Stube geknallt, oder geschlafen, oder gezeichnet, oder das Gewehr auseinandergenommen oder die Uhr, oder einen Marsch oder Anglaise auf dem Klavier getrommelt – hurtig kehrt die Spannkraft ins Herz zurück. Kann man mit der Lektüre etwas ausrichten, desto besser. Kurz nur einen Funken Entschlossenheit, und man ist gerettet. Das ist noch bei weitem nicht das Schlimmste, wenn man an der Furcht vor Krankheit und Tod leidet. Lieber Bruder, wenn man sich nach Krankheit und Tod zu sehnen anfängt und selbst beim Wahnwitz nicht mehr erschrickt, dann ist es weithinein böse. Da gehört ein guter Engel und eine glückliche Konstitution dazu, um hier nicht zu unterliegen.

Aufs Frühjahr wollen wir schon zusammen vergnügt sein, und Du sollst Deine Litanei vergessen. Stärke Deinen Körper und denke was Kluges oder gar nichts. Ich glaube wohl, daß es dort ein bißchen knapp mit Deiner Gesellschaft ist. Ei, ein fröhliches Herz ersetzt alle Gesellschaft. Ich wollte Dich gleich kurieren, wenn ich Geld und Freiheit hätte. Eine tüchtige Reise sollte Dir die Welt in einem ganz andern Lichte zeigen. Schreibe mir bald wie der alte Erasmus, zufrieden und männlich.«

Der gute Rat will offenbar nichts fruchten. Wiewohl er so tief als möglich in seinen Studien steckt, weil er doch bald examiniert werden soll, muß Hardenberg den Bruder wirklich noch von Hubertusburg weglocken und zu einer kleinen Reise verführen. Auf den 2. Mai 1794, seinen 22. Geburtstag, reitet er also mit Kommerstedt, der sie begleiten will, fröhlich Richtung Leipzig und schreibt noch von unterwegs:

»Ich schicke Dir einen Expressen, den Du aber bezahlen mußt.

Sowie Du ihn erhältst, so nimm Dir einen Gaul und komme sogleich nach Leipzig. Carl kommt auf den 6. Mai – den Dienstag. Ich bin sogleich von Wittenberg heimlich abgesegelt, um alle zu überraschen. Du mußt kommen, wenn Du Erasmus bist – der Teufel soll Dich aber holen, wenn Du nicht Sonntag bei guter Zeit in Leipzig bist und bei Carlowitz Dich meldest oder im ›Schiff‹. Wir reiten zusammen. Tausend Spaß wollen wir haben. Komm aber ganz gewiß, ohne irgendein Hindernis, sonst sind wir geschiedne Leute.«

Und Kommerstedt fügt noch hinzu: »Wenn Du nicht Sonntag früh in Leipzig bist, so kannst Du mich im Arsch lecken und verlierst meine Gnade auf immer.«

Erasmus erscheint aber nicht in Leipzig. So bleibt den dreien nichts weiter, als ihn auf Hubertusburg heimzusuchen. Gemeinsam satteln sie zu einer lustigen Partie nach Wörlitz, in den musterhaften Staat des Fürsten Franz; und bei linden Frühlingslüften, heiterer Geselligkeit und munteren wie ernsten Reden lassen sich Erasmus Lebensgeister auch glücklich wieder wecken. Nur leider erfährt der Vater von der Unternehmung. Er berät sich mit dem Onkel, und beide sind aufs äußerste empört: Leichtsinn und Verschwendungssucht, dazu noch Heuchelei! Über die Maßen aufgebracht, schreibt der Vater einen bitteren und vorwurfsvollen Brief an seinen Ältesten, um diesen als den Urheber der Partie auf das heftigste für solche neuerliche Eskapade zu tadeln. Hardenberg kontert ohne Zögern:

»Offenherzig gesagt, lieber Vater, solch einen Brief erwartete ich jetzt nicht von Dir. Ich glaubte Dich so wenig böse mit der Partie zu machen, daß ich vielmehr mir einbildete, Du würdest sie eher billigen. Der Aufenthalt in Hubertusburg hätte natürlich fast so viel gekostet als diese Reise – denn die Hauptausgabe war dabei der Unterhalt der Pferde. Erasmus, den ich wirklich an kindischen Ideen krank fand, wurde unter unsern Händen gesund, und ich hoffe, unser Besuch soll ihm nicht fruchtlos gewesen sein.

Hierbei fällt mir gleich ein, Dich an etwas zu erinnern, was Du mir nicht übelnehmen kannst: Du hegst ein Mißtraun gegen Deine Kinder, das sie nicht ganz verdienen. Ich weiß, Du bist unzufrieden mit Erasmus, daß er Dir nicht sein volles Zutraun schenkt, aber wie ungerecht bist Du da gegen ihn. Ist es möglich, daß dieser so den angebornen Respekt vergessen kann, seinem Vater alles zu entdecken, was eine junge, zügellose Fantasie schwärmt, wozu, wenigstens innerlich, eine unwiderstehliche Torheit fortreißt? Nimm hierzu noch, daß Erasmus äußerst zärtlich behandelt sein will, und Du doch mit Deiner natürlichen Hitze Dich selbst bei einer Ergießung des Herzens nicht würdest enthalten können, bei den zu frappanten Stellen zu poltern. Kannst Du Dich noch wundern, daß ich ihm weder als Bruder, noch als Mitschuldiger ernsthafte Vorwürfe machen darf? Denn auch der reuigste Sünder will bei seinem Bekenntnis geschont sein, das ist menschliche Natur, da er weiß, daß ich ihm gewiß doch guten Rat gebe, daß ich ihm deutsch und rund meine Meinung sage und er doch nicht nötig hat, sich so vor mir zu schämen wie vor einem alten, ernsthaften Mann. Soviel für Erasmus und gewiß nicht aus Billigung seiner Träume oder absichtlicher Verabredung – Carl ist Zeuge, wie unverhohlen ich mit ihm geredet. Ich glaube auch nicht, daß Dir bange für Erasmus sein darf. Nichts fehlt ihm als gescheite Gesellschaft. Zerstreuung und ein einziger, vernünftiger Gedanke sind fähig, die Gespenster und Abenteuerlichkeiten seines Kopfes zu verscheuchen. Seit ich mit ihm geredet, ist mir für die Zukunft nicht bange.«

Und da der Vater auch noch von dem Zorn des Onkels schrieb, fährt er fort:

»Was Du mir von dem fortdauernden Unwillen des Onkels sagst, ist mir zwar nicht neu, aber doch eben so befremdend noch als wie neu. Ich begehe voriges Jahr einen übereilten und in mancher Rücksicht, wie Du mir selbst schon zugegeben, sehr verzeihlichen Streich. Daß mein Onkel noch nach einem Jahre dies gedenken kann, ist ein Zug, der mit der Herzensgüte meines Onkels sonst inkompatibel ist und den ich mir gar nicht erklären kann. Wär ich ein Mensch, schon tief ins männliche Alter vorgerückt, der eine unverzeihliche, völlig überwiesene Undankbarkeit gezeigt hätte – wer könnte dann noch mit meinem Onkel hadern? Aber ein Mangel an Zutraun von einem jungen, höchstübereilten

Menschen, der in mancher Rücksicht aufs äußerste gebracht war und glaubte, der Mann, zu dem er bittend gehn sollte, sei Urheber alles Übels, der voraus überzeugt war, seine Bitte sei vergebens – dieser soll verraten, daß an einem jungen Menschen nichts ist, daß nichts aus ihm werden wird, dieser soll ihm eine Verachtung eines Manns, den er liebt, in einem Alter zuziehn, wo man jede Erniedrigung doppelt fühlt, wo man sich so mancher glücklichen Kräfte bewußt ist und unmöglich sich mit einer asketischen Strenge verdammen kann? Sage, lieber Vater, mußt Du mir hier nicht beistimmen? Dein Herz, weiß ich zu gut, fühlt die Ungerechtigkeit dieses Benehmens und kann selbst an dem trefflichsten Manne diese Hartnäckigkeit nicht ganz entschuldigen, wenn er auch Bruder oder Vater wäre, vorzüglich, da man von so einem erfahrnen, gütigen und religiösen Manne ein ganz fleckenloses Betragen, noch weniger aber die Entschuldigung erwarten kann, daß es ein Zug ist, der jetzt unüberwindlich ist. Wenn noch solche Leute unüberwindliche Züge und Neigungen haben, wer kann uns dann mit Recht Vorwürfe über Leichtsinn und vorübergehende Unordnungen machen? Doch ich verlasse diese für mich so unangenehme Materie.

Als ich diesen Brief anfing, war ich wieder im Begriff, ein Linderungsmittel zu ergreifen, um mir fernere Vorwürfe zu ersparen. Du schreibst mir so aufgebracht, daß ich wirklich willens war, das hiesige Kassendefizit noch einmal heimlich zu dekken. Aber ich habe mir's besser bedacht. Ich will mich diesem Unwillen aussetzen, um nie wieder Vorwürfe über Heuchelei zu erhalten. Willst Du ja nicht bezahlen, so muß ich freilich leider sehn, wie ich mir helfe, aber Du weißt dann doch alles. Der Protonotar wird Dir hiermit die sämtlichen noch rückständigen Rechnungen schicken, und ich erwarte Deine Entschließung. Für diesen Sommer wirst Du zufrieden sein müssen. Denn ich schränke mich so sehr ein, als ich kann. Du sollst außer den Überrock und Hut und zwei Sommerwesten in Leipzig, von denen Du schon weißt, nicht einen Pfennig dem Schneider bezahlen dürfen. An Büchern brauch ich nichts als Meusels ›Statistik‹. Ein Paar Schuhe laß ich mir noch machen. Die Professorin schindet mich nicht mehr. Ich lade niemand ein. Abends eß ich Butter und Brot und früh eß ich Obst. An Stunden bezahlst Du nichts als eine französische, das Relatorium privatissimum und das Privatum. Ich freue mich im voraus auf Deine Zufriedenheit, wenn ich nach Haus komme. Was meinen Fleiß belangt, so hab ich nun keine Treiber mehr nötig. Ich hoffe diesen Sommer mehr zu lernen, als ich je gelernt habe. Die Arbeit schmeckt mir, und was Französisch betrifft, so kann ich positiv genug auf Michaelis. Staatsrecht, Statistik, Völkerrecht und Referieren füllen außerdem meine Stunden völlig. Mich treibt eine Sehnsucht nach einer Anstellung, wo ich bald von Deinem Beutel unabhängig bin. Die Wahl der Mittel überlaß ich Dir gänzlich und erinnre nur, daß Sachsen jetzt die unvorteilhaftesten aller Aussichten darbietet. Wo es mir gutgeht, da ist mein Vaterland. Ich empfehle mich Deiner Gnade.«

Nicht erst auf Michaelis Ende September: Schon zwei Wochen hernach, den 14. Juni 1794, legt Hardenberg das juristische Staatsexamen am Hofgericht ab. Mit der ersten Zensur.

11 Hier erwart ich gelassen den Ruf
meines Schicksals

Da sowohl der Vater von Weißenfels als auch der Onkel von Lucklum angesichts des Examens Versöhnung offerieren, bricht Hardenberg seine Zelte in Wittenberg unverzüglich ab und kehrt nach Weißenfels zurück. Vater und Onkel sind inzwischen übereingekommen, den Vetter Karl August von der Nörtener Stammlinie um Vermittlung anzugehen. Schließlich ist er preußischer Minister, und Fritz soll doch im preußischen Staatsdienst Karriere machen. Da die Idee vom Onkel stammt, der darauf brennt, den Neffen nun endlich auf dem Parkett der großen Welt zu sehen, kümmert sich dieser auch angelegentlich um die Ausführung.

Während die Verhandlungen über seine Person in Gang kommen, freut sich Hardenberg der Entspannung. Wenn ihm auch der Lärm der kleinen Geschwister zuzeiten lästig werden will und ihm die beiden großen Brüder zum Gespräch fehlen, wenn die geliebte Mutter auch wenig Zeit für ihn erübrigen kann neben den mancherlei Pflichten im Haus und an der vielköpfigen Familie, zumal sie sich neuerlich guter Hoffnung weiß – er freut sich doch innig an ihrem Familienglück.

So ein Glück ist doch das Ziel meiner fernsten, aber liebsten Wünsche, sagt er sich. Dieser Sinn für Familienglück, der in mir so kräftig und lebendig ist, wird auf das Schicksal meines Lebens gewiß einen wohltätigen Einfluß haben und am allerersten die wilden Auswüchse meiner Fantasie beschneiden, die mich beständig innerlich unstet und flüchtig machen. Diesen Sinn recht rein auszubilden, ihm vorzuarbeiten, so viel ich kann im dunklen Gewebe meines Schicksals, soll mein Hauptzweck sein. Ich hab ihn von der Mutter, diesen Sinn, der jetzt schon oft leidenschaftlich wird und sich in die lächerlichsten Träume verliert. Die Familie ist mir noch näher als der Staat. Freilich muß ich tätiger Bürger sein, um eine Familie an mich knüpfen zu können. Aber mir ist das letztere näherer Zweck als der erstere. Man ist auch am allervollkommensten Bürger des Staats, wenn man zuerst für seine Familie ganz da ist; aus dem Wohlsein der einzelnen Familien besteht der Wohlstand des Staats. Nur durch meine Familie bin ich unmittelbar an mein Vaterland geknüpft – das mir sonst so gleichgültig sein könnte als jeder andere Staat. O! ich fühle sie ganz, die Süßigkeit des Berufs, Stütze einer Familie zu sein, und darum plagt mich auch oft mein wildes, leidenschaftliches Temperament, mein unverwüstlicher Leichtsinn bis zum höchsten Überdruß und zur unerträglichsten aller Launen. Es ganz zu sein, erfordert unendliche Talente, Kraft des Geistes, Sinneskraft, eine Fülle des Herzens und eine unbeschreibliche, unnachahmliche Bestimmtheit des Charakters. Wie weit ich noch von allem dem, trotz aller Bildung meiner Seele, bin, kann ich am besten beurteilen. Ich bringe nichts dazu mit als ein leidenschaftliches Gefühl für stille, häusliche Glückseligkeit. Vielleicht erleichtert mir dies noch meinen Weg zu dieser Bestimmung. Eine freundliche Ahnung sagt mir, ich sei dazu geboren, und selbst mein äußeres Schicksal flößt mir kein Mißtrauen ein. Ich bin voll Glauben und Zuversicht.

Seine juristischen Lehrbücher hat er einstweilen zur Seite gelegt. Er genießt die freie Zeit bis zu seiner Anstellung, beginnt zu lesen wie früher, möchte auch den geistigen Austausch mit Schlegel wieder aufnehmen, als überraschend ein Brief von dessen Hand ins Haus kommt. Hardenberg erbricht das vertraute Siegel voll Erwartung und liest:

»Es ist sehr lange Zeit, liebster Freund, seit ich Dir keine Nachricht von mir gegeben habe. Gewiß bist Du mir während dieser Zeit nicht weniger gegenwärtig als sonst gewesen. Aber ohngefähr um die Zeit, als ich Deinen letzten Brief erhielt, entschloß ich mich, Dir nicht eher wieder zu schreiben, als bis ich in Ruhe sei.

Zachariä hat Dir vielleicht gesagt, oder Du hast es sonst gehört, daß ich fast seit Anfang des Jahres in Dresden lebe. Und seit einigen Wochen wohne ich in Pillnitz in einem kleinen Bauernhause am Fuße eines Berges, mit der Aussicht auf eine freundliche Fläche; das Haus selbst liegt aber mitten in Bergen. Ich habe eine Zeitlang geschwelgt in den Schönheiten der Natur, die hier groß und mannigfaltig sind. Dieses und der ruhige Genuß der frischen Bergluft gibt mir neue Kraft und Heiterkeit nach den ununterbrochenen Arbeiten und Mühseligkeiten des Winters. Ich bin froh und glücklich und sehe ein schönes Leben vor mir.

Meine äußere Lage ist noch nicht ganz, wie ich sie wünschte, wie ich auch hoffe. Aber ich bin genügsam; ich scheue nicht Not und Schmerz, ich verlange ja nur Freiheit, nach der ich so lange umsonst geschmachtet und die ich nun besitze. Seit ich hier in Dresden lebe, bin ich ausschließend mit schriftstellerischen Arbeiten beschäftigt. Seit meiner Ankunft bis jetzt habe ich ohne Unterlaß, ohne die kleinste Ausnahme, meine ganze Zeit einem Werke von größerem Umfange gewidmet, welches Dich vielleicht auch interessieren wird, eine Geschichte der griechischen Dichtkunst. Dieses Werk hat in dem Mark meiner Seele Wurzel gefaßt; und sollte ich früher sterben, so würde mich das am meisten schmerzen. Ich wünsche es zu vollenden; ich kann nicht ruhen, als bis es

für immer vollendet da ist. Die Geschichte der griechischen Dichtkunst ist eine Naturgeschichte des Schönen und der Kunst; ich
schmeichle mir, ja ich bin fest überzeugt, das Schöne ganz ergriffen zu haben. Ich lege hierauf einigen Wert, denn diese Kenntnis
ist wichtig, und bis jetzt gab es noch keine wahre Theorie des
Schönen.

Ich werde mich vielleicht mehr mit den Alten beschäftigen. Ich
wünsche auch eine Geschichte der griechischen Moral, vorzüglich
von Sokrates an, ausarbeiten zu können; und ein System griechischer Politik (Geschichte und Geist der Staaten und Verfassungen,
politische Philosophie). Beide sind im ganzen völlig unbekannt.
Doch davon einmal mündlich. Ich hoffe Dich Michaelis hier zu
sehen. Ist diese Hoffnung begründet? Alsdann will ich Dich auch
mit meinen jetzigen Beschäftigungen unterhalten – oder vielleicht
in meinem nächsten Briefe.

Du glaubst nicht, wie oft ich mich schon gefreut habe bei dem
Gedanken, Dich für längere Zeit hier zu sehen. Denn freilich bin
ich hier allein, ganz allein. Körners Umgang, den ich am meisten
gesehn habe, ist nicht ohne Wert für mich. Meine Gedanken teile
ich ihm gern mit; es geht da nichts verloren: und er dient mir, wenn
er kann, mit Eifer. Weiter geht es nicht, es ist nur Geist, was uns
verbindet, und selbst dieser kleine Genuß wird mir oft verengt. Ich
kenne ihn nicht viel, und doch sehe ich so unvermeidlich enge
Schranken, gerade wo ich sie nicht erwartet hatte. Der Schein
großer Kraft verhüllt nur schlecht Weichlichkeit und Furcht, wenigstens meinem Auge, wenn auch dem seinigen. Kurz er genügt
mir nicht, ich wünsche Dich hier zu haben. Möchten wir uns aber
nur früh genug wiedersehen, ehe wir uns fremd werden. Ich werde
es *nie*; ich hoffe auch Du, doch hoffe ich nicht ohne alle Besorgnis.
Dein Weg ist vielleicht nicht bloß divergierend von dem meinigen,
sondern diametral entgegengesetzt. Laß mich wissen, wieviel weiter Du auf demselben fortgegangen: und ob zu Deiner Zufriedenheit. Ich werde mich freuen, wenn ich sehe, daß Deine früheren
Neigungen und Deine spätere Laufbahn in Harmonie gebracht
sind; denn daß Deine Humanität in jeder Lage in Dir bleiben wird,
hoffe ich mit Zuversicht. Hast Du diese Zeit auch wohl an mich

gedacht? Sage mir offenherzig. Die Zeit, mein Freund, die Zeit sondert das Flüchtige, das Vorübergehende von dem Beständigen und Ewigen. Sie hat meine Neigung zu Dir bestätigt und bekräftigt. Ich umarme Dich herzlich.

Dein Pfeifenkopf ist bei mir in guter Verwahrung.«

Vom Lesen freudig erregt, macht Hardenberg sich sogleich an die Antwort:

»Endlich wieder ein Brief von Dir! Der alte, bekannte Kopf auf dem Siegel weckte mich aus tiefem Schlummer. Ich sah lange die Züge Deiner Hand an und wollte nur nicht glauben, daß ich wirklich Dich vor mir hätte. Gott sei Dank, stammelte ich gegen Kommerstedt, der von mir gewohnt ist, daß ich meine meisten Briefe erst binnen acht Tagen öffne – oft gar nicht, wenn ich weiß, von wem er ist – und riß den Brief auf. Ein ganzes volles Jahr verschwand aus meiner Erinnerung. Es rückte alles so nah zusammen, und mir war, als hätt ich lange geträumt. Noch immer der gute, innige Schlegel voll Zutrauen und Hoffnung. So manches ist vorübergegangen in Freud und Leid, und Du bist mir treu geblieben und hast mein Andenken nicht auf Sand am Ufer geschrieben.

Ich war wirklich seit acht Tagen mit einem Briefe an Dich in Gedanken beschäftigt – denn das kannst Du wohl glauben, daß ich Dich nie vergessen haben kann. Aber Du warst mir zuvorgekommen. Was mich am meisten freute, daß Du mit soviel Heiterkeit schriebst. Ob sie ganz echt ist, getrau ich mir nicht zu entscheiden. Zu den Unersättlichen hab ich Dich immer ein wenig gerechnet. Wie gern säh ich Dich in Deinem Patmus – lauschen auf die Eingebungen der Natur, und ob Du einen Nachhall vergangener Tage ertappen könntest. Du könntest recht froh da leben, wenn Du einig wärst mit Dir und der Welt und Dich mit Deinen Bedürfnissen knapp einschränktest. Wer weiß, ob es nicht so ist. Aber Mitteilung, Teilnahme, Arm, an dem Du wandeltest, *das* wird Dir fehlen und wird *Dir* fehlen, wie es keinem fehlt.

Nun weiß ich doch, was Du vorhast, was Du Dir für einen Umgang unter Deinen Gedanken gewählt hast, und genieße Dein Buch schon halb in der fantastischen Vorstellung, die ich mir davon mache.

Mir behagt's auch in der Einsamkeit herrlich. Es sind vielleicht die letzten ruhigen Monate. Eine weite, tumultvolle Zeit wird folgen, und wie gewichtig wird dann jeder wohlangelegte Augenblick meiner Ruhe. Die Natur scheint's darauf abgesehen zu haben, die Schuld hernach auf mich wälzen zu können, wenn ich stolpre; denn an Belehrungen und Erfahrungen hat mir's nie gefehlt, und jetzt brauch ich nur hinzuhören, hinzusehen, wohin ich will, so finde ich, was mich leitet, stärkt und erhebt. Jedes Buch, das ich in einem Winkel liegen sehe, was der alltägliche Zufall mir in die Hände spielt, ist mir Orakel, schließt mir eine neue Aussicht auf, unterrichtet und bestimmt mich.

Der Pedantismus der Schule ist nun überstanden, und ich bin mit dem 22. Jahre frei, munter und mutig. Jetzt hat mein ganzer Charakter einen politisch-philosophischen Schwung erhalten, und zwar sehr unmerklich. Ich bin von Wittenberg weggegangen, um mich allein zu haben. Des jugendlichen Lärms hab ich genug. Hier erwart ich gelassen den Ruf meines Schicksals, denn mein Leben ist schon fertig. Ich habe nur einen Zweck – der ist überall erreichbar, wo ich tätig sein kann. Doch hab ich mir nicht, wie ein Spießbürger, allzu enge Grenzen gemacht. Bleib ich gesund, so muß ich ein Maximum für mich erreichen. Ich bin wenigstens jeder Art von Aufklärung fähig, und dies einzige berechtigt mich vielleicht schon zu kühnen Ansprüchen. Ich will Dich ruhigen Bürger nicht langweilig von meinen Träumen unterhalten – doch wisse, daß ich gewiß Deiner würdig bleibe und werde. Wir können doch *eine* Bahn gehn. Vergiß meine zweiundzwanzig Jahre auf einen Augenblick und laß mir den Traum – vielleicht wie Dion und Plato. Heutzutage muß man mit dem Titel Traum doch nicht zu verschwenderisch sein. Es realisieren sich Dinge, die vor zehn Jahren noch ins philosophische Narrenhaus verwiesen wurden.

Du glaubst nicht, lieber Junge, wie ganz ich jetzt in meinen Ideen lebe. Es sind die Tage des Brautstandes – noch frei und ungebunden und doch schon bestimmt aus freier Wahl. Ich sehne mich ungeduldig nach Brautnacht, Ehe und Nachkommenschaft. Wollte der Himmel, meine Brautnacht wäre für Despotismus und Gefängnisse eine Bartholomäinacht, dann wollt ich glückliche

Ehestandstage feiern. Das Herz drückt mich, daß nicht jetzt schon die Ketten fallen wie die Mauern von Jericho. So leicht der Sprung, so stark die Schwungkraft – und so stark der weibische Kleinmut. Starbrillen sind nötig – und zum Starstechen ist die Zeit noch nicht. Schreibe mir bald wieder, meine Antwort soll nicht zaudern. Und vergiß nie wieder, daß ich Dich nicht vergessen kann, und daß es Hypothese, pure, blanke Hypothese war von der divergierenden Bahn – ein Schuß in die blaue Luft. Unser Gang muß Approximation sein, bis wir beide von *einer* Flamme anzünden, links und rechts um uns her, wie zu Weihnachten, wo denn das neue Jahr acht Tage darauf fällt.«

Dies schreibt er den 1. August.

Wenig später kommt der Bruder Carl, vom Feldzug heil zurückgekehrt, gleichfalls auf Urlaub nach Hause. Jetzt beginnt eine fröhliche und höchst gesellige Zeit. Um den armen Erasmus mit ihrer Lebensfreude anzustecken, machen sich die Brüder gleich nach Hubertusburg auf. Von Abenteuerlust getrieben, halten sie sich nicht lange zu Hubertusburg auf, sondern reisen zu dritt über Torgau nach Wittenberg, wo sie sich zwei Tage sehr gut divertieren und statt sich die Antiquitäten von Doktor Luther zu besehen, lieber die hübschen Mädchen mustern und Experimentalphysik über ihren Busen und Gliederbau lesen. Aber noch ein sonderliches Abenteuer – Affenteuer, wie sie sagen – steht ihnen bevor. Sie sind eines Abends eben im Begriff, sich niederzulegen, als noch eine Kutsche mit Damen ankommt, die in das Zimmer neben ihnen logiert werden, welches mit dem ihrigen eine Kommunikation durch eine unverschlossne Türe hat. Früh den andern Tag, als sie aufstehen, liegt Hardenberg noch, mit dem Wenigen der Natur bekleidet, in der Stube im Bette, während Erasmus und Carl mitten in der Stube, mit Respekt zu vermelden, im Hemde stehen. Die Damen neben ihnen sind auch schon aufgestanden; plötzlich geht die Kommunikationstüre auf, und ein allerliebstes Mädchen im Reiseanzug platzt herein. Unendlich mag es sie befremden, sich plötzlich in die Gesellschaft dreier Naturmenschen versetzt zu sehen, denn so geschwind zieht sie sich auch wieder zurück, und sie hören ein lautes Gelächter aufschlagen. Nachher erfahren sie durch den Wirt, daß es eine Komtesse Wartensleben aus Berlin gewesen sei, die ins Lauchstädter Bad reisen wolle. Sie habe sich erkundigt, wer denn diese drei ähnlichen Geschöpfe seien, und zugleich versichert, daß sie sie nicht einzeln würde unterscheiden können.

Als Erasmus dann mit zurückkommt nach Weißenfels, verlegt sich das Triumvirat ausgiebig aufs Trinken, Singen, Tanzen und Sponsieren. Es vergeht kein Tag, wo ihre Füße sie nicht zu den einheimischen Schönen tragen. Auch nach Erasmus Abreise spielen die beiden Brüder weiter die Herren von Weißenfels. Sie verlieben sich übrigens in ein und dasselbe Mädchen – Friederike von Lindenau, genannt Fritzchen – doch, o Wunder! sie vertragen sich dabei sehr gut. Auch alle Bemühungen ihrer Widersacher, sie des Fräuleins wegen gegeneinander aufzuhetzen, mißlingen auf das schönste. Als Fritzchens Zwillingsbruder Adam, seines Zeichens bärtiger Husarenoffizier, auf Urlaub nach Hause kommt, können sie ihn gegen der anderen Intrigen und Kabalen ganz für ihre Partei gewinnen. In der Komödie zeigen sie sich – und verschwinden wieder nach kurzer Zeit, weil sie die Stücke wie gewöhnlich erbärmlich aufgeführt finden. Sie machen Landpartien und vergnügen sich nach Kräften auf Bällen und ähnlichen Lustbarkeiten. Der Walzer, dieser neue und wahrlich revolutionäre Tanz, behagt ihnen ungemein. Gerade soll er zum ersten Mal auf einer Wiener Bühne getanzt worden sein und tritt nun seinen Siegeszug unter der fortschrittlichen Jugend an, zum heftigen Befremden respektive Entsetzen der Älteren. Soll das ein Tanz für die Gesellschaft sein?! Es ist doch ganz und gar unschicklich, ja anstößig, wenn nicht gar obszön, wie sich da zwei Menschen aneinanderdrängen. Unvorstellbar, daß dergleichen je auf einem deutschen Hofball geschehen darf!

> »Hinunter die Pfade des Lebens gedreht,
> Pausiert nicht, ich bitt Euch, solang es nur geht,
> Drückt fester die Mädchen ans klopfende Herz,
> Ihr wißt ja, wie flüchtig ist Jugend und Scherz.«

Das ist die Devise der Freiherrn von Hardenberg, ihr Standpunkt in der hitzig geführten Kontroverse – gedichtet von Hardenberg selbst, welcher nach langer Pause seiner poetischen Laune, geziemend im Dreivierteltakt, wieder einmal freien Lauf gegönnt.

»Laßt fern von uns Zanken und Eifersucht sein
Und nimmer die Stunden mit Grillen entweihn.
Dem Schutzgeist der Liebe nur gläubig vertraut!
Es findet noch jeder gewiß eine Braut.«

Solche Strophen sind ganz in Carls Sinne, weniger das hübsche Vergiß-mein-nicht, das der Bruder für Fritzchen reimt. Denn soviel steht fest, daß Fritzchen seine und nicht Fritzens große Liebe ist, selbst wenn sie jenem ihre Gunst auch deutlich bezeigt. Bevor er Ende Oktober beritten zum Weißenfelser Tor hinausmuß gen Lützen – ins sächsische Sibirien, wie ihn dünkt –, sitzt Carl den Abend im gelben Häuschen auf der Fensterbank, Fritzchen gegenüber, um sich noch recht in ihren hübschen Augen zu besehen, noch recht mit ihren blonden Locken zu spielen, die in sanften Wellen auf die schön gebauten Schultern herabfließen, noch tausend brennende Küsse auf ihre niedlichen Hände zu drücken.

Auch der Bruder – und das tröstet ihn – nimmt wenig später Abschied.

12 Sie heißt Sophië!

Die Verhandlungen über den Vetter Minister zwecks einer Anstellung Hardenbergs im preußischen Staatsdienst ziehen sich dermaßen hin, daß der Vater nun doch vermeint, handeln zu müssen. Ihm ist auch diese ganze Idee des großen Bruders, Fritz durch Vermittlung des Vetters in den Staatsdienst zu bringen, letzten Endes nicht genehm, wollen ihm die Ansichten des Vetters doch allzu radikal erscheinen. So trifft er seine Wahl und schickt den Sohn fürs erste nach Bad Tennstedt.

Tennstedt im nördlichen Thüringen müssen wir uns als ein kleines Landstädtchen vorstellen, kaum halb so groß wie Weißenfels. Da läßt es sich nicht gut sponsieren, hat Vater Hardenberg gedacht, dafür desto fleißiger arbeiten und lernen, was einem künftigen Beamten nützlich ist. Tennstedt ist nämlich Kreisstadt und dank seines Kreisamtes Sitz der obersten Verwaltungs- und Gerichtsbehörde für ganz sächsisch Thüringen. Dem Kreisamt steht ein Mann vor, dessen Ruf als erfahrener Verwaltungsfachmann weit über die Grenzen des Kreises hinausgeht, ein Mann, bei dem auch die höchsten Regierungsstellen zuweilen Rat einholen und dem man, da er auch als guter Pädagoge gerühmt wird, schon andere angehende Staatsdiener zur Anleitung anvertraut hat. Dieser August Coelestin Just soll den frischgebackenen Juristen gründlich vornehmen, ihn in die Verwaltungspraxis einweisen, ihm von Zucht und Disziplin im tätigen Berufsleben einen deutlichen Begriff geben. Also tritt Hardenberg in die nächste Phase seines Lebens ein. Den 8. November 1794 wird er als Vizeaktuarius, soll heißen: Gerichtsangestellter, beim Kreisamt verpflichtet. Logis hat er im Hause des Herrn Kreisamtmanns genommen, welcher übrigens mit seinen vierundvierzig Jahren noch ein Junggeselle ist und sich die Wirtschaft von der Nichte Caroline führen läßt.

Bislang gefällt er ihm, sein Lehrer Just. Auch wird schon für Geselligkeit gesorgt durch Fritzchen Lindenaus Zwillingsbruder Adam, dessen Garnison nahebei in Kölleda liegt; der kennt auch die Offiziere vom Regiment Clemens in Langensalza.

Seinem Lieblingsbruder schreibt Hardenberg:

»Lieber Erasmus, hier geht es mir sehr gut. Ich wohne zwischen vier recht hübschen Mädchen, die ich alle aus dem Fenster sehn und mit dreien reden kann. Ich war schon in Langensalza. Auch dort hoff ich in Train zu kommen. Durch die Welt durchsponsiert – dort ist wie überall Mangel an Tänzern. Mein Amtmann ist ein brauchbarer, geübter und humaner Mann. Er geht äußerst freundschaftlich mit mir um. Ich bin sehr fleißig und hoffe, daß der Vater damit, sowie mit meiner Ökonomie, sehr zufrieden sein soll. Ich spiele hier eine große Rolle und bin, wie es scheint, in großem

Kredit. Lindenau sieht mich oft, und wir sind sehr gute Freunde. Schreibe mir bald und sei nicht hypochondrisch etwa wieder.«

Dann kommt Freund Schlegel an die Reihe, der noch draußen in Pillnitz bei der Schwester lebt:

»Endlich bin ich ein wenig in Ordnung und eile, Dich zu benachrichtigen, daß ich nun anfangen kann, ordentlich an Dich zu schreiben. Heute erhältst Du nur den Provokationssatz, und der pflegt kurz zu sein. Meine Praxis raubt mir hier ¾tel des Tags. Das übrige Viertel ist so eingeteilt, daß Freunden und Büchern sehr wenig bleibt. Du stehst mit oben an und sollst wenigstens alle 14 Tage oder drei Wochen einen Brief haben. Auf Gutschreiben tu ich im voraus Verzicht. Mein Kopf ist zu durchkreuzt von verschiednen Gegenständen, als daß ich imstande sein sollte, Dir nur etwas mehr als mittelmäßig gut schreiben zu können. Ich muß Dir nur flüchtig die Ideen hinwerfen – die beste Probe, ob sie gut sind.

Dein Aufsatz in der Monatsschrift fürs weibliche Geschlecht ist erst jetzt herausgekommen. Ich hoff ihn bald zu haben. Da ich den ›Moniteur‹ hier nicht haben kann, so fehlt mir zur politischen Korrespondenz viel. Selbst die notwendigsten Bücher hab ich nicht. Doch schadet's nichts – Du bist genügsam. Ich freue mich, wenn ich an die Ostermesse denke. Nur arbeite nicht zu angestrengt, ich bitte Dich, Schlegel, sei behutsam. Deine Gesundheit ist unentbehrlich sogar zur echten Schriftstellerei. Düsterheit verliert sich unvermerkt in Dein Geschriebnes, und der Hypochondrist kann nichts ganz Wahres schreiben. Leb wohl. Schreibe bald.«

Man schreibt den nächsten Tag: Montag, den 17. November 1794. Kreisamtmann Just nimmt seinen Aktuarius auf eine Geschäftsreise mit – eine Ausfahrt zu den Rittergutsbesitzern in der Umgebung, die er zu besuchen hat. Weil eine seiner Töchter ihre Freundin ist, hat Justs Nichte sehr gebeten, heute, wo sie wenig Wirtschaft habe, zum Rittmeister von Rockenthien auf Schloß Grüningen zu fahren und sie gleichfalls mitzunehmen.

Wo er es während des Gespräches einrichten kann, ohne unhöflich zu erscheinen, sieht Hardenberg immer wieder durch die Türfenster rechts und links hinaus. Die Landschaft sagt ihm zu, hier müßte es sich lieblich wandern und reiten lassen. Just bestätigt ihn durchaus in dieser Meinung. Er ist übrigens ein guter Gesprächspartner, nimmt sich auch die Freiheit, über Nichtamtliches zu plaudern und dies in erstaunlich freundschaftlicher Manier. Aber kurz bevor sie nach Grüningen hineinkommen, setzt er den Neuling doch noch gewissenhaft ins Bild über die Verhältnisse, die sie erwarten.

Rockenthien sei früher kurfürstlich sächsischer Leutnant gewesen, dazu fürstlich schwarzburgischer Hauptmann. Vor acht Jahren habe er sich auf Schloß Grüningen niedergelassen, indem er die Witwe des früheren Besitzers, von Kühn, geehelicht habe. Zu dessen sechs Kindern seien inzwischen drei weitere hinzugekommen, so daß es ihnen zu eng geworden sei. Da habe er das neue, stattliche Herrenhaus erbauen lassen, das sie nun gleich zwischen den kahlen Bäumen gelb hindurchschimmern sehen müßten. Ja, vor zwei Jahren sei das gewesen.

Sie fahren die schräge Auffahrt zum Herrenhaus hinauf und durch den wappengeschmückten Torbogen in den Hof. Links bei den Stallungen ist ein Reitknecht gerade im Begriff, den Schimmel zu übernehmen, der ihm zugeführt wird. Der Reiter wendet den Kopf zu ihnen herüber, strahlt und kommt gleich auf sie zu.

»Das ist er schon«, sagt Just.

Gut gewachsen und mit einem fröhlichen, ganz offenen Gesicht, denkt Hardenberg. Auf Mitte vierzig schätzt er ihn.

»So kommen Sie nur gleich mit hinein! Sie werden sich alle freuen. Ein Glück auch, daß ich just von meinem Ausritt wieder hier bin.«

Rockenthien geht mit großen Schritten voran ins Haus, ihm nach der Kreisamtmann, dahinter die Justen und Hardenberg. Ob es der Klang der Reitstiefel auf dem Steinboden ist oder der Klang seiner Stimme oder beider zugleich – Hardenberg staunt nicht wenig, wie sich einszweidrei die großen weißen Türen öffnen und der Flur sich mit Kindern füllt.

»Na, Jettchen, freust du dich auch?« fragt Rockenthien und

nimmt ein kleines Mädchen an der Hand. »Wir wollen uns dem Mütterchen gleich präsentieren.«

Damit stößt er eine Türe auf, die nur angelehnt war, und führt sie in eine große, helle Stube. Vor den beiden Fenstern sitzen zwei Frauen über Nähzeug, zu ihren Füßen zwei Kinder, die Köpfe dicht zusammengesteckt. Hardenberg erfaßt die Figuren noch wie in einem Gemälde häuslicher Zufriedenheit, ehe das Bild durch ihr Hinzutreten in Bewegung kommt. Der Kreisamtmann begrüßt die Hausfrau mit auffälliger Herzlichkeit, und Hardenberg, als er ihr vorgestellt wird, notiert sich augenblicklich ganz entzückt: ein Engelsgesicht. Rockenthien, hinter ihren Stuhl tretend und ihr beide Hände liebevoll auf die Schultern legend, sieht mit fröhlichen Augen in die Runde:

»Unsere gute Danscour kennen Sie ja schon. Aber Ihnen, Herr von Hardenberg, darf ich sie noch vorstellen. Voilà – die beste aller Gouvernanten.«

Die Mädchen kichern.

»Très enchanté, Mademoiselle«, erwidert er artig.

»So reden Sie nur deutsch mit mir«, kommt es grundsolide aus dem breiten Gesicht zurück, von einem Augenzwinkern begleitet, welches nun so ansteckend ist, daß auch Hardenberg die Etikette fahren läßt und unbefangen mitlacht.

»Jetzt zum jungen Damenflor«, tönt Rockenthien genießerisch. »Und hübsch der Reihe nach. Erst Lili hier, die aber nicht – ich warne Sie – Luise, sondern Caroline heißt, ganz wie die Justen, ihre Busenfreundin. Dann Söphchen hier, soll sein: Sophië.«

So-phi-e!!

»Hier Henriette-Jette neben mir. Und zu Ihren Füßen unsre allerliebste Mimi –« »später einmal Wilhelmine!«, ruft alles im Chor.

Wieder wird fröhlich gelacht.

Sie heißt So-phi-e! Mein Gott, fast hätte ich es laut gesagt.

»Und hier der Junker Hans von Kühn«, läßt Rockenthien sich weiter vernehmen, wobei er auf den hübschen Zehnjährigen deutet, der neben Caroline steht. »Zu guter letzt noch unser kleiner Fritz, als Mimis Kavalier zu ihren Füßen sitzend.«

Hardenberg freut sich an der ganzen Schar. Fast dünkt es ihn, als wäre er zu Hause.

Doch nein, auch wieder nicht: Hier ist es anders, spürbar anders. Sie sind so fröhlich und heiter, von einer herzlichen Freundlichkeit gegeneinander, wie ich dergleichen von meinen kleineren Geschwistern nicht kenne. Ob das am Vater liegt? Dieser Rockenthien besticht durch seine Jovialität. Den schnellen Scherz scheint er zu lieben, das heitere Wort findet er gleich und weiß es mit Leichtigkeit weiterzugeben. Aufgeschlossen und zugänglich für alle Kinder wirkt er, lebensfroh. Da ist nichts Düsteres oder Strenges an ihm, nur diese Lebensfreude. Und die scheint sich zu übertragen –

Hardenberg steht da und sieht Sophie an.

Ihr Blick faßt eine ganze Welt, *meine* Welt! Die Augen groß und schwarz und so beseelt, wie ich nie Augen sah. Und doch vertraut. Dazu die ganze anmutige Erscheinung, die liebenswürdigste Anmut und Grazie, ja Grazie, sittliche Grazie –

Wie sie jetzt mit der bezauberndsten Unschuld in der Stube auf- und abgeht, wieder auf ihn zukommt und ganz zutraulich vor ihn hintritt, ihn ansieht, fragt, mit dem Finger eine ihrer niedlichen Locken ringelt, fast keck und doch vollkommen mädchenhaft und unschuldig –

Daß ich nicht träume!

Im Gegenteil, er ist hellwach, ist sicher und ruhig. Sein Leben öffnet sich vor ihm, das fühlt er mit Bestimmtheit. Im Augenblick und unabänderlich steht seine Bestimmung vor ihm. Sie heißt So-phi-e! denkt er triumphierend.

Die Herren wollen das Geschäftliche beraten. Kreisamtmann Just fordert den Aktuarius auf, mit ihnen hinüberzugehen auf Rockenthiens Stube. So nimmt man Abschied. Im Nebenzimmer folgt er dem Gespräch mit Aufmerksamkeit, nüchtern, sachlich, wie es sich gehört. Auch in der Kutsche auf der Heimfahrt entgeht ihm nichts. Er ist hellwach. Und er hat nicht geträumt.

Auf seiner Stube ist alles verändert. Er sieht sich um –

Was mach ich hier? Ich bin in Tennstedt und doch in Grüningen. Warum bin ich hier und nicht bei ihr?

Was in Grüningen so selbstverständlich und natürlich war, hier

Sophie von Kühn (1782–1797), zeitgenössisches Aquarell. Patriar-
chalische Fröhlichkeit und Gastfreundschaft der großen Familie
Rockenthien zogen Hardenberg in seinen Bann, besonders aber
Sophie, das zweitjüngste Kind aus der ersten Ehe Frau von Rockenthiens. Eine Viertelstunde habe ihn in seiner Neigung für sie bestimmt, berichtete er dem Bruder.

wächst es ins Fantastische und treibt ihn um. Überall sieht er sie, verliert er sich in ihre Augen. Aus den Büchern, in der Amtsstube aus den Akten, aus allen Zahlen und Zeilen und Buchstaben sieht sie ihn an.

Meine Liebe vor den anderen verbergen? Das wäre ganz unsinnig. Bekennen will ich sie, zumal ich ohnedem nicht wider mein Schicksal könnte, es auch fürwahr nicht wollte. Es kann kein Rausch sein – oder ich wäre nicht für diesen Stern geboren, nur so von ungefähr in dieser tollen Welt zu nah an seinen magnetischen Kreis gekommen. Ein Rausch wär wirklich sittlicher Grazie vollendetes Bewußtsein? Glauben an Menschheit wäre nur Spielwerk einer frohen Stunde? Wäre dies Rausch, was ist dann das Leben? Soll ich getrennt sein ewig? Ist Vorgefühl der künftigen Vereinigung, dessen, was ich für mein schon erkannte, aber nicht ganz noch besitzen konnte, ist dies auch Rausch? So bliebe der Nüchternheit, der Wahrheit nur das Gefühl der Leere, des Verlustes und der vernichtenden Entsagung. Womit wird denn belohnt für die Anstrengung zu leben? Was führt den Weisen durch des Lebens Tal als Fackel zu dem höheren Sein hinauf – soll er nur hier geduldig bauen, nieder sich legen und ewig tot sein? Sie ist nicht Rausch, die Stimme des Genius, das Anschaun dessen, was uns unsterblich macht. Einst wird die Menschheit sein, was Sophie mir jetzt ist – vollendet – sittliche Grazie. Dann wird ihr höheres Bewußtsein nicht mehr verwechselt mit Dunst des Weines – Verse sind es, was ich denke. Ein Gedicht, ins Dasein gerufen durch meinen Genius, Sophie.

Er schreibt die Fragen nieder, erweitert sie, bricht sie in Zeilen, faßt sie in Strophen zusammen, schreibt die Antworten, *ihren* Namen zuletzt. Dann liest er die acht Strophen laut. Noch fehlt die Überschrift. Ohne Zögern setzt er darüber: Anfang.

Nur die Zerrissenheit halt ich nicht aus. Ein Mittel muß es geben, das meine Leidenschaftlichkeit ertragen lehrt. Deren Heftigkeit ist mir ja beängstigend vertraut, wenn auch Welten liegen zwischen einst und jetzt, zwischen Julie oder Fritzchen und Sophie. Sophie heirate ich. Dieser Entschluß steht fest. Und diesmal soll der Vater mich nicht hindern!

Gern vertraute er sich Justs Nichte Caroline an. In den drei Wochen seines Hierseins ist sie ihm schon zur mitempfindenden, wahrlich guten Freundin geworden. Vier Jahre ist sie älter. Ihre Tätigkeit im Hause, ihre Übersicht und kluge Planung der ganzen Wirtschaft haben den angeborenen Sinn für praktisches Denken geschärft, ihr aber nichts von jener Einfühlsamkeit genommen, die ihm für eine Freundschaft unentbehrlich ist. Die erfahrene und ruhige Art, die ihr eigen ist, hat ihm bereits die letzten Tage gutgetan.

Sie könnte mir Festigkeit geben und der krankhaften Anspannung, in der ich mich nun schon diese ganze Woche seit der Reise befinde, entgegenwirken, wenn ich sie nur öfter vor Augen hätte. Ich sollte Mademoiselle Just gleich ein Briefchen schreiben und vor die Stubentüre legen.

»Glauben Sie nicht, daß meine Unpäßlichkeit bloß körperlich ist«, schreibt er ihr. »Die Indisposition des Körpers traf nur mit der Indisposition der Seele zusammen – keine von beiden allein würde jene hervorgebracht haben. Meine Fantasie war lange nicht so in lebhafter Bewegung als nach unsrer Reise. So viel Entzückendes auf einmal, Sophie, Ihre in der Tat einzige Freundschaft und die unendliche Aussicht, die mir sich hier auf einmal so bestimmt für mein Leben und meine Bestimmung öffnete – dies alles bestürmte meine ohnedies reizbare Fantasie, die eine Zeitlang müßig gelegen hatte, auf einmal *so*, daß ich am Ende dabei leiden *mußte*. Ich fühle zu deutlich, daß zwar der Körper teilnimmt, aber daß der Hauptsitz des Übels in meiner Fantasie liegt – ich darf nur eine Zeitlang an jene Gegenstände denken, so ist plötzlich die traurige, nicht zu tilgende Sehnsucht und der ängstliche Überdruß an der Gegenwart da: Sie erhalten mich, ohne daß Sie es wissen, durch ihre bloße Nähe, aufrecht. Von körperlicher Stärkung, Zerstreuung, wobei ich sehr auf Sie rechne und sogar den Onkel deshalb um die Erlaubnis mit Ihrer Genehmigung bitten will, bei Ihnen alle Abende eine Stunde zubringen zu dürfen – hoff ich alles. Vielleicht lehrt mich Ihr Umgang Mittel, eine gar zu heftige Reizbarkeit meiner Fantasie abzuschleifen und jene glückliche, unentbehrliche Ruhe zu gewinnen, mit der man trübe, einfache

Stunden leicht erträgt und schönen, glücklichen Stunden entge-
gensehen muß, um nicht die Erwartung der letztern in die ärgste
Qual zu verwandeln, die ein empfindendes Wesen leiden kann.«

Die gute Justen will ihm nach Kräften helfen. Auch der Herr
Kreisamtmann persönlich nimmt verständnisvollen Anteil, wobei
er die Schönheit des Fräuleins von Kühn in Worte zu kleiden
vermag, die Hardenberg unsagbar wohltun.

13 Eine Viertelstunde

Erasmus Antwort läßt schon einen endlosen Tag lang auf sich
warten. Dem Bruder hat er natürlich sein Herz geöffnet, dem
Vertrauten die schicksalhaften Minuten getreulich abgeschildert
nebst allen Stimmungen und Entwürfen, die ihnen folgten, und
dem *einen* Entschluß, der nun sein Leben bestimmt. Als Erasmus
Brief den nächsten Tag gebracht wird, erbricht Hardenberg das
Siegel gleich auf dem Amt und liest hastig. Er legt den Brief zur
Seite, enttäuscht. Erst abends auf seiner Stube nimmt er ihn
wieder vor, um wenigstens pflichtschuldig durchzugehen, was
Erasmus umständlich zu Papier gebracht hat. Seite für Seite will er
noch einmal geduldiger lesen – es jedenfalls versuchen.

»Ich gestehe Dir«, liest er, »als ich Deinen lieben Brief erbrach,
wunderte ich mich am Anfange; ich erstaunte, und die Haare
standen mir zu Berge; ich bin aber schon zu sehr an außerordentliche Fälle und Begebenheiten in unserm Leben und besonders in
diesem Punkte gewöhnt, als daß ich mich nicht bald hätte hinein-
finden sollen.

Daß Dein Brief Überlegung brauchte, wenn ich ihn ordentlich
beantworten wollte, das siehst Du wohl selbst ein; deswegen ging
ich gestern, da ich ihn früh erhalten hatte, den ganzen Tag im
Walde herum, in tiefes Nachdenken versunken, aus welchem mich
selbst eine lustige Abendgesellschaft nicht herausreißen konnte, so
daß mich die Ideen, die mich den Tag über beschäftigt hatten,
auch im Schlafe begleiteten und meine Träume mit interessanten

Bildern verlebendigten; heute früh war es wieder mein erster Gedanke beim Aufstehen, und jetzt fühle ich mich vollkommen imstande, Dir zu antworten.

Brüderchen, die Folgen dieses Schrittes treffen Dein ganzes Leben, verzeihe mir also, wenn ich Dir mit der möglichsten Freimütigkeit alles sage, was ich darüber denke und was mir dabei besonders in Deiner individuellen und singulären Hinsicht einfiel. Leidenschaften berauben den Menschen, wenn sie heftig sind, des freien Denk- und Handlungsvermögens, und unter diesen Umständen muß ein guter Freund ihm zureden und ihm, durch Schwächung der Leidenschaft, wieder dazu zu verhelfen suchen. Und Leidenschaft, Brüderchen, bleibt es doch, Du magst es nun mit einem Namen bemänteln, mit welchem Du willst, wenigstens hat es alle Symptome derselben. Das Augenblickliche, Hervorspringende und doch so Entscheidende, Bestimmte zeugt für das Dasein einer Leidenschaft; und sollte die nicht imstande sein, Dich auf einige Momente blind zu machen? Nicht allein aus Deinem eigenen Munde, aus Erfahrung weiß ich es, Dein Nervensystem ist äußerst reizbar, Dein Herz im höchsten Grade empfänglich und offen für den Eindruck, den das höchste Ideal der schönen Natur, ein schönes unschuldiges Mädchen, auf jeden Menschen von Gefühl und feiner Empfindung machen muß; aber auch Genie bist Du im eigentlichsten Verstande, Deine Seele immer gierig nach neuer Beschäftigung und daher an Veränderung gewöhnt. Nun merke wohl auf! Sollte wohl, nach diesen Prämissen, Dein immer reger Geist, der sich schon durch die Macht der Gewohnheit hingerissen auf die Seite der Veränderung geneigt hat, sollte sich der wohl so lange Jahre hindurch an ein einziges Wesen binden und so unauflöslich fesseln lassen, daß ihm nicht einmal, während dieser ganzen langen Zeit, der Gedanke einfallen sollte: Wie wärst Du nicht um vieles glücklicher, wenn Du nicht an sie, oder wenn Du an eine andere das Schicksal Deines Lebens geknüpft hättest? Und wenn er Dir einfiele, würdest Du alsdann nicht alles aus diesem Gesichtspunkte ansehen, würde Dir Deine Lage nicht vielleicht ungleich unangenehmer vorkommen, als sie wirklich wäre, würde sie Dir nicht beinahe unerträglich werden?

Bester Fritz, Du schreibst mir selber: ›Mit der zarten Blüte meiner Neigung ist es vorbei, sobald ich gemeine Gunstbezeugungen erhalte!‹ Kann es fehlen, daß Du diese nicht an einem Mädchen, welches mit Dir versprochen ist, wenn nicht anders, doch einmal in einer zärtlichen Stunde erhalten, ja vielleicht mit jugendlichem Ungestüm fordern solltest? Und wenn Du auch alle Tête-à-têtes vermiedest, ganz für Dich erobern mußt Du sie doch erst, damit kein anderer Dich ausstechen kann, und vier Jahre sind eine lange Zeit (und das ist doch der kürzeste Termin, den ich Dir zum Heiraten setze). Du bist jung und feurig, das Mädchen ist jung und feurig, Ihr seid beide sinnliche Menschen, und nun laßt einmal eine zärtliche Stunde kommen, und Ihr küßt Euch und herzt Euch, was das Zeug hält, und wenn es vorbei ist, so denkst Du: Es ist ein Mädchen wie alle andern Mädchen! Sei es aber auch, Ihr kommt über diese Klippe hinweg, Ihr heiratet Euch; auch im Ehestande wirst Du nach langer Enthaltsamkeit als Jüngling da schwelgen, wo Du als Mann weise genießen würdest; Vollgenuß macht Überdruß, und Du kommst dahin, wovor Du Dich immer so gefürchtet hast, nämlich Du frönst der Langeweile!

Nun noch einige Zweifel, lieber Fritz, wegen des Mädchens, deren Beantwortung ich wünschte. Du schreibst mir, eine Viertelstunde hätte Dich bestimmt; wie kannst Du in einer Viertelstunde ein Mädchen durchschauen? Noch überdies ein Mädchen von so außerordentlichen Eigenschaften, wie Du mir jene beschreibst? Wenn Du mir ›ein Vierteljahr‹ geschrieben hättest, so hätte ich noch Deine Talente in der Kenntnis des weiblichen Herzens bewundert, aber eine Viertelstunde, denke nur selbst an, eine Viertelstunde, das klingt gar zu wunderbar, da muß ich Leidenschaft, den ewigen Scharwenzel, dahinter suchen.

Wer bürgt Dir dafür, wenn sie auch jetzt noch Dir keine gemeine Seite gezeigt hat, daß sich auch in der Folge bei mehrerer Entwicklung ihres Charakters keine Gemeinheit äußern wird? Wer bürgt Dir dafür, wenn sie jetzt unverdorben ist, daß sie auch noch in der Folge, wenn sie in die Welt kommt, unverdorben bleiben wird? Denn einmal muß sie doch in die Welt. Und wenn sie ihre Eltern nicht hineinführen, so kommt dies Ämtchen auf Dich, und je später, je schlimmer, denn die Menschen sind am leichtesten zu verführen, die am unbekanntesten mit der Welt und am längsten gewöhnt sind, alle Menschen aus dem Lichte anzusehen, aus welchem sie sie in ihrer Eltern Hause sahen. Schönheit ist eine gefährliche Klippe, an welcher schon manches Mädchens Tugend und öfter der vorzüglichsten und besten gescheitert ist. Ein sehr abgedroschener Gemeinplatz, wirst Du mir antworten. Du hast recht. Ein Gemeinplatz aber ist nicht allemal ein schlechter Platz, öfters gut und bewährt; ich treibe mich überhaupt in diesem Briefe viel mit Alltagsideen herum, aber ich weiß nicht, ob sie Dir nicht gerade jetzt am besten bekommen werden. Wer sagt Dir endlich gut, daß dies Mädchen, das überdem erst vierzehn Jahr alt ist, nicht veränderlich sein wird, daß sie Dich nicht, wenn sie, wie denn das bei ihrer Schönheit nicht anders möglich ist, von vielen andern fetiert wird, alsdann vergessen und Dir untreu werden wird? Denn in diesem Punkte sind die Mädchen, so daß es beinahe Instinkt zu sein scheint, meistenteils im 14. Jahre klüger als wir im 24. und wissen uns schlauer zu hintergehn als Füchse. Und wie würde es Dich verdrießen, wenn Dein ganzes schönes Gebäude von mehreren Jahren auf einmal durch einen Schurken über den Haufen gerissen würde! Und von einem Mädchen von vierzehn Jahren ist es wahrlich viel gefordert, wenn Du verlangst, daß sie Dir von jetzt an treu bleiben soll.

Überhaupt gefällt mir Deine ganze Art nicht, Dich in das Mädchen zu verlieben. Du bist mir so tragisch, Freund, und selbst wenn Du sie heiraten willst, solltest Du die Sache aus einem leichtsinnigern Gesichtspunkte ansehen.

Auch Deine Freundschaft mit der Justen gefällt mir, offenherzig gestanden, nicht; ich wollte wetten, das wäre ein empfindsames Mädchen, die die Großmütige spielen will, indem sie Deine Liebe zu einer Dritten begünstigt, dabei aber Koketterie genug besitzt, um einzusehen, daß sie sich gerade dadurch Deine Freundschaft und Achtung erwirbt. Es kann sein, ich irre mich; aber überlege Dir ja alles recht genau, ob ich nicht überall, wenigstens hin und wieder, recht habe.

Wenn aber Deine Absicht einmal so steht, nun, so begleiten

Dich auch da meine wärmsten Wünsche für Dein Bestes. Und wenn ich Dir hierbei meine Neigung auf eine tätige Art beweisen könnte, so würde ich es, und wenn es mit der größten Aufopferung verbunden wäre, mit Freuden und von Herzen gern tun, damit ich Dir von neuem zeigen könnte, daß meine Liebe zu Dir unveränderlich und ihre Grenze nur der Tod sei.

Ich umarme Dich tausendmal. Ewig Dein Erasmus.«

Nachdem er den Brief so wirklich Satz für Satz und ziemlich geduldig gelesen hat, stellt Hardenberg fest, um wieviel weniger ihn Erasmus Vorhaltungen jetzt berühren. Ja, er versteht den Bruder, hätte er diesem in einem vergleichbaren Falle doch ähnlich geraten.

Aber wie soll er auch urteilen können, wo er Sophie nicht kennt! Einladen müßte ich ihn zu einer Reise nach Grüningen, denkt er. Ihm noch einmal einen deutlichen Begriff davon geben, was mir selbst dort widerfahren ist und wie mein Entschluß seither nicht anders als unverrückbar stehen kann. Zum Beleg werde ich ihn in meinen Plan einweihen, so bald als möglich im Amte des Vaters tätig zu werden, um so den Grund für meinen Ehestand zu legen. Fürwahr, das wird dem Brüderchen nicht sehr gefallen. Desgleichen nicht, daß es mich bei solch veränderter Lage der Dinge nicht mehr danach verlangen kann, Weihnachten in Weißenfels zu verbringen, sondern vielmehr bei denen, die ich hinfort für die Meinigen zu halten gedenke – was also behutsam vorzutragen wäre, weil es Erasmus vor allen anderen treffen dürfte.

Pünktlich zum Posttag der nächsten Woche schreibt er seinen Brief. Ebenso pünktlich erreicht ihn Erasmus Gegenbrief. Ob der gute Asmus ihn nun besser versteht? Wieder hat er eine lange Epistel verfaßt.

»Bestes Brüderchen!« schreibt er. »Außerordentliche Menschen müssen außerordentliche Schicksale haben. Ohnstreitig gehörst Du zu den ersteren, also müssen die letztern Deine Begleiter sein! Nur Du konntest Dich so von dem tummelvollen Schauplatz dieser Welt, wo Du ohne Zweifel eine brillante Rolle spieltest, in die anspruchslosere Einförmigkeit des bürgerlichen, in den stillen Frieden des häuslichen Lebens zurückziehen.

Wenn Du statt 22 Jahre 26 zähltest, so würde ich sagen: Fritz macht einen klugen Streich, daß er sich schon frühzeitig dem Getümmel der großen Welt entzieht! Jetzt muß ich schweigen, denn meiner Meinung nach sind 22 Jahre zu frühzeitig, und Dein eigner Brief bestärkt mich in der Mutmaßung, daß Du einige Jahre zu früh zu leben aufhörst.

Das Projekt, Dich dem Vater substituieren zu lassen, hat zwar dem Anscheine nach viel Blendendes. Aber ich habe doch zweierlei Einwendungen dagegen. Erstlich, wer verspricht Dir denn die gewisse Aussicht auf die Stelle des Vaters bei Lebzeiten? Der Kurfürst ist ein Feind von allen Substitutionen des Sohnes bei dem Vater, das ist eine bekannte Sache. Es sind eine ganze Menge anderer Kompetenten, die mehr Protektion und gerechtere Ansprüche auf diese Stelle haben, weil sie dem Herrn schon länger dienen. Glaubst Du, daß bei allem diesen bloß Deine Geschicklichkeit prävalieren wird, die vielleicht größer ist als die der anderen? Und glaubst Du, daß die Verdienste des Vaters den Söhnen bei Beförderungen etwas helfen werden? Ich dächte doch, Du kenntest die Welt besser! Du wendest mir vielleicht Oppel, als Referenten für das Salinenwesen, ein? Ja, lieber Fritz, unser Vater ist auch kein wilder Sauenpapa, noch viel weniger ein Lustiger Rat oder Hanswurst, und nur das sind die Leute, die hierzulande belohnt werden.

Gesetzt aber auch, Du erhieltest die Stelle noch bei Lebzeiten des Vaters, so müßtest Du doch vorher eine ganze Zeitlang unter ihm und, wenn Du sie erhalten hättest, vielleicht mehrere Jahre mit ihm arbeiten und daher fast immer um ihn sein! Nun dächte ich doch, müßte Dich eine 22jährige Erfahrung hinlänglich belehrt haben, daß Ihr beide nicht zusammenpaßt. Hier, Brüderchen, hast Du nun meinen Schwanengesang und zugleich meine Hand darauf, daß ich Dir nie wieder etwas vielleicht Unangenehmes hierüber sagen werde.

Daß Du schlechterdings haben willst, daß ich Deine Sophie künftige Ostern sehen soll, das machst Du nicht dumm; Du kennst meine Schwäche gegen das weibliche Geschlecht und hoffst, an ihr die beste Fürsprecherin zu finden. Allerdings muß sie ein sehr liebenswürdiges Mädchen sein, da sie Fritz, den Flatterer, mit Demantketten fesseln konnte. Meine besten Wünsche, daß Du an der Hand Deiner Sophie die drei Ungeheuer in dem Labyrinthe des menschlichen Lebens, Hypochondrie, Mißmut und Langeweile, umbringen magst, begleiten Dich.«

Hardenberg ist nach dem Lesen nicht unzufrieden. Gewonnen hat er den Bruder noch nicht, aber offenbar schon milder gestimmt. Er beteuert ihm also im nächsten Brief aufs neue, er halte es gewiß für den ihm vorbestimmten Weg, auf die brillante Rolle zu verzichten, die ihm der Großkreuz in der Welt zugedacht habe, um lieber seiner Sehnsucht nach dem häuslichen Glück zu folgen, welche seiner Natur ja schon von Jugend auf und wohl von der Mutter her eigen sei. Wie er, Erasmus, seinen Bruder zeit seines Lebens kenne, müsse er ihm hierin wohl unstreitig beipflichten.

Die nächste Woche schreibt Erasmus:

»Dein Brief, in welchem Du mich zu überzeugen suchst, daß Dein Weg der Weg der Natur sei, hat mir außerordentlich gefallen, und wenn gleich die Ideen zerstreut und abgerissen waren, so schimmerte doch überall so viel Wahrheit und Natur durch, daß mir nur wenig Zweifel übrig geblieben sind, deren Befriedigung ich der Zeit überlasse. Besinnst Du Dich, als wir noch einander vor kurzem in Weißenfels sahen, wie ich da den Wunsch äußerte, daß doch einer von Euch bald heiraten möchte? Wie hätte ich glauben können, daß mein Wunsch in so kurzer Zeit würde realisiert werden, denn vier Jahre nenn ich in dieser Hinsicht immer noch eine kurze Zeit.«

Hardenberg ist glücklich: er hat den Bruder gewonnen! Was ihn freilich beunruhigt, ist jetzt dessen unverhoffter neuer Lebensplan, der nun ihn nachgerade so überraschend trifft wie sein eigener zuvor den Bruder. Dabei kann er sich nicht darüber hinwegtäuschen, daß sein eigener Entschluß von Einfluß auf den Entschluß des Bruders gewesen sein dürfte. Noch einmal liest er nach, was Erasmus dazu schreibt: ». . . eben weil ich fühle, daß ich abhängig bin, daß nichts Drückenderes und zugleich Beschimpfenderes ist für einen Mann als Weiberherrschaft, und daß ich doch vielleicht imstande wäre, einst in einer Schäferstunde mein Herz und meine Freiheit an ein gemeines Mädchen zu verschenken, von der ich mich nicht hernach, ohne wortbrüchig zu werden, wieder losmachen könnte, so werde ich, höre und staune, so werde ich, fest steht jetzt mein Entschluß, in der Zeit von drei Jahren – – – Novize des Deutschen Ordens. Schon die Klugheit erfordert es bei einer so ansehnlichen Familie, daß nicht alle Brüder heiraten; gern will ich mich freiwillig zuerst dem allgemeinen Besten aufopfern. Ich entbehre freilich ein großes Glück des Lebens, aber ich will mir mein Schicksal dadurch, daß ich öfters in Eurer Umarmung lebe, wo ich Euere Familien wie die meinigen ansehen werde, erleichtern. So will ich als ein treuer Gefährte mit Euch durchs Leben hinschlumpern, Euch helfen und in meinem Berufe meinen Nebenmenschen soviel nützen als ich kann, so lange fidel mit Euch sein, bis mich der fidele Tod aus der Welt pumpern wird.«

Zwar denkt sich Hardenberg die Sache nicht so ernsthaft und bestimmt, wie Erasmus mit seinen gerade zwanzig Jahren sie zu nehmen scheint. Aber vorsichtshalber zieht er doch Erkundigungen ein. Der Vater, hört er, sei dem Plan nicht abgeneigt. Er habe deswegen mit dem Onkel in Lucklum gesprochen. Der aber habe ganz entschieden zu warten geraten, da Erasmus noch zu jung sei, um sein Schicksal schon zu fixieren, zumal es ohnehin ein schwerer Entschluß sei. Halte einer seine Gelübde nicht gewissenhaft, so sei er ein schlechter Kerl wie jeder, der seine Schwüre breche; und halte er sie, so sei ein trübes, freudeleeres Alter sein Los.

Wie recht der Großkreuz hat! denkt Hardenberg. Er hört den Silberhaarigen hüsteln. Und sieht die alten Deutschen Herren würdig und einsam an der langen Tafel zu Lucklum sitzen. Dankbar hält er die Augen noch einen Moment geschlossen.

Soviel steht fest: Ich hab das bessre Teil erwählt.

Nur Sophie weiß von allem nichts. Seit ihrer ersten Begegnung haben sie sich nicht wiedergesehen, und man befindet sich schon im Dezember. Hardenberg überlegt genau, wie er sich Grüningen wieder nahen könnte. Er muß das gelbe Schloß bald sehen, muß in Erfahrung bringen, wie weit der Weg zu Pferde ist und wo dieser am kürzesten verläuft, will er doch von nun an und erst recht im Sommer so oft hinüberreiten, als es seine Geschäfte hier in Tennstedt zulassen werden. Für heute schreibt er noch ein Briefchen, wie man dergleichen nach der Einführung in ein neues Haus zu schreiben pflegt. Gut, daß er sich beizeiten um ein Pferd gekümmert hat, wo morgen Sonntag ist.

Den andern Morgen reitet er schon, als es erst nach und nach hell zu werden beginnt. Seine Laune könnte nicht heiterer sein, schließlich reitet er vollkommen bewußt in sein Glück hinein. Doch lassen wir ihn selbst berichten. Sein erster Ritt dünkt ihn nämlich so bedeutend, daß er ihn am Abend niederschreiben muß:

»Ich ritt heute früh sehr heiter von hier weg. Lützen-Sömmern hatt ich bald erreicht. Anstatt geradezu auf Greußen loszureiten, verirrte ich mich nach Gangloff-Sömmern. Der Umweg ist nicht bedeutend, und 5 Minuten vor 9 Uhr zeigte mir ein Mann schon das Grüninger Schloß von fern. Ich ritt brav zu. Noch vor ¼ auf 10 Uhr ritt ich durchs Wasser und war mit Leib und Seele in – Grüningen. Mein Leib traf vielmehr meine Seele schon dort. Im Dorf dicht am Torweg zu der Wirtschaft hielt ich, band mein Roß an das Grüninger Halseisen. Das Haus, vor dem ich hielt, war sicher die Fronveste. Ich frug nach jemandem, der einen Brief aufs Schloß trüge. Eine junge Frau fand ich. Den Leuten schien ich verdächtig – sie lachten vor sich hin und erzählten mir, der Herre sei nicht zu Hause. Ich trug der Überbringerin auf zu sagen, der Brief sei von Tennstedt und der Bote sei sogleich wieder zurückgekehrt – tausend Komplimente und Empfehlungen noch. Sie ging darauf fort, und ein junges andres Weib sagte zu mir: – – – Es sollte wohl ein Geheimnis sein, und sie mochte mich wohl halb und halb für den halten, der ich wirklich war: für einen Verehrer einer der Damen auf dem Schlosse. Ich hinterließ ihr noch, im Fall, daß nach mir gefragt würde, den Auftrag, ich sei sogleich wieder nach Tennstedt geritten zum Spazierritt.

Ich schlich mich langsam zum Dorfe hinaus. Jenseits des Wassers sah ich das gelbe Schloß sehnsuchtsvoll an – und trabte von dannen. Alle 10 Minuten hielt ich und sah mich um. Die Gegend ist mir so lebendig geworden; ich wollte sie im Kopfe zeichnen. Auf dem Rückweg traf ich die rechte Straße und erblickte bis vor Lützen-Sömmern noch Grüningen. Ich bin fest überzeugt, daß man es mit Fernröhren eine halbe Stunde von hier noch muß sehn können. Trotz des vielen Haltens, des sanften Trabs und des schlechten Wegs hin und wieder, bin ich noch nicht $^7/_4$tel Stunden zurückgeritten. Um $^1/_4$ auf 8 Uhr ritt ich hier weg, ritt sehr langsam von hier aus, verirrte mich um 20 Minuten und war doch 5 Minuten nach 12 wieder hier und hielt mich doch in Grüningen über eine Viertelstunde auf. Im Sommer, bei gutem Weg und einem raschen Pferde, getrau ich mir bequem, in $^9/_4$tel Stunden hin und her zu reiten. Zu Fuße geh ich hin in $^9/_4$tel Stunden. Dicht über Lützen-Sömmern sieht man Grüningen schon mit bloßen Augen. Meinen Weg hab ich in einen Riß gebracht.«

Der überbrachte Brief tut seine Wirkung und bringt einen Brief zurück: Der Schreiber der Grüße möge doch hinfort auch der Bote selber sein. Die Damen würden sich alsdann gar sehr freuen, und er, Rockenthien, bedürfe immer eines Konterparts zum Lomberspiel.

Hardenberg schmunzelt. Er wird sie nicht warten lassen.

Munter geht es zu auf Schloß Grüningen. Nicht nur, weil dort an sich schon genug Bewohner versammelt sind. Hardenberg, der nun in der Tat so oft als möglich und übrigens auch mit Justs erklärtem Einverständnis hinüberreitet – denn Just begreift sehr bald, daß der allezeit und in so bestechendem Maße rege Geist seines Aktuarius, welchen er inzwischen überhaupt für einen seltenen genialischen jungen Mann erachtet, in Tennstedt seine Nahrung nicht wird finden können – Hardenberg also lernt das eine Mal die große Schwester Fritzchen kennen, deren Mann als Leutnant in Langensalza stationiert ist – Friederike von Mandelsloh, das Muster einer zärtlichen Schwester, einer schönen und überaus anmutigen jungen Dame und Mutter – und es bereitet ihm Genugtuung zu sehen, wie innig Söphchen und Fritzchen miteinander sind; ein ander Mal den Leutnant von Selmnitz, der vom Rittergute West-Greußen nur zu gern nach Grüningen herüberkommt und auch gleich ein großes Gefallen an Hardenberg erkennen läßt, wobei es diesem mit Selmnitz ganz ähnlich ergeht, so daß er nicht zögert, dem Älteren mittels seiner neuerwachten poetischen Muse die herzliche, brüderliche Freundschaft lebenslang anzutragen. Selmnitzens Mutter auf Greußen und dessen Schwester Luise lernt er ebenso kennen wie die Schwester Stiene respektive Ernestine in Gebesee südöstlich von Tennstedt. Dort muß er ohnehin dem Gutsherrn Jobst von Oldershausen seine Aufwartung machen, denn der ist ein Bruder der seligen ersten Frau des Vaters.

Der Vater vermeldet übrigens von Weißenfels die Geburt eines Sohnes Hanns Christoph wenige Tage vor Weihnachten. Mit ihren fünfundvierzig Jahren hat die Mutter nun dem elften Kind das Leben geschenkt. Im Grüninger Familienkreis freut man sich von Herzen mit. Frau von Rockenthien scheint die Nachricht noch besonders zu bewegen, denn sie nimmt an diesem Abend vor dem Abschied Hardenberg, wie sie es zuweilen tut, vertraut zur Seite.

Die Affinität ihrer Schicksale gebe ihr zu denken, sagt sie. Sie selbst, um weniges jünger als seine Frau Mutter, hoffe im Frühjahr von ihrem zehnten Kinde glücklich entbunden zu werden.

Wie sehr er nun nach Grüningen gehört! denkt Hardenberg. Auch an der ganz selbstverständlich ausgesprochenen Einladung zum Weihnachtsfest läßt es sich ermessen. Bei solcher Konstellation kann das neue Jahr wohl nur die angenehmsten Aussichten eröffnen.

Gleich den 1. Januar reitet Hardenberg aufs Schloß. Sein Pferd kennt sich längst aus, er braucht es allenfalls anzutreiben. Sie sind mit ihren neuen Tagebüchern beschäftigt, die jungen Damen, und Friederike singt dazu um die Wette mit ihrem kleinen Max. Recht artig – oder eher in unschuldiger Treuherzigkeit und Offenheit? – hält Sophie Hardenberg ihr Büchlein entgegen.

»Taschenbuch für jeden Tag des Jahres 1795«, liest er gehorsam vor.

Den Abend, wenn er fortgeritten sei, wolle sie die erste Eintragung vornehmen. Sie werde überhaupt von nun an täglich und gewissenhaft in dieses Büchlein schreiben, sagt sie feierlich.

Was sie wohl schreiben werde? Und ob es denn auch hoffentlich nur Hübsches sei?

Wie sie ihn dabei ansieht, möchte er sie auf der Stelle in die Arme schließen! Aber dergleichen würde sie ohne Zweifel irritieren: sie scheint so gar nicht darauf zu denken.

Schon läuft sie wieder durch die Stube, bringt eine Pfeife des Hauptmanns herbei, die sie zur Nacht habe rauchen dürfen. Auch der Wein, den sie alle getrunken hätten, sei ihr ganz köstlich vorgekommen.

Ansehen muß er sie, immerzu ansehen. Jede ihrer Bewegungen, ihre noch so zarten Züge, jeden Blick, die kleine, geschäftige Hand. Jetzt dünkt ihn ihr Wesen so ernsthaft, wie sie ihn erzählen hören will und dasitzt und aufmerkt und ihn mit ihren großen Augen unverwandt anschaut. Jetzt wieder so kindlich, fast verspielt.

Den Sonntag dürfe sie gewiß zum Feuerwerk!

Er wird an ihr noch endlos zu studieren haben, sagt er sich.

Die Woche darauf, es ist ein Sonnabend, wie er ihn jetzt immer in Grüningen zu verbringen pflegt, staunen die Schloßbewohner nicht wenig, als Hardenberg zur Türe hereinkommt.

So hat er ihr Billettchen nicht erhalten?

Billettchen? Nein. Er inkommodiere sie doch hoffentlich nicht?

Mitnichten. – Nur sei man den andern Tag nach Sachsenburg geladen. Carolinchen habe es ihm im Auftrag der Mutter mitgeteilt. Aber der Bote dürfte wohl den anderen Weg genommen haben und zu spät eingetroffen sein.

Hardenberg steht ein wenig verlegen da. Er hat sich besonders geeilt. Und er hat sich auf morgen gefreut. Mutter Rockenthien zählt plötzlich laut vor sich hin. Dann sagt sie schnell: »Sie reisen mit! Mein lieber Hardenberg, es wäre noch ein Platz in unserer Chaise frei, wenn Sie uns die Ehre Ihrer Begleitung angedeihen lassen wollen?« Dabei nickt sie ihm heimlich zu. Er zögert, dankt ihr, hört die Damen eifrig »Bitte!« rufen – und sitzt den Sonntag wirklich mit in ihrer Kutsche. Allein die Reise will ihm nicht, wie er gehofft, gedeihen. Nicht daß die Hinfahrt nicht gelungen wäre. Sie alle sind vollkommen vergnügt, und die Zeit vergeht ihm viel zu schnell unter den heitersten Gesprächen. Sophie schwärmt ganz allerliebst von ihrem lieben Brüderchen George, der Hardenberg der Uniform wegen an seinen Bruder Carl erinnern werde. Ganz unerwartet sei er erschienen. Nur als er mit dem Vater nach Schafstädt gefahren, habe er ihr durch seinen Abschied den ganzen Tag verdorben.

Auch in Sachsenburg gefällt es ihm vorzüglich; der Herr Kommissionsrat Nowe, der sie geladen hat, scheint ein trefflicher Mann zu sein, die anderen Gäste gefallen ihm nicht minder. So reizend freilich dünkt ihn keine wie Sophie, so daß er sich recht innig an ihr freut und seine Neigung keineswegs verbergen kann. Das aber scheint ihr offenbar nicht zu behagen? Es fällt ihm auf, daß sie sich kälter zeigt, sich auch vor den anderen nicht so gegen ihn beträgt wie sonst. Sie scheint verstimmt und sitzt die ganze Heimfahrt ziemlich klein und schweigsam in der Ecke.

Sollte sie Launen haben wie andere Frauenzimmer?

Es ergibt sich, daß er bei seinem nächsten Besuch ein Tagebuch aufgeschlagen auf dem Fenstersims findet. Wie von selbst bleibt sein Auge an seinem Namen hängen. Er liest: »7. Heute früh ritt Hardenberg noch wieder fort. Es passierte heute weiter nichts.«

Ihr Tagebuch – er kennt es wieder – und das also ihre Hand! Fast rührend mutet sie ihn an, so ungeübt, noch so bemüht. Der Himmel und Sophie mögen ihm verzeihen, daß er gleich weiterlesen muß:

»8. Heute waren wir wieder allein, und es fiel auch nichts weiter vor.

9. Heute waren wir wieder allein, und es fiel auch wieder nichts vor.

10. Diesen Morgen kam ein Bote von Sachsenburg und bat uns auf den andern Tag, um den Vater da zu erwarten. Die Mutter schrieb es zu. Hardenberg kam auch nachmittags.

11. Diesen Morgen kam wieder ein Bote von Sachsenburg. Wir sollten diesen Morgen noch kommen. Wir gingen hin und trafen viele da an.

12. Heute blieben wir noch hier in Sachsenburg. Wir waren recht vergnügt.

13. Heute fuhren wir fort. Hardenberg fuhr mit, und ich war gar nicht vergnügt.«

Da bricht es ab. – Übrigens gibt sich Sophie in Grüningen wieder wie zuvor. Den nächsten Sonnabend will sie ihm gar besonders ausgelassen und zutraulich erscheinen, so daß ihr Charme ihn mehr denn je gefangennimmt. In Tennstedt auf seiner Stube schüttelt er den Kopf: Ist er noch der, der er vor ihrer ersten Begegnung war? Hat er sich nicht schon im allerersten Augenblick gewandelt? Ist das der Mann, der sieben Weisen im Umsehn in die Tasche steckt, den schon die kürzeste der Reisen so wundersam im Schlafe weckt? Aber was kümmert ihn der, der er gewesen ist. Er wird nicht mehr zurücksehn. Sophie soll die Losung sein für alle guten Stunden, die auf diesen Abend sicher folgen müssen!

Wenig später wird er krank. Das Wetter ist auch garstig genug. Eigentlich müßte man trocken in der Kutsche fahren, sagt er sich, wie die Justen, wenn sie ihre Freundin und Namensschwester Caroline und die Danscour besuchen, statt auf dem Pferderücken ständig naß zu werden. Auch die Damen sind erkältet, Carolinchen und Söphchen vornehmlich. Es war auch gar nicht klug, daß Söphchen die Woche in die Pfarre ging bei solchem Schnupfen. Womöglich wird sie den Sonntag als einzige der Familie doch zur Kirche wollen, trotz Wetter und Schnupfen. Ich jedenfalls kann diesen Sonnabend nicht hinüber, wie gern ich es auch wollte.

Bis zum letzten Augenblick schwankt er, daher hat er keinen Boten geschickt.

Ob sie sich sorgen werden?

Gegen Mittag schreibt er doch noch schnell ein Briefchen und schickt den Boten los. Der kommt den Nachmittag mit einem Brief zurück: »A Monsieur de Hardenberg à Tennstedt« steht auf dem Kuvert. Also hat ihn die Danscour geschrieben.

»Das hab ich leider vermutet«, liest er, »daß Sie, mein Bester, krank sein müßten, weil wir heute das Vergnügen nicht hatten, Sie hier zu sehen. Mutter und Tochter haben sich bald totgefragt, was wohl die Ursache Ihres Außenbleibens sein möchte, und als es Mittag wurde und Sie noch nicht kamen, so sagte die Mutter: Nun wird er wahrscheinlich nicht kommen, da wollen wir diesen Nachmittag einen Besuch bei Magisters abstatten.

Der Vater ist heute früh nach Sömmern geritten, um desto mehr haben wir gewünscht, daß Sie bei uns sein möchten. Die Mutter hatte sich schon auf eine Partie Casino gefreut, aber ihre Freude ward ihr zu Wasser. Ich wollte, meine Vermutung wäre es auch geworden. Die gute Sophie war sehr erschrocken, als ich ihr sagte, daß Sie das Fieber hätten. Sie empfiehlt sich Ihnen tausendmal wie auch die Mutter. Beide lassen Ihnen recht von Herzen baldige Besserung wünschen. Und daß es der aufrichtigste Wunsch Ihrer ganz ergebenen Danscour ist, werden Sie nicht bezweifeln.

In Eil.

Ich schriebe herzlich gern mehr, aber der Bote ist ein Narr mit Treiben. Um Gottes willen machen Sie nur, daß Sie wieder gesund werden. Schreiben Sie mir ja bald, was Sie machen.«

Was täte er lieber? Er wird vermißt, und Sophie sorgt sich! Er schreibt also gleich zurück. Allein diesmal legt er noch ein Extra-Briefchen an Sophie ein. Lange genug hat er jetzt nachgedacht, was er ihr sagen will.

Vielleicht ist es ein glückliches Geschick, welches mich solche Gedanken nun schreiben, nicht sagen läßt? überlegt er. Wenn ich ehrlich gegen mich bin, weiß ich ohnehin, daß meine neuerliche Unpäßlichkeit abermals nicht nur physischen Ursprungs ist, sondern sehr wohl mit den Gefühlen, Hoffnungen, Entwürfen in Verbindung zu bringen, welche mich und Sophie betreffen. Die nächste Woche, auf den 17. März, wird ihr Geburtstag sein. Fünfzehn Jahre wird sie werden. Sechzehn war Fritzchen, als sie in den Stand der Ehe trat. Und auch die Schwester Minchen, die ich noch nicht kenne, ist mit siebzehn Jahren verheiratet worden – ich habe bei den Erzählungen genau hingehört. Was mich betrifft – ich bin einmal in das Berufsleben eingetreten mit der erklärten Absicht, ein tätiger Bürger meines Staates zu werden, was heißt: ein Ehegemahl und Vater.

Sophie, willst Du mein sein?

Diese Frage, schreibt er, wolle eine Antwort.

Aber es kommt kein Bote, kein Brief aus Grüningen zurück. Hardenberg bemüht sich sehr, seine wachsende Unruhe nicht wahrzunehmen. Schließlich geht er in der Stube auf und ab. Da klopft es und – die Justen steht vor ihm.

Sie mache sich rechte Sorgen, er fiebere doch hoffentlich nicht mehr so hoch, da er schon in der Stube auf- und abgehe? Eben sei ein Briefchen von der Danscour eingetroffen. Sophie, welche sich ihm von ganzem Herzen empfehle, lasse ihm sagen, er solle so gut sein und auf den Sonnabend die Antwort selbst holen.

Mit eins sind alle Lebensgeister wieder da.

Er solle so gut sein –

Nicht erst den Sonnabend, schon den Freitag nachmittag reitet er los. Es ist ein dreizehnter. Und der Himmel hängt tief und so voll dunkelgrauer Wolken, als wollte noch einmal Schnee fallen.

Sophie sei noch zum Unterricht in der Pfarre, heißt es. Als sie zurückkommt, sagt sie nur: »Heute ist Bußtag«.

So möge er doch bleiben, meint der Hauptmann, wie es auf den Abend in der Tat zu schneien beginnt.

Hardenberg reitet also nicht zurück, er richtet sich zur Nacht in der Gaststube ein. Auf den Sonnabend, hört er, hätten sich die Selmnitzens angesagt. Er mag sie von Herzen gern, die Schwestern Ernestine und Luise, und er weiß ja auch, wie sehr die Damen und gerade Söphchen sich immer an deren Besuch freuen.

Aber müssen sie gerade morgen kommen? Wenn noch zutrifft, daß meine Zuneigung Söphchen vor anderen geniert, wie ich seit Sachsenburg zu vermuten Grund habe, dann muß ich mich wohl mit Geduld und Gleichmut wappnen?

Man wartet den nächsten Tag auf die Greußener Damen. Der Schnee fällt dichter, die Damen kommen nicht. Rockenthien meint, man könne sie ja auf den Dienstag zu Söphchens Geburtstag laden. Es werde ohnehin nicht schaden, den dreizehnten Geburtstag besonders heiter zu begehen.

Den dreizehnten?

Hardenberg sieht zu Sophie hinüber. Sie hat den Kopf gesenkt.

Das also ist es, was sie zögern ließ?!

Er atmet auf. Und lächeln muß er auch.

Erst dreizehn, allerliebst. Doch immerhin: zehn Jahre jünger als ich. – Aber was tut das schon? Ist es doch üblich, Verbindungen dieser Art einzugehen und das recht früh, wenn man von Stand ist. Morgen will ich sie fragen, rundheraus. Heute denkt der gute Erasmus zu mir her, der meine Absicht kennt. Morgen werd ich ihm die Antwort schicken, morgen!

Den Sonntag können sie nicht zur Kirche, der Schnee fällt immer dichter. Wie von Feenhand herabgeschüttelt, fällt er leise, leise weiter in die Fensternischen, auf die alten Buchen, auf die Tannen und die Wege. Rein und grenzenlos behutsam legt er seinen Zauberring um sie.

Ob sie seine Braut sein wolle?

Ja, das wolle sie.

15 Wir träumen uns dann drei Paare

An Mademoiselle Caroline Just in Tennstedt, per Expressen:
»Am gastfreisten Tische in der Welt sitz ich hier, um Ihnen Stoff zum Lachen und zum Lügen zu geben. Schwach ist der Sterblichen Herz – es bedarf der duldsamen Freundschaft. Ich, Friedrich von Hardenberg ad act. jur., nahe mich demütig dem wohltätigsten Altar dieser vorbesagten Göttin und flehe um Nachsicht und um Entschuldigung.

Denken Sie nur an, es ist hier ein so tiefer Schnee gefallen, daß man ohne Lebensgefahr nicht aus dem Hause kann. Mutwillig sein Leben zu wagen, ist nicht die Sache eines klugen Mannes. Viele frohe Stunden haben noch Ansprüche auf mich. Ich bin krank obendrein – merken Sie, wohin ich will? Ihr Kompaß ist untrüglich. Ich will nicht – ich will – ich will nicht – ich will – ich muß, ich darf, ich kann – hier bleiben. Hier bleiben, werden Sie sagen: das hab ich mir vorgestellt. Es ist nun nicht anders. Was ich kann, das will ich, und was ich will, das kann ich – wer kann wider sein Schicksal? Ich gehöre zu den Determinsten. Mein Schicksal ist so gefällig diesmal – ein andermal nicht – ich muß seine gute Laune benutzen, da es sonst oft sehr schief und mürrisch aussieht. Aber wie? Glauben hab ich unerschütterlich zu Ihrer Erfindungskraft, noch mehr zu Ihrer Freundschaft. Bei dem guten, lieben Onkel bin ich leicht zu entschuldigen, bei Ihnen ist nichts unmöglich. Ich lege für Lindenau ein paar Zeilen bei. Fragen Sie mich jetzt nach nichts – ich lebe, als hätte ich nie gelebt, in ungestörtem Frieden und im süßesten Vergessen aller Sorgen. Mein Nachtjäckchen hat sehr gefallen, und Ihre Freundschaft und Geschmack ist der wärmste Gegenstand unsers Gesprächs gewesen. Gestern abend müssen Ihnen die Ohren geklungen haben. Doch ich muß aufhören, sonst schwatz ich stundenlang. Geben und Nehmen – eins von beiden ist jedes Menschen Bestimmung. Sie gehören zu dem ersten, ich zu dem letzten vor der Hand. Ich hoffe auf die Zeit, wo wir unsre Rollen tauschen können. Leben Sie wohl, unerschöpfliche Freundin meines bessern Selbst. Lindenau hab ich von einem bösen Hals geschrieben. Er weiß, wo ich bin. Die Tennstedter hätten's doch verraten.

Dem Neumüller auf dem Amt müßte wohl ein Wörtchen von meinem längern Ausbleiben gesteckt werden. Selmnitzens kommen morgen oder übermorgen.«

Den Montag bleibt er also und den Dienstag selbstverständlich auch. Zur Feier des Geburtstags kommen die Selmnitzens nun endlich von Greußen herüber, dazu auch Hannchen Schmidt von Gut Klein-Ballhausen. Sogar Mutter und Tochter Jäger sind von Gotha angereist, wobei Frau Jäger freilich mehr nach ihrer Schwester sehen will, denn die Niederkunft von Mutter Rockenthien steht nun kurz bevor. Es wird von Herzen gelacht, umarmt, erzählt, und Hardenberg kann bei allem Sophie nicht aus den Augen lassen, so fröhlich und strahlend will sie ihm erscheinen. Er ist gar nicht angetan, als Rockenthien ihn von den Damen weg auf eine Partie Grobhans bitten läßt. Immer sieht er die Szene vom Morgen vor sich, wie sie sich einen Moment lang allein in der Wohnstube in ihrer Lieblingsfensternische fanden und er ihr überreichen konnte, was er tags zuvor für sie gedichtet hatte: Sie liest das Blatt, dieweil er das Mienenspiel in dem lieben Antlitz beobachten kann. Dann bittet sie ihn, es ihr noch einmal vorzulesen. Kaum bedarf er dazu des Textes, strömen die Verse ihm doch aus dem Herzen: »Wer ein holdes Weib errungen, stimme seinen Jubel ein. Mir ist dieser Wurf gelungen: töne, Jubel – die ist mein. So hat nie ein Herz geschlagen, nie so hoch und nie so gut. Künftig neigt vor meinen Tagen selbst der Glücklichste den Hut. Dir gehört nun, was ich habe, was ich denke, fühle, bin, und du nimmst nun jede Gabe meines Schicksals für dich hin. Was ich sucht, hab ich gefunden, was ich fand, das fand auch mich, und die Geißel meiner Stunden, Zweifelsucht und Leichtsinn, wich. Liebes Mädchen, deiner Liebe dank ich Achtung noch und Wert, wenn sich unsre Erdenliebe schon in Himmelslust verklärt. Ohne dich wär ich noch lange rastlos auf- und abgeschwankt und auf meinem Lebensgange oft am Überdruß erkrankt. Wenig still durchhoffte Jahre leiten unverwandt zum Ziel, wo am glücklichsten Altare endet unsrer Wünsche Spiel, uns, auf ewig eins, verschwinden, Wölkchen gleich, des Lebens Mühn, und um unsre Herzen winden Kränze sich von Immergrün.« Während er noch nicht mit dem Lesen geendet hat, ist die Mutter unverhofft eingetreten. Er hält nur kurz inne, um bewegt weiterzulesen. So erfährt die Mutter von ihrem heimlichen Verlöbnis. Wie gerührt hat sie uns beide in die Arme geschlossen und mich ihren Sohn genannt! Ob Rockenthien davon weiß? Ob sie es ihm gesagt hat? Er sitzt da und spielt laut und temperamentvoll wie immer, als gäbe es nichts Wichtigeres als sein Spiel.

Zum Abendessen finden sie sich alle wieder zusammen. Die lange Tafel ist festlich gedeckt, und Hardenberg bemerkt sogleich das Weinglas an Sophies Platz.

Zur Feier des besonderen Tages, läßt sich Rockenthien im Laufe des Mahles vernehmen, und dazu hat er sich sogar von

Sophia Wilhelmine von Rockenthien, verw. von Kühn, geb. Schaller (1752–1800), Sophies Mutter. Ölgemälde eines unbekannten Malers. In die Ehe mit Johann Rudolph von Rockenthien 1786 brachte sie sechs eigene Kinder, zu denen noch vier weitere kamen.

seinem Sitz erhoben – zur Feier des besonderen Tages möge man die Gläser erheben auf das Wohl des lieben Geburtstagskindes. Mit dem Kinde sei es freilich bald vorbei. Sophie sei zur Braut erwählt, und er habe die Ehre, in dem Herrn Baron von Hardenberg von Stund an ein zukünftiges Mitglied der Familie zu sehen.

Die Freude über diese Ankündigung ist überwältigend und des Anstoßens bei der langen Tafel so schnell kein Ende. Mit dem Glas in der Hand geht Hardenberg von Platz zu Platz. Allein Sophie, will ihm scheinen, sieht eher verwirrt aus.

Seiner eigenen Familie wird er das Verlöbnis vor der Hand nicht mitteilen, schon gar nicht brieflich, nimmt er sich vor. Der Vater könnte wieder übel reagieren und ihm den Plan zu durchkreuzen suchen. Aber Erasmus soll wie immer sein Vertrauter sein. Den Brief, den er gestern im Überschwang des Glücks, nachdem er das Gedicht geschrieben, gleich noch begonnen hat, den könnte er morgen in Tennstedt zu Ende bringen und unverzüglich auf die Post geben. Es wäre wohl ratsam, Erasmus und Carl noch einmal auf Ostern einzuladen, damit sie all die lieben Grüninger erleben und liebgewinnen könnten und sich gegen den Vater und den Onkel mit ihm verbündeten. Könnte nicht zu Carl diese Fritzchen Jäger passen mit ihren frischen vierzehn Jahren? Und Erasmus würde ganz ohne Zweifel sein Gefallen an Carolinchen finden. Er hatte das gerade heute nachmittag wieder lebhaft empfunden und dem Asmus ja schon unlängst ausgemalt.

Auf seiner Stube in Tennstedt findet er den nächsten Tag einen Strauß ganz früher Narzissen vor. Die gute Justen freut sich sichtlich von Herzen mit. Also hab ich recht gehabt und nicht Erasmus, stellt Hardenberg zufrieden fest.

Mit dem Posttag kommt Erasmus Nachricht, die Brüder könnten ihn nicht besuchen: Carl habe keine Courage zu der Reise, was ihn, Erasmus, sehr ärgere.

Hardenberg ist enttäuscht. Doch muß er lachen, als er weiterliest:

»Der Vater ist sehr in Sorge wegen Deiner Gesundheit, wie mir die Mutter mit viel Betrübnis erzählte; sie fragte mich auch, ob nicht eine Liebschaft an Deiner Krankheit schuld wäre. Ich lachte aus vollem Halse und versicherte, daß Du ganz in meinen Gesinnungen über die Mädchen und Weiber wärst, und ich konnte mich nicht genug wundern, wie wir beiden fidelen Kerls nur von weitem in den Mißkredit kommen könnten, als wenn wir verliebt wären, da wir doch gewiß nicht, solange andere Leute noch Weiber hätten, heiraten würden.«

Nein, um Erasmus ist ihm nicht bange. Auf den hat sich auch das Grüninger Fieber schon gründlich übertragen lassen. Und Erasmus wird Carl schon auch noch neugierig machen, hofft er. Vielleicht tut auch der Hinweis auf Fritzchen Jäger seine Wirkung, wo Carl doch eine Schwäche für Friederiken hat?

Das Osterfest in Grüningen gerät auch ohne die Brüder vortrefflich. Nur daß die Mutter um Nachsicht bitten läßt, weil sie nicht am Kirchgang teilhaben und auch sonst sich wenig sehen lassen könne. Sie ist nun so unpäßlich, daß der neue Erdenbürger nicht mehr lange auf sich warten lassen dürfte. Den Mittwoch nach Ostern kommt er zur Welt – ein kleiner Herr von Rockenthien, welcher noch denselben Tag auf den Namen Günther getauft wird. Hardenberg steht Pate. Er spürt es nur zu deutlich, auch mit immer neuer Dankbarkeit, wie gut sein Schicksal es mit ihm gemeint hat. Hätte es ihn sonst hierher geführt in diese Familie, die ihn so liebevoll annimmt und aufnimmt? Könnte er doch bald die Seinen mit diesem glücklichen Geschick bekannt machen, wenigstens die Brüder hier einführen. Auch ihnen selber wäre der Besuch in Grüningen nur vorteilhaft. Erasmus in seinem ungeliebten Metier und Carl bei seinem Leiden an der Affäre Lindenau – beiden könnte der Besuch fürwahr nur dienlich sein. Da trifft ein Brief aus Lützen ein mit dem Familiensiegel und von Carls vertrauter Hand.

»Oft«, schreibt er, »habe ich schon mit Erasmus über den sonderbaren Gang des Schicksals nachgedacht und gesprochen, daß der thüringische Himmel den Hardenbergs so günstig, und auf eine so eigene Art, geworden ist; wir denken uns dann die paar Jahre weiter hinaus, sehen die schönste Morgenröte für uns aufgehen, fingen neulich an, mathematische Schlußfolgen zu ziehen, rechneten und rechneten und brachten endlich zum Faktum nachstehenden Triangel heraus, dessen Inhalt Du Dir selbst erklären magst:

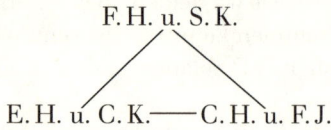

F. H. u. S. K.

E. H. u. C. K.———C. H. u. F. J.

Unserm alten Mus schwindelt manchmal wirklich schon, wenn er an seine unbekannte Braut, die nämliche Carolinchen, denkt, und ich versichere ihm dann, daß wenn ich ihm auch in der ganzen Welt eine Braut aussuchen sollte, ich keine wüßte, die sich besser für ihn schickte als Carolinchen; wir träumen uns dann drei Paare, die der Himmel nur deswegen zusammengeführt hätte, um himmlische Glückseligkeit hier auf unser Erdenrund zu pflanzen.

Daß der 2. Mai in Grüningen wird gefeiert werden, bin ich fest überzeugt, und ich stimme allen Wünschen herzlichst bei. Daß Du mich im ganzen Hause empfiehlst, ist wohl natürlich, und das so schön wie möglich; solltest Du aus Gotha jemanden Bekanntes zu sehen bekommen, so vergiß nicht, 1000 Komplimente von mir zu sagen.«

Der hat also auch Feuer gefangen! Befriedigt legt Hardenberg den Brief zur Seite. Vielleicht könnte er es möglich machen, auf dem Rückweg von Weißenfels noch in Gotha abzusteigen und den Jägers gleich Carls Komplimente vorzutragen? überlegt er. Carl weiß noch nicht, daß er soeben im Begriffe ist, nach Weißenfels zu reisen. Die Konstellation daselbst ist doch zu günstig, als daß er sie ungenutzt verstreichen lassen dürfte. Außerdem bedrückt ihn ohnehin, daß der Onkel ihm noch immer grollt. Und gerade jetzt kann ihm gar nicht daran liegen, jenen verstimmt zu wissen, hat der Onkel doch Macht über den Vater und kann er auch sonst womöglich unendlich viel zu seinem Glück beitragen. Freilich, von Sophie sprechen, das will er keineswegs, diese Lektion hat er gründlich gelernt. Nicht vom Heiraten: vom Beruf will er ihnen sprechen, seine festgefaßte Absicht will er bekunden, recht bald in eine respektable Anstellung zu gelangen, womöglich beim Vater an den Salinen. Aber auch über die Bemühungen des Onkels Minister wäre aufs neue zu reden.

Hoch zufrieden über die Gespräche zu Hause sehen wir ihn bereits wieder auf dem Rückweg in der Postkutsche sitzen. Die erhoffte völlige Aussöhnung mit dem Onkel ist glücklich herbeigeführt, der Onkel hat sogar von den Vorbehalten überzeugt werden können, welche der Vater nun einmal gegen seinen Vetter Minister hegt. Statt sich weiter um dessen Vermittlung zu bemühen, wolle er sich bei den Salinen für ihn verwenden, hat der Vater gesagt. Und: er glaube ihm sogar von einer berechtigten Aussicht auf Erfolg sprechen zu können. Auch die Jägers in Gotha haben seine kurze Aufwartung mit der größten Freude entgegengenommen; er will Carl davon Bericht erstatten. Jetzt also steht sein 23. Geburtstag bevor – in Grüningen, selbstredend. Und da der auf einen Sonnabend fällt, muß er den Kreisamtmann, welcher ihm freilich in den vergangenen Wochen recht zum Freunde geworden, nicht wieder eigens um Beurlaubung bitten.

Den 2. Mai reitet er voll ungebärdiger Erwartung zum Schloß. Zwar hat er sich den Morgen noch nach Kräften zu beschäftigen gesucht, um nicht zu früh zu reiten. Doch ließ sich der gespannten Freude nicht gänzlich befehlen. Auch Sophie, scheint ihm, wirkt erregter als gewöhnlich, wiewohl sie sich ersichtlich müht, besonders gelassen und alltäglich zu erscheinen. Dann ergreift sie plötzlich seine Hand – wollte sie dergleichen doch des öftern tun! –, um ihn in nachgerade kindlicher Freude zu dem kleinen Tischchen zu ziehen, das sie eigens in besagter Lieblingsfensternische etabliert hat. Mit einer allerliebsten kleinen Handbewegung, die ihm zugleich anmutig und stolz erscheinen will, weist sie ihn an ihr Geschenk:

»Voilà, monsieur.«

Von einem großen Porzellanteller erhebt sich ein runder, brauner, schier ambrosisch duftender Kuchen, den sie für ihn habe backen lassen, wie sie ernst erläutert. Auf dem Kuchen aber flattert ein papiernes Fähnchen, akkurat französisch blau-weiß-rot; darunter ist die Nationalkokarde eingesteckt. Wenngleich er erst von Herzen lachen möchte, dann staunen, wie sich Kindersinn und

Weltgeschichte mischen lassen – er macht ein ganz ergriffenes Gesicht und steht, halb Spiel, halb wirkliche Empfindung, gerührt vor diesem liebevollen Kunstwerk still, bis Mimi schließlich – »später einmal Wilhelmine« – ihn und alle laut und hilfreich an die Eßbarkeit des schönen Werks erinnert. Wieviel heiterer ist nun diese Frühstückstafel als die seine heute früh daheim! Immer könnte er so feiern, jedes Wochenende, möglichst jeden Morgen wieder. So gesehen möchte ihn die Reise fast gereuen, die er sich nach Jena vorgenommen hat.

Mittlerweile ist mit Macht der Frühling eingezogen. Hardenberg bemerkt nun erst recht, wie schön des Schlosses Umgebung sich allenthalben darstellt. Mit den Damen zu promenieren, hat er die Ehre. Auch die Mutter ist wieder wohlauf und gerne einmal mit von der Partie, sonst jedenfalls die Ma chère. Es freut ihn von Herzen, wenn die Gute ihn mitunter mit Sophie vorspazieren läßt, während sie selbst sich sehr angelegentlich mit den übrigen Schutzbefohlenen beschäftigt. Aber Sophie scheint solche Zweisamkeiten durchaus nicht so herbeizuwünschen, geschweige zu genießen wie er selbst. Sie wird dann eher ernster, förmlich gar. Auch duzen lassen will sie sich partout nicht:

»Aber, Herr von Hardenberg –!«

Pfingsten endlich erwähnt er fast beiläufig, es ziehe ihn länger schon nach Jena, wo er seinerzeit die ersten Studien absolviert habe. Wie damals sei es auch jetzt die Philosophie, die diese Stadt vor anderen auszeichne und die Geister selbst von fernher anlocke.

Wie sie über die Reise denkt, läßt Sophie sich nicht merken. Doch als er sich verabschiedet, meint sie rasch und wie im Scherz: Er sei nur suspendiert, wenn er hernach hübsch gründlich erzählen wolle. Auch solle er so bald als möglich wiederkommen.

Wir wissen schon, daß Hardenberg, so oft es irgend angeht und jedenfalls auf das Wochenende, sich in Grüningen befindet. Aber während der Dienststunden in Tennstedt widmet er sich unter Justs fachmännischer Anleitung gewissenhaft seiner Ausbildung im Verwaltungsfach. Selbst abends auf seiner Stube können wir ihn des öfteren noch über Berichten sehen, die ihn schon tagsüber beschäftigt haben, Berichten von Rechtsstreitigkeiten, etwa das sächsische Zoll- und Grenzwesen betreffend. Um sich zu einem Geschäftsmann zu bilden, scheut er nicht die Mühe, dieselbe Arbeit zwei- oder dreimal ganz umzuschreiben, bis sie so erscheint, als sie nach Justs Meinung sein sollte. Auch zeichnet er sich ganze Seiten von gleichbedeutenden oder abweichenden Wörtern auf, um die Abwechslung und Präzision des Ausdrucks bei Geschäftsaufsätzen in seine Gewalt zu bekommen. Zu Justs Erstaunen bearbeitet er die gemeinsten Geschäfte des Praktikers mit der gleichen Umsicht wie diejenigen, die ganz eigens für seinen Geist berechnet sind. Zum Exempel hat er unlängst bei dem Lokaltermin um Mühlwehrgrenzpfähle mit dem Zollstock eigenhändig nachgemessen. Nichts scheint er oberflächlich, sondern alles gründlich zu betreiben; nur die äußere Ordnung betreffend, findet Just noch manches zu erinnern.

Dagegen sieht dieser doch immer wieder mit Bewunderung, wie dem Jüngeren die herrliche Anlage, das Gleichgewicht aller Geisteskräfte und die Leichtigkeit, womit er alles betreiben kann, vorzüglich zustatten kommen. So hat er beobachtet, wie Hardenberg ein neues Buch in dem vierten Teile des Zeitraums durchlas, der ihm selbst und anderen dazu nötig wäre. Und wie er es dann still beiseite legte, als ob er es nicht gelesen hätte. Als nun nach Monaten über dieses Buch gesprochen wird, ist er imstande, den ganzen Inhalt desselben zu erzählen, die bedeutendsten Stellen anzuführen, über seinen Wert ein bestimmtes Urteil zu fällen und dabei zu sagen, ob und warum er es dem oder jenem zum Lesen empfehlen könne oder nicht. Drei Dinge seien es – bekennt er Just –, für die er eine entschiedene Vorliebe habe: Konsequenz im Denken und Handeln, ästhetische Schönheit und Wissenschaft.

Freilich verwahrt sich Just gegen solche Konsequenz im Denken und Handeln, als Hardenberg eines Abends dem Robespierrischen Schreckenssystem, das er um seiner Abscheulichkeit willen hassen muß, doch um der Konsequenz willen eine Lobrede hält. Von den neuesten Schriften aus den wissenschaftlichen und ästhetischen Fächern, die in sein Gebiet und in seinen Zeitraum gehören, ist Hardenberg nicht leicht eine fremd. Die merkwürdigsten hat er gelesen, mit wahrem Forschungsgeist studiert. Um diesem Forschungsgeist, der sich mit dem Gemeinen, Bekannten, Alltäglichen nicht begnügt, sondern das Feine, das Tiefe, das Verborgene überall aufsucht, Genüge zu leisten, muß Just selbst in denjenigen Fächern, wo er durch Erfahrung und Übung Hardenberg an Kenntnissen übertrifft, alle seine Kraft aufbieten. In ihren Gesprächen, die sie dann oft des Abends im Justschen Wohnzimmer fortsetzen, ist es ihm schon mehrfach widerfahren, daß der Jüngere ihn fortreißt, ihn von den Fesseln der Einseitigkeit und Pedanterie, in die ein langjähriger Geschäftsmann so leicht eingeschmiedet wird, befreit, indem er zu einer vielseitigen Ansicht desselben Gegenstandes durch sein Sprechen und Schreiben nötigt. Auch vermag er den fast entschlummerten ästhetischen Sinn in dem Amtmann zu wecken, so daß sich der nun wieder an eigene poetische Versuche macht.

Ganze Abende sitzen sie über Goethes »Wilhelm Meister«. Hardenberg kennt ihn fast auswendig. Er spricht immer mit einer Begeisterung von diesem Werk, die sich nicht anders als übertragen kann. Es sei sein liebstes Buch aus dem Gebiet des Schönen, sagt er. Und er sei dankbar, daß er in Just an diesen Abenden den Gesprächspartner gefunden habe, der ihm doch zur Entwicklung seiner Gedanken so notwendig sei wie die Philosophie zur Übung seiner Denkkräfte. Mit Lindenau oder Selmnitz oder gar mit Rockenthien könne er dergleichen nicht bereden, geschweige mit den Grüninger Damen. Schlegel, der sei der rechte Mann dazu gewesen. Aber man müsse ihn vor sich haben und reden können, nicht nur Briefe wechseln. Daß er ihn nicht mißverstehe: Hier in Tennstedt wisse er sich schon am rechten Platz, werde er doch auf das beste zu seinem künftigen Tagewerk ertüchtigt. Und nichts weniger als seine Bestimmung habe ihn nach Grüningen geführt. Aber nicht ohne Sehnsucht denke er zuzeiten zurück an die Gespräche mit Schiller und Schlegel, an die schöngeistigen Salons in Leipzig, die philosophischen Dispute in Jena. Dort gingen die Ideen üppig im Schwange, denen er hier nur mühsam mit dürrer Lektüre nachhinken könne. Schon ein ganzes Jahr, seit Reinhold den Ruf nach Kiel angenommen, sei Fichte in Jena – Fichte, der ihm nun mit seiner Wissenschaftslehre eine neue Ära der Philosophie heraufzuführen scheine. Dabei könnte es ihm ein leichtes sein, mit Fichte in Kontakt zu kommen. Denn sein Vater sei diesem, mit dem Tod des Onkels Ernst Haubold von Miltitz, zum Vormund geworden und habe mit zur Unterstützung des Leineweberssohnes beigetragen, weiland auf der Schulpforta und auf der Universität. Außerdem stünden ihm in Jena wohl auch andere Türen noch offen.

So reist Hardenberg nach Jena. Nach seiner Rückkehr berichtet er Sophie voller Überschwang, es sei ganz außergewöhnlich interessant gewesen. Den gestrigen Abend habe er ihn gesehen und gesprochen.

Er meine Fichte?

Fichte, ja. In Niethammers Haus habe er ihn getroffen.

Und wer sei Niethammer?

Der mache inzwischen den Professor, wie er es ihm prophezeit habe im gemeinsamen Studium in Jena: Friedrich Immanuel Niethammer, Privatdozent der Philosophie daselbst. Er gebe mit Fichte jenes neue Philosophische Journal einer Gesellschaft deutscher Gelehrter heraus, zu dem er selbst wohl einmal seinen Beitrag leisten wolle.

Was denn drei so gelehrte Köpfe miteinander reden könnten?

Nicht drei, sie seien vier gewesen.

Vier?

Mit Hölderlin, Friedrich Hölderlin, den Niethammer schon seit dem Tübinger Stift kenne. Aber der sei den Abend wohl eher

Johann Gottlieb Fichte (1762–1814). Kohlezeichnung von F. Bury,
1800. Hardenberg lernte Fichte im Sommer 1795 im Hause des
Jenaer Professors Niethammer kennen.

unpäßlich gewesen, fast schweigsam, dabei von einer unsäglichen Unruhe —

Hardenberg macht sich nichts vor: wirklich berichten kann er Just von seiner Reise, nicht Sophie. Über die merkwürdigen Affinitäten, die er zwischen sich und Hölderlin erkennen zu können meint, auch im Blick auf Schiller. Just kennt das »Fragment von Hyperion«, ihm hat er Schillers »Thalia« seinerzeit zu Beginn ihrer Freundschaft geliehen und sie haben sich angeregt darüber ausgetauscht. Auch von den gestrigen Gesprächen will er ihm mitteilen, was sie über Religion gesprochen und über Offenbarung, und daß für die Philosophie noch viele Fragen offen bleiben. Über die Seelenwanderung, welche er ihr neulich vorgestellt, läßt es sich vortrefflich mit Sophie verhandeln; die hat sie vollkommen aufgefaßt und derart, daß sie seither daran zu glauben behauptet. Aber an die philosophischen Systeme zumal von Fichtescher Art — er wird sich hinfort auf das eingehendste mit ihnen befassen, nimmt er sich vor —, an derlei Systeme kann er sie nicht heranführen.

Es läßt sich wohl noch nicht eigentlich reflektieren mit gerade dreizehn Jahren, sagt er sich.

Desto schöner läßt es sich Pläne schmieden und in die Zukunft sehen. Der Frühling ist auch die rechte Zeit dazu, und in Grüningen gestaltet er sich ohnehin gesellig und heiter. Hardenberg und Sophie sind gerade dabei, ihren Hochzeitstermin zu planen. Mit sechzehn, weiß sie, darf sie in den Stand der Ehe treten, keinen Tag eher. So versetzen sie sich um drei Jahre weiter, in den März des Jahres 1798. Sie werden auf seinem Gute Schlöben wohnen und wenige Tage nach der daselbst vollzogenen Zeremonie, wen es angeht, von ihrem Ehestande unterrichten. Hardenberg entwirft den Text: »Unsern wechselseitigen Verwandten und Freunden machen wir hierdurch unsre Verbindung am 17. März dieses Jahres bekannt und versichern uns im voraus ihrer freundschaftlichsten Teilnahme. Schlöben, am 25. März 1798. Friedrich von Hardenberg und Sophie von Hardenberg geb. von Kühn.«

Sophie ist angetan, doch nein, auch wieder nicht: Es sei doch gar nicht klug, auf den Geburtstag zu heiraten und sich so um einen Feiertag zu bringen.

Also den Tag darauf – Hardenberg verbessert die 17 in eine 18.

Zwei Tage darauf. Ihr Verlöbnis sei ja zwei Tage vor dem Geburtstag gewesen; so solle die Hochzeit zwei Tage nach dem Geburtstag sein.

Hardenberg verbessert die 18 in eine 19, gut gelaunt. Er findet Gefallen an diesem Gesellschaftsspiel und hat schon längst die nächste Annonce entworfen: »Von Endesbenannten wird eine Person gesucht, die, bereits in gewissen Jahren, Erfahrung und Treue zum Warten kleiner Kinder in sich vereinigt. Schlöben bei Jena. Von Hardenberg.«

Da beklagt sich die Mutter, die gerade hinzukommt, daß sie ihre Tochter dann wohl wenig zu Gesicht bekommen werde.

Aber nein! Man werde fleißig reisen, selbst mit den kleinen Kindern.

Hardenberg lacht und gibt schon wieder eine Anzeige zum besten: »Es ist eine Schachtel mit Kinderanzug, signiert S. v. H., zwischen Tennstedt und Schlöben verloren gegangen. Der ehrliche Finder beliebe sich am letzten Orte zu melden und wird mit einem Douceur von zwei Friedrichsdor wohl zufrieden sein. Von Hardenberg.«

Er solle doch fürs erste mit seinen Gedanken in Grüningen bleiben, bittet die Mutter, nicht ohne einen Anflug von Wehmut. Er sei auch immer so schnell! Ihr dagegen falle gar nichts ein.

Aber sie schreibe doch fortwährend mit ihrer tätigen Fürsorge ihrer aller Lebensgeschichte hier in Grüningen, tröstet Hardenberg. Er gebe sie allenfalls an den Tag wie der Verleger ein Buch, etwa so: »Praxis des häuslichen Glückes, von Sophia von Rockenthien geborene Schaller, in der Hardenbergischen Buchhandlung.«

Freilich brauche er sie auch gar nicht zu empfehlen. Was sie denn zu dieser Anzeige meine?: »Liebhaber von interessanten Gemälden können eine Suite von Familienszenen hier in Augenschein nehmen. Die Künstlerin ist zu berühmt in diesem Fach, als daß sie einer Empfehlung bedürfte. Viele ziehn sie der Angelika

Kauffmann wegen des lebendigern, wärmern Kolorits vor. Grüningen.«

Mutter Rockenthien räumt lachend das Feld: Sie müsse sich noch um die Tafel kümmern.

Als Hardenberg nach dem Essen die Annoncen auf dem Tisch findet, träumt er sich wie von allein noch einmal um drei Jahre weiter. Ein Reisender, ein früherer Freund, könnte einem andern berichten, wie er sie in Schlöben angetroffen hätte, etwa so: »Nun kommt das beste Stück aus meiner Reise. Wie ich durch Jena ging, hörte ich zufällig, daß Hardenberg nur zwei Stunden davon wohne. Ich hatte nichts zu versäumen und war begierig, Hardenbergs Haushaltung zu sehn. Den fixiert zu sehen, glaubt ich nie.

Ich kam hin, frug im Hause nach ihm. Ein sehr einfachgekleidetes, wunderschönes Mädchen führte mich hinauf und bat mich, zu warten. Ich hatte nicht Zeit, mich umzusehen, als er schon in die Türe trat. Ich konnte mich nicht halten, als ich den Ausdruck seines Gesichts sah, ich fiel ihm um den Hals und nannte mich. Er freute sich herzlich, und ich war vor Überraschung stumm.

Acht Tage hab ich bei ihm gelebt. Sein Haus ist das glücklichste, was ich je sah. Eine Menge Menschen hab ich bei ihm kennengelernt, die eine Galerie der besten Menschen ausmachen, von denen ich je hörte. Die ich für ein Mädchen hielt, ist seine Frau. Was Grazie und Sittlichkeit Interessantes haben, Einfachheit und Mannigfaltigkeit, Ordnung und Tätigkeit, Liebe und Humanität, Natur und Delikatesse, Kunst und Geschmack – alles dies hat die wundertätige Hand dieses Weibes vereinigt. Aber sie, ihre Freundinnen und Schwestern und die Männer machen ein Ganzes aus, dessen wahren Wert nur Verstand und Gefühl faßt. Den Abend vergeß ich nicht, wo sie mir die Geschichte ihres Zusammenfindens erzählten. Soviel vermag Gefühl, Verstand und fester Wille. Ich möchte ewig unter diesen Menschen leben.«

Endlich kommen die Brüder zu Besuch. In Grüningen darf er es
nicht verraten, weil sie sich einen Spaß machen wollen. Die
Überraschung gelingt vollkommen; geradeso erfüllt sich auf das
schönste die Erwartung, die Hardenberg, wie wir wissen, an diesen
ersten Besuch geknüpft hat. Erasmus schwärmt, Carl schwärmt,
alle Kühns und Rockenthiens sind des Lobes voll bis hinunter zu
Max und Mimi, welche noch nie so lustig auf den Schultern reiten
durften wie bei diesen Gästen. Nur daß die drei Tage viel zu kurz
sind, so daß die Brüder, als sie sich verabschieden, wiederzukommen versprechen. Gemeinsam reisen sie mit Hardenberg zurück
nach Weißenfels. Der Vater will mit ihm über die Salinen sprechen; er teilt ihm auch mit, daß der geplante Aufenthalt in Lucklum sich zerschlagen habe, weil der Onkel reisen müsse – eine
Aussicht, die Hardenberg insgeheim durchaus nicht so bedauern
kann. Seine Gedanken eilen ja doch schon wieder zu Sophie,
welche ihrerseits auch auf Besuch gefahren, nämlich zu der
Schwester Mandelsloh nach Langensalza. Auf der Rückreise
macht er gleich bei ihr Station. Die Mandelslohs sind entzückt und
bitten ihn ins Gastzimmer. Er sei just zur rechten Zeit gekommen,
man arrangiere nämlich allerlei gesellschaftliche Treffen, ehe die
Saison zu Ende gehe.

Die Herren Offiziere vom Regiment Clemens haben in ihre
Häuser geladen, Generalmajor von Goldacker und Oberstleutnant
von Glaffey nebst ihren respektablen Gattinnen und Töchtern,
welch letztere, zwei Jeanetten, Freundinnen der Mandelsloh und
auch Carolines und Sophies sind. Hardenberg divertiert sich auf
das angenehmste; besonders mit dem Fräulein von Goldacker ist
er bald so ausgelassen, daß die Damen der Gesellschaft die Köpfe
zusammenstecken, um sich darüber aufzuhalten: Er sei doch recht
wild mit der Jette Goldacker, und niemand lasse sich so von
Hardenberg herumreißen wie sie, keine Glaffey und keine Kühn,
von denen doch eine sozusagen mit ihm versprochen sein solle.

Die Goldacker wird höllisch böse, als sie das hört, und die

Mandelsloh auch, naturellement. Zu Hause nimmt sie sich den Gast gehörig vor: Das sei ihr nicht gleichgültig, daß man ihre Freundin so beräsoniere. Er möge sich doch in Gesellschaft mit der Jette in acht nehmen und sich anständiger betragen!

Dies freilich nimmt nun Hardenberg sehr übel, so daß ein veritabler Streit entsteht.

Er sei gottlob schon seit langer Zeit in viel und großer Gesellschaft gewesen. Und vier Jahre auf der Universität. Da könne man schon lernen, wie man sich betragen müsse.

Darauf fängt Sophie entsetzlich an zu lachen, worüber Hardenberg vollends aufgebracht ist.

Sie dreizehnjähriges Ding solle nur ganz stille sein!

Sophie läßt sich aber nicht zum Schweigen bringen.

Wenn er sich nur das häßliche Streiten abgewöhnen könnte! Im ürbigen habe er sich ordentlich lächerlich gemacht in Langensalza, und das gehe sie wohl auch was an.

Es erscheint ihm doch merkwürdig: sie will haben, daß er sich um sie kümmert, aber nicht zu sehr, besonders nicht vor Freunden. Sie will ihn aber auch von allen anderen geliebt und geschätzt wissen – aber nicht zu sehr. Trifft es sich nicht ganz passend, daß er nächstens Erasmus bei dessen Badekur in Bad Lauchstädt besuchen und etwas Abstand gewinnen kann? Auch Carl will kommen.

Zwar wird dann nichts aus dieser Reise, doch sagen sich die Brüder – heimlich gegenüber den Eltern, versteht sich – abermals in Grüningen an. Sie sind ja regelrecht vernarrt in die Grüninger und deren Anhang; in Gegenwart der Brüder können Spannungen gar nicht gedeihen. Carl hat bereits wissen lassen, der kleine Max von Mandelsloh werde nächstens eine schrecklich große Zuckertüte erhalten. Carl, ja Carl – um diesen müssen sich Hardenberg und Erasmus jetzt besonders kümmern. Was bisher nur von ferne besprochen wurde, droht leider Wirklichkeit zu werden: Fritzchen Lindenau soll heiraten.

»Am 23. August 1794« – so der arme Carl – »träumt ich mich bei dem ersten Kusse, den ich den Tag von der Lindenau erhielt, zum glücklichsten der Menschen. Damals hatte ich sie heiraten wollen. In diesem Jahre am gleichen Tag war ich wieder bei ihr und besprach ihre Heirat mit einem anderen. Aber aufrichtig gestanden, tat es mir doch sehr weh, mit der Lindenau über diese Materie sprechen zu müssen. Lieber Fritz, Du hast ja meine frohen Briefe gelesen, hast ja an meinen heiteren Stunden teilgenommen, nicht wahr, Du liest auch meine traurigen Briefe und nimmst auch teil an meinen trüben Stunden?

Gestern habe ich Abschied von ihr genommen. Abschied auf immer; ich dachte mich geschwind und leicht von ihr losreißen zu können und – habe meine Ruhe auf eine lange Zeit verloren. Verdamme mich nicht, lieber Fritz, nur um Mitleiden bitte ich Dich, das verdiene ich auch. Ich lebe jetzt in einer dumpfen Ruhe, ohne Anteil an etwas zu nehmen, es ist mir alles gleichgültig, wenn ich noch manchmal weinen kann, ist mir wohl; der Gedanke an Euch ist der einzige tröstende. Hier bleiben kann ich nicht; meine Gesundheit hat gelitten – vergessen tu ich sie nie, und so lieben, wie ich sie geliebt habe, werde ich wohl schwerlich je wieder. Könnte ich eine Zeitlang bei Euch sein, vielleicht, daß ich eher beruhigt würde. Schreib mir doch bald, lieber guter Fritz, ich sehne mich nach Nachricht von Dir.«

Auch Erasmus bekommt vom selben Tage einen Bericht, und er hat Mitleid. Es scheint ihm das beste, dem armen Bruder Grüningen vor Augen zu malen und ihn dadurch recht deutlich an die Pläne einer glücklichen Zukunft zu erinnern, die sie sich von dort gemacht haben:

»Denk Dir die Sophie, das himmlische Geschöpf, mit dem großen, alles anziehenden, eine Welt in sich fassenden Blicke, mit dem sie den Liebenden (in Parenthese Fritz von H.) beseligt, den Unglücklichen aufrichtet und den Bösewicht niederschmettert, denk sie Dir, die Spadille in dem L'hombrespiel von Fritzens Leben, wie sie mit der bezauberndsten Unschuld in der Stube auf- und abgeht und sich eins pfeift. Denk Dir die anbetungswürdigste Gutmütigkeit und Freundlichkeit, die liebenswürdigste Anmut und Grazie und die wohlwollendste Bescheidenheit, und Du hast nur ein unvollkommenes Gemälde von den reizenden Zügen Carolinchens. Denk sie Dir, wenn sie sagt: ›Das glauben Sie nicht, ich kann recht böse sein!‹ Denk Dir Dein mir unbekanntes Fritzchen Jäger. Prrr!! Denke Dir das Götterkind, die Mimi, und alles, was in Grüningen lebt, webt und Odem hat! Und wenn Du dann nicht fidel wirst, so bist Du ein Scheißmatz. Amen.«

Erasmus geht nicht zimperlich zu Werke; er schreibt dem Bruder noch eine heilsame Epistel – einen zwei Bogen langen Hirtenbrief, der mit Donner und Blitz anhebt und mit Sturmwind und Hagelwetter endet. Und da es sich gerade so gut schreibt, fertigt er eine Abschrift seiner Beschreibung von Grüningen an und gibt diese, zusammen mit Carls letzten Klagebriefen, seinem eigenen Brief an den älteren Bruder bei.

Fabelhafte Briefe schreiben sie beide! denkt Hardenberg. Ein prächtiger Junge, der Erasmus, um den man sich nicht mehr zu sorgen braucht! Nur sieht er wohl Grüningen in etwas zu rosigem Licht. Er kennt es ja bloß aus den wenigen heiteren Besuchstagen und versteigt sich womöglich in allzu schöne Illusionen – vielleicht sollte ich ihm hierüber einmal ein Wörtchen stecken? Damit ich ihm beizeiten Enttäuschungen erspare? Aber recht hat der gute Mus schon. Kurios ist es, wenn man die Grüninger Mädchensorte gesehen hat, daß einem alsdann so wenig, so blutwenig Mädchen noch interessant vorkommen; für viele, für die man sonst in einer zärtlichen Stunde würde ins tiefste Wasser gesprungen sein, springt man jetzt nicht von der Hitsche oder bliese ihnen vielleicht noch gar auf dem Parforcehorn dazu, wenn sie etwa auf den Einfall kämen, sich ins tiefste Wasser zu stürzen. Es fehlen den allermeisten die edlen, schönen Formen, auf welche der Stempel der liebenswürdigsten Gutmütigkeit so tief und mit so unverkennbaren Zügen geprägt ist, so daß man ihre edlere Bestimmung verkennt und ihren Wert auf die mehr oder minder erhöhten Reize des gröbern sinnlichen Genusses reduziert. Über Grüningen umarmen sich Liebe, Freundschaft, Eintracht und alle häuslichen Tugenden schwesterlich und bieten der Vernunft und der Vorsicht die Hand.

Ich will des Bruders Grüningen-Fieber noch eine Weile mit ansehen, ehe ich ihn mahne, beschließt er.

Michaelis steht vor der Tür. Aber Hardenberg hat seinen Besuch zu Hause für dieses Jahr erst auf den Oktober angemeldet; er gedenkt ihn gleich mit der Messe in Leipzig zu verbinden. Nun scheint Sophie ungehalten, denn gerade den 10. und 11. Oktober wird Kirmes sein. Den Abend vor seiner Abreise reitet er mit seltsamem Gepäck hinüber. Er hat Punsch gebraut. Und ein langes Gedicht dazu, wohl über hundert Verse auf die lieben Grüninger nah und fern – den Vater und die Mutter, Minchen alias Wilhelmine von Thümmel – Sophiens ältere Halbschwester in Sondershausen –, Fritz und Fritzchen in Langensalza und Carolinchen daselbst, den Bruder George am Rhein, nicht zu vergessen die Danscour und natürlich seine Braut: »Leicht falle dein Pantoffel bald, Söphchen, auf den Mann, der in des Lebens Lotto dies Quintchen sich gewann«. Der Gouvernante wirft er heimlich Blicke zu, die diese gut versteht. Hat sie ihn doch gewarnt! Erst wenige Tage ist es her, daß sie ihm in aller Eile, heimlich und spätabends drei Billettchen aufgesetzt, die ihn schon beunruhigen konnten. Von einem jungen Herrn von Hering schrieb sie, welcher Absichten auf Söphchen habe. Er hätte gehört, sie wäre so eine gute Wirtin. Sie wolle ihn schon nach Haus schicken, wenn er sich's einfallen lassen sollte, um sie zu werben, habe Söphchen ihr versichert und sie wegen ihrer Besorgnis ausgelacht. Er könnte ja zu Carolinchen gehen, die wäre auch eine gute Wirtin.

Hardenberg sieht, daß Sophie seinen Verlobungsring trägt. Er sieht auf seinen eigenen Ring, den der gute Carl ihm unterdessen auch überschickt hat, nachdem er ihn auf seine Anweisung in Weißenfels hat arbeiten lassen. Die Oberseite zeigt ihr Bildnis, das allerliebste kleine Brustbild mit den Ringellöckchen und den übergroßen schwarzen Augen. Nachdenklich nimmt er den Ring vom Finger, dreht das Bild nach unten und liest, was er in die Innenseite des Ringes hat einpunzen lassen: »Sophia, sei mein Schutzgeist.«

Den nächsten Morgen bricht er in aller Frühe von Grüningen auf. Die Danscour will ihm getreulich nach Weißenfels schreiben, was es zu berichten gibt.

Er ist kaum in Weißenfels, als schon eine Nachricht von ihr

kommt. Der Vater – Hardenberg spricht gerade noch einmal eingehend mit ihm über die Salinenpläne, bevor dieser schon nach Leipzig auf die Messe geht – der Vater wundert sich immerhin, was denn diese Briefeschickerei, kaum daß er hier sei, zu bedeuten habe. Carl dagegen kennt sich aus. Die Brüder freuen sich ihrer Vertrautheit miteinander, der wechselseitigen Geheimnisse inmitten ihrer nichtsahnenden Familie. Ganz in Ruhe sprechen sie, wenn sie allein sind, auch über Carls Kümmernisse. Daß er leidet, mehr als er sich merken läßt, vermag Hardenberg bald zu sehen. Die Lindenau ist und bleibt nun offensichtlich Carls große Liebe.

»Warum sie sich aus dem Herzen reißen, nur weil sie ein anderer zum Weibe nimmt? Mag der sie doch nehmen, der schönste Teil, ihr Ich, gehört dir doch, den kann dir niemand rauben.«

Solcher Trost ist Balsam für die wunde Seele. Dankbarer kann kein Getrösteter sein. Carl lebt auf: »Für den Gedanken bin ich dir alles schuldig!«

Gemeinsam bereiten sie den Aufbruch zur Messe vor. Hardenberg antwortet nur noch schnell der Danscour. Und schreibt an Erasmus. Der kommt zwar auch nach Leipzig, aber erst in einigen Tagen.

»Ich bin heiter und ruhig und auf mein neues Geschäftsleben hier in Weißenfels gespannt«, schreibt er ihm. »Einzelne Wolken gehn bald vorüber. Nur Sophie und feste Aussicht – dann bin ich mit allem, was ich bin, ganz ergeben der Welt, Euch und allem Guten. Ohnedem freilich ein Rohr, das vom Winde bewegt wird und unfähig, das Gebäude irgendeiner Glückseligkeit zu tragen. Die Natur gibt sich nicht gern aus den Fugen, und sie ist mir zur Natur geworden. Ich meine täglich mehr bei ihr zu gewinnen, und was hat's dann für Not? Nur Ruhe und anhaltende Energie der Tätigkeit, da kann aus mir etwas werden.«

So geht wohl alles friedlich seinen Gang in Grüningen?

Es ist merkwürdig: Wenn er draußen in der Welt gewesen ist und zurückkommt in sein kleines Tennstedt, wird ihm jedesmal zumute, als versäumte er hier Entscheidendes. Die ganze Juristerei könnte er dann beiseiteschieben. Hat sein Geist sich nicht hoch aufgeschwungen neulich in Jena bei Fichte und Niethammer? Zu den Beiträgern des Philosophischen Journals solle er gehören, hat Niethammer ihm gesagt. Er hat auch eingewilligt, denn er traut sich schon zu, hierbei sein Wörtchen mitzureden! Und danach? Die Zeit geht hin mit täglichen Geschäften. Schiller ist ihm wohl vor Augen, wie der sich weiterbildet, sich auseinandersetzen kann mit den andren Geistern. Aber wie hier Muße finden zur Reflexion? Wie das systematische Denken schulen, seine Denkkräfte im größeren Zusammenhange üben? Da ist so wenig Zeit zur inneren Ausbildung nach allen Dienstgeschäften. Und die muß er doch gründlich treiben, wenn er je ein rechter Bürger seines Staates werden, respektive seine Häuslichkeit sich gründen und bewahren will – wie er sich nun einmal vorgenommen. Neulich in Jena diese Begeisterung durch Fichte und Niethammer und natürlich Schiller, jetzt in Leipzig diese Sehnsucht nach Schlegel, dessen kritischer Widerpart ihm hier so nötig wäre. Auch Schlegel hat ihn schon immer zur Ausbildung seiner philosophischen Ideen und zur schriftlichen Fixierung seiner eigenen Denkungsart gemahnt. Er muß sich weiter an Fichte üben! sagt er sich. Dessen neue Abhandlung »Von der Sprachfähigkeit und dem Ursprunge der Sprache« hat er soeben von Leipzig mitgebracht. Schriftlich muß er es tun, wie er dies den vergangenen Monat begonnen hat. Thesen und Antithesen niederschreiben, Begriffserklärungen bilden, nach allem kritisch fragen. – Er nimmt die ersten Bogen vor, auf denen er sich schon Bemerkungen notiert hat. Über das Ich hat er nachgedacht: Was ist Ich? Absolutes thetisches Vermögen. Die Sphäre des Ich muß für uns alles umschließen. Als Selbstgehalt kann es Gehalt erkennen. Das Erkennen deutet auf sein Ichsein ... Er liest, was er zuletzt niedergeschrieben hat: »Um das Ich zu bestimmen, müssen wir es auf etwas beziehen. Beziehn geschieht durch unterscheiden, beides durch These einer absoluten Sphäre der Existenz. Dies ist das Nursein oder Chaos. – Sollte es noch eine höhere Sphäre geben, so wäre es die zwischen Sein und Nichtsein, das Schweben zwischen beiden, ein Unaussprechliches, und hier haben wir den Begriff von Leben. Leben kann nichts anders sein – der Mensch stirbt – der Stoff bleibt – das Mittelglied, wenn ich so sagen darf, zwischen Stoff und Vernichtung ist weg, der Stoff wird bestimmungslos, jedes eignet sich zu, was es kann. – Hier bleibt die Philosophie stehn und muß stehnbleiben – denn darin besteht gerade das Leben, daß es nicht begriffen werden kann.« Das Fichtesche Ich muß ich noch einmal aufgreifen: Was verstehn wir unter Ich? Hat Fichte nicht zu willkürlich alles ins Ich hineingelegt? Mit welcher Befugnis? Kann ein Ich sich als Ich setzen ohne ein anderes Ich oder Nichtich? Wie sind Ich und Nichtich gegensetzbar? Es muß ein Nichtich sein, damit Ich sich als Ich setzen kann. These, Antithese und Synthese sollte ich hier formulieren, die Idee vom Sein auch noch näher ausführen. Schlegel wäre mir sicherlich vonnöten. Dem könnte ich zeigen, was ich niederschreibe. Jetzt ist es schon ein Jahr, daß wir nicht mehr korrespondieren. Vielleicht werden wir uns wieder finden? Aber es bedarf unsrer beider Gegenwart, nicht dieser Briefe. Schon im Briefewechseln mit den Brüdern komm ich ja nicht nach. Der gute Mus besonders schreibt mir so ausführlich und so ganz von Herzen, daß sich meine eigenen Briefe daneben kurz und trocken ausnehmen. Und auch so fidel. Nur daß er sich je länger je mehr in jenes Grüninger Apotheosenfieber hineinzusteigern scheint, das mich bedenklich dünkt: »Vivat Grüningen, Grüningen. Blühe, grüne, wachse und gedeihe von Ewigkeit zu Ewigkeit! Amen.« hat er zuletzt geschrieben.

Zum Wochenende, nachdem er nun zwei Wochen abwesend war, reitet Hardenberg wieder hinüber zum Schloß. Er darf sogar den Montag bleiben, weil im Amte just nichts Wesentliches anliegt. Als er erzählt, daß er Erasmus in Leipzig nicht sehr wohl angetroffen, bittet Carolinchen, er möge doch gleich an den Herrn Erasmus schreiben. Und die Mutter bittet auch. Er setzt sich also und beginnt, als ein Bote von der Justen eintrifft mit einem Brief, der soeben in Tennstedt für den Herrn von Hardenberg abgegeben worden ist – von selbigem Erasmus stammend. Gleich scharen sie sich um ihn, Carolinchen und Sophie, die Mutter und die Danscour; da hilft es nichts, Hardenberg muß vorlesen: »Du selbst, liebes Brüderchen, kannst kaum eine größere Liebe und Anhänglichkeit für Grüningen fühlen als ich, und diese vermehrt sich bei mir täglich und stündlich, denn ich liebe Grüningen schon an und für sich unendlich, aber durch Dich wird es mir noch ungleich lieber, und überdem weißt Du ja, daß Abwesenheit die Liebe nährt. Im Grunde bin ich aber auch immer bei Euch. Ich sehe Euch aufstehen, ich frühstücke, arbeite, esse, trinke Kaffee, spiele mit Euch und lege mich auch wieder mit Euch schlafen; ich habe mich so an Euch gewöhnt, daß Eure Gesellschaft mir das notwendigste Bedürfnis und Ihr mir ganz zur andern Natur geworden seid. Heute früh saß ich vor dem Klavier und spielte den Choral: »Nun danket alle Gott!« Und in dem Augenblick stand ich durch die Kombination der Ideen im Grüninger Kirchenstuhle und sang nach der Trauung dies Lied aus Herzensfreude mit, und es war mir so wohl und so heiter, und die Zukunft schwebte in so einem herrlichen Lichte vor mir, daß ich vor Wonne und innerem Herzensjubel hätte närrisch werden mögen. »Laß nichts von dir mich scheiden«, o Grüningen, o Grüningen!!!«

So geschwind kommt die Antwort selten aufs Papier. Unter der allseitigen Ermunterung muß sich Hardenberg sogleich wieder ans Schreibpult begeben und in dem begonnenen Brief fortfahren.

»Ich bin größtenteils jetzt ruhig und vergnügt«, schreibt er Erasmus, »wenn ich Dich einmal spreche, so will ich Dir in kurzem Dinge sagen, die mehr wert sind als alle Logengeheimnisse. Gewohnheit gehört auch freilich dazu – aber man sieht doch nun, was man sehn soll. Solange noch der alte Gott im Himmel bleibt, solange müssen wir kindisch froh sein. Doch morgen in Tennstedt noch mehr.«

Gesagt, getan. Den nächsten Tag beendet er sein Schreiben: »Wie ruhig ich jetzt und stillhoffend werde, kann ich Dir nicht sagen. Es kann mir jetzt vieles, sehr vieles schiefgehn, und ich bleibe doch gelassen. Zuweilen wird wohl dieser Zustand von Mißmut unterbrochen – aber es ist ein flüchtiges Übel. Ich schreibe an den Vater, daß er mich mit nach Dresden nimmt. Da seh ich Dich und freue mich schon darauf. Schreibe mir bald wieder. Deine Briefe sind mir Allheilmittel. Du hast Dich gewaltig schnell ausgebildet, fahre so fort. Du wirst ein wichtiges Glied meiner projektierten Gesellschaft der Humanitätsfreunde.«

In Dresden, müssen wir wissen, will der Vater vorstellig werden, um für den Sohn die Anstellung bei der Salinendirektion in Weißenfels vorzubereiten, wie sie dies gründlich erwogen und miteinander besprochen haben. Der Vater will aber alleine reisen, ist er doch auf diesem seinem Feld auch höhern Orts kein Unbekannter. Also läßt Hardenberg ihn gewähren und sein Schicksal auch. Er nimmt sich wieder seinen Fichte vor. Die Notwendigkeit von Zeichen beschäftigt ihn, die der Mensch aufgestellt habe, um seine Gedanken anzudeuten, wobei solche Zeichen willkürlicher Art seien, da der zu bezeichnende Gegenstand entweder gar keine oder nur eine zufällige Veranlassung zur Bezeichnung gebe.

Müßte man nicht also eine Theorie des Zeichens entwickeln können?

»Theorie des Zeichens«, notiert er sich, »oder was kann durch das Medium der Sprache wahr sein? Verhältnis des Zeichens zum Bezeichneten. Beide sind in verschiednen Sphären, die sich gegenseitig bestimmen können. Das Bezeichnete ist eine freie Wirkung, das Zeichen ebenfalls. Gleich sind sie sich also im Bezeichnenden – sonst völlig ungleich – aber auch dies nur für den Bezeichnenden – beide sind in Beziehung aufeinander bloß im Bezeichnenden. Insofern der Bezeichnende ganz frei entweder in der Wirkung des Bezeichneten oder in der Wahl des Zeichens, nicht einmal abhängig von seiner in sich selbst bestimmten Natur, ist, insofern ist beides nur für ihn in wechselseitiger Beziehung da und keins von beiden steht für einen zweiten Bezeichnenden in einer notwendigen Beziehung auf das andere.«

Er vertieft sich so recht in seine Studien. Die sind ihm jetzt dermaßen wesentlich, daß er möglichst viel von seiner knappen

Zeit am Abend für sie reservieren möchte. Seine Beschäftigung heißt wie seine Braut: Sophie und Philosophie – die Begriffe ließen sich vertauschen, wie er dies ja auch nicht ungern tut. Als dann wieder ein Brief von Erasmus ankommt, legt er seinen Fichte aber zur Seite, um endlich zu klären, was ihm nun seit langem nötig scheint:

»Lieber Erasmus, schon längst wollte ich Dir einmal etwas zu meiner Entschuldigung sagen. Du schreibst mir so angenehme, con amore geschriebene Briefe, und ich antworte Dir gewöhnlich nur mit einzelnen Lauten. Es könnte Indifferentismus oder gar Geringschätzung scheinen, aber erwäge erstlich, daß ich nicht gar zu oft völlig frei bin, um mich ohne Zwang und zusammenhängend auf Ideen einlassen zu können, zweitens aber, wie viele prioritätische Ansprüche auf diese freien Perioden formiert werden. Dem liebsten Gläubiger kann man nicht immer die erste Hypothek geben. Ich habe ungefähr drei Stunden des Tags frei, i. e. wo ich für mich zu arbeiten wollen kann. Dringende Einleitungsstudien auf mein ganzes künftiges Leben, wesentliche Lükken meiner Erkenntnis und notwendige Übungen meiner Denkkräfte überhaupt nehmen mir diese Stunden größtenteils weg. Ich weiß, Du forderst nicht ihre Hintansetzung. Doch Du kennst mich ohnedem zu gut und weißt, wie innig mit meinem ganzen Ich die Freundschaft für Dich verwebt ist, als daß Du aus solchen zweideutigen Beweisen etwas Bewiesenes annehmen solltest.

Dein letzter Brief war wieder deliziös. Er hat doppelten Reiz für mich – er unterhält mich und gibt mir Stoff zum Nachdenken. Ich stimme Deinen Bemerkungen über Schwärmerei ganz bei und will nur beiläufig bemerken, daß ich Deine eignen Bemerkungen auf Dich selbst wegen Grüningen anwenden möchte. Du mußt Dir Grüningen nicht zur fixen Idee machen. Anthropomorphisiere Dir diese Idee mehr. Es sollt mir für Dich und Grüningen leid tun, wenn einst ein plötzlicher Übergang erfolgen sollte, und diesem ist der leidenschaftliche Verehrer von feinem Gefühl leicht ausgesetzt. Die Leute liebe ich wie mich und Euch – aber es sind Menschen, und bei einem so langen Aufenthalt daselbst, wie ich ihn gemacht habe, würde Dir der schmutzigere Revers gewiß nicht entgehn. Ich habe ihn gefunden und bin nach wie vor für Grüningen gesinnt. Ich sah es aber a priori vorher und bereitete mich vor. So ward ich nicht überrascht und mein Gefühl erhielt kein Dementi. Ich werde Grüningen ewig lieben, und wenn ich nie meine jetzige Hoffnung erreichte. Wenn nicht einzelne, kranke Stunden kommen, so bin ich fest versichert, daß mich ihr Scheitern nicht in meinen Grundvesten erschüttert, sondern ich in meinem alten Gleichgewicht bleibe. Sind denn nicht genug Möglichkeiten dieses Ereignisses vorhanden? O! ich verberge sie mir nicht, ich muß mich mit ihnen eingewöhnen. Denn sind wir nicht unterm Monde, wo unser Wille nicht immer kausaler Imperativ in der Zeitwelt unmittelbar ist? Für die Menschen zu leben und Gutes zu tun, wo ich kann – diese himmlische Rolle bleibt mir immer gewiß, und wünsche mir Glück, daß ich tagtäglich mehr Sinn dafür bekomme. Hoffentlich werde ich ein Mann. Sicher werdet Ihr beide es. Sind wir bei diesen Aussichten unglücklich? O! wenn wir uns einst mit diesem Bewußtsein erfüllter, innerer Bestimmung umarmen – werden wir dann unglücklich sein, wird dieses schöne Resümee eines Augenblicks uns nicht allenfalls selbst für mißglückte Besitznehmung einer Sophie entschädigen und das wachsende Gefühl, sie verdient zu haben, das schwindende Gefühl eines imaginären Verlusts nicht aufwiegen? Ich vermute, daß es sich, wie die meisten natürlichen Romane, in einer Kinderstube schließen und der Vorhang über einem Brautbette zufallen wird. Doch dies unter uns. Man darf nicht vor der Zeit plaudern, um den Spaß nicht zu verderben.

Söphchen läßt Dich um Haare in das Medaillon bitten – bald.«

19 *Meine Bestimmung ist nun fixiert*

Den 7. November 1795, Samstag, erkrankt Sophie schwer. Sie klagt über die heftigsten Schmerzen und krümmt sich derart, daß Hofrat Ebhard aus Sondershausen geholt wird: die Leber ist stark entzündet. Es kommen schlaflose Nächte, das Fieber steigt, die Patientin wird zur Ader gelassen. Sie kann sich nicht rühren, so matt ist sie, aber heiter und gelassen. Die vierte Nacht vermag sie wieder nicht zu schlafen, wiewohl die Danscour sich nicht von ihrem Bett wegrührt. Die Schmerzen sind qualvoll, das brennende Fieber will gar nicht weichen. Der Hofrat überlegt, wann er sie zum zweiten Mal zur Ader lassen könne. Die Mutter, die Ma chère und die Thümmel, welche noch die letzten Tage zu Besuch da ist, teilen sich in die Pflege. Den Sonnabend schicken sie einen Boten nach Tennstedt an die Justen. Mittags bringt Christel, das Aufwartemädchen, Hardenberg mit dem Kaffee die Nachricht, es sei ein Bote aus Grüningen da und die Philosophie wäre krank. Hardenberg erschrickt nicht sonderlich, geht aber hinüber ins Amt, wo er von der Justen erfährt, daß der Hofrat geholt werden mußte. Ohne sich weiter zu erkundigen, ist er fort und zur Stadt hinaus. Als er ins Haus tritt, findet er alles bestürzt. Der Hofrat deklariert sie für eine gefährliche Patientin und läßt ihn nicht zu ihr.

Er dürfe ihr schreiben.

Hardenberg benachrichtigt die Mandelsloh in Langensalza, wo freilich indessen ein Soldat aus Grüningen schon von der Erkrankung erzählt hat. Weil man ihr keinen Boten geschickt, mag die Mandelsloh nicht glauben, daß es so schlimm stehen könnte. Diese Art Leute mache alles immer gefährlicher, als es sei. Hardenberg dagegen schreibt geschwind ein Briefchen an die Erkrankte und legt eine Haarlocke ein, wie Sophie sie sich neulich von ihm gewünscht hat für das neue Medaillon. Auch gibt er als Geschenk noch ein niedliches kleines Etui bei. Das wollte er ihr eigentlich für Dienstag überreichen, den ersten Jahrestag ihrer Bekanntschaft. Auf den Dienstag ist im Amt die Vormundschaftsrechnungsabnahme angesetzt, die ihn ohnehin unabkömmlich machen würde.

Sophie bedankt sich artig und in wenigen Zeilen – sie darf auch gar nicht länger schreiben: Er könne versichert sein, daß es ihr allemal sehr angenehm sei, von ihm einen Brief zu lesen.

Am Freitag darf er sie aber sehen, auch die Just wird zugelassen. Die Gefahr ist vorüber. Der Appetit stellt sich wieder ein, und die Besserung ist im vollen Gang. Hofrat Ebhard verordnet Austern als die beste Nahrung. Wo aber soviel Austern hernehmen? Hardenberg schreibt noch den Augenblick an Carl nach Weißenfels um zweihundert Austern. Die solle er mit einem sichern Boten schicken.

Die Nachricht von der Besserung verbreitet sich. Von Carl kommen gute Wünsche und die ersten fünfundzwanzig Austern, die er in Leipzig aufgetrieben hat: zweihundert folgten nächstens mit der Post. Erasmus schreibt von seinem Mitgefühl so innig und ergreifend, daß die Damen herzlich weinen müssen. Daß die Schwester Fritze ihr nicht zur Genesung gratuliert, das nimmt Sophie übel.

Anfang Dezember 1795 geht Vater Hardenberg nach Dresden, wo er, wie wir wissen, neben anderen Geschäften auch die Sache seines Ältesten betreiben will. Da er fast zwei Wochen auszubleiben vorhat, lädt Hardenberg die Brüder zu einem raschen Besuch nach Tennstedt respektive Grüningen ein. Für Erasmus, leider, ist das Wagnis allerdings zu groß, denn der Vater kann jederzeit unangemeldet von Dresden auf Hubertusburg erscheinen. Carl dagegen macht sich auf. Die Reise müßte ihn auf angenehmere Gedanken bringen, hofft er – Fritzchen Lindenau hat soeben geheiratet.

Mittags trifft er in Grüningen ein. Kein Mensch sieht ihn ins Schloß schleichen. Als er entdeckt wird, setzt es ein Geschrei von jung und alt: »Wo haben Sie den Jäger?« Alle glauben nämlich, er hielte Erasmus in irgendeinem Winkel verborgen. Besonders die Mutter ist höchst ärgerlich, daß er nicht mitgekommen ist, und die halbe Freude scheint dem armen Carl verdorben. Der Hauptmann gibt sich äußerst mißvergnügt, weil er nicht sein fideles L'hombrespiel mit Erasmus spielen kann, und versichert, er wolle diesem deswegen einen Satz aufschreiben, an dem er würde lange zu kauen haben.

Als Carl in die Stube kommt, findet er Sophie zwar außer aller Gefahr, aber doch noch höchst schwach, so daß sie noch nicht recht gehen kann, sondern nur ganz krumm.

Ihre Behandlung habe inzwischen der einheimische Doktor übernommen.

Carl trifft den Kreisamtmann an, nebst Nichte, und den Bürgermeister. Den Abend spielen die alten Herrn Solo, die anderen vertreiben Sophie die Zeit. Der Gast bringt eine hübsche Schokoladentasse zum Vorschein, welche Erasmus in Meißen für die Mutter gekauft hat, worauf denn des Bewunderns und Lobes nicht sowohl der Tasse, als eines gewissen Jägers kein Ende ist und alle Gespräche mit »Wenn er nur da wäre!« endigen.

Den nächsten Morgen früh wird Kaffee und Mumme, das ist Malzbier, getrunken und Sophie die Morgenvisite am Bette gemacht. Gegen zehn Uhr empfehlen sich die fremden Herrschaften. Carl geht mit dem Hauptmann und George noch durch den Park. George ist gerade auf Urlaub gekommen – ein herzensguter Junge, will Carl scheinen, dessen Charakter nur noch viele Kanten hat, die aber durch gute Gesellschaft gewiß bald abgeschliffen werden könnten. Nach Tisch wird Kriegsrat gehalten, was gespielt werden soll. Und da George kein L'hombrespieler ist, so wird denn endlich zum Grobhans gegriffen und den ganzen Abend gebessert, gestoßen und invisis um ein und zwei Groschen gemacht. Am Nachmittag, nicht zu vergessen, hat der Hauptmann seinen Gast mit einer deliziösen Flinte beschenkt.

Den dritten Tag ist Sophie nicht recht wohl und sehr hypochondrisch. Aber bald, kaum daß die Brüder Hardenberg um neun zum Kaffee kommen, ist auch der Hauptmann mit den Karten da, und invisis geht von neuem an, statt daß sie eigentlich lieber Sophie die Zeit verkürzt hätten. Nach Tisch wird weiter gespielt und nach dem Abendessen von neuem. Das verdrießt Sophie denn doch; sie wird sehr krank und hat starkes Fieber, so daß alle wegen der Nacht sehr besorgt sind. Aber als sie sich am andern Morgen früh erkundigen, hat sie sehr gut geschlafen und befindet sich überhaupt sehr wohl den ganzen Tag, besonders nach den neuen Medikamenten, die der Hofrat aus Sondershausen herübergeschickt hat. Hardenberg ist fest überzeugt, daß Sophie sich nun in kurzem wieder völlig erholen wird. Sie habe Fürchterliches ausgestanden, sagt er dem Bruder, und die Ma chère habe sich himmlisch dabei benommen.

»Übrigens kann ich dir versichern, daß ich sehr heiter und voll

Mutes für die Zukunft bin. Ich denke jetzt fester das auszuführen, was ich mir vorgesetzt habe, als jemals. Und ich habe nie so frohe Aussichten gehabt als jetzt, da meine teure Sophie wieder hergestellt ist.«

Dieweil gelingt es dem Vater in Dresden, die Sache seines Sohnes durchzusetzen. Er solle noch einen förmlichen Antrag stellen und der werde dann ebenso beschieden werden, sagt man ihm dort.

Sofort schreibt er nach Weißenfels, und Caroline schickt die frohe Kunde per Boten an die Brüder. Carl öffnet gleich eine Bouteille Wein und jubiliert über die himmlische Nachricht. Er wird den Bruder im Lande behalten, den besten Freund in die Nähe bekommen – das sind ihm Aussichten in ein gelobtes Land. Lebensphilosophie will er von ihm lernen. Zwar gönnt er ihm das größte Glück von der Welt, aber wenn er nun bestimmt gewesen wäre, dasselbe in Preußen zu machen, so hätte er ihm lieber ein mäßiges Glück in Sachsen gewünscht, zumal es obendrein nicht ausgemacht, ob sein wahres Glück in einer größeren Karriere bestünde oder nicht. So aber bleibt er doch auch um fünfzig Meilen näher bei Grüningen!

Und in Grüningen? Dort löst die frohe und erwünschte Nachricht ein solches Übermaß an Freude aus, daß sie alle den schönsten Unsinn treiben. Bei Gott, man könnte sie für toll halten, wie sie weinen und lachen, alles umstoßen, was ihnen in den Weg kommt, einander zuschreien: »Gottlob, wir behalten ihn hier!«

»Ein Glück, daß er nicht gegenwärtig ist«, ruft die Danscour. »Sonst liefe er Gefahr, von uns aufgefressen zu werden.« Sie sieht Sophie an, wie sie triumphiert, daß ihr doch ihr Wunsch gelungen ist, ihn künftig in der Nähe zu behalten. Und die gute Mutter überschickt ihrem lieben Söhnchen ein Pfefferküchelchen zum Kosten, ob solches gut geraten sei.

Den 16. Dezember sendet der Vater ein offizielles Gesuch an den Kurfürsten, Friedrich August III., seinen Sohn, Georg Philipp Friedrich von Hardenberg, als Akzessisten bei den schriftlichen Geschäften Höchstdero lokaler Salinendirektion zu Weißenfels adhibieren zu dürfen.

Das Weihnachtsfest verbringt Hardenberg selbstredend in Grüningen. Er bricht aber den zweiten Feiertag nach Weißenfels auf, wo ihn besonders die beiden Brüder schon erwarten, und wo, zu deren Leidwesen, auch der Onkel aus Lucklum zu Gast ist. Die Nachricht trifft mit einem Sonderboten ein. Des Vaters Gesuch wird als genehmigt vermeldet, Hardenberg zum Akzess und zugleich zum Registrieren, auch zu anderen Expeditionen bei der Salinendirektion verpflichtet.

Meine Bestimmung ist nun fixiert. Ganz bin ich nicht in meine Sphäre gekommen – die Zeit, denkt er, wird mich schon näherrükken. Man muß vielleicht in allen Sätteln gewesen sein, um auf einem recht zu sitzen.

Zum Neuen Jahre – 1796 – erreicht ihn ein langer Brief aus Grüningen mit den schönsten Wünschen, aber – Sophie ist wieder krank. Er liest, was die Danscour berichtet:

»Der Hofrat hat sie wider sein Erwarten sehr schlecht gefunden. Er war wohl über eine Stunde da, ehe er sich über ihre Umstände erklärte. Endlich schüttelte er den Kopf und sagte: ›So habe ich mir die Patientin, nach dem Bericht des Herrn Doktors und des Herrn Hauptmanns, nicht vorgestellt. Ich wünschte von Herzen, man hätte mich vier Wochen eher kommen lassen, die Umstände haben sich unter der Zeit um ein merkliches verschlimmert. Hier müssen die schleunigsten Hilfsmittel angewendet werden, denn die Leber hat sehr gelitten, und der Himmel gebe nur, daß noch keine Vereiterungen da sind, so wird nebst Gott noch alles gutgehen.‹ Gleich schrieb er folgende Kur vor: Des Morgens früh nüchtern muß sie beinah ein Glas Molke trinken, nachmittags Arznei nehmen, früh und abends wird der Unterleib mit einer Salbe eingerieben und ein Tag um den anderen gebadet. Und diese Kur scheint ihr gottlob recht gut zu bekommen. Sie strickt so fleißig an Ihrer Weste, als es ihre Kräfte erlauben.«

Aber das Übel hält an. Sophie ist es just so wie im Anfange ihrer Krankheit. Sie bringt den ganzen Tag im Bett zu und klagt viel über ihre Seite, während der Hauptmann meint, es habe gar nichts zu sagen mit ihrer großen Schwäche, die sei nun eine ganz natürliche Folge, die weiter keine Gefahr befürchten lasse. Als am andern

Morgen in Sophies Stube ein Arzneifläschchen ganz aus freien Stücken von der Kommode herabfällt, erschreckt sie dies dermaßen, daß sie sich gar nicht beruhigen kann.

Indessen ist Hardenberg nach Tennstedt zurückgekehrt, doch nur, um sich gleich wieder aufzumachen. Er entbehrt ja noch der Kenntnisse, die er in seinem neuen Fach, der Salinistik, dringend brauchen wird – vornehmlich in der Chemie und Geognostik, in der Mineralogie und Bergbaukunde. Mit des Vaters Hilfe hat er eine Liste der wichtigsten Werke der Salinenkunde zusammengebracht, welche er nun Stück für Stück wird durchstudieren müssen. Um sich noch rascher insbesondere mit der Chemie vertraut zu machen, soll er Unterricht bei Wiegleb nehmen, dem berühmten Chemiker, der sich durch seine zahlreichen Veröffentlichungen einen Namen gemacht hat. Er ist im nahen Langensalza ansässig, wo er auch die Apotheke besitzt.

Hardenberg logiert daselbst bei Mandelslohs und läßt sich gern verwöhnen, zumal die Unstimmigkeiten des letzten Besuches ganz ausgeräumt sind. Seinen Unterricht nimmt er in demjenigen Teil der Chemie, der ihm vor der Hand am nötigsten ist: der Halurgie oder Salzkunde. Und er betreibt die Studien so gewissenhaft, daß er den ganzen Unterricht in kaum zwei Wochen faßt. Wiegleb beobachtet ihn mit Staunen und Bewunderung; nicht anders als mit Ehrerbietung kann er von diesem Schüler sprechen.

Aus Grüningen kommt wieder gute Nachricht. Sophie läßt recht schön für die überschickte Schokolade danken. Sie wolle sich gesund daran trinken.

20 Ich werde klüger, aber auch empfindlicher

Den 5. Februar 1796 trifft Hardenberg in Weißenfels ein. Er freut sich auf Erasmus und Carl – weniger auf den Onkel, der immer noch zu Gast ist. Aber Erasmus läßt sich entschuldigen. Sein sonderbar unersättliches und widriges physisches Schicksal hält ihn vom Reisen ab. Er hustet Blut und fühlt sich so ge-

Weißenfels, Ende des 18. Jahrhunderts. Anfang Februar 1796 nimmt Hardenberg seine Arbeit als Salinenakzessist in Weißenfels auf.

schwächt, daß er weder lesen noch schreiben darf. Doch versucht er immerhin, fidel zu sein. In Grüningen hingegen – in Elysium, wie Hardenberg es nennt – hat sich sein Genius Sophie fast völlig erholt, nachdem sie alle in der Angst geschwebt hatten, sie könnte schief werden durch die lange einseitige Lage. Kaum ist er ein paar Tage in Weißenfels, trifft schon der erste Brief aus Grüningen ein.

Der Alte, Gott sei Dank, ist nicht zugegen. »Diese Briefeschickerei«, würde er nur wieder brummen. Und am Ende noch auf den richtigen Verdacht verfallen! Nein, es läßt sich nicht ohne Herzklopfen leben, bis die Eltern eines Tages von der Wahl erfahren und darein gewilligt haben. Zu ersterem bedarf es freilich äußerst günstiger Umstände; die gilt es jetzt abzupassen. Die Mutter zwar scheint halbwegs schon Bescheid zu wissen. Doch ist sie so diskret, daß man recht ruhig sein kann. Aber der Großkreuz, guter Himmel – der Großkreuz darf nun schon gar nichts davon wissen.

Mit leiser Stimme und mit dem Rücken zur Tür liest Hardenberg Carl aus dem Brief des Hauptmanns vor:

»... Söphchen tanzt, springt, singt, fährt nach Greußen zum Jahrmarkt, frißt wie ein Holzhauer, schläft wie ein Ratz, geht gerade wie eine Tanne, ist munter, lustig und vergnügt, hat Molken und alle Arznei abgedankt, muß noch zweimal baden und ist übrigens wieder so gesund wie der Fisch im Wasser.«

Hardenberg blättert weiter, aber es findet sich nichts mehr von Sophie. Dafür schreibt schon zwei Tage darauf die Danscour, Söphchen blühe wieder wie eine Rose, Gott gebe, daß kein feindseliger Wurm sich derselben je wieder nahe! Und am Ende des Blattes steht tatsächlich etwas von Sophies Hand. Carl, der wieder zuhört, merkt sogleich, wie hier des Bruders Stimme beim Lesen wärmer wird:

»Nun, wie sind Sie denn nach Haus gekommen, lieber Hardenberg, doch recht wohl und fidel? Nun muß ich Ihnen nur mein Anliegen klagen. Stelln Sie sich nur einmal vor, wie Sie mir die Haare gaben, so wickelte ich sie selber in ein Papierchen ein und legte sie auf Hansens Tisch. Den andern Tag wollte ich sie wegnehmen, ja da waren weder Haare noch Papierchen zu sehn. Nun bittet nochmals, sich scheren zu lassen (nämlich den Kopf) Sophie von Kühn.«

Ehe der sich's versieht, hat Carl seine Schere aus der Kommode gegriffen und ist schon dabei, ein kräftiges Stück von Hardenbergs schulterlangem Haar zu schneiden.

»Schon geschoren – voilà.«

Die Arbeit auf der Salinendirektion nimmt den Neuankömmling vom ersten Tag an in Anspruch; dafür sorgt der Erste Direktor, der schließlich kein anderer als Hardenbergs Vater ist. Unermüdlich hat er zu studieren, sonderlich die Eigenschaften und Kleinigkeiten, die in jeder Saline besondere Aufmerksamkeit verdienen, um sich zu größerer Wirksamkeit in diesem Fach vorzubereiten. Immer ist er jetzt in Atem, auf Inspektionsreisen unterwegs zu den Salinen in Dürrenberg, in Kösen, in Artern, meistenteils an der Seite des Vaters. Der freilich kann sich nicht beklagen. Die Lehrzeit bei Just hat sich ausgezahlt, stellt er befriedigt fest: der Sohn erweist sich als tadellos fleißig, dazu als über die Maßen ordentlich und gewissenhaft. So kann er ihn denn einweihen in die Zustände auf der Salinendirektion, die ihm selber alleweil zu schaffen machen, seit er hier Direktor ist.

Nicht den guten Heun meine er, den Zweiten ihres Dreierdirektoriums. Vor diesem brauche er nicht zu warnen. Denn der Bergrat Heun sei nicht nur über zwei Jahrzehnte hier und so vertraut mit der Verfassung wie sonst keiner. Er, Fritz, habe ja schon Proben seines Wissens mitbekommen und ihn ganz zutreffend das lebendige Archiv der Salinen tituliert. Human, human sei er, seit je kollegial und konziliant – was eben man von Senf nicht sagen könne. Zugegeben, dessen Verdienste um das Salinenwesen stünden in hohem Ansehen und er stecke auch immer voller neuer Ideen, was das Technische desselben anbelange, wenn auch seine Experimente mit der Sonnensalzfabrikation nach wie vor umstritten seien. Aber er verlasse mitunter allzu eigenwillig die Kompetenzen des Salzinspektors, versuche auch, sein höheres Dienstalter gegen ihn, den Ersten Direktor, auszuspielen. Und dabei habe er eine undurchsichtige Vergangenheit! Schließlich wisse man doch genau, daß er nach zweifelhaften Geschäftspraktiken einmal auf zwei Jahre Zuchthaus gesetzt worden, wenn auch die Juristische Fakultät zu Leipzig diese Strafe dann erheblich habe mildern lassen. Viel Geduld und kaltes Blut habe man im Umgang mit ihm nötig.

Hardenberg hat seinerseits fürs erste viel Geduld im Umgang mit dem Onkel nötig. Den scheint es nämlich gar nicht zurückzuziehen nach Lucklum und zu seiner Ordensballei; immer noch hält er sich als Gast bei seinem Bruder auf, macht vor diesem den Mann von Welt und den weisen Ratgeber. Den Neffen braucht er abends zur Gesellschaft. Daß er lieber Briefe schriebe, kann der dem Onkel schlechterdings nicht sagen.

So ganz im Nachtkleid möchte man nicht gern vor ihm erscheinen, obwohl auch eine kleine Toilette der Natur nichts nehmen soll. Wenn der Großkreuz nur nicht diese Vorurteile hätte! Immer dünkt er sich erhaben, urteilt unerbittlich über aller andern schimpfliches Moralverhalten. Jetzt ist Miltitz sein willkommnes Opfer – Vetter Miltitz, den Erasmus gerade noch mit Gewißheit für einen von den besten und edelsten Menschen erkannt hat. Nur weil er dem Alten seine Heirat notifiziert. Wie sie sich gegenseitig darob erregen können!

»Eine Engländerin ist sie und nicht einmal von Adel!«

»Nein, eine ganz gemeine Bürgerliche und dazu die Tochter eines Kneipenwirts, diese Miss Constable.«

»Wunderschön nennt er sie, eine vornehm aussehende Person, wer will das glauben?«

»Und sehr klug dazu!«

»Als ob der Himmel es sich einfallen ließe, einen schäbigen Kneipenwirt mit Partien für den sächsischen Adel zu segnen!«

»Als Vormund kann man diesem Miltitz ganz unmöglich seine Einwilligung geben.«

»Ausgestrichen muß er werden und auf ewig, dieser Ungeratene!«

Fast könnten sie mich dauern, wenn mir nicht zugleich so bange würde für meine eigene Zukunft. Die Möglichmachung meines Plans ist ganz auf günstige Umstände berechnet, und die können nicht eintreten, solange der Großkreuz zugegen bleibt. Söphchen ist nicht reich. Zwar von Adel, doch nicht stiftsfähig: auf väterlicher Seite kann sie die sechzehn Ahnen nicht aufweisen, die Mutter gar ist bürgerlich geboren. Kein Vermögen und halbwüchsige Ahnen sind Alpen für gewisse Aristokraten, worunter vielleicht der Alte nicht gehört, aber der Großkreuz, dessen Einfluß man nun einmal unterworfen ist. Ist der Großkreuz erst weg, wird es sich freier atmen lassen. Dann gibt es auch wieder freie Zeit. Der arme Mus bedarf so nötig des Trostes – eine Wolkenhand liegt schwer auf ihm. Und an die Justen ist zu schreiben. »Ihre Freundschaft, liebe Justen, finde ich in meiner Schwester Caroline wieder. Mein Genius weiß, daß man Liebe, aber nicht Freundschaft entbehren kann. So bleib ich Ihnen immer nah. Wir gehn zusammen fort wie zwei gleichgerichtete Uhren, und wenn wir uns wiedersehn, wird es nur Pause gewesen sein – der gleiche Takt ist geblieben.« Auch an die Thümmeln ist zu schreiben, wie sie dies erlaubt hat – »Beste, gnädige Frau. Ich verweile bei dem frohen Hinblick auf eine Zukunft, wo ein regelmäßiger Briefwechsel Leiden und Freuden zwischen uns teilt und eine Freundschaft schon hier unterhält, die längern Odem haben dürfte als für die Erdgebirge. Das Bedürfnis einer Mitteilung an eine feingebildete, weibliche Seele ist für mich so dringend, so wohltätig, so natürlich, daß ich es für einen sehr bestimmten Zug meines Lebens ansehe, daß ich Liebe und Freundschaft zugleich fand, und so beide durch diese Vereinigung gewannen. In der Freundschaft muß ein Funken Liebe, in der Liebe eine Ader von Freundschaft sein; in Mischungen solcher Art wohnt die Seele des Genusses. Ich fordre Sie zu der wohltätigsten Bestimmung auf: sein Sie meine Bildnerin, meine Ratgeberin, meine Freundin. Ein fremdes Auge beurteilt ein Spiel am richtigsten. Stellen Sie sich hinter meinen Stuhl. Ihrer Erfahrung, Ihrem unwiderstehlichen Trost bei Unfällen vertraue ich mich ganz an. Ruhe, verständiger Sinn, Geschmack und Aufheiterung – das hoffe ich in Ihrer Schule zu lernen. Ich sehe viele Unannehmlichkeiten auf meinem Gange voraus. Mein Anfang wird klein, die Hindernisse groß und meine Kraft ungeübt sein. Aber Mut und Zuversicht lassen nicht stecken, und können die mir fehlen, wenn

Freundschaft, gute Wünsche mich begleiten? Ich werde vielleicht unglücklich sein, denn die Natur schuf mich reizbar. Aber die Achtung der bessern Menschen, die mich genauer kennen, hoffe ich nie zu verlieren. Ein seltener, schöner Zufall hat mich in den Kreis einer Familie geführt, wo ich gefunden habe, was ich suchte, wo ich finden werde, was ich fast nicht zu hoffen wagte. Was die Geburt mir versagte, hat das Glück mir gegeben. Ich vermisse in meinem Geburtskreise, was ich in einer fremden Mitte beisammen sehe. Ich fühle, daß es nähere Verwandtschaften gibt, als die das Blut knüpft.« Der Alte setzt mich jetzt in unaufhörliche Bewegung. In den nächsten zwei Monaten werde ich nicht acht Tage zu Hause sein. Wann wird mein wanderndes Schicksal eine Pause machen? Ich muß von Amts wegen eine Menge Zeit höchst langweilig vertrödeln; die eigentliche Arbeit ist mitunter sehr beschränkt. Lebt der gebildetere Mensch nicht für mehr? Es könnte mir recht wohl sein, wenn die Menschen, mit denen ich viel zu tun habe, human wären. Unter guten, seelenvollen Menschen trägt sich die Last des Lebens leicht. Aber darüber kann ich nur nicht immer wegkommen, daß die besten Menschen sich und andern das Leben so sauer machen und widersinnig allen guten Entwürfen des Zufalls in den Weg treten. Es sind Tage, wo ich nur das Gute aufnehme. Aber dann behauptet auch der Wechsel sein Recht, und ich muß mich lange mit unerträglichen Empfindungen plagen. Ich werde klüger, aber auch empfindlicher. Jedes rauhe Lüftchen klimpert in meinen Saiten herum.

Nicht ganz das sein zu dürfen, was man von Natur ist, das ist die Quelle unsers Mißbehagens auf diesem Planeten. Dennoch verläßt mich die Hoffnung besserer Zeiten nicht ganz. Wozu fühlte ich mich denn so habsüchtig auf Gelegenheiten, nützlich wirksam zu sein, wenn nicht eine wohltätige Bestimmung meiner wartete? Die Richtung ist alles für einen Geist wie den meinigen. Ich muß mir mein gutes Schicksal verdienen, und nur die Tugenden eines Geschäftsmannes führen den belohnendsten aller Wege. Jeder Federzug ist Glied in der teleologischen Kette, deren letztes Glied nur nicht an Jupiters Bette hängt. Es sei dann Schule, freilich etwas teuer, aber wenn ihr Unterricht nur praktisch werden kann.

Was aber ist sein wanderndes Schicksal gegen das des armen Carl? Mitte März soll dessen Ausmarsch sein. Zuvor will er sich noch überall, selbstredend auch in Grüningen, verabschieden. Da könnte er den Bruder doch zu seinem Kundschafter bei Söphchen machen? denkt Hardenberg. Längst hat er ihm ja anvertraut, was ihn nach wie vor beunruhigt, wenn er an Grüningen denkt. Weiß er denn verläßlich, wie Söphchens Neigung gegen ihn steht? Warum machen ihm die Briefe der Ma chère dieses Herzklopfen? Und hat nicht auch diese, hat nicht die Mutter und selbst Carolinchen bis zu seinem Weggang gewisse Zweifel an Söphes Zuneigung zu ihm gehegt? Carl, ja der soll Söphchen beobachten, herausfinden, wie sie in Ansehung seiner denkt, und wenn er es für gut befindet, mit ihr davon reden.

Carl trifft den 26. Februar 1796 in Grüningen ein. Der Hauptmann ist mit Sophies Bruder George noch in Eisleben, wird auch kaum so bald zurücksein, so daß sich die verwaiste Damenwelt besonders über den Besucher freut und ihn so recht verwöhnen kann. Wie auf den Händen getragen fühlt er sich hier wieder, fürwahr so ganz im Paradies. Und wenn ihm auch nach seinem Abschied von der Lindenau, welcher ihm doch sehr zu schaffen macht, und nun vor seinem Marsch gegen die Franzosen zuweilen gar nicht froh zumute ist – er gibt sich doch so ziemlich vergnügt. Aber einmal, da bemerkt die Ma chère, daß sich einige trübe Wölkchen auf seiner Stirn zusammenziehen, worüber sie in die äußerste Angst gerät, indem sie befürchtet, es möchte ihm hier etwas Unangenehmes begegnet sein. Und da sie ihm ihre Besorgnis darüber sagt, so beruhigt er sie zwar hinlänglich, aber sie sieht doch, daß der arme Herr von Hardenberg zuweilen noch traurige Intervalle hat.

Einen Abend kommt Leutnant Fritz von Mandelsloh von Langensalza herübergeritten. Der wird nun auch mit dem sächsischen Heer ausmarschieren. Carl mag ihn gleich, er scheint ihm ganz nach Grüningen zu passen mit seiner herzlichen und leichten Art gegen die hübschen Schwägerinnen. Und Sophie? Sie geht auf einem charmanten Fuß mit Carl um; dennoch – in den ersten Tagen traut er sich nicht, sie auf den Bruder Fritz anzusprechen. Erst den fünften Tag, da er mit ihr allein unten durch den Garten nach dem Gartenhäuschen und dabei an des Bruders Lieblingsplätzchen vorbei spaziert, ergreift er die Gelegenheit. Er fragt sie geradezu. Aber wie bange ist ihm und wie pochte ihm das Herz, ehe die Frage heraus war. So hat es ihm bei seiner lieben Lindenau gepocht, als er dieser das erstemal »Ich liebe Sie!« sagen wollte.

»Ich bitte Sie, liebe Sophie – möchten Sie mir nicht eine große Beruhigung mit in die Kampagne geben und mir aufrichtig sagen, ob Sie noch immer so gut gegen unsern Fritz denken?«

Da sieht Sophie ihn ganz heiter und unbefangen an und geht ruhig weiter.

»Kein Gefühl müßte ich haben«, sagte sie, »wenn ich Ihren Bruder nicht lieben und schätzen sollte. Und Sie, lieber Hardenberg, müßten mir gar keine Festigkeit zutrauen, wenn Sie nicht gewiß glaubten, daß ich noch so denke, wie ich vorher gedacht habe. Sie können gewiß überzeugt sein, daß ich Ihren Bruder nie vergessen und mich nie ändern werde. Sehr vielen Dank bin ich Ihnen, guter Hardenberg, aber für Ihr Zutraun schuldig.«

Das alles sagt sie mit solch einer Güte, daß Carls Freude ohne Grenzen ist.

»Sie ist fest und himmlisch gut!«, jubelt er, als er sich so bald als möglich der Ma chère anvertraut. »Ich habe Beweise für Fritz, die ihm Aussichten ins Elysium gewähren. Er wird sich kindisch freuen, unser alter Junge.«

»Wenn er nur bald kommen wollte!« seufzt die Danscour.

Ostern will er kommen, Ende März. Hier in Weißenfels liegen die kleinen Geschwister mit den Blattern darnieder. Auch würden ihm die großen Brüder fehlen. Wohl ist der Onkel abgereist, aber dieser Umstand erweist sich als weniger günstig denn zunächst vermutet. Der Vater nämlich wendet sein ganzes Augenmerk nun auf ihn, den Sohn und Akzessisten, so daß er die Philosophie des Zwangs umsonst und nebenher studieren muß, was heißen will, der strengen Hauspolitik zuliebe nichts von seinem Reisewunsch merken zu lassen. Noch gilt es ja, die rechte Zeit für ein Bekenntnis seiner Herzenssache abzuwarten. Nicht einmal den Ring mit Sophies Bildnis darf er anders als auf seiner Stube tragen. Und auch hier noch muß er sich in acht nehmen, daß nicht einer unvorhergesehen eintritt und ihn gewahr wird. Während er so heimlich das geliebte Bild betrachtet, kommt ihm deutlich vor Augen, wie er nach und nach sein Ich so mit ihrem Bilde amalgamiert hat, daß er keinen Atemzug mehr ohne sie tut. Es wächst mit jedem Tage, denkt er. Und ich hätte nie geglaubt, eine Empfindung könnte so unaufhörlich wachsen und doch immer Raum behalten. Dabei bin ich doch so wenig Schwärmer, daß ich in dieser Rücksicht einem jährigen Ehemann den Handschuh hinwerfen könnte. Nur Huldigung, nur unaussprechliches Gefallen, nur wundersame Anhänglichkeit – nicht eine Spur von wilder, an sich reißender Leidenschaft. Pfingsten also, für kurz vor Pfingsten Mitte Mai will ich mich im Paradies ansagen. Oder schon für Mitte April? Aber da steht die Ostermesse in Leipzig an, und der Alte sorgt auch noch für mancherlei Bewegung. So geht es, ist man einmal im Joch.

Freilich, für die Wissenschaften könnte doch ein übriges an Nebenzeit entstehen. Der schleunige Druck des Fichteschen Naturrechts hat ohnedies den Druck der Anmerkungen verzögert, welche Niethammer für das Philosophische Journal versprochen waren. Und das Französische wäre weiter zu betreiben. Mein Geist wird sehr durch das Studium der französischen Sprache gewinnen, denn ich werde besonnener, gewandter und reicher an Wendungen. Auch die schönen Wissenschaften bilden mich weiter. Zu Schillers Musenalmanach wäre wohl eine Kritik zu schreiben. Und ein eigener Dialog über den Hörer und den Leser. Der Hörer soll Humanus heißen. Ist die Poesie nicht Handlungsweise der schönen, rhythmischen Seele? Begleitende Stimme unsers bildenden Selbst, Gang im Lande der Schönheit, überall leise Spur des Fingers der Humanität? Sieg über die rohe Natur in jedem Worte – Flug – Humanisierung?

Pfingsten freilich wird auch wieder nichts aus seiner Reise. In Grüningen wird man nun doch verdrießlich über das lange Ausbleiben und die ewige Konfusion mit Reisen und Nichtreisen, Kommen und Nichtkommen. Sophie bittet gar schön, ihr künftig nicht wieder ein Näschen zu drehen. Sie könne nichts weniger ertragen als Ungewißheit und getäuschte Freude – wonach er sich richten möge, der Herr von Hardenberg.

Der reist indes ins Niedersächsische, in Richtung Göttingen, zum Familientreffen derer von Hardenberg auf dem Hardenberg in Nörten. Der Vater will es so.

Im Schloß, unterhalb der alten Doppelburg, dem Stammsitz des Geschlechts, versammeln sie sich, die Grafen und Gräfinnen, Freiherrn und Freifrauen, Junker und Jungfern von Hardenberg aus drei Linien und drei Generationen. Und weil sie alle Anteil an demselben Blut haben, finden sie sich bald in einer festlichen und fröhlichen Gesellschaft zusammen. Es hilft dazu auf seine Weise auch der edle Kornsaft mit, welchen die hier ansässige Linie schon seit anno 1700, in der Gräflich zu Hardenberg'schen Kornbrennerei, gleich neben dem Schloß, zur Wohlfahrt der Zeitgenossen fabriziert. Im Überfluß wird dieser Saft kredenzt, aus stattlichen Gemäßen, welche das Wappen der Familie zeigen, den schwarzen Keilerkopf auf weißem Schild unter Brustpanzer und Federbusch und einer Krone von neun Zacken. Zu vorgerückter, mitternächtlicher Stunde kann man Hardenberg, inmitten des jungen Damenflors, doch sehr lebhaft reden hörn und fürchterlich sponsieren sehn, dieweil sich Vater Hardenberg, der sonst so strenge, zu unserer und auch des Sohnes weidlicher Verwunderung am Spieltisch verlustiert. Hernach noch schwärmt das junge Volk zur Burgruine aus. Die linde Maienluft umfängt sie auch aufs angenehmste, wie sie so unter Gelächter und mancherlei Scherzen den steilen Burgberg erklimmen. Indes man sieht doch zu wenig, als daß Hardenberg mit der Erkundung schon zufrieden wäre. Den andern Morgen steigt er abermals hinauf, kundig geführt von einem hiesigen Vetter.

»Wohl vor nun 700 Jahren ward die Burg gegründet«, weiß der zu berichten, »und die Hardenberger haben sie als Ritter oft genug verteidigen, sich auch in manchen Fehden ihrer eigenen Haut wehren müssen. Einmal hat ein Hardenberg sogar den Herzog von

174

Ruine Hardenberg. Stahlstich, um 1830. Ein paar Meilen nördlich von Göttingen, bei Nörten, in der Nähe des neuen Schlosses, stehen noch heute die Ruinen des alten Stammsitzes der Hardenbergs.

Braunschweig gefangen gesetzt. Man sieht hier«, so zeigt er, als sie sich recht in der Mitte der Ruine befinden, »wo das Vorder- und das Hinterhaus der Doppelburg gestanden; denn anno 1694 haben sich drei Söhne in das Erbe teilen müssen. Der älteste erhielt das vordere Haus Hardenberg und den Grafentitel, der jüngste erhielt das hintere Haus Hardenberg, sein Sohn, eben jener betagte großbritannische und lüneburgische Geheime Rat, mit dem Du mich zuletzt hast sprechen sehn, wurde vor nunmehr acht Jahren in den Reichsgrafenstand erhoben. Der mittlere der drei Brüder aber erhielt den Freiherrntitel, machte sich auf und zog nach Thüringen, wo ihm Kloster, Amt und Gut Oberwiederstedt und noch mehrere kleine Güter zufielen, von denen Du bessere Kenntnis hast als ich, weil er ja Dein Urgroßvater war. Verfallen ist dies alles hier vor jetzt bald hundert Jahren. Den 17. März 1698, früh um vier Uhr, stürzte ein großer Teil des Vorderhauses ein, und einige Wochen darauf hörte man nachts auch in dem unbeschädigt gebliebenen Teil einen furchtbaren Knall, so daß das Vorderhaus alsbald verlassen werden mußte. Das Hinterhaus bewohnte man noch um einige zwanzig Jahre länger, aber in der Zwischenzeit ward in den Gärten am Fuße der Burg die Kornbrennerei erbaut und auch das Schloß.«

»Doch befinden sich in der Umgegend noch manche angestammte Güter«, sagt Hardenberg, als sie sich auf einer wohlerhaltnen Sitznische niederlassen, um durch den Fensterbogen die herrliche Aussicht weit ins Land zu genießen.

»Freilich, freilich. Dort drüben, nach Abend zu, kannst Du Großenrode liegen sehn. Das dürfte das älteste von allen Gütern sein. Auf Gut Rode hat schon ein Sohn unseres Stammvaters gesessen, vor nahezu 600 Jahren. Später wurde Rode Großenrode genannt, weil es an die Hauptlinie kam und Lütgenrode, mithin Kleinrode, entstand.«

»Und Lütgenrode erwarben die von Hanstein«, fällt Hardenberg ein. »Ich hab davon gelesen im Familienarchiv. Der Name Hanstein hat mir sehr gefallen, auch der Name Rostorf, welcher ebenso gleich anfangs in den Stammtafeln steht.«

»Da du dich für Namen zu erwärmen scheinst – du weißt, daß sie ihr Großenrode gern lateinisch nannten?«

»Magna nóvali, ich weiß. Der zweite Bernhard nannte sich Bernhard de Nóvali, nicht wahr?«

»Desgleichen auch sein Bruder Günther und die ganze Günthersche Linie im 13. Jahrhundert. Sie schrieben sich de Nóvali, von Rode.«

»Sie haben das Neuland gerodet und als erste gepflügt und fruchtbar gemacht«, begeistert sich Hardenberg. »Neuland ist ›novālis‹ im Lateinischen, wie du wohl weißt.«

»Ja, Neuland, Brachland, was zu pflügen ist.«

»Mir scheint, es ist ein schönes Wort – novālis. Und ein symbolisches dazu. Wer sich so nennte, wäre einer, der auf Neuland Samen streut. Novalis – der Neuland bestellt –«

»Du bist mir ganz verliebt in diesen Namen!«

»In der Tat, er hat viel Poesie. Und ließe sich vielleicht aufs neue führen. Als Dichtername etwa – Ich sage dir, Vetter, hier auf dem Stammsitz unsers Geschlechts: Ich will ihn führen, wenn ich erst ein Dichter bin!«

22 *Ich rechne für die Zukunft*
ein wenig auf meinen Kopf

Von Nörten reist Hardenberg zunächst nach Artern in dienstlichen Geschäften; er verschiebt mithin seinen Besuch in Grüningen abermals, ehe er dort endlich den 4. Juni 1796 eintrifft. Die lange Zeit der Trennung ist doch spürbar zwischen Sophie und ihm. Auch wirkt Sophie blaß und keinesfalls ganz wieder hergestellt, das sieht er gleich. Und die Kunde von seinem heftigen Sponsieren auf dem brillanten Hardenberg ist bis hierher gedrungen, so daß sie sich ihre Gedanken gemacht hat. Ihre Zurückhaltung, hatte der Bruder Carl ihr zuletzt gesagt, ihre Zurückhaltung veranlasse den Bruder immer wieder, an einer wahrhaft herzlichen Zuneigung gegen ihn zu zweifeln. Fritz wünsche sich ein Betragen, das auch vor anderen das gegenseitige Versprechen ruhig merken ließe. Ihr Betragen hingegen erwecke ihm doch oft den Eindruck, als drücke seine Liebe sie.

Den ersten Tag verbringt man im benachbarten Clingen beim Familienfest. Es ist ein Sonntag, und die Niebeckers lassen ihre Tochter Friederike Sophia taufen; auch Hardenberg steht Pate. Den nächsten Tag reitet er hinüber nach Tennstedt zu den Justs. Die hat er zuletzt auf der Messe gesehen, wo es sich aber nicht in Ruhe reden ließ. Und zu reden gibt es manches. Caroline muß getröstet werden über Stapfs Verlust. Der gefällige, sanfte, gutmütige und teilnehmende Aktuarius hat Tennstedt verlassen. Und da sie ihm recht zugeneigt gewesen, bedeutet ihr sein Abgang eine wesentliche Einbuße. Einstweilen ist noch gar nicht abzusehen, woher der Ersatz ihr kommen soll. Doch daß er kommen wird, das führt ihr Hardenberg beredt vor Augen. Des Schicksals Lieblinge erzieht es lang und rauh, macht er ihr klar. Den Trost in anderen zu beseelen und neue Saiten in fremden Busen aufzuziehen, das ist ihm zweifellos gegeben.

Wie anders klingen die Gespräche mit dem Kreisamtmann! Trotz seiner fortgeschrittenen Jahre geht Just nun doch noch auf Freiersfüßen, und es ist kein anderer als Hardenberg, der diese Ehe stiften wird. Denn im vergangnen Jahr, als sie gemeinsam die Nachricht vom Ableben des Professors Nürnberger zu Wittenberg in der Zeitung gelesen, welcher Hardenberg aus seiner Studienzeit noch wohlvertraut war, hatte er sehr viel Gutes von dem braven Mann und seiner Gattin zu sagen und zu berichten gewußt. Zum öfteren hatte er dann Just der Witwe Charakter mit den besten Farben geschildert, und weil dieser Hardenberg die Wahrheit zutraute, dessen Urteil auch schon nach seiner großen Menschenkenntnis trauen konnte, schienen solche Reden Just doch recht bedenkenswert. Nach seinem Wohlwollen gegen den Lehrer und Freund hatte Hardenberg ihm auch und mehrmals gesagt, er halte die Witwe Nürnberger gerade für dasjenige Frauenzimmer, mit dem jener glücklich werden könnte. Und mit großem Enthusiasmus hatte er ihm öfters zugeredet, diesen Schritt zu tun und zuvörderst Erkundigungen, ihre Person betreffend, einzuziehen. Just war des Freundes vorteilhafte Schilderung dann um so wichtiger geworden, als sie mit dem Urteil, das man über die Besagte allgemein fällte, übereintraf. Da geschah es zu seiner freudigen Überraschung, daß der von ihm sehr geschätzte Geheime Finanzrat von Wagner zu Dresden ihm die verwitwete Frau Professor Nürnberger mit einemmal als eine Freundin seines Hauses vorstellte! Briefe gingen darauf hin und her, und nun sollte in zwölf Tagen Hochzeit sein.

»Ich habe füglich einen Anteil an dem nahen Glück«, meint Hardenberg beim Abschied. »Sind Sie es doch gewesen, welcher seinerseits mich und meine Braut zusammengebracht. Ich hoffe folglich, daß ich Ihnen auch einmal als dem Stifter meiner Ehe werde danken können.«

Unter dem Eindruck der Gespräche reitet Hardenberg den vertrauten Weg zurück nach Grüningen. Er muß nun Klarheit haben, wie es um ihn selber und Sophie steht. Was sie Carl gesagt hat, soll sie ihm – so hofft er – auch noch einmal sagen und es mit Gewißheit merken lassen. Also sprechen sie sich aus. Sophie sagt ihm ohne Kindlichkeit und ohne Koketterie – einfach und ernst: daß sie die Seine sei und auf immer werden wolle, wie sie seinerzeit versprochen habe. Und zum Zeichen dafür küßt sie ihm ein H auf seine linke Wange, langsam und genau.

Er möge solch ein H nun auch auf ihre Wange küssen.

Den Abend wird noch im Familienkreis beschlossen, daß Hardenberg nunmehr seine Eltern um Einwilligung bitten solle.

Die verbleibenden Tage vergehen ihm selig und wie im Flug. Beim Heimritt fühlt er sich der glücklichste der Menschen – Sophie die Seine, so gut, so himmlisch gegen ihn, er selbst voll Hoffnung für die Zukunft, da seiner Eltern Genehmigung ihm gewiß scheint, er dann so ungestört, so frei in Grüningen wird sein können und nicht minder die Brüder. Aber je mehr er sich Weißenfels naht – von Kösen kommend, wo er schon wieder amtlich tätig gewesen –, je unruhiger wird ihm zumute.

Wie soll ich vor den Vater treten, wie beginnen, wenn sich das Gespräch nicht lenken läßt? Nicht die Mutter macht mir bang, die liebe Mutter. Sie hat schon längst in ihrer feinsensiblen Art erspürt, was mich bewegt. Und mich gewähren lassen – bin ich doch auch 24 Jahre alt. Aber der Vater! Der kann sich ganz unnahbar geben, jeden Satz sogleich zunichte machen, kaum daß er gesagt. Wie, wenn ich diesem gar nichts mündlich eröffnete? Wenn ich gar nicht mit ihm spräche, ihm statt dessen *schriebe*, so wie ich damals Söphchen *geschrieben* habe? Das Schreiben könnte ich der Mutter anvertrauen und sie noch einmal um jene Vermittlung bitten, die sie mir, so weit ich zurückdenken kann, immer gegen den Vater gewährt hat. Sie vermag so begütigend auf ihn einzuwirken. Schon ihre Gegenwart verbietet es ihm, laut und unschicklich zu poltern.

Die Wendungen, die er dem Vater schreiben will, gehen ihm den ersten Tag, den er zu Hause ist, im Kopf herum. Dann faßt er sich ein Herz und schreibt – zunächst den kleinen Zettel:

»Liebes Mütterchen! Ich schicke Dir eine längst zugedachte

Lektüre und erwarte Dich um 6 Uhr allein in unserm Garten. Keine Bitte brauche ich hinzuzusetzen, da ich Dein zärtliches Herz kenne.«

Dann an den Vater diesen Brief:

»Nicht ohne heftige Beunruhigung wage ich einen lange gefürchteten Schritt. Längst schon würde ich ihn getan haben, wenn nicht mehrere ungünstige Umstände sich dagegen vereinigt hätten. Alle meine Hoffnung beruht auf Deiner Freundschaft und Teilnahme. Es ist nichts unrechtes, was mir auf dem Herzen liegt; aber etwas, worüber Eltern und Kinder so oft nicht übereinstimmen. Sehr viele Stimmen in meinem Herzen sagen mir zwar Trost und Beruhigung zu, aber je mehr auf dem Spiele steht, desto ängstlicher sieht man dem Zeitpunkt der Entscheidung entgegen. Ich weiß, daß Du ganz herablassender Freund Deiner Kinder sein willst – aber Du bist Vater, und oft widerspricht selbst die väterliche Liebe der Neigung des Sohns. Sobald ich mich zusammennehme, so verschwindet freilich diese Besorgnis meistenteils, denn nur dann würde mir Deine Liebe entgegenstehn, wenn ich weder Verstand noch Herz zu Rate ziehn wollte und den Abgrund meines eignen Unglücks graben. Dies ist aber hier wohl nicht der Fall.

Ich habe mir ein Mädchen gewählt. Sie hat wenig Vermögen, und ob sie gleich von Adel ist, so ist sie doch nicht stiftsfähig. Es ist eine Fräulein von Kühn. Ihre Eltern, von denen nur die Mutter die rechte ist, wohnen in Grüningen, einem Gute bei Weißensee. Abgerechnet auch meine Verhältnisse, so würde ihre Jugend schon einen nahen Heiratsplan unratsam machen. Von ihrem persönlichen Wert ziemt mir nicht ein entscheidendes Urteil zu fällen, und ich muß mich für jetzt begnügen, teils die allgemeine Stimme unparteiischer Männer für sie anzuführen, im ganzen aber auf eigne Prüfung zu provozieren. Ich habe sie bei einer Expedition in ihrem väterlichen Hause kennengelernt. Sehr langer, sehr aufmerksamer Umgang mit dieser Familie befestigte meine Wahl. Lange blieb mir die gegenseitige Wahl zweifelhaft, ohnerachtet ich das Zutraun und die Freundschaft der ganzen Familie genoß; doch glaube ich jetzt derselben versichert zu sein, besonders wenn Deine Einwilligung Sophiens Besorgnissen ein

Ende macht. So fest sie an ihren Eltern hängt, so fest wünscht sie mich an den meinigen hängen zu sehn und wird ohne gewisse Überzeugung Deines Beifalls sich sicher nicht ausdrücklich für mich dezidieren.

Längst schon würde ich Dein Zutraun und Deine Einwilligung gesucht haben; aber seit Anfang November ist Sophie gefährlich krank gewesen. Ein paarmal war fast alle Hoffnung verschwunden, und noch jetzt siecht sie und erholt sich nur langsam. Du kannst sie mir jetzt zum zweiten Male schenken und mir damit eine Ruhe wiedergeben, die sich seit langer Zeit aus meiner Seele verlor. Ich flehe nur um Deine Einwilligung und Autorisation meiner Wahl. Die Ausführung des Plans steht noch zu weit ab, als daß ich ein Wort darüber verlieren sollte. Möglichkeiten seh ich – ich überlasse der gütigsten Hand, sie auszubilden, und tue nur meinerseits das, was ich dazu durch Fleiß, Treue und Wirtschaftlichkeit tun kann. Auf diesem Wege hoff ich, einen Lieblingswunsch am ersten erfüllt zu sehn. Mündlich mehr. Ich erwarte nur Liebe von Dir. Es hängt von Dir ab, diese Periode zur glücklichsten meines Lebens zu machen. Dann hab ich Dir, außer Leben und Erziehung, auch noch das zu danken, was dem Leben so einen einzigen Reiz in seiner Art gibt; ich leugne es nicht, meine Liebe und Dankbarkeit gegen Dich werden noch zunehmen. Es ist wahr, mein Wirkungskreis wird durch diese Partie äußerlich eingeschränkt – aber ich rechne für die Zukunft ein wenig auf meinen Kopf und meinen Ehrgeiz und für die erste Zeit auf Sophiens Verstand und gute Wirtschaft. Sie ist nicht groß erzogen, sie wird mit wenigem zufrieden sein – ich bedarf nur, was sie bedarf. Ich weiß gewiß, unser gemeinschaftliches Leben gewinnt an Zutraulichkeit unendlich, denn ich bin Deiner Freundschaft auf ewig versichert. Wie werden sich meine ältern Geschwister freun, die so teilnehmend an der Ruhe meines Lebens hängen. Gott segne diese wichtige, so ängstlich durchharrte Stunde. Was Du meinst, wird gut sein; aber freuen kann mich nur Deine freundliche, einwilligende Vaterstimme.«

Begeistert ist der Vater nicht, nachdem er dies gelesen. Nicht daß er grundsätzlich etwas dagegen zu erinnern hätte, daß sein

Sohn auf Heirat denke, sagt er diesem, als er ihn hat rufen lassen. Aber zufrieden könne er mit einer solchen Verbindung wahrlich nicht sein, habe er doch an eine weit brillantere Partie gedacht. Was des Fräuleins Geburt und ihren Mangel an Vermögen betreffe, so wolle er zwar nicht schlechterdings daran Anstoß nehmen; indes behalte er sich die Überprüfung ihrer Abkunft und Verhältnisse vor. Anerkennen müsse er immerhin die vorteilhafte Veränderung, die das Fräulein offenbar an seinem Wesen bewirkt habe. Denn er beobachte seinen Fleiß, seine zielstrebige, auf das künftige Berufsleben gerichtete Arbeitsamkeit durchaus mit Wohlgefallen.

Hardenberg ist halb erleichtert, halb enttäuscht. Während er darauf sinnt, wie der Vater zu bekehren wäre, fällt ihm Erasmus ein und dann auch Carl: sehen müßte der Vater Söphchen, sie kennenlernen, um von ihrer Anmut und Grazie gefangengenommen zu werden wie vordem die Brüder. Das wär das Mittel, welches Wunder wirken könnte.

23 Mach ja, daß wir uns sehn

Unvermittelter als solches tritt ein andres Wunder ein. In Gestalt eines Briefes kommt es, von wohlvertrauter Hand. Hardenberg öffnet augenblicklich und liest:

»Geh in die alten Zeiten zurück und erinnre Dich der Schriftzüge, mit denen Dich ein alter Freund nach langer Zwischenzeit herzlich begrüßt. Ich – Friedrich Schlegel, wenn Du meinen Namen noch weißt – reise in einigen Wochen nahe an Dir vorbei und kann dem Wunsche und der schmeichelnden Hoffnung nicht entsagen, Dich wiederzusehn, mich an Dir zu laben und zu erfrischen. Ich gehe in der Mitte des Juli von Pillnitz über Leipzig, wo ich aber höchstens zwei Tage bleiben werde, vielleicht über Halle nach Jena, wo mein Bruder sich fürs erste angesiedelt hat, um da bis Michaelis wenigstens – das gleiche zu tun. Es kann sein, daß ich noch länger dableibe, aber es kann auch sehr wohl nicht sein;

und darum wünsche ich und bitte Dich, Du mögest den Augenblick ergreifen. Ich möchte so herzlich gern ein paar Tage mit Dir fraternisieren, nach alter Weise. Wie viel müssen wir uns zu sagen haben! Wieviel weiter wirst Du gekommen sein! Wie werde ich mich freuen über das, was Du geblieben bist, und das, worin Du Dich geändert hast. Komm zu mir nach Leipzig. Ich bin da zu erfragen bei Gerhard Fleischer junior, Buchhändler. – Oder können wir uns in Weißenfels sehn? Ich käme dann von Leipzig aus hin. Nur viel Geld darf es nicht kosten. Körner hat mir ein Vorurteil gegen die Weißenfelser Wirte beigebracht. Sie sollen unmäßig teuer sein. – Besser also in Leipzig, oder in Jena. Dort wohne ich beim Kaufmann Beyer am Markt und bin gewiß noch vor dem 30. Juli da. Du lernst dann auch meinen Bruder kennen, der nach Ostern fünf Wochen hier war. Seit Du hier warst der erste, mit dem ich wieder *gesprochen* habe.

Mach ja, daß wir uns sehn. Du wirst mich heitrer und empfänglicher finden als das letztemal. Um mit Dir Briefe zu wechseln, fehlte es mir an innrer und äußrer Freiheit und Muße. Lieber entbehren, als den edelsten Genuß entweihen. Aber Du? Hast Du nie verlangt zu wissen, wie mir's ginge?

Den ersten Winter ging mir's eigentlich schlecht, den Sommer leidlich, den letzten Winter gut, jetzt froh und zufrieden. Ich bin wenigstens wieder flott, wenn auch hie und da leck, und spanne die Segel in vollem Wind. Meine Schriftstellerei hat sich nun endlich so weit organisiert, daß sie mir Unabhängigkeit und Sicherheit verspricht.

Nach Halle gehe ich, um Wolf kennenzulernen, und wohne, soviel ich weiß, beim Exkapellmeister Reichardt, mit dem ich in literarischer Verbindung stehe. Ich erwarte schleunige Antwort mit ein paar Zeilen und umarme Dich herzlich.«

Am liebsten würde Hardenberg postwendend antworten. Aber die leidigen Amtsgeschäfte halten ihn derart in Atem, daß man sich auch in Grüningen schon über seine Schweigsamkeit zu wundern beginnt. So bittet er wenigstens Erasmus, der nach Dresden will, nach Möglichkeit den wiedergefundenen Freund schon einmal mit tausend Grüßen aufzusuchen. Aus Dürrenberg, wo er gerade die Salinenarbeit hinter sich gebracht, schreibt er dann:

»Du glaubst nicht, alter, guter Schlegel, wie herrlich Du mich mit Deinem Briefe überrascht hast. Vergessen hab ich Dich auf keine Weise und konnte es so leicht nicht, ohne mich selbst zu vergessen. Du weißt, welchen Anteil Du einst an meiner Erziehung hattest. Auch gewöhnliche Dankbarkeit vergißt den Lehrer nicht. Jeder Gedanke an meine historische Bildung war mit Deiner Erinnerung verbunden. Vollends die Voranzeige Deiner Griechen, auf die ich gestoßen, hat mich ganz außerordentlich bewegt. Das ist das Buch, dacht ich, woran seine Seele so lange brütete, das ihn so lange aus sich und aus der wirklichen Welt gedrängt hat. Wird es wohl Spuren seiner Schöpfungsperiode tragen oder desto schöner ruhn, je wilder der Sturm war, aus dem es hervorging? Ich erinnerte mich der Bruchstücke – es entstand in mir eine Intuition des Unbekannten, die meinen Geist in unbekannten Weiten umhertrieb. Es reichen nicht sechsfache Erkundigungen nach seiner Erscheinung. Ein einziges köstliches Stückchen hab ich gelesen, Dein Goethe-Fragment in ›Deutschland‹. Im 2. Stück der ›Horen‹ ist Goethe armselig dagegen behandelt, so brav übrigens der Aufsatz der Madame de Staël ist. Du sprichst durchaus neue Dinge, Du bereicherst Sprache und Geist, Du schaffst eine Kritik, Du hast ein tausendfach feineres Netz, durch das kein Fischchen, und wär's ein Essigälchen, entschlüpfen kann. Dies nur im Vorbeigehn. Du bist mir also wiedergegeben – ich dacht es nicht. Seine Liebe wird dahin sein – die Griechen haben ihn alles vergessen machen – er lebt im Anschaun seiner Welt – die alte Zeit drückt ihn zu gewaltig und hat mich auch mit totgedrückt – man wirft ja alles weg, um einem verhaßten Zustande zu entfliehn. Glücklich dacht ich Dich mir, die Zeit und die Selbsttätigkeit tun Wunder, man wird alles gewohnt, und Deine wirtschaftliche Lage dacht ich mir beträchtlich verbessert. Gut, daß Du wenigstens heiter bist. Du fängst Dich an wieder der Sonnenwelt zu nähern wie ein Komet. Ich freue mich herzlich, Dich zu sehn. Du wohnst, so lange Du willst, in Weißenfels oder wo ich bin, bei mir – ohne Zwang, und nimmst mit uns vorlieb. Ich böt es Dir nicht an, wenn ich's nicht

Friedrich Schlegel (1772–1829). Zeichnung von Caroline Rehberg, um 1794. Zu Beginn dieser lebenslangen engen Freundschaft schrieb er über Hardenberg: »Ich freue mich über ihn. Es kann alles aus ihm werden – aber auch nichts.«

könnte und dürfte. Nach Jena kommst Du immer noch früh genug. Ich bin nicht mehr so fürs Eilen – ich habe langsam gehn gelernt. Einmal für allemal: sieh künftig meine Stube für die Deinige an. Dies Wenige vermag ich. Von mir erzähl ich Dir das Beste mündlich. Vorweg nur, daß ich im ganzen froh gelebt habe und zufrieden mit der Anwendung meiner Zeit bin. Mein Amtmann ist mein Freund geworden. Er hat mich zum Geschäftsmann weitergebildet und Thüringen zur Schule meines Geschäftslebens überhaupt gemacht. Seit dem Februar bin ich in Weißenfels, angestellt bei den Salinen, leidlich gut mit allen Menschen dran, in einer erträglichen Freiheit, mit hinlänglicher Muße, meine inneren Geschäfte fortzutreiben und zufrieden mit allem, außer noch hie und da nicht mit mir. Freunde hab ich sonst in der Zeit eigentlich nicht akquiriert außer den Kreisamtmann. Aus meinen alten Verbindungen bin ich ganz heraus. Julchen hat geheiratet. In dieser Rücksicht ist mit mir eine mächtige Verwandlung vorgegangen, betrachte dies Kapitel wie abgetan in meinem Leben. Mein Schicksal hat einen großen Epichronismus gemacht. Sobald hattest Du Dir, dem natürlichen Lauf der Dinge nach, die Lösung dieses Charakterzugs nicht erwartet; mich hat es am meisten überrascht: Seit $\frac{7}{4}$ Jahren bin ich einer und derselbe im wesentlichen – denn ich bin so lange fixiert und kurz und gut seit $\frac{5}{4}$ Jahren – versprochen. Jetzt in dieser Stunde beteure ich, daß ich wie in der ersten Stunde denke und womöglich ernster, zärter, fester und wärmer bin. Mehr mündlich. Mein Lieblingsstudium heißt im Grunde wie meine Braut. Sophie heißt sie – Philosophie ist die Seele meines Lebens und der Schlüssel zu meinem eigensten Selbst. Seit jener Bekanntschaft bin ich auch mit diesem Studium ganz amalgamiert. Du wirst mich prüfen. Etwas zu schreiben und zu heiraten ist *ein* Ziel fast meiner Wünsche. Fichten bin ich Aufmunterung schuldig. Er ist's, der mich weckte und indirekte zuschürt. Glaub aber nicht, daß ich, wie sonst, leidenschaftlich bloß eins verfolge und nicht vor meine Füße sehe. Mein Vater ist zufrieden mit meinem Fleiß, und ich kann nicht über Langeweile bei andern Beschäftigungen klagen. Ich fühle in allem immer mehr die erhabnen Glieder eines wunderbaren Ganzen, in das ich hineinwachsen, das zur Fülle meines Ichs werden soll. Und muß ich nicht alles gern leiden, da ich liebe und mehr liebe als die acht Spannen lange Gestalt im Raume, und länger liebe, als die Schwingung der Lebenssaite währt? Spinoza und Zinzendorf haben sie erfaßt, die unendliche Idee der Liebe, und geahnt die Methode – sich für sie und sie für sich zu realisieren auf diesem Staubfaden. Schade, daß ich in Fichte noch nichts von dieser Ansicht sehe, nichts von diesem Schöpfungsatem fühle. Aber er ist nahe dran. Er muß in ihren Zauberkreis treten, wenn ihm nicht sein früheres Leben den Staub von den Flügeln gewischt hat.

Lebe wohl, bester Schlegel. Ich erwarte Dich mit Ungeduld. Wenn ich weiß, daß Du in Leipzig bist, so komm ich und hole Dich ab. Dein alter Freund Hardenberg.«

24 *Indes ist ein guter Gott im Himmel*

Während Hardenberg sich immer tiefer in die Schriften des Grafen von Zinzendorf einliest, welche ihm der Vater sehr ans Herz gelegt, und allda der unendlichen Idee der Liebe nachhängt, vollzieht sich sein Schicksal andernorts. Sophies Arzt in Grüningen, Doktor Vonende, will nun nicht länger allein die Verantwortung für seine kränkelnde Patientin übernehmen; er kommt auf Hardenbergs Rat zurück, dieselbe Hofrat Stark in Jena vorzustellen – eben jenem, den Hardenberg seinerzeit Schiller hat behandeln sehen.

Den 4. Juli 1796, montags, treffen sie in Jena ein, Doktor Vonende, Sophie und ihre Mutter, dazu Friederike von Mandelsloh, weil die Schwestern in der letzten Zeit ganz unzertrennlich gewesen, und deren kleiner Max mit seiner Amme Mathilde. Hofrat Stark untersucht Sophie noch denselben Tag – und ist betroffen.

Gleich morgen müsse operiert werden. Und die Patientin wolle er nicht eher ziehen lassen, als bis sie gänzlich wieder hergestellt sei.

Im Beisein des Herrn Hofrats und zweier anderer Doktoren wird ein Knoten an der Hüfte geöffnet – ein Lebergeschwür. Kaum ist zu glauben, welche Menge Materie aus der Wunde dringt! Der Hofrat verbindet sie jeden Abend selbst, wobei Sophie allemal ein heftiges Fieber bekommt, weil das Geschwür sehr tief sitzt und das Hineinspritzen und Wickelhineindrehen ihr die größten Schmerzen macht. Den übrigen Tag gibt sie sich aber recht munter, so daß sich alle wegen ihres Heldenmuts verwundern. Schon die Operation hat sie mit unglaublicher Standhaftigkeit erduldet. Der Hofrat erweist sich übrigens als ein umgänglicher und sehr gefälliger Mensch. Sophie und die Familie hat er in ein Gartenhaus vor der Stadt logiert, wo er oft mit den Damen spazieren geht, so daß sie sich dort recht wohl gefallen.

Auf den Sonntag kommt der Hauptmann zu Besuch. Er läßt Hardenberg wissen – durch die gute Danscour, die von allem Nachricht gibt –, er möge sich wegen der lieben Söphe keine Sorgen machen, da sie der Hofrat nebst Gott gewiß wiederherstellen werde. Aber Hardenberg weiß inzwischen, daß der Hauptmann sehr geneigt ist, bei solchen Fällen nicht viel zu fürchten, nicht etwa aus Leichtsinn oder Mangel an Teilnahme, sondern weil er es behaglich findet, sich durch keine unangenehmen Gedanken den frohen Lebensgenuß zu verbittern – eine Philosophie, wider welche gar nichts einzuwenden wäre; nur kann sich Hardenberg in diesem Fall nicht damit zufriedengeben. Da geht er lieber selbst nach Jena.

Das Fieber hat abgenommen, manche Tage bleibt es ganz aus. Der Schlaf ist gut, aber der Appetit mäßig. Sophie wirkt heiter und gefaßt. Auch gehen sie etwas spazieren. Aber der Hofrat selbst, den Hardenberg gründlich ausforscht, spricht ihm nicht uneingeschränkt, nicht unbedingt Mut zu.

»Ich hoffe nicht – Es ist freilich eine bedenkliche Krankheit – Indes die Jahre des Fräuleins und daß sie sich anfängt zu bessern, läßt mich noch Hoffnung fassen –«

Hardenberg versteht. Langsam reitet er zurück.

Ich war so voller Hoffnung für die Zukunft! Der Alte zu Hause zeigt sich nicht ablehnend, sogar reisen hat er mich lassen. Und nun auf einmal die Gefahr, alles zu verlieren! Entfernt und allein, in Muße, sich alle Qual recht langsam zumessen zu können. Auf den Sonnabend muß ich wieder hin. Gott, wenn sie dann reisen könnte! Es wär unaussprechlicher Jubel. An einen schlimmen Ausgang darf ich nicht denken. Indes ist ein guter Gott im Himmel. Söpchen ist zu mehr bestimmt und ich vielleicht auch: ich glaube und bete.

Eigentlich wollte er am nächsten Wochenende Schlegel in Leipzig abholen. Der erklärt sich aber einverstanden, so lange auf Hardenberg zu warten, bis dieser von Jena zurückkommt; oder zu Fuß von Leipzig nach Weißenfels zu gehen, sofern sich eine Gelegenheit finden läßt, den Koffer hinzuschaffen. Tatsächlich bleibt Hardenberg vier Tage in Jena. Er sitzt an Sophies Bett, deren Fieberanfälle weiter kommen und gehen; er führt sie zu vorsichtigen Spaziergängen aus und leistet auch den andern Damen willkommene Gesellschaft. Von Herzen freuen sie sich mit ihm, als er erzählt, wie der Vater bei ihm angefragt habe, ob er nicht auch einmal mitkommen solle nach Jena, um das Fräulein von Kühn kennenzulernen. Für zwei ganze Tage hat er ihn von den Amtsgeschäften befreit: damit er nicht gleich wieder Abschied nehmen müsse. Dafür kann Hardenberg seinen Besuch für das kommende Wochenende nicht mit Gewißheit versprechen, weil ja Schlegel kommen will und er noch nicht weiß, für wie lange.

Schlegel kommt zu Fuß und trifft den Freitag ein. Die Freude darüber, einander also wirklich wiederzuhaben, steht den beiden im Gesicht geschrieben. Auch ist ihr Umgang miteinander gleich von solcher herzlichen Vertrautheit, dazu der Austausch ihrer Gedanken und Entwürfe derart stimulierend, daß sie es ganz unglaublich finden, solcher Vergnügen so lange entbehrt haben zu können. Zukünftig wollen sie dergleichen lange Pausen nicht mehr dulden, nehmen sie sich vor. Doch schon den ersten vollen Tag fühlt sich Schlegel von Hardenberg so weit gebracht, daß er gleich auf der Stelle fortreisen möchte – was Hardenberg indes in höchstem Maß erstaunen ließe. Der ist nämlich dabei, den Freund in seine jüngsten Studien einzuweihen. Mit lebhafter Anteilnahme, ja wahrhafter Begeisterung spricht er ihm von Zinzendorf – womit er freilich bei Schlegel an den Falschen geraten ist. Erst kömmt diesen die Spottlust an, dann wird er ernstlich böse. Herrnhuterei müsse er diese Verkehrtheit nennen, worein er ihn so rettungslos versunken sehe, absolute Schwärmerei, die ganz und gar nicht zu ertragen sei!

Andererseits kann Schlegel nicht umhin, den Freund – geistreich und temperamentvoll, aber auch sanft und sensibel, wie dieser ist – wieder so lieb zu gewinnen, daß er nur zu gerne bleibt. Er geht sogar mit, als Hardenberg zu Beginn der neuen Woche auf Inspektion nach Dürrenberg muß. Und bleibt dann noch die ganze Woche bei ihm. Wie es seine Gewohnheit ist, steht er morgens zwischen vier und fünf Uhr auf, um an den Arbeiten weiterzuschreiben, die er für Jena und Halle fertighaben will. Da er, wie er sagt, nicht ohne Arbeit sein kann, ist auch dafür gesorgt, daß er immer dann, wenn Hardenberg Geschäfte hat, ungestört seinen Studien nachgehen kann. Dazwischen genießen die Freunde einander soviel als möglich. Sie wandern in der Weißenfelser Umgebung, wo sie sich nicht nur den Reizen der sommerlichen Landschaft, sondern vornehmlich dem lang entbehrten Vergnügen der Gedankenmitteilung in vollem Maße hingeben und viel »fichtisieren«. Und da Schlegel knapp an Strümpfen ist, zumal ein Paar derselben auf dem Herweg Schaden genommen, wandert er in Hardenbergs Socken.

Auf den Sonntag reist er dann weiter nach Jena. Er hat versprochen, sogleich nach seiner Ankunft zum Gartenhaus hinauszugehn und Sophie seine Aufwartung zu machen. Neugierig genug ist er inzwischen wahrlich auf des Freundes Braut. Bei Sophie trifft er die Mandelsloh an. Beide findet er sehr schön und sehr anziehend, und auch ohne Beziehung auf den Freund, von dem er die wärmsten Grüße mitbringt, fühlt er die Neigung, öfter wieder hinzugehn und sich ihnen zu nähern. Für den Sonnabend, an dem auch Hardenberg kommen will, kündigt er seinen nächsten Besuch an. Diesmal, sagt er den Damen bedauernd, könne er nur diese halbe Stunde bleiben, weil er sich noch bei Schiller angesagt habe, den er übrigens zum ersten Mal sehen werde, wobei er auch die herzlichsten Grüße von Hardenberg zu überbringen habe. Den nächsten oder übernächsten Abend werde er dann bei Fichte sein.

Die Damen ihrerseits sind ganz und gar angetan von diesem Schlegel, wie er sie so angenehm unterhalten hat, ohne allzu viel Gelehrsamkeit hervorzukehren. Denn daß sie es beide gerne leiden mögen, wenn einer mit seinen Talenten und seinem Verstand nicht sogleich hervorrückt, darüber werden sie sich schnell einig. Auch darüber, daß sein melancholischer Blick und das tiefe Denken, welches man auf seiner Stirn wahrnehme, ihn beim ersten Anschauen gewiß jedermann interessant machen müsse.

Hardenberg für sein Teil muß besagten Besuch wieder einmal absagen respektive auf den Montag verschieben. Es ist jetzt alles in Wirbel: immerhin heißt es, der Kurfürst wolle nach Weißenfels kommen und sich daselbst mit einigen Herzögen von Sachsen treffen, ja selbst mit dem Könige von Preußen, um den Austritt Sachsens aus dem Koalitionskrieg zu betreiben und seine Neutralität zu erklären. Die Truppenmärsche, der nahe Feind, denn die Franzosen stehen am Main und rücken auf die sächsische Grenze vor, alles verbreitet Unruhe.

Der Kurfürst kommt aber nicht, und Sophie bedauert daran nichts mehr als Hardenbergs schöne Frisur. Es geht ihr recht gut, weil die Fieberanfälle nachgelassen haben. Den vergangenen Sonntag, da der Herr Schlegel gekommen sei, habe sie überhaupt kein Fieber gehabt, berichtet sie. Isländisches Moos müsse sie jetzt tüchtig schlucken, das sei ein sapperlotischer Geschmack. Wahrscheinlich werde sie Ende der kommenden Woche nach Hause gehen können. Aber erst müsse sie eine Spazierfahrt machen, um zu sehen, wie ihr das Fahren bekomme. Diese Spazierfahrt habe sie für seinen Besuch aufgespart.

So fahren sie etwas in der Kutsche aus, was Sophie auch viel Vergnügen macht, ihrer Gesundung indes nicht förderlich ist, wie sich alsdann herausstellt. Die Wunde schmerzt bedenklich, das Fieber stellt sich wieder ein, so daß eine zweite Inzision vorgenommen wird. Hofrat Stark hofft zuversichtlich, mit ihr den Faden der Krankheit durchschnitten zu haben und die Patientin nach weiteren vierzehn Tagen entlassen zu können. Sophie, enttäuscht zwar angesichts der neuerlichen Operation, aber dennoch geduldig, beträgt sich weiterhin trefflich. Sie ist immer heiter und tröstend,

Hardenberg vermeint sie ihrer Krankheit wegen fast noch mehr zu lieben.

Ganz außer sich sind seine Eltern über den Rückfall. Der Vater denkt ernstlich darauf, Sophie zu besuchen. Er trägt dem Sohn auf, ihr und den Damen Schlöben zum Aufenthalt anzutragen, da ihr die ruhige Lage des Gutes, welches ohnehin ja nahe Jena liegt, gewiß heilsam sein werde. Überhaupt scheint er ängstlicher über den Ausgang zu sein als Hardenberg, dem der Glaube an ihre Genesung zu fest steht. Ende August fahren sie denn mit der Kutsche in Jena vor – der Vater, Hardenberg und seine Schwester Caroline. Ehe Hardenberg es sich versieht, hat Sophie eine völlige Eroberung an seinem Vater und an Caroline gemacht! Dies macht ihrem Eroberertalent um so viel mehr Ehre, als er mit Gewißheit weiß, daß der Vater seinen Jahren und seinem Charakter nach sich schwer zu ergeben pflegt. Die gute Laune erfährt noch spät am Abend eine Steigerung, als sie plötzlich von Mandelsloh und Carl überrascht werden. Daß sich deren Kontingent bald in der Nähe befinden müßte, war ihnen bekannt, und sie hatten schon ein Rendezvous in Auma projektiert, wohin die Mandelsloh mitreisen sollte. Jetzt aber ist die Freude übergroß. Nur daß die Eltern Rockenthien und Erasmus nicht mit von der Partie sind, das vermissen sie im Genuß der schönen Tage, die sie zusammenbleiben können. Als wäre Sophie seine Tochter, so sorgt sich Vater Hardenberg um ihr Ergehen. Auf sein Anstiften wird noch während seiner Anwesenheit die dritte, höchst nötige, aber schmerzhafteste Operation durchgeführt. Der Hofrat weiß allen Trost zu geben: Gewiß sei es die letzte Operation gewesen. Er bitte nur dringend um genaue Obsicht und Wartung der Wunde, da wohl kleine Vernachlässigungen die Zuheilung der vorigen Wunde verhindert hätten.

Der alte Hardenberg gerät auf die Idee, Sophie, sobald sie reisen könne, auf eine Zeitlang gleich nach Weißenfels zu nehmen. Dort sei man auf Krankenpflege weit besser eingerichtet, trägt er vor, und viel sorgfältiger und genauer im Absolvieren einer Kur. Gesellschaft und Zerstreuung finde sie schon der Stadt wegen zur Genüge, und im Notfall sei Jena in fünf Stunden zu erreichen.

Alle stimmen der Lösung lebhaft zu. Nur von Sophies Seite kommen viele Bedenklichkeiten, bis sie sich endlich, Vater Hardenberg zuliebe, dazu entschließen kann.

Hardenberg, nachdem er in Geschäften nach Artern abgegangen, reitet von dort gleich nach Grüningen, um des Vaters Wunsch den Eltern vorzutragen. Der Hauptmann nimmt das Angebot äußerst verbindlich und artig auf.

»Wie würde ich nicht mit Freude ein solches Anerbieten akzeptieren?« sagt er. »Mit beiden Händen ergreife ich diese gute Gelegenheit und gebe mit größtem Vergnügen meine gute Sophie in so vortreffliche Hände. Sie ist bei Ihnen besser aufgehoben als bei uns. Und ich bin völlig versichert, daß sie durch gütige Vorsorge wiederhergestellt wird. Freilich werde ich mich sehr oft nach ihr umsehen; allein der Gedanke, sie in einem so würdigen Hause zu haben und sie alsdann ganz gesund wiederzusehen, wird alles übrige versüßen. Also bester Freund – Ihr Wille ist der meinige. Machen Sie es nach Ihrem Gutbefinden. Ich bin alles zufrieden und verlasse mich bloß auf Ihre mir bekannte Einsicht.«

Auch die Mutter verweigert ihre Zustimmung nicht, wenngleich das mütterliche Herz zu weich sei, sich für viele Wochen von der kranken Tochter zu trennen, welches wirklich mit der größten Gewalt und höchst schwerem Herzen werde geschehen müssen.

Um Sophies Sehnsucht nach Grüningen, den wichtigsten Grund ihrer Abneigung gegen Weißenfels, zu mildern, beschließen sie, ihr die Ma chère mitzugeben.

Einstweilen ist die Kranke aber nach wie vor in Jena. Das häßliche Fieber ist wiedergekommen. Die beiden Wunden und der Fleck in der Seite, über den sie seit kurzem klagt, beides schmerzt jetzt mehr als in der ganzen Zeit, die sie hier ist; auch eitern die Wunden stark, so daß sie in einer beständigen Nässe sitzt. Der Hofrat hält alles dieses für sehr gute Zeichen. Er habe die heftigen Schmerzen schon längst gewünscht, versichert er, und sie schon nach der zweiten Operation erwartet. Sie seien ihm recht lieb, weil sie anzeigten, daß gesundes Fleisch da wäre.

»Wenn nur das gute Mädchen dabei nicht so viel leiden müßte«, meint die Mandelsloh.

Sowie aber das Fieber vergeht, ist Sophie munter und heiter, ihre Augen zeigen dann den hellen Glanz, und die gesunde Farbe kehrt ihr zurück. Die Mandelsloh, die sie aufopfernd pflegt, gibt sich immerfort vergnügt und zeigt nicht, wie ihr zumute ist, will sie die Schwester doch bei ihrer guten Laune erhalten. Desgleichen tun auch die Besucher, die sich im Gartenhause einfinden – Schlegel, Erasmus, der Historiker Professor Woltmann, der regelmäßig vorspricht und sich alle Mühe gibt, die Patientin zu unterhalten – und dessen Gang Sophie immer an den Hardenbergs erinnert; auch Frau Schiller, zu welcher Sophie eine innige Neigung faßt. Selbst Goethe, als er gerade in Jena weilt, wo ihm die Kunde von der schönen Dulderin durch Woltmann zu Ohren gekommen, begibt sich an ihr Krankenbett. Da vermag die kleine Stube kaum den großen Geist in sich zu fassen. Goethe ist charmant. Er hält sich zwar nicht lange bei den Damen auf, macht ihnen aber die Hoffnung, daß sie bald wieder so glücklich sein würden, ihn von Angesicht zu Angesicht zu schauen. Er scheint ein vorzügliches Interesse an der Kleinen zu nehmen. Die Mandelsloh verwundert sehr, daß ihre Stube keinen Spalt bekommt; sie hat aber auch bei Goethes Ankunft die Vorsorge getroffen, sogleich die Fenster zu öffnen.

Zu Hause grübelt Hardenberg über seine Sophie nach. Ihr Wesen ist ihm noch in vielen Punkten rätselhaft, so rätselhaft, daß er alle ihre Eigenschaften deutlich aufs Papier bringen muß, um sich ein Bild zu machen:

»Ihre Frühreife. Sie wünscht allen zu gefallen. Ihr Gehorsam und ihre Furcht vor dem Vater. Ihre Dezenz und doch ihre unschuldige Treuherzigkeit. Ihr Steifsinn und ihre Schmiegsamkeit gegen Leute, die sie einmal schätzt oder die sie fürchtet. Ihr Betragen in der Krankheit. Ihre Launen. Wovon spricht sie gern? Artigkeit gegen Fremde. Wohltätigkeit. Hang zum kindischen Spiel. Anhänglichkeit an Weiber. Ihre Urteile, Gesinnungen, Anzug. Geschäftigkeit im Hause. Liebe zu ihren Geschwistern. Musikalisches Gehör. Ihre Lieblinge. Geschmack, Religiosität, freier Lebensgenuß. Liest sie gern? Hang zu weiblichen Arbeiten. Sie will nichts sein, sie *ist* etwas. Ihr Gesicht, ihre Figur, ihr Leben.

Ihre Gesundheit. Ihre politische Lage. Ihre Bewegungen, ihre Sprache, ihre Hand. Sie macht sich nicht viel aus Poesie. Ihr Betragen gegen andre, gegen mich. Offenheit. Sie scheint noch nicht zu eigentlichem Reflektieren gekommen zu sein – kam ich doch auch erst in einer gewissen Periode dazu. Mit wem ist sie zeitlebens umgegangen? Wo ist sie gewesen? Was ißt sie gern? Ihr Betragen gegen mich. Ihr Schreck vor der Ehe. Ich muß sie recht nach ihren Eigenheiten fragen, so auch die Mandelsloh. Ihre Art, sich zu freuen, zu betrüben. Was ihr am meisten von Menschen und Sachen gefallen. Ist ihr Temperament erwacht? Ihr Tabakrauchen. Ihre Anhänglichkeit an die Mutter, als Kind. Ihre Dreistigkeit gegen den Vater. Ihre Konfirmation. Sie hat von der Ma chère einmal Schläge gekriegt. Ihre Gespensterfurcht. Ihre Wirtschaftlichkeit. Wie sie den Dieb hat halten wollen. Gesicht bei Zoten. Talent, nachzumachen. Ihre Wohltätigkeit. Urteile über sie. Sie ist mäßig, wohltätig. Sie ist irritabel, sensibel. Ihr Hang, gebildet zu sein. Ihr Abscheu vor dem Vexieren, dem Getratsche; ihre Achtsamkeit auf fremde Urteile. Ihr Beobachtungsgeist. Kinderliebe. Ordnungsgeist. Herrschsucht. Ihre Sorgfalt und Passion für das Schickliche. Sie will haben, daß ich überall gefalle. Sie hat's übelgenommen, daß ich mich zu früh an die Eltern gewandt habe und es mir zu bald und zu allgemein merken lassen. Sie hört gern erzählen. Sie will sich nicht durch meine Liebe genieren lassen. Meine Liebe drückt sie oft. Sie ist kalt durchgehends. Ungeheure Verstellungsgabe, Verbergungsgabe der Weiber überhaupt. Ihr feiner Bemerkungsgeist. Ihr richtiger Takt. Alle Weiber haben das, was Schlegel an der schönen Seele tadelt. Sie sind vollendeter als wir, freier als wir. Gewöhnlich sind wir besser; sie erkennen besser als wir. Ihre Natur scheint unsre Kunst, unsre Natur ihre Kunst zu sein. Sie sind geborne Künstlerinnen. Sie individualisieren, wir universalisieren. Sie glaubt an kein künftiges Leben, aber an die Seelenwanderung. Schlegel interessiert sie. Sie kann zu große Aufmerksamkeit nicht leiden und nimmt doch Vernachlässigung übel. Sie fürchtet sich so vor Spinnen und Mäusen. Sie will mich immer vergnügt. Die Wunde soll ich nicht sehn. Sie läßt sich nicht duzen. Ihr H auf der Wange. Lieblingsessen: Kräuterfleisch, Rindfleisch und Bohnen, Aal. Sie trinkt gern Wein. Sieht gern etwas, liebt die Komödie. Sie denkt mehr über andre als über sich nach.«

Mit dem Herbst kommt Erasmus nach Weißenfels, um erst einmal dazubleiben. Er fühlt sich immerfort geschwächt und unwohl, versucht aber, diesen Zustand mit sich selber abzumachen. Zusammen gehen die Brüder nach Leipzig auf die Messe. Hardenberg ist ohnehin die meiste Zeit auf Reisen, wobei er nun zu allen Amtsvisiten noch die Besuche in Jena unterbringen muß. Er beklagt sein kainitisches Leben, dessen unaufhörliche Unruhe ihn nie zu Atem kommen läßt. Auch die neuerstandene Freundschaft mit Schlegel fordert ihren Teil an freier Zeit mit Briefen, Büchersendungen, Manuskriptstudien und wechselseitigen Besuchen. Schlegel sehnt sich mit Ungeduld nach Hardenberg: er hat eine Welt mit ihm zu reden, und in Jena ist niemand, mit dem es sich so symphilosophieren ließe.

»Kommst Du nicht, so komm ich doch«, läßt er ihn wissen.

Im Gartenhaus hofft man weiter. Zu den Schmerzen an den Wunden haben sich noch andere gesellt, Stechen in der Brust und in der Schulter, welche der Hofrat jener alleweil der Heilung hinderlichen fatalen Periode des Fräuleins zuschreibt. Dann auch Husten. Hardenberg sieht die Seele seines Lebens so langwierig leiden, ohne ihr helfen zu können. Briefe schickt er, Aufmerksamkeiten, kleine Schmeicheleien. Seine Familie nimmt innigen Anteil an der Kranken und reist des öfteren mit. Auch die Schwester Sidonie und besonders die Mutter lieben die arme, tapfere Sophie mittlerweile auf das zärtlichste; sie zerbrechen sich die Köpfe, womit sie ihr wohltun können — soeben mit den köstlichen Lerchen, die Sophie auch vorzüglich munden. An eine Übersiedlung nach Weißenfels ist gar nicht zu denken, niemand spricht davon. Statt dessen wird die Kranke mit den Schwestern, als das Wetter gar zu unausstehlich wird, aus dem Gartenhaus umquartiert in die Stadt. Eine Glockenblume nimmt sie mit, gepreßt für Hardenberg.

In Weißenfels ist dafür der Onkel eingetroffen.

Zu allem Unglück auch noch *er*!

Freundlich gibt er sich und gnädig, so daß Erasmus und Hardenberg immerhin hoffen, es werde gut gehen. Es geht aber nicht gut. Als er die Zukunftspläne seines Neffen nach und nach erfährt, ist der Onkel entsetzt, beleidigt ohnehin, weil er zuvor nie davon erfahren hat. Er setzt dem Vater schrecklich zu: Wie konnte der auch in ein solches Verlöbnis willigen!! Außerdem hätte er selbst schon die richtige Partie für Fritz ausersehen.

Kurzum – er kündigt Hardenberg die Freundschaft auf, zürnt mit dem Vater und erregt diesen wieder gegen den Sohn. Dessen Not ist unbeschreiblich. Die Wochen vergehen, aber der Onkel bleibt. Er verbittert ihnen allen das Leben, besonders Hardenberg, und erschwert mit Absicht die Besuche bei Sophie. Die guten Geschwister nehmen den innigsten, schmerzhaftesten Anteil, und Erasmus verliert durch seine dreiste Liebe zu dem Bruder und zu Sophie die Gunst des Onkels ebenfalls.

Weihnachten will Sophie in Grüningen sein, das ist ihr sehnlichster Wunsch. Die Überbringung wird genau geplant, nachdem der Hofrat eingewilligt hat. Auf Hardenbergs Bitten soll Erasmus mit von der Partie sein, freilich ohne daß der Vater und der Onkel dies wissen dürfen. Der Hauptmann schickt sechs Pferde und zwei Wagen nach Jena, dazu die Mutter, den treuen Verwalter und den jungen Doktor Langermann, welcher sich persönlich völlige Instruktion vom Hofrat holen will. Den 15. Dezember 1796, morgens früh um sechs Uhr, geht Erasmus mit dem Verwalter in Jena ab und in einer Tour bis Grüningen. Um acht Uhr folgen die Mandelsloh und Caroline mit dem Wiener Wagen. Sie bleiben in Klein-Sömmern, wo sie Sophien erwarten, die um zehn Uhr mit der Mutter, der Freundin Ernestine von Selmnitz, Langermann und mit Erasmus Michael auf dem Bock in dem großen Scheibenwagen abfährt. Letztere bleiben die Nacht in Buttelstedt in den bestellten Quartieren. Den andern Tag essen sie in Sömmern, und den Abend langt die ganze Gesellschaft wohlbehalten in Grüningen an. Niemand empfängt sie als der Hauptmann und Erasmus, weil Sophie Sorge hat, es werde sie zu sehr alterieren, wenn sie sie alle auf einmal sähe. Der junge Langermann kümmert sich mit vielem Eifer um die ihm anempfohlene Patientin. Auf Bitten der Familie übersiedelt er sogar zu ihnen ins Schloß, um sich dieses

Falles ganz und gar annehmen zu können. Er versäumt es auch nicht, noch am Abend des 23. Dezember seinen Bericht nach Weißenfels zu überschicken. »An Fräulein Söphchen haben wir alle in den letzten Tagen viel Freude gehabt«, schreibt er. »Ihre geschwollenen und entzündeten Füße, die die arme Kranke und die Umstehenden ein paar Tage ängstigten, habe ich glücklich in Ordnung gebracht. Geschwulst und Entzündung sind gewichen. Sie kann gehen, ist munter und vergnügt, hält gut Diät und steht willig und täglich einen schmerzhaften Verband aus, den ich ihr unmöglich ersparen kann, wenn's ferner gutgehn soll. Der Husten ist immer noch leicht so wie der Auswurf; Schlaf ist gut und erquickend, und die Ziegenmilch wird tüchtig getrunken. Das Fieber war heut recht mäßig. Es sind einige kleine Änderungen an Starks Vorschrift gemacht worden. Die Wunde war träge und heilte mehr von außen als von innen aus der Tiefe, wo sie nicht ganz rein war. Seit der Reinigung treibt die Wunde recht kräftig; Eiter ist wenig und gut, und das Fontenell habe ich auch in frischem Gange.

Ich soll noch melden, daß in diesem Augenblicke Fräulein Söphchen ihre Suppe mit bestem Appetite genieße und versichere, daß sie wieder *werde*.«

25 Unter diesem Himmelsstrich liegt Eldorado nicht

Das neue Jahr – 1797 – beginnt Hardenberg mit guten Vorsätzen. Dieses verwünschte Umherreisen macht ihn ganz konfus: er muß sich alle Morgen eine feste Zeit für die Wissenschaften nehmen, für die Mathematik, Philosophie, Grammatik, für die Lektüre der literarischen Neuerscheinungen und Journale, um seine innere Ruhe zu festigen.

Doch schon den zweiten Tag des Jahres ist er wieder eine Woche unterwegs. Er reist nach Barnstädt und weiter nach Artern, ist den nächsten Nachmittag in Heldrungen, wo er sich zum Barbier begibt, weil er weiter will nach Grüningen. Fatalerweise bricht er sich den Finger, den Ringfinger an der rechten Hand, was ihm über die Maßen hinderlich wird, denn der Verband läßt nur zwei Finger frei; das Schreiben geht schlecht, selbst lesen kann er nicht recht, weil er dabei unaufhörlich die Feder haben muß. In Grüningen trifft er sich zunächst mit Langermann, um sich vor der Hand auf die neueste Lage einzurichten. Die Wunde heile sehr gut, beruhigt der, das Aussehen bessere sich, und das Frühjahr und die Eselsmilch müßten die letzte Hand anlegen. Er findet aber nichts als Schmerzen vor, wiewohl Sophie sich redlich müht, heiter und getrost zu sein. Und eigene Schmerzen nebst Fieber aus seiner Handverletzung verderben ihm obendrein die wenigen Tage, die er in Grüningen sein kann, ehe er wieder zurück muß nach Artern und weiter nach Gleina.

Daß er doch endlich aufhören könnte, für Söphchens Tage zu zittern! Daß er nicht mehr wie ein verzweifelter Spieler lebte, dessen ganzes Wohl und Wehe davon abhing, ob ein Blütenblatt in diese oder jene Welt fiel!

Als er zurückkommt nach Weißenfels, findet er einen Brief aus Meiningen vor. Der muß Erasmus betreffen. Denn dieser ist noch vor Weihnachten von Grüningen aus – über Gotha, wo er die Jägers besuchen, und über Weimar, wo er wegen des Angebotes, Forstmeister zu werden, vorsprechen wollte – weitergegangen an die Forstanstalt zu Zillbach bei Meiningen. Der Brief ist von Heinrich Cotta geschrieben, dem Leiter der Anstalt: Erasmus habe einen Blutsturz erlitten und liege gefährlich krank.

Den Vater, der jetzt leicht übler Laune ist und sich durch alles mürrisch machen läßt, verstimmt die Nachricht. Die Mutter ist betroffen; sie geht ein paar Tage ganz niedergeschlagen umher. Der Onkel, zurückgekehrt vom Besuch der Schwester zu Gera, bleibt immer noch da. Er will den Vater nicht fortlassen, welcher nach und nach doch sehr bekümmert ist und zu Erasmus reisen möchte. Statt dessen bestimmt er ihn dahin, den Sohn, sobald er reisefähig sei, herkommen zu lassen. Auch Fritz solle nicht zu ihm.

So schreibt Hardenberg Briefe und versucht auf diese Weise, den guten Asmus zu trösten.

»Mir war gleich bei der ersten Nachricht am bängsten vor den indirekten Folgen«, schreibt er, »vor den Folgen, die durch das Medium Deiner Fantasie gehn. Mir war angst, daß Du nun mehr, noch viel mehr von der Hypochondrie leiden und Dich unaufhörlich ängstigen würdest. Carl hat sich Deinetwegen genau bei Doktor Hieke befragt und ist durch das Beispiel des Amtmanns Hähnel in Pegau beruhigt worden. Hähnel hat sechs Kannen Blut einigemale verloren und ist doch glücklich hergestellt worden. Überhaupt hat Hieke die Folgen eines aus solchen Ursachen herrührenden Blutauswurfs nicht für so bedeutend gehalten; er provoziert gänzlich auf eine Milchkur. Hauptsächlich wünsche ich Dir kaltes Blut und Gelassenheit. Mit Schonung und Gemütsruhe scheint mir Deine Kur am leichtesten zu bewirken zu sein. Wenn Du recht klug bist, so läßt Du Dich jetzt auf keinen Zukunftsgedanken ein, lebst ganz in den Tag hinein, freust Dich ruhig über die gute Stunde und hältst Dich still in der bösen. Ein gewisses Stillhalten ist eine herrliche Sache, die uns reichlich für die anfängliche Anstrengung belohnt. Lache Du, wie Du schreibst, daß Du auch zuweilen tätest, über Deine Krankheit, als wüßtest Du doch, Du seist unsterblich und es sei nur eine Spiegelfechterei. Dein einziges Studium sei jetzt, die Zeit zu töten.

Dein Entschluß, Algebra zu studieren, ist gewiß sehr heilsam. Die Wissenschaften haben wunderbare Heilkräfte. Wenigstens stillen sie, wie Opiate, die Schmerzen und erheben uns in Sphären, die ein ewiger Sonnenschein umgibt. Sie sind die schönste Freistätte, die uns gegönnt ward. Ohne diesen Trost wollt ich und könnt ich nicht leben. Wie hätt ich ohne sie seit 1½ Jahren so gelassen Sophiens Krankheit zusehn und außerdem so manchen Verdrießlichkeiten ausgesetzt sein können? Es mag mir begegnen, was will; die Wissenschaften bleiben mir, mit ihnen hoff ich alles Ungemach des Lebens zu bestehn.

Von Grüningen schreib ich Dir nichts, weil ich selbst nichts Authentisches seit langer Zeit daher weiß. Wahrscheinlich reise ich in kurzem hin, und dann sollst Du eine umständliche Relation haben. Lebe wohl, bester Erasmus. Das Ausland wird nie unser Vaterland sein. Unter diesem Himmelsstrich liegt Eldorado nicht.

Das fühlen wir an dem harten Boden, der rauhen Luft, dem kurzen Frühling und dem feindlichen Insektenschwarm.«

Was meint Erasmus selber?

»Ich habe jetzt doppelte Ursache, Euch recht viel Freuden und schöne, wolkenlose Tage sowie eine Fülle von Lebensgenuß für die Zukunft zu wünschen«, schreibt er, »da Euch doch vielleicht bald mein früher Abschied aus Eurer Mitte einige trübe Stunden machen wird. Ja, lieber Fritz, es wird mir manchmal jetzt mehr als zu wahrscheinlich, daß meine elende Gesundheit durch diese heftige Revolution den letzten Stoß erhalten hat und daß das morsche Gebäude endlich ganz zusammenstürzen wird. Der immer mit gleicher Stärke fortdauernde, mich oft sehr erhitzende und abmattende Husten, der beständig kurze Atem, die Nachtschweiße und die außerordentliche Abnahme an Kräften lassen mir nichts von allem sinnlichen Lebensgenuß übrig als einen guten Appetit und einen ziemlich guten, sanften Schlaf, der jetzt aber auch alle Nächte durch einen wenigstens halbstündigen Husten unterbrochen wird, und sind, wie mich dünkt, wohl ziemlich deutliche Zeugen, daß meine Lunge sehr gelitten hat.

In einer verdrießlicheren Lage kann wohl nicht leicht ein Mensch gewesen sein, als ich jetzt bin: ich soll lustig und fidel sein und darf nicht lachen, ich soll Gesellschaft um mich haben und wenig reden, ich soll keine Grillen fangen und darf mir doch nicht die geringste Beschäftigung machen mit Lesen oder Schreiben, um mir die abscheuliche Langeweile zu vertreiben! Vorgestern – da ich nachmittags wieder einen Anfall von Blutspeien bekam, der aber wahrscheinlich bloß durch ein heftiges Lachen veranlaßt worden – vorgestern mußte ich am Ende über mich selbst lachen, denn höher, dacht ich, können doch, selbst wenn Du stirbst, die Unannehmlichkeiten nicht kommen. Es ist mir bei allem Anschein von Besserung doch immer so, als wenn ich nicht recht lange mehr bei und um Euch sein würde, deswegen verscheuche Deine trübe Laune, denn alsdann mußt Du der Mann sein, der vor dem Riß steht, und Carl und die übrigen trösten. Sei ein Mann, Fritz, und denke, daß Dich über alles, selbst bis in den Tod, liebt Dein Erasmus.«

Schlegel – Schlegel ist in aller Dunkelheit ein Lichtblick. Er arbeitet nachgerade unmäßig und produziert fortwährend Ideen und Aufsätze, an denen er den Freund teilhaben läßt. Als Gast bei dem Musicus und Salineninspektor Reichardt – einem Mann, den Hardenberg auch gern kennenlernen wollte, schon weil er dessen ehrlichen Republikanismus mag – auf der alten Burg Giebichenstein bei Halle arbeitet Schlegel mit an Reichardts radikaler Zeitschrift »Deutschland«. Er scheint im frischen Wachstum des Annihilierens begriffen, bewundert ihn Hardenberg, und macht schreibend Maulwürfe und Wespen, wie Moses Läuse.

Gespannt verfolgt er, wie Schlegel Schillers neuesten Musenalmanach rezensiert respektive angreift.

Ob das nicht zum Bruch mit Schiller führen muß?

Da erscheinen Schlegels »Griechen«, und er taucht persönlich in Weißenfels auf. Wie ein Wirbelsturm fährt er durch Hardenbergs trübe Gedanken. Die Rezension des neuen Philosophischen Journals von Niethammer hat er im Kopf und über seine polemische Philosophie will er mit ihm sprechen. Und wer denn nun von ihnen beiden das verabredete Buch über den »Wilhelm Meister« schriebe? Und was er von Reichardts Apologie und Notwehr gegen Goethes Angriffe im »Xenien«-Almanach halte, den Richter in »Furien«-Almanach umgetauft habe? Auch Kant sei zornig auf die Xenien. Und diesem Woltmann wolle er, Schlegel, eins auswischen, den habe er nie leiden können. Dessen »Theoderich« in den »Horen« sei das schiere Plagiat. Das zu entlarven werde sein großes Hauptteufelsstück werden, auf das der Freund besonders achten solle!

Hardenberg jedenfalls arbeitet nicht am »Wilhelm Meister«. Sein Exemplar hat er auf Bitten nach Grüningen überschickt. Ach, Grüningen – – Jetzt hat er schon so lange keine Nachricht von dort. Langermann ist gekommen, weil der Vater ihm das Geld zu seiner Promotion borgen will.

Der Rat Blödau aus Weißenfels habe jetzt die erste Verantwortung im Falle des Fräulein Söpchen übernommen, erzählt er.

Warum die Danscour nicht schreibe?

Weil der kleine Günther auch sehr krank liege an einem Brust- und Zahnfieber und dies neue Elend die gute Seele fast närrisch mache.

Endlich kommen wieder ihre Briefe.

»Was meine gute liebe Sophie betrifft«, schreibt sie, »kann ich leider von keiner Besserung sagen. Sie hat, seitdem Sie hier gewesen, wieder sehr viel gelitten. Sie hat fürchterliche Fieber gehabt, welche von einem bis jetzt verborgenen Kanal in der oberen Kante der Wunde effektuiert worden sind. Die Wunde hatte sich natürlicherweise sehr verschlimmert, war auf einmal, wo das zugeheilte Fleckchen war, wieder aufgebrochen, Doktor Vonende und ich hatten es entdeckt. Da aber Vonende, aus Schonung für Söphchen, nicht tief genug sondiert, so hatte sich viel Materie erhalten und der armen Söphe unendliche Schmerzen verursacht, auch die Fieber vermehrt. Allein heute hat der Rat Blödau die Sache genauer untersucht, und nachdem er fingerlang mit der Sonde in der Krümmung nach der kranken Seite hin sondiert hatte, so kam eine Menge wahrscheinlich lang verschlossen gewesene Materie gequollen. Der Rat freute sich unendlich über diese Ausleerung der Wunde und versicherte, es würde nun gewiß mit der Patientin viel besser gehen, die Fieber nicht mehr so stark und anhaltend sein, auch alle übrigen Umstände dadurch erleichtert werden, welches ich auch gewiß glaube. Ach! wollte doch der Himmel, daß einmal mit Gewißheit ein Schein der Hoffnung zur völligen Genesung da wäre.

An geschickten Leuten fehlt es ihr nicht. Ich versichere Ihnen, daß Blödau dem Hofrat Stark an Geschicklichkeit wenig nachgibt, er macht außerordentliche Kuren, alles ist seines Lobes voll. Söphchen hat außerordentlich viel Vertrauen zu ihm. Er hat auf der Stelle die ganze Wunde abgezeichnet, wie auch den übrigen Verlauf und Gang der Krankheit, worüber Vonende ein Tagebuch hält, aufgeschrieben und nach Jena an den Hofrat geschickt. Alle acht Tage besucht er Söphchen, welches eine sehr gute Veranstaltung ist. Das arme Geschöpfchen wünscht sehr zu wissen, wie es Ihnen geht und ob Ihr Finger wieder ganz gut ist.«

»Ich schrieb Ihnen doch in meinem letzten Brief von dem

neuentdeckten Gang, auch von der vermeintlichen Besserung, die notwendig dadurch erfolgen würde und müßte? Diese Vermutung des Herrn Rat Blödau hat sich zu unser aller Vergnügen bestätigt, nämlich insofern, als das Fieber bei weitem nicht mehr so stark und anhaltend ist, der Husten wie auch der Auswurf leidlich und erwünscht, der Schlaf und Appetit gut, ihre Laune sanft und ihr Angesicht überaus duldend. Die dicke Kante oben an der Wunde hat sich ganz gesetzt. Überhaupt könnte man die Wunde in der Zeit von drei Wochen zuheilen lassen, so gut sieht sie aus. Allein dies wird mit großer Sorgfalt vermieden, weil der neue Gang just aus ihrer Mitte fließt. Und um diesen zu erweitern und offen zu halten, werden alle Tage dicke Seidenwickel fingerlang hineingedreht. Dies wird noch einige Tage so gemacht, bis man mit einem Wickel von zerzupfter Leinwand hinein kann. Das Ausspritzen und Ausdrücken der Wunde macht ihr viele Schmerzen, auch ist sie noch überaus schwach. Sie dankt Ihnen recht herzlich für das Überschickte. Das Mützchen will sie nicht eher aufsetzen, als bis Sie kommen.«

Hardenberg fragt vorsichtshalber nach ihrem Befinden auch bei dem Rat persönlich an; der beruhigt ihn. Der Hauptmann hingegen gesteht seinem lieben Jäger Erasmus:

»Mit meiner guten lieben Söphe geht es nicht gut. Der Anfang dieses Monats war leidlich, und ich hatte mehr als jemals Hoffnung ihrer Genesung; allein seit acht bis zwölf Tagen ist diese so sehnlich erwünschte Hoffnung ganz verschwunden. Ihre Kräfte nehmen von Tag zu Tag ab. Was ich bei diesem großen Kreuz empfinde, ist unbeschreiblich. Wegen meiner Frau, die manchmal untröstlich ist, darf ich mir vor den Meinigen nichts merken lassen, muß da immer trösten und brauche selber Trost. Kurz, ich fühle jetzt das alles, wovon ich in meinem ganzen Leben nichts gewußt habe und wovor mich Gott ferner bewahren wolle. Denn in Klagen übergehen kann ich nicht, innerlich leidet aber mein Körper zu sehr. Der Himmel helfe mir nur, dieses überstehen, und stehe uns allen bei, denn der Gedanke ihrer letzten Stunde ist mir das Schauderhafteste. Wenn ich nur wüßte, wie ich dem guten Fritz alles dieses beibringen könnte. An ihn zu schreiben, trau ich mich nicht, denn ich bin da nicht standhaft genug. Er hat zwar vor kurzem an den Rat Blödau als ihren jetzigen Doktor geschrieben und sich da erkundigt. Dieser hat mir gesagt, daß er ihm von allem schreiben würde. Allein vermutlich wird er getröstet haben. Und wenn alsdann der für mich unglückliche Fall eintritt, wird der ihn ganz hinreißen, zumal da ich ihn kenne. Ich wünschte nichts mehr, als daß er nur vorher ein bißchen präpariert werden könnte.«

Hardenberg reist den 1. März 1797 nach Grüningen. Es ist der Aschermittwoch. Sophien findet er sehr übel. Ihre Wunde ist schlimmer als vormals, weil sich neue Gänge gefunden haben, die mehr nach den inneren als den äußeren Teilen des Körpers gehen. Ihr Husten und Auswurf ist groß, und Ohnmachten stellen sich dann und wann aus freien Stücken ein. Der Appetit ist gut, doch freilich kein sonderliches Kennzeichen, denn meistens essen dergleichen kranke Personen, wie man weiß, bis zum letzten Augenblick mit großem Appetit. Nachtschweiße hat sie nicht; das einzige, was sie erquickt, ist der Schlaf. Allein was der Schlaf versüßt, verbittert der tägliche Fieberanfall wieder, denn nach diesem ist sie allemal sehr ermattet. Ihr Geist ist übrigens heiter, und sie hat immer die größte Hoffnung auf ihre Genesung.

Auf den Sonntag fährt Hardenberg hinüber nach Langensalza zu den Mandelslohs. Und weil Sophie sich recht wohl fühlt – fährt sie mit. Doch bald wird deutlich, daß sie sich sehr schlecht befindet. Die Fieberanfälle mehren sich. Erst den Mittwoch ist sie wieder wohler. In fröhlichem Leichtsinn fliegen ihnen die Nachmittagsstunden hin. Als er plötzlich seinem Herzen Luft machen muß und weinen, zankt sie ordentlich mit ihm.

Den nächsten Morgen ist sie über alle Maßen elend: sie hat einen Anfall der schrecklichsten Beängstigungen. Hardenberg erträgt den Anblick nicht. Halbtot läuft er in den Garten, die gute Ma chère hinterdrein.

»Sollte Söphchen sterben, wie ich gewiß glaube, so sehen Sie mich zum letzten Mal. Grüningen betrete ich dann nie wieder. Ich verlasse sogleich mein Vaterland – und werde Soldat.«

Da es über seine Kräfte geht, die entsetzlichen Kämpfe der unterliegenden Jugend, die fürchterlichen Beängstigungen des lieben Geschöpfs ohnmächtig mit anzusehen, faßt er den Mut, den nächsten Morgen früh wegzugehen. Doktor Vonende hat ihm allen Trost vollends genommen. – Der Abschied ist sonderbar heiter. Sowie die Pferde angespannt sind und er nun seinen Hut nimmt, sind Tränen und Bekümmernisse weg. Sein Herz schlägt ruhig. Er umarmt Sophie lange und warm und denkt sogar, daß es die letzte Umarmung sei. Sie bittet ihn, bald wiederzukommen, bestellt Grüße an alle. Er umarmt still und heiter alle anderen. Ihm selber unbegreiflich froh sieht er diese einzige, holde, geliebte Gestalt beim Hinausgehen noch einmal an. Dann fährt er ab. Der übrige Tag ist quälend. Den Abend trägt Hardenberg in seinen Kalender ein: »Heute früh sah ich sie zum letzten Male. Ich fuhr nach Weißenfels zurück.«

Vier Tage darauf gesteht er Schlegel: »Ich bin aus Thüringen mit der fast apodiktischen Gewißheit zurückgekommen, daß Sophie nur noch wenige Tage zu leben hat. Wenn ich nur immer weinen könnte. Aber so bin ich in einer schlaffen, ängstlichen Gleichgültigkeit, die mir jede Faser lähmt. Es ist eine Verzweiflung in mir, deren Ende ich nicht absehe. Der Ekel, den mir alles, Vergangenheit, Gegenwart und Zukunft, einflößt, ist unbeschreiblich. Nur selten kann ich mich auf einige Stunden mit Arbeiten zerstreuen. Der Kopf ist in dem wüstesten Zustande, ich kann nichts mehr finden. Die Gewißheit ihres Besitzes ist mir zu unentbehrlich geworden. Jetzt erst fühl ich, wie sie, mir selbst unmerklich, der Grundstein meiner Ruhe, meiner Tätigkeit, meines ganzen Lebens gewesen ist. Der Lebensüberdruß ist entsetzlich, und ich sehe kein Ende. Ich hoffte, die Wissenschaften sollten mir einen Ersatz bieten. Aber alles ist auch hier tot, wüst, taub, unbeweglich. Der Schlaf ist meine einzige Wohltat; wenn ich kann, so schlafe ich. Gott weiß, wie sich das alles lösen soll. Dich säh ich doch gern. Du würdest mich doch vielleicht mit Deinen kräftigen Ansichten der Dinge und Wissenschaften beleben. Ach! nur ein Funken Lebensgeist. Matte Unruh ist ein fürchterlicher Zustand.

Leb wohl, guter lieber Schlegel. Mit mir hat's bald aufgehört. Sei glücklicher als ich. Nur ein Wunder kann mich selbst mir wiedergeben.«

Den nächsten Tag ist ihr Verlobungstag, zwei weitere Tage später Sophiens 15. Geburtstag. Die gute Justen ist von Tennstedt nach Grüningen herübergekommen. Und als sie den Sonnabend zurück muß, fragt Sophie die Schwester Caroline, ob sie bald wiederkommen werde? Sie ist sehr zufrieden, als sie hört, die Just wolle den Montag wiederkommen. – Schon denselben Nachmittag wird sie immer kränker. Ihr Husten wird immer heftiger, es wird ihr selber bange, weil sie zu ersticken glaubt. Die Nacht ist fürchterlich. Keine Minute läßt die schreckliche Angst sie ruhen. Den Sonntagmorgen früh um vier Uhr muß der Doktor geweckt werden: sie will Ader gelassen haben. Dieses hält der Doktor nicht für ratsam. Nun fängt sie an zu fantasieren, glaubt Pferdegetrappel zu hören und ruft George. Sie hat noch mehr Erscheinungen, obwohl die Mandelsloh und die Ma chère, die bei ihr wachen, sie zu beruhigen suchen. Auf einmal fängt sie an zu lachen und schüttelt den Kopf. Danach sagt sie zu dem Doktor: »Ich fühle, ich bin närrisch. Ich bin nichts mehr nütze auf der Welt, ich muß fort.«

In der schrecklichen Angst wünscht sie ihre Geschwister alle um sich, dankt Gott, daß die Mandelsloh bei ihr ist, dankt der Mademoiselle vielfach für ihre Pflege und verlangt die Schwester Caroline zu sich. Da diese kommt, muß sie sich zu ihr setzen. Nun muß auch der Vater geweckt werden. Als er kommt, freut sie sich herzlich, zieht ihn an sich, sagt: »Verzeih!« Auch alle übrigen bittet sie um Vergebung. Der Magister Kegel muß auf ihr Verlangen geholt werden, sie will sich noch erbauen. Darauf ergibt sie sich ganz geduldig in den Willen Gottes. Sie wird wieder ruhig. Ihre Angst verläßt sie, und sie schläft einige Minuten recht sanft. Als sie erwacht, muß Caroline ihr eine Buttersemmel geben, welche sie mit großem Appetit verzehrt. Sie bestellt sich auf den Mittag eine frikassierte Taube, und eine halbe Stunde darauf macht eine Blutung ihrem Leben eine Ende, und sie schlummert recht sanft hinüber. Caroline kann sich nicht von ihr trennen.

Mit einem Boten erhält Hardenberg die Nachricht zwei Tage darauf. In seinen Kalender trägt er unter dem Sonntag ein: »Heute früh halb 10 Uhr ist *sie gestorben* – 15 Jahre und 2 Tage alt.«

Den Mittwoch früh um zehn wird sie in Grüningen begraben. Den Sonnabend zeigt die Leipziger Zeitung an:

»Heute vormittag um 9 Uhr entschlief allhier an den Folgen einer Lungensucht sanft und selig, mit der kindlichsten Ergebung in den göttlichen Willen, unsre innigst geliebte Tochter respektive Schwester, Fräulein Christiane Wilhelmine Sophie von Kühn, da sie eben zwei Tage vorher ein Alter von 15 Jahren erreicht hatte. Wir machen diesen für uns so schmerzlichen Verlust allen unsern auswärtigen Verwandten und Freunden bekannt und verbitten, von ihrer aufrichtigen Teilnahme versichert, alle schriftlichen Beileidsbezeugungen.

Grüningen, den 19. März 1797.

Johann Rudolph Hauptmann von Rockenthien,
Sophia Wilhelmine von Rockenthien geb. Schaller
als Eltern, und
Friederike Dorothea von Mandelsloh geb. von Kühn
in meinem und meiner Geschwister Namen.«

26 Eine Verlobung im höhern Sinn?

Es ist Abend um mich geworden, während ich noch in die Morgenröte hineinsah. Meine Trauer ist grenzenlos wie meine Liebe. Drei Jahre ist *sie* mein stündlicher Gedanke gewesen. Sie allein hat mich an das Leben, an das Land, an meine Beschäftigung gefesselt. Mit ihr bin ich von allem getrennt, denn ich habe mich selbst fast nicht mehr. Aber es ist Abend geworden, und es ist mir, als würde ich früh weggehen, und da möchte ich doch gern ruhig werden und lauter wohlwollende Gesichter um mich sehen. Ganz in ihrem Geiste möchte ich leben, sanft und gutmütig sein, wie sie war.

Im Anfange werde ich viele Erinnerungen zu bekämpfen haben. Ich muß mich an die Vergangenheit halten, da ich von der Zukunft nichts mehr zu erwarten habe. Mir wäre recht wohl, wenn ich so immer still weinen könnte. So bin ich wie im Traum. Ich begreife so wenig von den Dingen um mich her. Es geht alles so ängstlich gewöhnlich hin, daß ich mich oft frage: Ist denn auch alles wahr? Du bist doch nicht im Wahnsinn?

Ihre Leiden werd ich ewig nicht verwinden. Die Martern dieser himmlischen Seele bleiben der Dornenkranz meiner übrigen Tage. Wollte Gott, den ich flehentlich darum bitte, daß sie kurz wären. Eine unbestimmte, vielleicht sehr lange Zeit von ihr getrennt zu sein, den Gedanken kann ich noch nicht ertragen. Wenn meine Wehmut zur leisen Flamme würde, die mich so verzehrte, daß mich dann ein leichter Luftstoß in einen Haufen Asche verwandelte, sollte Sophie nicht diesen Wunsch unterstützen? Ihr Leben hielt ohnedem meine geistige Existenz zusammen. Seit dieser Geist wich, fangen schon die organischen Teile an, sich zu trennen und zu ihren Elementen zurückzukehren. Die Gestalten meines Innern zerbröckeln. Ich lebe in Ruinen, und bald wird alles dem Erdboden gleich sein.

Eins ist mir kränkend: daß ich so unter den lebendigen, frohen Menschen, wie ein Leichenstein, herumgehn soll und ihre kurzen Freuden stören. Aber darum will ich auch recht schweigen und ruhig aussehn lernen. Was leiden nicht meine guten Geschwister allein. Wenn sie und meine Freunde nur noch die erste Zeit mit mir Geduld haben, wo ich so ängstlich noch gern ihr Andenken erhalten will, wo ich von ihr sprechen muß und so gern von ihr hören mag – nachher bitte ich sie gewiß seltner darum und nur, wenn ich einmal recht müde und kalt bin und gern einmal einen Blick in mein altes Land tun möchte.

Sonst muß ich mich noch sehr vor dem Aufblitzen meines ehemaligen Bewußtseins hüten. Ich bin ja nicht mehr derselbe – und es ist mir, als wollte sie es haben, daß ich mich doch nicht ganz unfähig machen sollte. Vielleicht geschieht's ohnedem. Mich selbst hab ich verloren. Die wichtigsten Jahre meines Lebens, wo ich zu mir selbst kam, wo ich zu leben anfing, die muß ich wie ein verbranntes Blatt abreißen – wenn ich kann. Grüningen, die Wiege meines bessern Selbst, ist mir zur Grabstätte geworden. Das einsame Grab auf dem kleinen Kirchhofe, die drei Ellen Erde auf dieser himmelvollen Brust, das ist, was meine Fantasie erfüllt, die sonst in Paradiesen schwebte. Allein das himmlische Auge, das sich nie wieder mit unbeschreiblicher Hoheit und Milde gegen mich aufschlägt, allein dies zieht mich auf immer von allen andern Beschauungen ab.

Wie oft denk ich mir jetzt, daß ein geöffneter Sinn längst ihre Bestimmung für den Himmel hätte ahnen sollen. Sie trug das Gesicht gesenkt, sie war zu schön, zu frühzeitig. Die Mutter sagte, wie sie zum ersten Male ihre Silhouette sah: Ihr Gesicht gefällt mir unbeschreiblich. Sie sieht so fromm, so still aus, als wäre sie nicht auf dieser Welt an ihrem Platze –

Vor meiner Liebe brauche ich nicht zu erröten. Jetzt weiß sie besser, wie herzlich, einzig ich sie geliebt habe. Wie ich nur einen Gedanken hatte, der alle andren einfaßte: sie so glücklich zu machen, als ich könnte. Ach! und mein Lied zu ihrem Geburtstag – wie seltsam prophetisch zum Schluß.

Den 15. März sagte sie mir zum ersten Male, daß sie mein sein wollte. Den 17. war sie geboren, den 19. ist sie heimgegangen, den 21. erhielt ich die Nachricht – sollt ich nicht ahnen dürfen, daß ich den 23. ihr nachkäme? Wie glücklich wär ich, wenn ich heute wüßte: heute übers Jahr bist Du bei ihr. Schon der Gedanke macht mich sehr heiter.

Aber ich gewöhne mich schon an den Anblick des Grabes, an das Gefühl der Leere, an die Erinnerung ehemaliger, schönerer Zeiten. Meine Versteinerung geht schnellen Schrittes, wie denn das Übel immer bei mir so schnell eingetreten ist wie das Gute langsam. Der Schmerz hat mein Gedächtnis gelähmt. Nicht mehr so erschütternd stehn die lieblichen Bilder unsrer ersten Bekanntschaft, die Schatten meiner Träume, die rührenden, aber so sichern und hoffnungsvollen Szenen aus ihrer Krankheit vor mir auf. Die peinigende Unruh, solange ich wußte, daß sie noch litt, bereitete mir diesen stillern Zustand vor, den die Schwäche meiner Nerven beschleunigt. Diese unwillkürliche Gelassenheit ist ein Gegenstand meiner quälendsten Gedanken. Jeder Tag bestätigt die traurige Mutmaßung meiner zunehmenden Gleichgültigkeit. Ich weine gar nicht mehr. Die weichere Stimmung verliert sich immer mehr. Meine Ideen sind geschäftig, mein Verstand hat eher gewonnen als verloren. Aber die Liebe, die Liebe fehlt, und mit ihr fehlt alles. Denn sie gibt alles, aber sie nimmt auch alles. Was hilft es mir, ein Ideenwebstuhl zu sein? Für das Lebendige ist kein Ersatz.

Eins hab ich gewonnen: die feste Hoffnung, sie nicht verloren zu haben. Auch würde mich diese Hoffnung noch mehr stärken, wenn Söpchen mir erscheinen könnte und dürfte. Wie unaussprechlich glücklich wär ich noch hier, wenn sie mir zuweilen sich offenbarte, mich aufrichtete, stärkte – nur mit einem einzigen liebevollen Blick. Wie verklärt lebt ich mir selbst! Noch geb ich diese Hoffnung nicht auf. Ihr Bild soll und wird mein bessres Selbst sein, das Wunderbild, das in meinem Innern von einer ewigen Lampe erleuchtet wird und das mich gewiß retten wird vor so manchen Anfechtungen des Bösen und Unlautern. Sie soll mir ein Vorbild sein. Um Tote weht der Geist des ewigen Friedens, und dieser Geist der Eintracht, Liebe, Herzensgüte, Sanftheit und Demut soll mich auch umwehn. Denn was fehlt mir zum Toten? Bin ich nicht so gut wie gestorben? Trost, sagen sie, kann nur die Zukunft geben – ja! die wahre Zukunft, nicht die wenigen übrigen, mühevollen Jahre, aber was jenseits ist, was uns aus so manchen Naturtönen, aus so manchen ihrer Gestaltungen mit unbeschreiblichen Ahnungen erfüllt.

Ob meine Klagen nicht selbstsüchtig, kleinlich und beschränkt sind? Wenn ich ein wahrhaft hoher Mensch sein wollte, sollte nicht jetzt eine ewige Heiterkeit meine Augen und meine Stirn beseelen und himmlischer Enthusiasmus meine Brust erfüllen? Wer bin ich, daß ich so irdisch klage? Sollt ich nicht Gott danken, daß er mir so früh meinen Beruf zur Ewigkeit kund machte? Ist es nicht Beruf zur apostolischen Würde? Kann ich im Ernst Sophiens Schicksal beklagen? Ist es nicht ein Vorzug für sie? Ist nicht ihr Tod und mein Nachsterben eine Verlobung im höhern Sinn? Gott hat mich und sie vor der schleichenden Ansteckung der Gemeinheit bewahren, er hat sie in eine höhere Erziehungsanstalt bringen, diese zarte Blume unter einen bessern Himmel verpflanzen und mich, den stärkeren, den rohern Mann, noch in der Erdenluft zeitigen wollen. Sollte Gott von mir jetzt echte Erhebung, männliche Vollendung, tiefes Zutraun zu seiner Liebe, unverwandten Blick auf den Himmel und meine höhere Bestimmung, ewiges Gelübde der Tugend und des Glaubens an die Samenideen der innersten Menschheit fordern?

Ich fühle, was ich sein könnte. Aber Gott sieht, wie gebrechlich und schwach ich bin. Kann ich hoffen, daß in dieser kraftlosen Seele solche Ideen haften und nicht vorbeigehn werden? Jetzt ist einmal Leben in mir; aber wird es gegen die Nervenstumpfheit, gegen die Gewöhnlichkeit und das Verwöhntsein sich halten können? Sophie weiß, was mir gut ist. Sie bittet Gott gewiß mit für mich. Und nur dann muß meine Klage perennieren, wenn selbst solche Ideen nicht mehr Bleibens haben. Wenn solche lichtvollen Augenblicke vielleicht Berührungen meiner Sophie sind? Ach! wann wird es ihr dann gefallen, immer um mich zu sein?

Gewiß habe ich zu sehr an diesem Leben gehangen. Und da ist freilich wohl ein gewaltsames Korrektiv nötig gewesen. Eine plötzliche Umänderung tut sehr weh. Es ist gewiß, ich muß meine ganze vorige Existenz vergessen. Die Erde hatt ich so lieb. Ich freute mich so herzlich auf die lieben Szenen, die mir bevorstanden. Das ist nun freilich schwer zu verwinden. Aber sollte der Beruf zur unsichtbaren Welt, diese liebevolle Annäherung zu Gott und dem Erhabensten, was die Menschheit hat, sollte mich die nicht entschädigen können? Entschädigen klingt mir jetzt noch hart; Sophie weiß, wie ich das Wort nehme. Es bleibt doch alles um ihretwillen.

Ob Gott zürnt, wenn ich zu ihm sage: Vater, ich will nicht mehr murren, ich will gern alles tun, ich will Dich auch recht innig lieben, aber nicht wahr, Du gibst mir auch Söphchen wieder? Sie ist gewiß eine Deiner Lieblingstöchter, und da ist's Dir gewiß recht, wenn ich ganz in ihr lebe und mich ewig zu ihr sehne? Ach! er gibt sie mir sicher.

Die Freude des ruhigen Besitzes war so unbemerkt. Aber im Gefühl des Verlustes merkt die Seele erst, welche stille Wohltäterin sie zugleich verloren hat. Die Sehnsucht nach Söphchen hat durch ihren Tod sehr merklich zugenommen. Wie ich bisher in der

Novalis. Ölgemälde eines unbekannten Künstlers (Ausschnitt), wahrscheinlich von Franz Gareis, 1799. Dies ist das einzige Portrait, das
ihn so darstellt, wie ihn seine Familie und seine Freunde sahen.
Spätere Stiche nach diesem Bild veränderten sein Aussehen in typisch
romantischer Weise.

Gegenwart und in der Hoffnung irdischen Glücks gelebt habe, so muß ich nunmehr ganz in der echten Zukunft und im Glauben an Gott und Unsterblichkeit leben. Es wird mir sehr schwer werden, mich ganz von dieser Welt zu trennen, die ich so mit Liebe studiert. Die Rezidive werden manchen bangen Augenblick herbeiführen – aber ich weiß, daß eine Kraft im Menschen ist, die unter sorgsamer Pflege sich zu einer sonderbaren Energie entwickeln kann.

Ich fürchte mich aber noch vor dieser entsetzlichen Verknöcherung des Herzens, vor dieser Seelenauszehrung – die Anlage ist unter den Anlagen meiner Natur. Weich geboren, hat mein Verstand sich nach und nach ausgedehnt und unvermerkt das Herz aus seinen Besitzungen verdrängt. Sophie gab dem Herzen den verlorenen Thron wieder. Wie leicht könnte ihr Tod nicht dem Usurpator die Herrschaft wiedergeben, der dann gewiß rächend das Herz vertilgen würde? Seine indifferente Kälte hab ich schon sehr empfunden. Aber vielleicht rettet mich noch die unsichtbare Welt und ihre Kraft, die bisher in mir schlummerte. Die Idee von Gott wird mir mit jedem Tage lieber. Wie würde jemand entzückt, beruhigt sein, wenn er noch nie von Gott gehört hätte, und er wäre sehr unglücklich, und man machte ihn mit dieser Idee bekannt! Auf eine ähnliche Weise, hoff ich, soll's mir gehn.

Freilich – mit der Liebe zu den Angelegenheiten der Menschen ist es aus. Die kalte Pflicht tritt an die Stelle der Liebe. Meine Geschäfte werden eigentliche Offizialgeschäfte.

Auch ist's mir überall zu geräuschvoll. Ich werde mich immer mehr zurückziehn. So wird mir der Schritt ins Grab einmal immer gewöhnlicher, der Abstand, der mich davon trennt, wird so immer kleiner. Die Wissenschaften gewinnen ein höheres Interesse für mich, denn ich studiere sie nach höheren Zwecken, von einem höheren Standpunkt. In ihnen, in Aussichten auf die unsichtbare Welt, in wenigen Freunden und in Pflichtgeschäften will ich bis zum letzten Atemzuge leben. Und der ist, wie mir scheint, so entfernt nicht, als ich oft fürchte.

Die Eltern und die älteren Geschwister nehmen stillen, herzlichen Anteil an Hardenbergs Leid. Der Vater hat sie innigst geliebt: die ersten Tränen seit Jahren hat er geweint, als er von Sophies Tod erfuhr. Nach allen Unstimmigkeiten der letzten Wochen wird er dem Sohn wieder recht wert. Der tiefe Schmerz des Vaters, Hardenbergs bodenloses Elend, die Tränen der Familie und manche Betrachtungen über die Rolle, die er in dieser Zeit gespielt hat, erschüttern den Onkel immerhin. Aber er bewahrt seinen tiefen Unwillen gegen Hardenberg, von dem er sich so gänzlich getrennt hat. Seine Neigung hat er statt dessen auf Carl übertragen, mitsamt den Absichten, die er zuvor mit dessen Bruder in Rücksicht jener reichen und glänzenden Partie hatte. Eine gemeinsame Reise nach Braunschweig, wo Carl in bester Form präsentiert werden soll, wird nach des Onkels Meinung den Grundstein zu diesem Ehestandsgebäude legen. Er zweifelt nicht am Gelingen, und die Familie ist es zufrieden – ihre schlechte Finanzlage macht eine reiche Heirat nötig. Die Mutter freilich sorgt sich mehr um ihren Sohn Erasmus. Erasmus ist jetzt auch in Weißenfels, nicht weil ihm wohler wäre: sein Zustand ist bedenklich. Daß es sich just um die Lungensucht handelt, an der er gleichfalls leidet, das läßt sich nicht mehr übersehen. Und er leidet unbeschreiblich. Hardenberg erträgt den Anblick nicht. Mit Gleichgültigkeit vor schmerzlichen Gefühlen seinetwegen schützt er sich und erklärt Erasmus Verhalten für entsetzliche Grillen und Eigensinn, wodurch dieser die ohnedies bedrückende Lage noch drückender mache.

Nach Grüningen kann er noch nicht schreiben. Er bittet daher die Justen, die Danscour an eine Haarlocke der Verewigten zu erinnern und die Mutter um das grüne Tuch, das Sophie in der Krankheit immer trug, zu ersuchen und um die graue Chemise, die sie in Jena getragen. Wollte die Mutter ihm noch einige Kleinigkeiten akkordieren, wenn solche da wären, worunter er bloß ihre kleinen Schreibereien im Taschenbuch oder sonst verstehe, insoweit er sie ohne Indiskretion erhalten könne, so sei es ihm desto lieber. Ihr irdisches Selbst liege ihm noch so am Herzen.

Weil die Wissenschaften jetzt das Hauptinteresse sind, das er an der Welt nimmt, faßt er den Plan, nach Jena zu gehen und den Sommer bei Schlegel zu leben. In Schlegels Stadtlogis beim Kaufmann Beyer am Markt ist Platz genug, solange Schlegels Bruder mit seiner Frau vor dem Tor in einem Garten wohnt. Mit ihrer aller erweckendem Umgang rechnet er sehr. Da wird Erasmus Krankheit tödlich. Die Bitterkeit des Kranken wächst unerträglich, und seine Auflösung ist täglich zu erwarten. Hardenberg treibt es aus dem Haus. Er flieht nach Tennstedt, in die Ruhe und Geborgenheit des Justschen Hauses. Nach Grüningen möchte er alleine nicht gehen. Just oder Caroline müßte ihn begleiten, so wie einst. Aber das Verlangen, ihrem Grabe näher zu sein, überwiegt die Angst vor der Erinnerung, welche in dieser Gegend wach werden muß. Er empfindet gar eine geheime Freude, so nah ihrem Grabe zu sein. Es zieht ihn immer näher, und dieser Zug macht jetzt sein unaussprechliches Glück. Er fühlt sich so frei, gewöhnlich so kräftig, als könne noch etwas aus ihm werden. Auch ist ihm schon ganz klar, welcher himmlische Zufall ihr Tod gewesen ist – ein Schlüssel zu allem – ein wunderbar schicklicher Schritt. Nur so konnte so manches rein gelöst, nur so manches Unreife gezeitigt werden. Eine einfache, mächtige Kraft ist in ihm zur Besinnung gekommen. Seine Liebe ist zur Flamme geworden, die alles Irdische nachgerade verzehrt. Es ist weit mehr Heilkraft, Ausdauer und Widerstand in seiner Seele, als er bislang gewußt – eine Heilkraft, die dem Übel die Quelle abgräbt, eine Ausdauer, die Stunden nicht messen können, ein Widerstand gegen alles, was sein Heiligtum entweihen will.

Den 12. April 1797 ist er in Tennstedt eingetroffen. Den 14. – Karfreitag – stirbt Erasmus. Den 16. früh sucht er Sophies Grab auf. Ostersonntag. Es ist ein freundlicher Platz, mit einem einfachen, weißen Gatter verschlossen, abgelegen und hoch. Es ist noch Raum da. Das Dorf lehnt sich mit den blühenden Gärten um den Hügel her, und an einigen Stellen verliert sich der Blick in blaue Fernen.

Es ist frühzeitig dunkel und einsam geworden. Ich sehe sie, den Engel meines Lebens, meine Sophie, bald, sehr bald wieder. Es ist auch mein Grab. Meine ganze Freude, meine Aussichten, mein Leben, meine Liebe liegen hier begraben. Ihr und mein Grab werden mich gewiß, solang ich noch lebe, mit unaussprechlicher Liebe und Kraft zu allem Guten erfüllen. Sie ist gewiß um mich. Sie liebt mich noch ein wenig, den so ganz ihr Gewidmeten, besonders da sie jetzt weiß, wie treu und ewig ich es mit ihr gemeint. Sollte diese Gewißheit dem Einsamen, Sehnsuchtsvollen nicht die Stunden kürzen, die ihn noch von sich selbst, vom ewigen Frieden trennen?

Wie abgestorben ich mich fühle. Vielleicht wird bald *ein* Stein ihre und meine Asche decken. Dennoch bin ich gewöhnlich ruhig, teilnehmend und fähig, alle Arbeiten zu tun. Ich habe noch einiges zu verrichten – dann mag die Flamme der Liebe und Sehnsucht auflodern und dem geliebten Schatten die liebende Seele nachsenden. Der Augenblick des Wiedersehns ist der freudigste Ausblick, den ich noch unter der Sonne habe.

Aber ich soll und darf das Zutrauen zu mir selbst nicht verlieren, damit halte ich sie allein noch fest. Es erwacht beständiger, kräftiger in mir, es gedeiht jetzt in der süßen Ruhe, die mich umgibt. Die Kraft, die über den Tod erhebt, gewinne ich ganz neu, es keimt schon ein künftiges Dasein in mir. Diesen Sommer will ich recht genießen, recht tätig sein, mich recht in Liebe und Begeisterung stärken. Krank will ich nicht zu ihr kommen – im vollen Gefühl der Freiheit, glücklich, wie ein Zugvogel sein.

Genußvoller fühle ich mich jetzt schon. Die Farben sind heller auf dem dunklen Grunde, der Morgen naht. Das verkünden mir die ängstlichen Träume. Wie entzückt werde ich ihr erzählen, wenn ich nun aufwache und mich in der alten, längst bekannten Urwelt finde und sie vor mir steht – »Ich träumte von dir: ich hätte dich auf der Erde geliebt. Du glichest dir auch in der irdischen Gestalt. Du starbst. Und da währte es noch ein ängstliches Weilchen, da folgte ich dir nach.«

Ruhiger und heiterer kehrt Hardenberg nach Tennstedt zurück. Den Nachmittag erhält er die Nachricht von Erasmus Tod. »Sei getrost«, schreibt der nach Lucklum an Carl, »sei getrost, Erasmus hat überwunden. Die Blüten des lieben Kranzes lösen sich einzeln hier auf, um sich ihn dort schöner und ewig zusammenzusetzen.«

In stiller Einsamkeit mit sich und im häuslichen Umgang mit den drei Justens lebt Hardenberg recht ruhig und zufrieden in Tennstedt. Der Entschluß, Sophie nachzusterben, steht fest: seine Fantasie schmeichelt ihm mit der Hoffnung, welche ihn beruhigt und ihm immer mehr zur Gewißheit wird, daß er binnen eines Jahres mit der Geliebten wieder vereinigt sein werde. Von ihrem Todestag an setzt er eine neue Ära für sich fest, indem er die Tage seither fortlaufend zählt. Ins Schloß nach Grüningen findet er erst allmählich wieder. Dann erscheint er öfter und bleibt auch über Nacht. Sophies teure Sachen ziehen ihn an, er hält sich gern lang in ihrem Zimmer verschlossen. Die Besorgnis der Familie, wie er solche Einsamkeit zubringe, führt eines Tages Carolinchen zu ihm hinauf. Indem sie zur Türe eintritt, bleibt sie starr vor Entsetzen stehen: Sie sieht die Verstorbene so wie in der Stunde ihres Todes auf dem Bette liegen. Hardenberg hat das lange graue Kleid, in dem sie gestorben ist, auf dem Bette ausgebreitet, die Haube, die sie getragen, darübergelegt, und das Taschenbuch, in dem sie zuletzt gelesen, dazu aufgeschlagen, um sich den Anblick ihrer lesenden Gestalt zurückzurufen und festzuhalten.

Die Danscour ersucht er immer neu, ihm Szenen aus Sophies Lebenslauf zu erzählen, von ihrer zarten Kindheit bis zu ihrem Ende. Ob er ihr Leben aufschreiben will? überlegt sie. Ihre ganze Beredsamkeit bietet die Gute auf, um ihn zu versichern, er tue der seligen Söphe gar keinen Gefallen damit, sich so zu grämen. Besonders aber müsse er sie dadurch kränken, daß er sich das Leben zu verkürzen suche, welches zu erhalten er sich mühen sollte, um das Gute zu wirken, wozu ihm die Natur so viele vorzügliche Talente und Geisteskräfte verliehen habe.

Da sie sich so wieder einmal gestritten haben, sagt er bloß:

»Sein Sie nur ruhig, meine gute Ma chère. Ich habe weder Gift noch Dolch bei mir. Aber ich fühl es, daß das Ziel aller meiner sehnlichsten Wünsche längstens Weihnachten sein wird. Bis dahin denke ich alle meine Geschäfte geendet zu haben.«

Alle Morgen arbeitet er jetzt unermüdlich, auch noch später des Tages. Schlegel versorgt ihn mit Denkanstößen und mit reichlicher Lektüre; die Briefe gehen hin und her, die Bücher und Manuskripte und Journale. Tags freut er sich an der erwachenden Natur oder gibt sich gesellig; mitunter kommt sein fünfzehnjähriger Bruder Anton von Weißensee herüber, wo er seit Februar Kadett und Fahnenjunker ist im Regimente Clemens. Abends kontrolliert sich Hardenberg genau: er legt sich schonungslose Rechenschaft ab in seinem Tagebuch. Wenn wir ihm die ersten rund zwei Wochen beim Schreiben über die Schulter sehen, liest sich das so:

»Tennstedt, 18. April, 31. Todestag, 3. Osterfeiertag
Früh sinnliche Regungen. Mancherlei Gedanken über *sie* und über mich, Philosophie ziemlich heiter und leicht. Der Zielgedanke, ihr nachzusterben, stand ziemlich fest. Gefühl von Schwäche, aber Extension und Progression. Bei Tisch und nachher heiter und gesprächig. Just spielte das Lied: Sing, oh Lied, und Zitterspiel. Im ›Wilhelm Meister‹ fiel mir eine passende Stelle aus dem 4. Buche – ein Selbstgespräch Meisters – auf. Nachher ging ich hinauf und schrieb an den Erinnerungen an Söphchen. Recht aufgelegt zum Denken und Arbeiten war ich nicht; schein es überhaupt nachmittags nicht zu sein. Vielleicht hindert mich auch die Gesellschaft. Alle Gesellschaft bekömmt mir nicht.

19. April, 32. †
Früh mancherlei wegen des Entschlusses, ihr nachzusterben, gewankt und geschwankt. Dann Philosophie. Mittags heiter. Um 2 Uhr hinauf: Philosophie. Nachher meine ältern Bemerkungen über Fichte durchgegangen. Dann spazieren. Abends noch die ältern Bemerkungen zu Ende absolviert. Ein Brief von Carolinen, ein wenig gerührt, und ein Gedicht vom Hofmeister Landvoigt aus Weißenfels. Trauerbrief nach Grüningen. Ich zeigte der Kreisamt-

männin Söphchens Porträt. Wir sprachen viel von ihr. Im ganzen den Tag heiter und ruhig.

20. April, 33. †

Heute früh an Söphchen gedacht. Früh nicht recht aufgelegt, gegen Mittag besser. Nachmittag wieder so, nicht recht heiter, aber gefühlvoller als sonst. Con amore hab ich jedoch an den Erinnerungen geschrieben. Abends las ich ältere Briefe von mir an die Justen. Spät ward ich aufgeräumt, doch befand ich mich nicht wohl. Im ganzen hab ich jedoch heute manch Gutes gedacht. Früh schrieb ich an den Hauptmann und gratulierte Carolinchen in Grüningen zu ihrem Geburtstage.

21. April, 34. †

Früh sinnliche Fantasien. Dann ziemlich philosophisch. Rokkenthiens kamen. In einer gleichgültigen, mithin für die Gesellschaft ziemlich aufgelegten Stimmung blieb ich den ganzen Tag. Ich fühlte mich zuweilen nicht ganz wohl. Im ›Meister‹ las ich nachmittags einiges, wobei mir manches Interessante über meine bisherige Bildung einfiel. An Söphchen hab ich oft, aber nicht mit Innigkeit gedacht; an Erasmus kalt. Auch heute hab ich zuviel gegessen.

22. April, 35. †

– –

23. April, 36. †, Sonntag

Heute früh viel vernünftiger als gestern. Viel Gutes niedergeschrieben. Nach Tisch Kaffee im Garten, recht windstill einmal in mir. Oft an Söphchen und den Entschluß gedacht. Abends in Youngs ›Nachtgedanken‹ geblättert; viel über ›Meister‹ nachgedacht. Sonst in der gewöhnlichen Gesellschaftsstimmung.

Im ganzen bin ich heute viel besser mit mir zufrieden als gestern.

24. April, 37. †

Der Kopf war mir zwar nicht recht heiter, aber doch hatt ich früh eine *selige* Stunde. Meine Fantasie war zwar zuweilen ein wenig lüstern, doch war ich heute ziemlich gut. Nachmittags war der Kopf hell. ›Meister‹ beschäftigte mich den ganzen Tag. Meine

Liebe zu Sophien erschien mir in einem neuen Lichte. Abends sprach ich freilich wieder viel – doch dachte ich einmal dazwischen an meine Vorsätze darüber. Der Entschluß stand recht mutig.

Sophie wird's immer besser geben. Ich muß nur immer noch mehr in ihr leben. Nur in ihrem Andenken ist mir wahrhaft wohl.

25. April, 38. †

Heute männlich und wohl. Früh nichts als ›Meister‹; viel an Söpchen gedacht – mutig und frei. Unten zwar viel gesprochen, aber doch einige Male besonnen.

Abends einen lebhaften Eindruck ihres Todes. Im ganzen kann ich heute ziemlich zufrieden sein. Mein Kopf war hell, und ich fühlte mich vorzüglich fest und männlich.

26. April, 39. †

Früh einiges über ›Meister‹. Nachher exzerpiert. Nachmittags im Amte gearbeitet. Im ganzen kann ich zufrieden sein. Ich habe zwar mit Rührung nicht an sie gedacht – ich bin fast lustig gewesen – aber doch gewissermaßen ihrer nicht unwert; ich habe zuweilen männlich an sie gedacht. Den Morgen hatt ich die fatale, drücken-de, bängliche Empfindung des eintretenden Schnupfens. Der Entschluß stand fest. Mit der Mäßigkeit und der Geschwätzigkeit hinkte es.

27. April, 40. †

Früh ›Meister‹ – hell und besonders poetisch einmal gedacht. Nachmittags Akten gelesen. Dann zum Doktor: eine lange Kon-versation über meine Gesundheit, meine Zwecke, meine Ansicht des Lebens – er wollte mich bekehren. Den Abend munter, viel von Politik geschwatzt. Der Gedanke an meine Sophie und an Eras-mus ward einmal recht lebendig. Im übrigen war's heute recht gut. Ich muß immer noch männlicher mit mir umgehn, mir was zutrauen, nicht kindisch zagen und weich tun und mich verziehn. Schmerz und Weh muß ich besser ertragen lernen ...

30. April – 4. Mai, 43.–47. †

Sonntag war ich recht gut. Bericht und ›Meister‹. Nach Tisch kriegt ich Briefe von zu Hause. Dann ging ich nach Grüningen.

Unterwegs war ich heiter und gedankenvoll. Ich traf bloß die Danscour. Sie kamen aber bald von Clingen.

Die Nacht schlief ich unruhig. Den folgenden Tag regnete es beständig. Früh weint ich sehr. Nach Tisch wieder. Den ganzen Tag war ich ganz ihrem Andenken heilig.

Den 2. Mai« – auf seinen 25. Geburtstag – »schenkten mir die guten Eltern die Tasse, den Beutel und das Flakon, was Söpchen ihren letzten Geburtstag erhielt. Ich war sehr gerührt. Dann ging ich zu ihrem Grabe und steckte die Blumen darauf, die ich tags vorher von der guten Kreisamtmännin erhalten hatte. Mittags hatten sie eine große Brezel backen lassen. Nach Tisch ritt ich nach Tennstedt. Der Tag blieb gut und eingedenk.

Gestern, den 3. Mai, tat ich nicht viel. Nachmittags schrieb ich vier Briefe. Die Briefe an Schlegel und Woltmann schickt ich nach Jena mit einem Boten, den ich abends abfertigte. Spät sprach ich sehr lustig mit der Kreisamtmännin – weshalb ich auch abends meine Lieblingsbilder nur in der Ferne sah und meine Lieblingsideen nicht mit Wärme fassen konnte.

Heut früh lebhaft an Söpchen gedacht. Der Entschluß ward etwas düster angesehen. Dann ›Meister‹. Bei Tisch einmal mit Ruhe und Besonnenheit geredet, dann oben Verschiedenes und über ›Meister‹ geschrieben. Auf dem Spaziergange mit Just viel gesprochen über die Geschäftsgänge bei den Salinen, über Miltitz und seine Geschichte. Nachher wieder oben gearbeitet. Dann erhielt ich Briefe vom Vater und von Caroline. Bei Tisch sehr heiter. Nachher allgemeines Gespräch, bis ich hinaufging. Jetzt schein ich ebenfalls kalt und zu sehr in der Stimmung des Alltagslebens zu sein. Die Gesellschaft will mir noch gar nicht bekommen. Strebe nur nach der höhern, permanenten Reflexion und ihrer Stimmung. O! daß ich so wenig in der Höhe bleiben kann.

5. Mai, 48. †

Früh, wie gewöhnlich, an sie gedacht. Nachher über Kritik, dann ›Meister‹. Nach Tisch heftig gekannegießert. ›Meister‹. Spazieren gegangen. Heiter und vernünftig unterwegs gedacht, besonders über die Goethesche Bemerkung, daß man so selten die rechten Mittel zu seinen Zwecken kennt und wählt, so selten den rechten Weg einschlägt. Ich scheine jetzt fester und gründlicher werden zu wollen. Abends viel gegessen. Mit der Frau Kreisamtmännin über Carolinchen gesprochen. Spät recht lebhaft Söphchens Bild vor mir gehabt – en profil, neben mir auf dem Kanapee, im grünen Halstuch. In charakteristischen Situationen in Kleidern fällt sie mir am leichtesten ein. Abends überhaupt recht innig an sie gedacht. Ich habe Ursach, heute mit allem zufrieden zu sein. Gott hat mich bisher liebevoll geführt – er wird's gewiß auch ferner tun.«

Die nächsten Wochen ist er in Grüningen zu Gast. Früh liest er auf seiner Stube, schreibt eigene Gedanken nieder, besonders zu Goethes »Meister«. Des nachmittags geht er spazieren und zum Abend zieht es ihn an Sophies Grab, wo er indes nicht immer so innig und gerührt an sie zu denken vermag wie in den Gesprächen mit der Danscour. Einen Abend aber ist er unbeschreiblich freudig. Das Grab bläst er wie Staub vor sich hin. Jahrhunderte sind wie Momente. Ihre Nähe ist fühlbar. Er glaubt, sie solle immer vortreten. Dann wieder ängstigen ihn die Erinnerungen. Er fühlt sich unaussprechlich einsam, fühlt so entsetzlichen Jammer in dem, was ihm begegnet ist. Beim Grab fällt ihm ein, daß er durch seinen Tod der Menschheit Treue bis zum Tode vorführt, ihr gleichsam eine solche Liebe möglich macht. Wenn ich nur in jedem Augenblicke ihrer wert sein könnte, denkt er. Bei meinem Entschluß darf ich nur nicht zu vernünfteln anfangen. Jeder Vernunftgrund ist schon Zweifel, Schwanken und Untreue. Meine Hauptaufgabe sollte sein, alles in Beziehung auf ihre Idee zu bringen.

Als er Anfang Juni mit seiner Familie in Oberwiederstedt zusammentrifft, gewinnt er den Eindruck, daß er leichter abkommen werde, als er dachte. Die Menschen scheinen einander unentbehrlicher, als sie sind, sagt er sich. Meine Mutter genießt mich wenig, so auch mein Vater. Meine Geschwister, nämlich die beiden älteren, werden mich vermissen lernen. Kurz mein Verschwinden wird keinen solchen Eindruck machen, wie ich befürchtete.

Weil er sich dann in Weißenfels schon mehrere Tage entsetzlich träge und unlustig fühlt, verordnet er sich körperliche Anstrengung. In stürmisch-heiterem Wetter macht er sich Mitte Juni mit Landvoigt, dem Hofmeister seiner jüngeren Geschwister, zu einer Harzwanderung auf. Von Ballenstedt aus, wo sie ihr Nachtlager nehmen und die schönste Aussicht auf die Höhen nach Halberstadt und Quedlinburg und die natürlichen Ruinen der sogenannten Teufelsmauer genießen, von Ballenstedt aus gehen sie nach Thale, um mit einem Führer zur Roßtrappe aufzusteigen. Mutig betreten sie die Felsenklippe über der schrecklichen Kluft, in deren Tiefe, im Wasser der Bode, die unschätzbare Krone liegen soll, welche der Prinzessin im gewaltigen Satz entfiel, den ihr Roß auf diese Klippe machte, womit sich das heroische Mädchen von der Verfolgung eines wendischen Fürsten errettete, der, von ihren Reizen besessen, sie mitten im Tanz mit ihren Gespielinnen überrascht hatte. Während der Führer mit Spötteln von diesem historischen Faktum spricht und mit manchem Vernunftgrund recht polemisch herausrückt, will Hardenberg scheinen, daß man sich auf der Roßtrappe beim leibhaftigen Anblick des Hufmals geneigt fühlt, ein wenig mehr zu glauben als auf dem platten Lande. Findet man sich doch in einer wunderbaren Umgebung. Die Felsen nehmen allerlei seltsame Gestalten an, und mitten in der waldigen Einöde taucht plötzlich der Brocken auf.

Da die Reise Hardenberg recht gut getan, schließt er sich auch an, als die Familie nach Köthen aufbricht und weiter über Dessau nach Halle reist. Bei ihrer Rückkehr berührt der Anblick des Kanapees, worauf sein seliger Bruder soviel gelitten hat, ihn aber sehr. Und als dann Schlegel und Doktor Langermann zu Besuch kommen und viel geschwatzt, polemisiert, gescherzt wird, schreibt er in sein Tagebuch: »Mich ruiniert diese Lebensart gänzlich. Ich will nach Kösen, um allein zu sein. Mein Entschluß steht ganz unwandelbar. Sophie bleibt immer mein einziges Gut. Menschen passen nicht mehr für mich, so wie ich nicht mehr unter die Menschen passe.«

Schlegel ist also den 3. Juli 1797 nach Weißenfels gekommen, wieder zu Fuß und einen Tag eher, als zunächst geplant. Die Koffer hat er gleich zu Reichardt auf den Giebichenstein bei Halle geschickt, wohin er weiterwill. Einen Boten hat er sich genommen, der ihm die sonstigen Bedürfnisse und vor allem seine Manuskripte tragen mußte. Denn er hat sich darauf eingerichtet, wohl acht Tage bei Hardenberg zu bleiben. Doch macht er keine Anstalten, weiterzureisen. Zu viel hat er mit dem Freund zu reden – wo dieser sich so gar nicht in Jena hat sehen lassen, was Schlegel ganz außerordentlich leid getan. In jenen Wochen ist ihm nämlich deutlich aufgegangen, wieviel er durch des Freundes Ausbleiben verloren. Er hatte ihn so herzlich liebgewonnen, er sehnte sich so herzlich nach jedem Brief und hätte ihn so gern in seine Arme geschlossen. Wie schön wäre es gewesen, allein beisammen zu sitzen, ein paar Tage lang, und zu philosophieren – oder »fichtisieren«, wie sie's immer genannt hatten. Des Freundes Urteil war ihm doch so wichtig, nicht bloß über alles Philosophische, sondern auch über alles Individuelle, was er schrieb. Es galt ihm mehr als das aller Goethes und Fichtes – selbst das seiner Schwägerin Caroline. Überdies waren seine Briefe immer reich an interessanten Gedanken, so daß er sie mit unglaublichem Verlangen erwartete und mit großer Freude las. Aber – vieles, was er erwartete und wünschte, ward nicht berührt. Vor allem schwieg Hardenberg ganz von seinen philosophischen Arbeiten, wiewohl er auf diese besonders gespannt war. Dann schien es Schlegel auch, als ob jener manches aus seinen Briefen aufzugreifen *vermied*. War es möglich, daß er an ihm, Schlegel, etwas entschieden mißbilligte oder doch stark bezweifelte, ohne offen darüber zu reden? Seinen Streit mit diesem Woltmann etwa, mit welchem jener offenbar freundlich korrespondierte? Die Freundschaft mit Hardenberg war für ihn, das war ihm deutlich geworden, ein zu köstliches Gut, als daß er nicht mit einer gewissen Reizbarkeit reagieren sollte. So hatte Schlegel auf den Besuch gedrängt, ja war sogar bereit gewesen, seine Weiterreise über Halle nach Berlin deswegen aufzuschieben. Er hatte nämlich den Entschluß gefaßt, seine Zelte in Jena vorerst abzubrechen und für etwa ein Jahr nach Berlin zu ziehen. Hardenberg solle ihm seine Zeit ganz schenken, hatte er zuletzt gebeten, und möglichst wenig dienstlich reisen; sonst müsse er mitkommen. Nach Dürrenberg, das schade nichts, weil das auf dem halben Wege nach Giebichenstein liege. Nach Kösen wär's schon nicht so gut und gar nach Artern. Doch sei es allenthalben gut, wo sie beisammen wären.

Fichte ist es, der sie jetzt wieder verbindet. Schlegel erwärmt sich ordentlich. Nicht nur dessen Philosophie – den *Menschen* Fichte habe er immer mehr liebgewonnen.

»Er hat ein Publicum gelesen diesen Sommer, über die gesamte Philosophie! Ich hab natürlich zugehört. Und immer gewünscht, daß du es mit mir hören könntest. Aber für dich ist seine Philosophie wohl nicht liberal genug?«

»Er kann nicht aus der Wissenschaftslehre heraus. Wenigstens nicht ohne eine Selbstversetzung, die mir unmöglich scheint. Unter allen Denkern, die ich kenne, ist Fichte wohl der gefährlichste. Er zaubert einen in seinem Kreise fest. Ich fürchte, keiner wird, wie er, mißverstanden und gehaßt werden. – Ich hab es erfahren, wie sauer es einem wird, sich in diesem furchtbaren Gewinde von Abstraktionen zurechtzufinden. Manchen Wink, manchen Fingerzeig zum bessern Verständnis verdank ich lediglich dir. Vielleicht bist du erwählt, die aufstrebenden Selbstdenker gegen Fichtes Magie zu schützen.«

»Bis jetzt übertrifft er mich leider noch an Kraft. Er läßt dich übrigens grüßen. Dafür übertreff ich Schelling. Seine ›Ideen zu einer Philosophie der Natur‹ sind schlecht. Fichte und auch Schmid loben sie zwar, aber es ist schwach, ein schlechtes Buch gut zu finden, nur weil einem der Verfasser sympathisch ist.«

»An mir hat er jedenfalls einen neugierigen Leser gefunden. Ich möchte je eher je lieber mit ihm bekannt werden, weil er mir vielleicht mehr entspricht als Fichte. Jedenfalls will ich bald wissen, was ich an ihm haben kann. – Und deine eigenen Philosopheme, von denen du mir schriebst?«

»Da ist nun ausgemacht, daß ich sie nächste Ostern in die Welt schicke. Aber das ist bisher ein Geheimnis, das nur der Verleger weiß. Und ich und du. Darf ich dich nun nennen in dem einleitenden Briefe?«

»Warum nicht? Wenn du mich nennen willst? Es ist mir lieb, in solcher großen Angelegenheit mit genannt zu werden. Vielleicht liefre ich dir ein Beiwort zu meinem Namen und, wenn Gott will, auch eine spezielle Veranlassung dazu –«

Schlegel zögert einen Augenblick, was dieses zu bedeuten habe, dann fährt er aber fort: »Wenn ich die ersten Philosopheme mit einem Brief an dich eröffnen könnte, würde ich über das Ganze am gemütlichsten reden können, verstehst du? Du darfst aber noch nicht wissen, was im Buch stehen soll. Auch nicht im einleitenden Brief. Spaßhaft soll aber beides werden – auch wohl ernsthaft – jedenfalls brauchbar, hoff ich.«

»Davon bin ich überzeugt. Die Ideen, die du mir bisher mitgeteilt hast, spuken gewaltig in meinem Innern. Du bist gewiß berufen, in der Philosophie die ehrenvolle Rolle des Vermittlers zu spielen, der hier so nottut.«

»Das hat mir Wilhelm auch gesagt. – Du solltest meinen Bruder wirklich bald besuchen! Er hat die ganze Zeit mit mir auf deinen Besuch gehofft und erkundigt sich immer nach dir. Desgleichen die Schwägerin. Du wirst es nicht bereuen, sie kennenzulernen, soviel versprech ich dir. Und ein Mädchen wie Auguste, ihre Tochter aus der Ehe mit dem Bergrat Böhmer, wird dir auch nicht wieder begegnen. Jena ist ja nicht weit von hier, wie du weißt.«

»Freilich würd ich deinen Bruder gern sehen, immer schon! Du meinst, ich könnte auch ohne dich hingehn?«

»Aber selbstverständlich. – Nur geh mir nicht zu Woltmann, diesem Schuft. Ihr habt korrespondiert?«

»Ja, gewiß. Meinen ersten Brief glaubte ich Sophie schuldig zu sein. Auch ihm und mir. Aber glaube nicht, daß ich Woltmann viel von meiner innern Sehnsucht und meinem Entschluß geschrieben hätte. Und, Schlegel, du hast nichts dadurch bei mir verloren. Du kannst nichts bei mir verlieren.«

»Weißt du denn, daß er deine Briefe herumzeigt? Ich bin jetzt mit ihm richtig im Streit. Meine Antwort auf seine wahrlich tolle Erklärung nach der Rezension seines ›Theoderich‹ hab ich dir ja geschickt – als Pröbchen meiner puristischen Kunst. Auch privatim läßt er manche kleine Infamie ausgehen, wenn er dazu die Gelegenheit wittert. So bin ich unterdessen auch in einen Briefwechsel mit ihm geraten. Erst privatim und nun öffentlich. Aber meine Antwort ist mäßig. Ich hab in Jena die meisten Stimmen für mich und gewiß die besten. Freilich hilft es einem Lumpenhunde viel, wenn er einmal was *ist*, wie's die Leute nennen. Sie wollen sich dann kein Dementi geben und den elendesten Schuft nicht ganz in Kot fallen lassen, weil sie ihm nun einmal zum Professor verholfen haben. Jämmerliche, lausige Denkart. Selbst Goethe macht sich ihrer schuldig. Er bleibt jedoch gegen mich dabei so freundschaftlich und achtungsvoll wie möglich.«

»Deine Streitigkeit mit Woltmann hab ich vorausgesehn. Aber ich menge mich nicht ein in die Handhabung deines kritischen Rechts. Ich fühle keinen Beruf in mir, dich hier zu beurteilen. – Was deinen Bruder betrifft, so will ich ihn gewiß besuchen. Ich bin ihm doch sehr dankbar: den ›Romeo‹ hat er ganz trefflich übersetzt.«

»Das dacht ich gleich, daß ›Romeo‹ dich anziehen würde! Sonst hätt ich nicht postwendend eins der guten Exemplare geschickt, die eigentlich zu Ehrengeschenken bestimmt waren. Ich hab ihn auch wieder gelesen. Die Tränen sind dabei häufig geflossen. Doch hat es auch gezündet, wie wenn ›Feuer und Pulver im Kusse sich berühren‹. Wenn du mich fragst – es ist ein heißes, schweres Gewitter an dem frischesten Tage des üppigsten Frühlings; die Rose des Lebens, aber mit dem Stachel, welcher scharf ist und ins Mark geht. Wär ich bloß Körner, würd ich sagen: Das kann Goethe doch nicht machen. Da ich aber Friedrich Schlegel bin, so sag ich dir: Freund, dies ist *mehr als Poesie*.«

»Es ist ein tiefer Sinn in dem, was du sagst. Ich fange an zu ahnen, was Shakespeare so einzig macht. Er dürfte leicht divinatorische Anlagen haben. In welchen Sühneopfern der alte Zwist endet! In verzehrende Liebe löst sich der wilde Haß auf –«

»An den Antithesen des Stücks hast du hoffentlich kein Ärgernis genommen? Sie gehn vom Größten bis zum Kleinsten, bis zu den spitzen Reden und Reimen und dem Auftritte gleich nach Juliens Todestraum. Aber das ist so die Art der Liebe, des Geistes und der Tragödie. Das Stück ist die reine Antithetik des jugendlichen Herzens.«

»Die Kontraste haben mich nicht gestört, gegen meine alte Sitte. Ich hab das Stück ganz, wie es ist, genossen und übrigens mehrmals gelesen. Es war mir doch merkwürdig, daß du mir den ›Romeo‹ gerade jetzt geschickt hast—«

Über Sophie reden sie natürlich auch, über Grüningen, die Justs in Tennstedt. Und über seinen Entschluß, ihr nachzusterben. Hardenberg zeigt Schlegel alle Papiere, die er noch fertigstellen will, darunter auch, was er über »Wilhelm Meister« geschrieben hat. Schlegel ist begeistert. Er dringt sehr in ihn, sich doch nicht zu verschließen und zurückzuziehen, sondern ja bald und öfter nach Jena zu gehen. Und ihm alles, alles nach Berlin zu überschicken, was er an philosophischen oder literarischen Gedanken von nun an zu Papier bringe.

Wie er es Schlegel versprochen hat, begibt sich Hardenberg nach Jena zu August Wilhelm und Caroline Schlegel. Bei ihnen fühlt er sich sogleich zu Hause. Herzlicher und vergnügter kann man nicht sein, und lebendiger leben wenige als diese beiden, denkt er.

Sie geraten gleich tief in die Mitte des Gespräches, und da sie von Sophie sprechen und die Schlegels ihren Gast frei reden lassen, dieser auch weiß, daß er frei reden kann, kommen sie sich bald ganz nahe. Shakespeare ist natürlich auch ein herrliches Thema zum Gespräch, und die Kunst des Übersetzens allemal. Schlegels »Romeo« sei unter den Übersetzungen, was Goethens »Wilhelm Meister« unter den Romanen, meint Hardenberg.

»Gibt es denn schon eine ähnliche Übersetzung? So lange wir Deutschen übersetzen, so national dieser Hang des Übersetzens ist, indem es fast keinen deutschen Schriftsteller von Bedeutung gibt, der nicht übersetzt hätte und wahrlich darauf soviel sich einbildet als auf Originalwerke, so scheint man doch über nichts unbelehrter zu sein als über das Übersetzen. Nicht wahr, es gehört poetische Moralität, Aufopferung der Neigung dazu, um sich einer wahren Übersetzung zu unterziehn? Man übersetzt aus echter Liebe zum Schönen? Übersetzen ist so gut dichten, als eigne Werke zustande bringen – und schwerer, seltner, will mir scheinen. Am Ende ist alle Poesie Übersetzung. Und was den Shakespeare betrifft: ich bin überzeugt, daß der deutsche Shakespeare jetzt besser ist als der englische!«

Hier muß Schlegel denn doch abwehren, wiewohl er mit allem anderen sehr einig ist. Er habe da gerade die ersten Bogen zum neuen Musenalmanach von Schiller erhalten, sagt er und holt einige Druckbogen von seinem Arbeitstisch. Vielleicht interessiere den Herrn von Hardenberg seine »Zueignung« zum »Romeo«?

»Caroline, bitte, sei so gut und lies sie uns. – Keiner, müssen Sie wissen, liest so wie sie!«

Frau Schlegel liest, und Hardenberg schmilzt hin.

»Die sechste Stanze«, ruft er, »noch einmal die sechste Stanze, wenn ich bitten darf.«

Frau Schlegel liest zum zweiten Mal und wieder so vollkommen schön, daß Hardenberg nicht weiß, ob er das Gehörte mehr poetisch oder mehr musikalisch genießen soll: »Viel seliger, wenn seine schönste Habe das Herz mit sich ins Land der Schatten reißt, wenn dem Befreier Tod, zur Opfergabe, der süße Kelch, noch kaum gekostet, fleußt. Ein Tempel wird aus der Geliebten Grabe, der schirmend ihren heilgen Bund umschleußt. Sie sterben: doch im letzten Atemzuge entschwingt die Liebe sich zu höherm Fluge.«

»Eine göttliche Stanze«, sagt er ergriffen. »Fürwahr, die bet ich an! – Sind im neuen Almanach am Ende mehr noch solcher Köstlichkeiten?«

»Mein ›Prometheus‹ ist darin. Und vier Balladen: Schillers ›Handschuh‹ und ›Polykrates‹ und Goethes ›Zauberlehrling‹ und ›Schatzgräber‹.«

Alle muß die Schlegel ihnen lesen; und sie liest gern, mit herrlich bewegter Stimme. In diesen Balladen liegt ein reicher Schatz an Leben, fühlt Hardenberg. Es zieht ihn von neuem in die Welt der Dichter, seine alte Jugendliebe erwacht. Himmlisch wohl

August Wilhelm Schlegel (1767–1845). »Seine Schwermut hat ihn mit doppelter Tätigkeit in die abstraktesten Wissenschaften gestürzt: Seine innere Unruhe verrät sich dabei durch die Menge und Neuheit seiner eigentümlichen Ansichten«, schrieb Schlegel an Goethe über Hardenberg.

ist ihm schon wieder in diesen glücklichen Regionen. Goethens »Pausias« werde auch in den Almanach kommen, sagt ihm Schlegel noch. Wenn Hardenberg sie recht bald wieder besuchen wolle, werde er ihn frühzeitig kennenlernen können.

Natürlich, Hardenberg besucht sie wieder, er besucht auch Fichte wieder. In eine frische Außenwelt ist er gekommen, das spürt er deutlich. In eine Brandung, aus der ihn ein Wogenstrom an festes Land schlägt. Sein Geist ist fruchtbar, vielleicht glücklicher als je. Im Gespräch mit Fichte gerät er auf seine Lieblingsidee – den *eigentlichen* Begriff von dessen Ich, nun in Beziehung auf Sophiens Idee gebracht. Fichte ist nicht seiner Meinung. Hardenbergs Auffassung hält er für eine subjektive, abgedrungne. Aber mit welch zarter Schonung er darüber spricht! Diese sehr wohl durchschauend, kommt sie Hardenberg ganz unvergeßlich vor. Auf drei Pfeiler will er das Gebäude seines Daseins hinfort setzen, nimmt er sich auf seinem Rückweg von Jena vor: auf die neuerwachte Poesie, auf die Philosophie und auf die Naturwissenschaften. Um sich mit den letzteren noch besser bekannt zu machen, bestimmt er den Vater dahingehend, er werde sich am besten zu einem tüchtigen Salinisten weiterbilden, wenn er nach den praktischen Erfahrungen an den Salinen sich nun vornehmlich in die Theorien des Faches vertiefe, länger und gründlicher als weiland bei Wiegleb in Langensalza. Die kurfürstlich sächsische Bergakademie in der Bergstadt Freiberg am Fuße des Erzgebirges scheint dazu der rechte Ort. Der Vater wird also wieder ein Gesuch an den Kurfürsten aufsetzen.

Vorläufig aber findet Hardenberg endlich jene Ruhe und Einsamkeit in Kösen, nach der er sich schon lange gesehnt hat. Im Gespräch mit dem älteren Schlegel neulich ist er wieder auf Hemsterhuis, den holländischen Philosophen, gestoßen, mit dem er sich früher in Leipzig befaßt, worauf ihm Schlegel seine zweibändige Gesamtausgabe geliehn – im französischen Original, das er jetzt zu lesen sich zutraut. Nimmt nicht Hemsterhuis einen inneren Sinn, gewissermaßen ein moralisches Organ in unserm Innern an, welches die unsichtbare Ordnung und Harmonie der Welt zu erfassen, den verborgenen Zusammenhang aller Wesen, ihre unendliche Verwandtschaft aufzufassen möglich macht, sofern es durch Liebe entwickelt wird und wirken kann? Denn Liebe als universelles Gesetz der moralischen Welt beruht auf Anziehung, auf dem Verlangen nach vollkommener Vereinigung und

Harmonie. Kommt also nicht Hemsterhuis Idee Sophiens Tod, dem Beruf zur unsichtbaren Welt entgegen? Stundenlang sitzt Hardenberg über diesen Büchern. Fasziniert übersetzt er, was er vorfindet, schreibt sich wichtige Gedanken heraus und denkt sie auf seine Art weiter: Organ ist Werkzeug, Mittel zu einem bestimmten Ende. Hemsterhuis hält die Materie schlechterdings für träg, ohne eigenes Prinzip der Bewegung. Als Intelligenz, die wollend ist und so die Trägheit überwinden kann, kann der Mensch ein eingebildetes Universum aus Verhältnissen, die er in seiner Gewalt hat, bilden. Die Produktionen der wollenden Intelligenz veranlassen, inzitieren das moralische Organ, Maximen sind die Basis der moralischen Handlungen. Ist es nicht genug zu wissen, daß wir noch in diesem Leben einen Flug zu beginnen fähig sind, den der Tod, statt ihn zu unterbrechen, vielmehr beschleunigt, da dessen Fortsetzung einzig und allein von der unwandelbaren Richtung unsers freien Willens abhängt? Wünsche und Begehrungen sind Flügel. Es gibt Wünsche und Begehrungen, die so wenig dem Zustande unsers irdischen Lebens angemessen sind, daß wir sicher auf einen Zustand schließen können, wo sie zu mächtigen Schwingen werden, auf ein Element, das sie heben wird, und Inseln, wo sie sich niederlassen können. Die Aufmerksamkeit auf ein Objekt bringt eine Anziehungskraft oder individuelle Strebekraft hervor, welche, indem wir uns ihr überlassen und ihre Empfindung nicht wieder verlieren, sondern sie fest im Auge behalten, uns glücklich zu dem ersehnten Ziel unsers Verlangens bringt. Man folgt der Sonne und reißt sich von der Stelle los, die nach Gesetzen der Umschwingung unsers Weltkörpers auf eine Zeitlang in kalte Nacht und Nebel gehüllt wird. Sterben ist ein echtphilosophischer Akt.

Aber er arbeitet auch auf den Salinen, reist weiter nach Artern, wo er sich mit den Offizieren Thielmann und Funk anfreundet, besucht Lindenau in Kölleda und trifft sich mit Just, welcher ihn überraschend heiter findet, reitet auch noch einmal zu Schlegels nach Jena. Von Berlin aus drängt Friedrich Schlegel auf Nachrichten, auf des Freundes Aufzeichnungen zum »Wilhelm Meister«, womöglich auf neue philosophische Mitteilungen in der aphoristischen Form, in der er ja Meister sei. Er wolle sie dann kritisch überarbeiten und veröffentlichen, schreibt er. Bescheiden gehe er gewiß zu Werke.

»Du bist doch für mich in vielen Rücksichten der erste Mensch«, merkt er noch an.

Doch Hardenberg verschiebt das Antworten auf die Zeit in Freiberg. Er hätte auch soviel an Schlegel zu schreiben, daß er sich vor dem Schreiben fürchtet.

»Wißt Ihr gar nichts von ihm?« fragt Schlegel bei dem Bruder an. »Caroline sollte mit Hardenberg korrespondieren!« – »Schreibt mir doch, ob Ihr nichts von Hardenberg wißt? Mich verlangt recht, von ihm zu hören.« – »Wie ist mir der Neid angekommen bei der Nachricht von Hardenbergs Besuch! Hat der böse Mensch denn gar nicht einmal nach mir gefragt? Hat er meinen Brief nicht erhalten? Haben Hardenberg meine Fragmente gefallen?« – »Treibt doch Hardenberg, mir Hefte zu schicken und mir zu schreiben.« – »Teilt mir ja mit, was Ihr nur irgend von Hardenberg erfahrt. Ich schreibe ihm nächstens.« – »Der Brief von Hardenberg an mich muß verloren sein. Ich habe nichts bekommen.«

Zu Hause in Weißenfels hat der Vater inzwischen sein Gesuch aufgesetzt. Das liest er dem Sohn bei dessen Rückkunft vor, ehe es nach Dresden expediert werden soll:

»Durchlauchtigster! Unterm 30. Dezember 1795 haben Euer Kurfürstliche Durchlaucht auf meine untertänigste Bitte meinen Sohn, Georg Philipp Friedrich, als Akzessisten bei der Expedition der Lokalsalinendirektion anzustellen in Gnaden geruhet. Da nun selbiger seine Kenntnisse in der Mathematik und Chemie auf der Bergakademie in Freiberg weiter fortzusetzen wünscht, so habe ich für ihn um höchste Erlaubnis zu diesem Aufenthalte in Freiberg untertänigst nachsuchen wollen. Der ich in tiefster Ehrfurcht beharre Euer usw. Heinrich Ulrich Erasmus von Hardenberg.

Weißenfels, den 31. Oktober 1797.«

Als Antwort kommt ein großes, amtlich versiegeltes Schreiben des Oberbergamtes zu Freiberg an den Hochwohlgeborenen Herrn, Herrn Heinrich Ulrich Erasmus von Hardenberg, Seiner Kurfürst-

lichen Durchlaucht zu Sachsen usw. bestallten Salinendirektor zu
Weißenfels, also lautend:

»Hochwohlgeborner Herr, Hochgeehrtester Herr Salinendirektor! Nachdem Seine Kurfürstliche Durchlaucht zu Sachsen,
unser gnädigster Herr, den Inhalt des abschriftlichen Anschlus-
ses gnädigst geschehen lassen wollen, daß euer Hochwohlgeboren ältestem Herrn Sohne, Georg Philipp Friedrich, sowohl
die Anhörung der Vorlesung bei der hiesigen Kurfürstlichen Bergakademie, gegen Entrichtung des den Herren Lehrern angeord-
neten Honorars, als auch die Befahrung und Besichtigung der
hiesigen und Obergebirgischen Berg- und Hüttenwerke, jedoch
mit Ausschluß des Schneeberger und übrigen Kobaltbergbaues,
der Blaufarbenwerke und des Geyerschen Arsenikwerks, gestattet werden möge; so haben wir Euer Hochwohlgeboren solches und daß wir die diesfalls nötigen Ausfertigungen an das
hiesige Oberhüttenamt und Bergamt, ingleichen an die Herren Lehrer bereits erlassen haben, hierdurch eröffnen wollen
und werden übrigens Dero Herrn Sohne bei dessen Ankunft
das in die übrigen Bergämter ausgefertigte Patent gehörig aus-
händigen.

Freiberg, den 15. November 1797.«

Hardenberg bereitet sich also auf den neuen Abschnitt seines
Lebens vor.

30 Doch er weilet noch gern, wo er
Genossen trifft

Den 1. Dezember 1797 reist Hardenberg nach Freiberg. In
Leipzig unterbricht er seine Reise, um Joseph Schelling aufzusuchen. Inhaltsreiche Stunden verbringt er bei ihm, in denen sie
so herrlich symphilosophieren wie sonst nur Schlegel und er. Sie
merken beide gleich, daß sie einander sehr freund werden könnten.

Schelling scheint in der Tat ein äußerst hoffnungsvoller
Mensch, denkt Hardenberg. Gewissermaßen allempfänglich.

Freimütig erklärt er ihm bald das Mißfallen, welches Schlegel und er an seinen »Ideen« genommen. Der Kritisierte ist sehr damit einverstanden.

»Im zweiten Teile glaube ich einen höhern Flug begonnen zu haben«, sagt er. »Die Schwächen des ersten fühle ich selbst lebhaft, aber der zweite Teil ist neu und weit über den ersten. – Zur Zeit befasse ich mich mit Poetik. Ich bin gerade über den Alten. Haben Sie sich schon einmal Gedanken darüber gemacht, wie Goethe in Rücksicht auf den Homer zu sehen wäre?«

»In Rücksicht auf den Homer?«

»Ich halte die ›Odyssee‹ für Goethes Matrix, ja – für dessen Mutterboden.«

»Das freilich ist nun eine interessante Ansicht –«

Er scheint viel poetischen Sinn zu haben, denkt Hardenberg weiter. Überhaupt gefällt er mir sehr. Es ist eine echte Universaltendenz in ihm, eine wahre Strahlenkraft, von *einem* Punkt in die Unendlichkeit hinaus. – Das »Lyceum« scheint er übrigens nicht zu kennen –

»Sie kennen das ›Lyceum der schönen Künste‹, Reichardts Zeitschrift? Nein? Dann will ich Ihre Aufmerksamkeit darauf lenken, wenn es Ihnen recht ist?«

»Ja, sehr recht. Ich wäre ohnehin dankbar, wenn wir im Gespräch blieben, uns noch besser austauschen könnten. Darf ich Sie wohl zum Briefwechsel einladen?«

»Von ganzem Herzen gern. Zumal vorauszusehen ist, daß mich die empirische Welt in Freiberg sonst ganz fade machen wird. Ich werde dort gewiß der geistigen Würze bedürfen!«

Von Freiberg aus, wo er fürs erste in einem Gasthofe Quartier nimmt und auch bald – wie amtlich angekündigt – sein Patent im Oberbergamt ausgehändigt erhält, von Freiberg aus reitet er gleich zweimal hinüber nach Dresden. Er will der Schwester der Schlegels seine Aufwartung machen, verfehlt sie aber beide Male. Dafür ist er einen Abend bei Körner – Schillers Körner, welcher Goethe kennt und auch mit den Schlegels Umgang hatte. Doch findet er ihn so, wie Schlegel ihm damals geschrieben und zuletzt in Weißenfels bekräftigt hat – ganz wie er es erwartet und wie es unter

Friedrich Wilhelm Joseph Schelling (1775–1854). Pastellbild von Friedrich Tieck, Herbst 1801. Mit ihm ließe es sich herrlich symphilosophieren, schrieb Hardenberg nach ihrer ersten Begegnung im Dezember 1797.

ihnen über Körner, dessen Frau und die Schwägerin Dorchen respektive Dorothea Stock gang und gäbe gewesen.

Paradoxerweise gefällt *sie* mir noch am besten unter den dreien, sagt er sich. Aber vielleicht nur diesen Abend. Sie scheint sehr aufgelegt und gibt sich äußerst liebenswürdig, versteht es auch vortrefflich, von dem Geistesreichtum ihres Mannes zu prangen. Es ist mir unbegreiflich, daß Schlegel noch so lange mit ihnen hat leben können. Für mich schon ist es schwer, nicht bei ihm anzustoßen.

»Humboldt senior ist jetzt in Paris«, sagt Körner. »Zum Behuf einer Charakteristik des Zeitalters. Und Goethe hat einen ›Prometheus‹ auf dem Amboß. Einen herrlichen Gesang der Ozeaniden haben wir neulich gehört. Auch den ›Faust‹ hat er gerade vor.«

Von Goethe und von Schiller reden sie, natürlich. Dann nur noch Allgemeines. Von Schlegels soviel wie nichts.

Für gewöhnlichen Witz und einzelne Bemerkungen sind sie empfänglich, merkt sich Hardenberg. Aber das Höchste sehn sie nicht. Man befindet sich bei ihnen, wie man sich in jeder Gesellschaft befinden sollte. Ihre Bildung ist die notdürftige, die jeder Mensch haben muß.

»Erfreuen Sie uns doch gleich nach den Feiertagen wieder mit Ihrem Besuch«, sagt ihm Körner. Und Schillern teilt er mit: »Ich habe einen gescheiten jungen Mann an einem gewissen von Hardenberg kennengelernt, der auch bei Dir in Jena gewesen ist.«

Weihnachten geht Hardenberg nicht zurück nach Weißenfels; dem Vater läßt er einen Abdruck des Klopstockschen Vaterunsers fertigen, den man in einen Rahmen fassen kann. Statt dessen geht er lieber zu Vetter Dietrich von Miltitz nach Siebeneichen bei Meißen, und nicht nur, weil dies näher liegt. Er wünscht sich Ruhe, welche er auf dessen Schloß eher haben kann als zu Hause im Trubel der kleinen Geschwister – und in der Trübsal der großen Geschwister wie der Eltern über das Fehlen ihres Erasmus. Übrigens findet er bestätigt, was der selige Erasmus von Miltitz Freundliches gemeint. Auch freut er sich an des Vetters englischer Gemahlin, wobei der Vater, Gott sei Dank, derweilen doch nachgegeben hat und beider Eheschließung toleriert.

Den Rückweg nach Freiberg nimmt er wieder über Dresden, weil ihm dies gesellschaftlich geraten scheint. Wohnen kann er bei den Mandelslohs, die inzwischen hierher umgezogen sind. Nicht nur daß er Körners wieder aufsucht. Diesmal trifft er auch Charlotte Ernst geborene Schlegel an. Bei ihr fühlt er sich so von Herzen wohl, daß sie ihm gleich am besten in ganz Dresden gefallen will.

»Haben Sie denn die Nachricht gehört, daß mein Bruder August Wilhelm und seine Caroline diesen Sommer ihren Aufenthalt in Dresden nehmen wollen?!«

»In der Tat –? Das soll mir unbeschreiblich lieb sein, sie so nah zu wissen! Und sie alle in so seelenvoller Vertraulichkeit zu genießen. Meine Entfernung von einem so bildenden Umgang wie dem Ihres Herrn Bruders fühl ich sehr lebhaft. Was hätte ich nicht darum gegeben, wenn ich neulich bei der Lektüre seiner Kritik über Goethes ›Hermann und Dorothea‹ bei ihnen in Jena hätte sein können! Aber so – so mußte ich ganz für mich lesen, was er dazu geschrieben. Er hat auch da noch meinen Genuß dieses schönen Epos entflammt. In dem hohen Geiste, womit er es umgeben, leuchtet dieses mit zehnfachem Lichte und scheidet sich in den schärfsten Umrissen von allem, was es umgibt. Ein herrliches Werk! Und seine Rezension regt mich in vielen Punkten an – über den Rhythmus der Erzählung zum Exempel nachzudenken, wo mir scheinen will, als ließe sich ein epistolarischer und dialogischer Rhythmus in ebendem Verhältnis zu dem lyrischen und dramatischen wie der romantische Rhythmus zu dem epischen recht gut denken – was ich aber lieber Ihrem Herrn Bruder vortragen sollte, nicht wahr?«

Auch die Familie des Geheimen Finanzrats von Wagner, desselben, der Just mit dessen späterer Frau bekanntgemacht und der im Geheimen Finanzkollegium, welchem der kursächsische Bergbau und auch die Bergakademie unterstehen, zuständig für die Bergfragen ist – die Familie Wagners also sucht er in Dresden auf. Denn Just und mehr noch seine Frau haben ihn zu diesem Schritt ermuntert, zumal Wagners Tochter, die Hofrätin von Manteuffel, der Justen alte Freundin ist, dazu mit Schlegels Schwester und den Körners sehr vertraut. Wollen wir diesmal hören, welchen Eindruck Hardenberg auf die anderen gemacht hat? Die Frau Hofrätin berichtet ihrer Justen sogleich nach Tennstedt: »Wir haben Deinen Hardenberg gesehen, Du kannst Dir denken, mit welchen Erwartungen. Er hat sie alle übertroffen. In das Bild, das wir uns von ihm machten, mischten sich einige Züge jener Lebhaftigkeit, die sich durch seinen letzten Kummer zum schönsten Feuer gemildert hat. Wir hatten uns ihn nicht so einfach, nicht so ruhig im Äußern und weit absprechender gedacht. Aber es ist unter uns allen *eine* Stimme, und jeder rühmt ihn in seiner Manier. Mein Vater ist von den Zügen seines wohlwollenden Herzens recht väterlich gerührt. Mein Mann freut sich seiner so äußerst feinen Urteile, mein Bruder rühmt seine Gelehrsamkeit – und Deine alte Wagnern fragst Du noch, was sie von ihm genießt? Ach, diese Offenheit, diese köstliche Geradheit, die mich nun in der ersten Viertelstunde in Dein häusliches Leben einführte, anstatt daß ich bei den meisten Bekanntschaften Stunden verliere, ohne zu wissen, was die Menschen anders als vom Wetter denken.

Auch unsrer Ernst hat er von dieser Seite einen äußerst angenehmen Eindruck gemacht. Von der Fülle und Eigentümlichkeit seines Geistes sage ich nichts, wir waren auf diese vorbereitet. Seine Urteile haben einen eignen Charakter. In seine Urteile über Körners mischt sich freilich etwas freundschaftliche Vorliebe für Schlegels.«

Nach Freiberg zurückgekehrt, nimmt Hardenberg mit dem Jahre 1798 seine Studien an der Bergakademie gründlich auf. Semester wie an den Universitäten gibt es hier nicht; er ist mitten hineingekommen in das akademische Jahr, welches immer von Ostern bis Ostern währt. Als 19. und letzter Neuankömmling des Jahres 1797 und als 493. Student der Bergakademie seit ihrer Gründung steht er nun in dem Register. Den Namen August von Herder hat er darin gelesen und viele ausländische Namen, die aus Dänemark und der Schweiz, aus Livland und Rußland und Polen stammen müssen. Die Bergakademie hat sich nämlich zu einer bedeutenden Forschungs- und Lehrstätte entwickelt, die Schüler aus aller Welt anzieht. Zur Zeit sind fünfzig bis sechzig Studenten immatrikuliert, adlige und bürgerliche, letztere meist als Benefiziaten, wie man an ihrer Bergmannsuniform erkennt. Sächsische Staatsangehörige sind sie, welche mit Hilfe eines kurfürstlichen Stipendiums für den sächsischen Staatsdienst herangebildet werden sollen. Denn der Kurfürst nimmt ein besonderes Interesse an der Bergakademie. Tüchtig geschulte Männer braucht er, um den Bergbau seines Landes, welcher früher hier in den Silberbergwerken eine mächtige Blüte erlebt hat, zu neuerlichem Ansehen zu führen und zugleich der wirtschaftlichen Not abzuhelfen, in die der Siebenjährige Krieg sein Land gebracht hat. Er selbst war noch unmündig, als er die Gründung der Akademie anno 1765 miterlebte, welche sonderlich zwei Herren zu danken gewesen: dem Generalbergkommissar Freiherr von Heynitz – einem Großonkel Hardenbergs – und dem Oberbergrat von Oppel, dem Vater jenes Referenten für das Salinenwesen, welchen, falls wir uns erinnern, Erasmus früher in einem Brief, die projektierte Anstellung des Bruders bei der Salinendirektion zu Weißenfels betreffend, erwähnt hat. Geognosie, Mineralogie, Bergbaukunde, Chemie und Mathematik stehen vornehmlich auf Hardenbergs Programm. Sehen wir uns an, was ihm an Vorlesungen geboten wird: Abraham Gottlob Werner liest Gemeine Bergbaukunst, Kenntnis der Freiberger Reviere und Anweisung, sich Revierkenntnisse zu schaffen, Oryktognosie, Geognosie, Eisenhüttenkunde. Johann Friedrich Lempe liest Reine Mathematik, Physik, Bergmaschinenlehre, Feldmeßkunde, Theoretische Markscheidekunst. Alexander Wilhelm Köhler liest Rechte und Verfassung beim kursächsischen Bergbau, Bergmännischer Geschäftsstil. Wilhelm August Lampadius liest Allgemeine und Analytische Chemie mit Allgemeiner Hüttenkunde. Dazu kommen etliche praktische Übungen, von Bergbeamten geleitet. Große Namen haben die Lehrer, allen voran Professor Werner. Er ist nun schon über zwanzig Jahre an der Bergakademie und versieht mittlerweile die Aufgaben des Direktors in seiner Eigenschaft als Bergkommissionsrat und Mitglied des Oberbergamtes. Mineralogie und Geognosie sind die Wissenschaften, denen er seinen Weltruf verdankt. Mit seinen an die fünfzig Jahren hat er eine umfangreiche Bibliothek zusammengetragen, die über zwanzigtausend Bände umfaßt, nicht nur zu seinen Wissenschaften, sondern auch zur Literatur und Sprache, zur Geschichte und Philosophie – seine private Bibliothek, die er aber den Schülern zur Benutzung freistellt. Güte ist nämlich sein zweites Merkmal nach der Gelehrsamkeit. Wie seine Schüler zu berichten wissen, befaßt er sich liebevoll mit jedem einzelnen von ihnen, so daß seine Persönlichkeit, welche in seltener Weise sicher in sich abgeschlossen ist, tief auf sie einwirkt. Auch Lampadius ist weithin bekannt. Gerade fünfundzwanzig und mithin so alt wie Hardenberg ist dieser Professor der Chemie. Ihm strömen die Schüler zu, seit er – ein Anhänger der neuen, antiphlogistischen Lehre, versteht sich – den Schwefelkohlenstoff entdeckt und soeben ein richtiges Laboratorium eingerichtet hat, wie man dergleichen noch nie an einer Akademie gesehen. Auch eine mannigfaltige Mineraliensammlung gibt es hier in Freiberg und dazu die vielen Gruben und Hütten und Werke, an denen die praktischen Geschäfte des Bergbaus vortrefflich zu studieren sind.

Hardenberg hat weidlich zu tun, um sich in alles einzufinden. Von dem gesellschaftlichen Leben der Bergstadt mit ihren neuneinhalbtausend Bewohnern kann er sich auch nicht ausschließen, so sehr ihm mitunter danach zumute wäre. Kreisamtmann Just hat ihm die Schwester ans Herz gelegt, welche hier mit dem Arzt Doktor Liebe verheiratet ist.

Liebens sind äußerst brave Leute, stellt Hardenberg fest. Aber in Hinsicht auf die Unterhaltung gibt es doch viele Schranken. Überdies spricht sie zu wenig. Und die Abendzeit, die ich Besuchen widme, ist gewöhnlich bei ihnen besetzt. Sie hat einige Freundinnen, die sie täglich sieht, und er spielt gern Billard oder Tarock in einer geschlossenen Gesellschaft. Nun würde er zwar meinetwegen vielleicht zu Hause bleiben, aber das mag ich ihm natürlich nicht zumuten.

Zu Heynitzens, der Familie des Bruders, jenes Mitbegründers der Bergakademie, geht er oft. Doch mehr aus Grundsatz, weil er ein Verwandter ist, und weil der Großonkel im Bergamt eine Rolle spielt. Hingegen ist er gern bei Charpentiers. Thielmann, jener Offizier, den er aus Artern kennt, hat ihm diese Familie empfoh-

Johann Friedrich Wilhelm von Charpentier (1738–1805). Gemälde von Anton Graff. Berghauptmann und Professor für Mathematik und Physik an der Bergakademie Freiberg. In dessen Haus rezitiert Hardenberg am 22. 1. 1798 sein Gedicht »Der Fremdling«.

len, ist er doch mit der ältesten der Töchter, Wilhelmine, verheiratet. Berghauptmann von Charpentier ist schon ein interessanter Mann. Als Professor der Mathematik und Physik hat er an der Bergakademie gelehrt, ehe er als Rat im Bergamt tätig wurde; er ist nämlich auch mit Leidenschaft ein Geognost. Und über eine ansehnliche Bibliothek verfügt er ebenfalls. Doch Hardenberg befindet sich auch in der übrigen Familie sehr wohl. Der ganze Zirkel berührt ihn auf eine mannigfache Weise angenehm. Nach Frau von Thielmann und einer Tochter, welche an den Oberhofprediger Reinhard in Dresden verheiratet ist, befinden sich noch zwei weitere Töchter zu Hause – Karoline und Julie, vierundzwanzig und einundzwanzig Jahre alt –, dazu drei Söhne. George ist mit seinen fünfzehn Jahren Fahnenjunker wie unlängst Anton. Und die Mutter gefällt Hardenberg auch so gut, daß er die Einladung zur Feier ihres Geburtstags für den 22. Januar gern annimmt.

Als er den Abend hinübergeht in die Burgstraße 11, trägt er einen Großquartbogen bei sich, welcher auf drei Seiten in Reinschrift beschrieben ist. »Der Frau Bergrätin von Charpentier gewidmet«, steht über dem langen Gedicht mit der Überschrift »Der Fremdling«. Das will er ihr als sein Geschenk überreichen.

»Müde bist du und kalt, Fremdling, du scheinst nicht dieses Himmels gewohnt«, rezitiert er in Gedanken auf dem Wege. »Wärmere Lüfte wehn deiner Heimat, und freier hob sich vormals die junge Brust. O! Du suchest umsonst. Untergegangen ist jenes himmlische Land. Keiner der Sterblichen weiß den Pfad, den auf immer unzugängliches Meer verhüllt. Folge willig mir nach. Wahrlich, ein gut Geschick hat hieher dich geführt. Heimatgenossen sind hier, die eben im stillen heut ein häusliches Fest begehn. Unverkennbar erscheint dort dir die innige Herzenseinheit. Es strahlt Unschuld und Liebe dir klar von allen Gesichtern, wie vorzeiten im Vaterland. Lichter erhebt sich dein Blick. Wahrlich, der Abend wird, wie ein freundlicher Traum, schnell dir vorübergehn, wenn in süßem Gespräche sich dein Herz bei den Guten löst. Seht, der Fremdling ist hier, der aus demselben Land sich verbannt fühlt wie Ihr; traurige Stunden sind ihm geworden, es neigte früh der fröhliche Tag sich ihm. Doch er weilet noch gern, wo er

Genossen trifft, feiert munter das Fest häuslicher Freuden mit; ihn entzündet der Frühling, der so frisch und um die Eltern blüht.«

Wozu sich etwas vormachen? Je öfter ich hier bin, gesteht sich Hardenberg im Lauf des Abends ein, je mehr gewinnen die beiden Mädchen bei mir. Karoline ist klug, in allen Dingen geschickt und ein durchaus eigentümliches, höchst lebhaftes Wesen – echtes jonisches Blut, wenn ich mir den Platnerischen Ausdruck gestatte – ja, sanguinisch. Und hübscher, wie mich dünkt. Sie scheint für alles empfänglich, und sie weiß meiner Schwachheit, laut zu denken, sehr gut zu schmeicheln. Julie, die jüngere, spielt nur die Harmonika, indes ihre Schwester alle übrigen Künste mit gleichem Glück betreibt. Aber in zarten, kaum wahrnehmbaren Empfindungen begegnet man ihr. Und ich bin gewiß, daß das Schönste von ihr zuerst bemerkt und getan und bewahrt wird.

Als er sein Gedicht verlesen muß –

»Natürlich müssen sie es verlesen«, sagt die Bergrätin – als er also sein Gedicht so im Familienkreis verliest wie einst in Grüningen, da fühlt er unter allen Augen, die ihn ansehn, wieder zwei besonders – schöne, stille Augen. Warum mir's nicht eingestehn? denkt er. Schon bei unserer ersten Begegnung, als ich meinen Antrittsbesuch gemacht, haben sich diese Augen auf mich gelegt. Und mich angezogen, wiewohl ich mich vor allen mehr mit Karoline abgegeben. Auch unlängst jenen Abend, wie ich beiden in der großen Stube, wo wir ganz alleine waren, einige Ideen über Zukunft, Natur und Menschenleben vortrug und, von ihrer wahrhaften Aufmerksamkeit und tätigen Teilnahme begeistert, wie ein Eleusinischer Priester vor ihnen saß – vor *ihren* stillen Augen und dem aufgetürmten Kraushaar – – Dies ist nun alles zwar recht schön, beschließt er lieber kurzum solcherlei Erinnerungen, aber ich bin nicht mehr, der ich früher war. Ich tauge nicht mehr in die Welt, ich bin der Fremdling.

In seinem Gasthof kehren ihm die Bilder dieses Abends aber wieder und die neuen der Geburtstagsfeier auch.

Julchen ist ein schleichendes Gift, sagt er sich endlich. Man findet sie, eh man sich's versieht, überall in sich, und es ist um so gefährlicher, je angenehmer es deucht. Als ein junger Wagehals würde ich einmal eine solche Vergiftung probieren. So aber, abgestumpft wie ich bin? Doch reizt es meine alten Nerven zu leichten, fröhlichen Vibrationen. Und erwärmt mein starres Blut stundenlang.

Wie damals bei Sophie, vertraut er sich der Justen an. Vorsichtig und behutsam. Aber die Justen versteht. Sie antwortet ihm nicht, sie bricht die Korrespondenz ab.

31 Zur Bildung der Erde sind wir berufen

Nicht auf den 26. Januar, wie geplant, sondern auf den 12. Februar 1798 trifft der Vater in Freiberg ein. Zusammen besehen sie die Bergakademie und die Bergwerke in der Umgebung, auch das Amalgamierwerk zu Halsbrücke, welches Professor Charpentier seinerzeit hat errichten lassen. Hardenberg erklärt alles umständlich und genau. Er breitet sein neues Wissen schon so aus, daß der Vater, äußerst angetan vom Fleiße seines Sohnes, zufrieden mit ihm weiterreist nach Dresden. In die Familie Charpentier hat Hardenberg ihn nicht eingeführt. – Fleißig ist er allerdings. Bis weit in die Nacht hinein sitzt er in seinem unwirtlichen Gastzimmer noch beim Lampenlicht auf. Doch führt er hier auch Hefte, die er dem Vater nicht vorgezeigt hat. Für Ostern soll Schlegel manches von ihm bekommen; das hat er ihm zugesagt für jenes neue Journal, welches die Brüder nun auf eigene Verantwortung herausbringen wollen, nachdem Schlegel mit Reichardt gebrochen und Schillern durch seine Kritik verärgert hat. Ein echtes »Schlegelaeum« wird es sein, mit dem eine neue Periode der Literatur anheben soll. Nur die engsten Freunde, vorzüglich er und jener Pastor Schleiermacher in Berlin, in dessen Wohnung Schlegel unterdessen eingezogen, sind zur Mitarbeit aufgefordert. »Athenaeum« soll es heißen.

»Meisters Lehrjahre« hab ich jetzt lange nicht angesehn, denkt Hardenberg. Tausenderlei Neues könnt ich darüber aufschreiben, wenn ich Zeit hätte. Aber ich werde diese Aufgabe lieber ganz beiseite setzen, sie ist so gemischt, daß ich ohne eine Menge Vorarbeiten nicht eine Zeile von mir gelten lassen kann. Der Gegenstand wird außerdem von Schlegel ganz erschöpft. Sein Buch wird mir alle Mühe ersparen und mir jede bisherige Mühe reichlich belohnen. − Was ich schicken will, sind die Fragmente − Bruchstücke des fortlaufenden Selbstgesprächs in mir − Senker. Revolutionären Inhalts scheinen sie mir hinlänglich. Freilich bin ich noch immer in Vorübungen begriffen. Ich muß die älteren Fragmente kritisch ansehen und alle reinlich zusammentragen. Mancherlei ist mir seit dem Sommer durch den Kopf gegangen. Erst Poesie, dann Politik, dann Physik en masse. In der Poesie glaub ich festen Fuß gefaßt zu haben, denn es scheint mir, als sei ich überall auf Schlegels Entdeckungen gestoßen. In der Politik glaub ich nicht ohne Grund auf dem laufenden zu sein. Allen, denen ich noch davon gesagt, hat die Wahrheit meiner Sätze einzuleuchten geschienen. In der Physik bin ich noch in der Gärung. Hauptideen glaub ich gefaßt zu haben; aber hier will ich gleich praktisch auftreten. Die Philosophie verstehe ich immer besser, je tiefer ich in die übrigen Wissenschaften eindringe. Ich lebe jetzt wirklich recht schön − heiter, unaufhörlich beschäftigt und ganz meiner Disposition unterworfen.

Er nimmt ein dickes Bündel leerer Großoktavblätter vor, um sich an die Reinschrift für die Schlegels zu machen. Die Bogen des Manuskriptes, das er links daneben legt, sind dicht beschrieben. »Vermischte Bemerkungen« steht groß darüber. »Vermischte Bemerkungen«? fragt er sich. Ließe sich kein sprechenderer Titel finden? Ich will ja mehr als nur Bemerkungen machen. Samen will ich ausstreuen mit diesen Fragmenten. Befruchtend will ich wirken, das hab ich in einem auch gesagt.

Er blättert weit nach hinten, sucht eine Weile und liest: »Die Kunst, Bücher zu schreiben, ist noch nicht erfunden. Sie ist aber auf dem Punkt, erfunden zu werden. Fragmente dieser Art sind literarische Sämereien. Es mag freilich manches taube Körnchen darunter sein: indes, wenn nur einiges aufgeht.«

»Blütenstaub« will ich sie nennen, denkt er, »Blütenstaub.«

Während er zurückblättert, überfliegt er die Zeilen und liest sich fest: »Wir träumen von Reisen durch das Weltall. Ist denn das Weltall nicht in uns? Die Tiefen unsers Geistes kennen wir nicht. Nach innen geht der geheimnisvolle Weg. In uns, oder nirgends, ist die Ewigkeit mit ihren Welten, die Vergangenheit und Zukunft. Die Außenwelt ist die Schattenwelt, sie wirft ihren Schatten in das Lichtreich. Jetzt scheint es uns freilich innerlich so dunkel, einsam, gestaltlos. Aber wie ganz anders wird es uns dünken, wenn diese Verfinsterung vorbei und der Schattenkörper hinweggerückt ist. Wir werden mehr genießen als je, denn unser Geist hat entbehrt.

Das willkürlichste Vorurteil ist, daß dem Menschen das Vermögen, außer sich zu sein, mit Bewußtsein jenseits der Sinne zu sein, versagt sei. Der Mensch vermag in jedem Augenblicke ein übersinnliches Wesen zu sein. Ohne dies wär er nicht Weltbürger, er wäre ein Tier. Freilich ist die Besonnenheit in diesem Zustande, die Sichselbstfindung, sehr schwer, da er so unaufhörlich, so notwendig mit dem Wechsel unsrer übrigen Zustände verbunden ist. Je mehr wir uns aber dieses Zustands bewußt zu sein vermögen, desto lebendiger, mächtiger, genügender ist die Überzeugung, die daraus entsteht – der Glaube an echte Offenbarungen des Geistes.

Selbstentäußerung ist der Grund aller echten Erhebung. Der erste Schritt ist Blick nach innen, absondernde Beschauung unsres Selbst. Wer hier stehnbleibt, gerät nur halb. Der zweite Schritt muß wirksamer Blick nach außen, selbsttätige, gehaltne Beobachtung der Außenwelt sein.

Jetzt regt sich nur hie und da Geist. Wann wird der Geist sich im Ganzen regen? Wann wird die Menschheit in Masse sich selbst zu besinnen anfangen?

Wir sind auf einer Mission. Zur Bildung der Erde sind wir berufen.«

Zufrieden bricht er ab, nimmt das erste leere Blatt und schreibt darauf groß »Blütenstaub«. Damit man seine Absicht erkenne, setzt er als Motto darunter: »Freunde, der Boden ist arm; wir müssen reichlichen Samen ausstreun, daß uns doch nur mäßige Ernten gedeihn.«

Das wird auch den Namen »Novalis« verständlicher machen, denkt er, welchen ich also gewählt. Denn daß ich meinen eigentlichen Namen daruntersetzte, wäre nicht ratsam.

Er taucht die Feder erneut ein und beginnt mit der Abschrift des ersten Fragments: »Wir suchen überall das Unbedingte und finden immer nur Dinge.«

Den 24. Februar 1798, als er die letzte der 59 Seiten säuberlich abgeschrieben hat, bündelt er die Blätter zu einem stattlichen Paket, adressiert es an August Wilhelm Schlegel in Jena und schreibt dazu: »Ihr beiderseitiges Urteil mag Beikommendes zum Feuer oder zum nassen Wege bestimmen – ich sage mich gänzlich davon los. Hätten Sie Lust, öffentlichen Gebrauch davon zu machen, so würde ich um die Unterschrift *Novalis* bitten, welcher Name ein alter Geschlechtsname von mir ist und nicht ganz unpassend. Friedrichs Maxime: Ich hasse die Anonymität! ist die meinige nicht. Der Name tut nichts zur Sache und schadet ihr gemeiniglich. Hier ist kein pflichtmäßiges Votum abzulegen, wo jeder ehrliche Mann sich nennt. – Steht Ihnen diese Masse an, so kann ich noch mit mehr aufwarten. Ich habe noch einige Bogen logologische Fragmente, Poetizismen und einen Anfang unter dem Titel: Der Lehrling zu Saïs – ebenfalls Fragmente, nur alle in Beziehung auf Natur. Wenn Sie nun erst diese Fragmente gelesen haben werden und die Folge, die noch stärker auftritt, so bitt ich mir von neuem Ihrer beider Urteil über meinen Mystizismus aus, der noch ein sehr unreifes Wesen ist. Künftig treib ich nichts als Poesie. Die Wissenschaften müssen alle poetisiert werden. Von dieser realen, wissenschaftlichen Poesie hoff ich recht viel mit Ihnen zu reden. Ein Hauptgedanke dazu ist die Idee der Religion in meinen Fragmenten.

Wenn ich mit Ihnen den Dichter des armen, verschmähten Hermann besuchen könnte? Nein, sagen Sie mir nur, ob ›Hermann und Dorothea‹ überall so mißfallen hat wie hier oben herum. Noch hab ich es von keinem Menschen hier loben hören. Auch Ihre köstliche Rezension hat keinen Eindruck gemacht, sie war den meisten zu lang und unverständlich. Der Geschmack ist doch recht sparsam ausgeteilt.«

Ostern eilt Hardenberg nach Thüringen, um auf dem Grab seiner Sophie den ersten Jahrestag ihres Todes zu begehen. Auf der Rückreise kehrt er bei Schlegels in Jena ein. Er liest ihnen aus seinen neuen Fragmenten vor – politischen Fragmenten, welche so gefallen, daß Schlegel ihm seinen innigen Wunsch, ihn bei dem Dichter des armen, verschmähten Hermann einzuführen, erfüllen will! Denn Goethe hält sich gerade in Jena auf.

Ganz unbekannt kann er Goethe nicht mehr sein, weiß Hardenberg. Nachdem er Schlegel in Jena kennengelernt, hatte dieser Goethe von der Begegnung berichtet und ihn dabei einen äußerst interessanten Mann genannt, wie er ihm danach gestand. Überdies war Goethe schließlich bei seiner Sophie. Seine Anhänglichkeit an das erhabene Bild Sophiens hat ihn mir lieber gemacht als alle seine trefflichen Werke, denkt er. Seither habe ich ihn wahrhaft lieb: er gehört zu meinem Herzen. Freilich könnt ich ihn auch nicht für den Apostel der Schönheit halten, wenn ihn nicht schon das bloße Bild ergriffen hätte. Die schönsten Menschen müssen ihr ähnlich gewesen sein. Sollte er ihr nicht einen stillen Kranz gewunden haben? O! daß ich davon Gewißheit hätte.

Vormittags, den 29. März 1798, begeben sie sich zu Goethes Logis. Hardenberg ist erregt und spricht viel. Er kann und will auch nicht seine Vorfreude auf das Kennenlernen verbergen.

»Goethe ist jetzt der wahre Statthalter des poetischen Geistes auf Erden«, redet er auf Schlegel ein. »So habe ich es im ›Blütenstaub‹ ausgedrückt. Ich denke doch, das wird Eindruck machen! Wie wünschenswert ist es nicht, Zeitgenoß eines wahrhaft großen Mannes zu sein. Die jetzige Majorität der kultivierten Deutschen ist aber dieser Meinung nicht. Sie dünkt sich fein genug, um alles Große wegzuleugnen, und befolgt das Planierungssystem. Wenn das System des Kopernikus nur nicht so fest stände, so würd es ihnen sehr bequem sein, Sonne und Gestirne wieder zu Irrwischen und die Erde zum Universum zu machen. Ist ein großer Mann unter uns, wird er so gemein als möglich behandelt und schnöde angesehn – warum? Weil er die Erwartungen des gewöhnlichen Zeitvertreibs nicht befriedigt und die andren einen Augenblick in Verlegenheit gegen sich selbst setzt. Für eine Schwäche der Seele muß ich das halten! Und die Aufnahme von ›Hermann und Dorothea‹ dürfte ein interessantes Symptom dafür sein.«

Goethe freilich ist ganz anders disponiert, als Hardenberg erwartet hat. Von Poesie und Literatur spricht er gar nicht, weder im allgemeinen, noch im besonderen. Ebensowenig von Hardenbergs Schicksal, geschweige von Sophie. Goethe scheint Hardenberg – mit Verlaub gesagt – ziemlich steif und mehr auf Förmlichkeit und angenehme Unterhaltung bedacht als auf offenen Gedankenaustausch.

Er studiere also an der Bergakademie zu Freiberg, wie ihn Rat Schlegel habe wissen lassen? Und auch bei Werner? Ja, zweifellos – Werner sei ein vorzüglicher Lehrer und Kenner der Mineralogie, den er auch sehr schätze. Er selbst habe gerade wieder sein Mineralienkabinett vorgenommen und geordnet. Auch die Raupen- und Schmetterlingspräparate wieder durchgesehen, wobei man freilich die Natur nicht gesondert und vereinzelt vornehmen dürfe, sondern sie wirkend und lebendig, aus dem Ganzen in die Teile strebend, anzusehen habe. Werner sei ja auch ein trefflicher Geognost. Aus Anlaß seiner eigenen Harzreise mit dem Rat Kraus habe er auch wieder des letzteren Zeichnungen der Harzfelsen vorgenommen, welche ihm Anlaß zu mancherlei geognostischen Betrachtungen gäben –

Auch gegen Schlegel, beobachtet Hardenberg, gibt sich Goethe eher zurückhaltend. Nicht daß er ohne Wohlwollen wäre. Aber sein Gesicht ist doch vorwiegend ernst und verschlossen. Wie anders war der Umgang mit Schiller! denkt er, mit den Schlegels oder mit Schelling, selbst mit Fichte. Heute abend soll ich Schiller sehen!

Geradeso wie einst in der Studentenzeit, zieht er abends hinaus zum unteren Löbdergraben, zum stattlichen Griesbachschen Hause, in dem sich der größte Hörsaal befand und in dessen oberen Stockwerken Schiller nun sein Domizil genommen hat. Schiller ist noch ganz so gut und herzlich, wie er es gegen ihn

Johann Wolfgang von Goethe (1749–1832). Kupferstich nach der Kreidezeichnung von Johann Heinrich Lips, 1791. Goethe schien Hardenberg ziemlich steif und mehr auf Förmlichkeit und angenehme Unterhaltung bedacht als auf offenen Gedankenaustausch anläßlich ihrer ersten Begegnung am 29. 3. 1798.

gewesen. Und Frau Charlotte spricht sogleich von ihrer lieben Freundin Sophie mit inniger Rührung. Der Anblick der Locke, gesteht sie ihm, welche er ihr nach der Seligen Hinscheiden geschickt, erfülle sie immer mit Dankbarkeit für diese Bekanntschaft und stelle ihr die lieben Szenen mit der geduldig Leidenden lebhaft vor Augen.

Auch das Wiedersehen mit Niethammer, der mit seiner Gemahlin gleichfalls geladen ist, tut Hardenberg ungemein wohl. Als aber Goethe eintrifft, scheint ihm die offene Herzlichkeit und freimütige Ergießung wieder dessen kühlerer Zurückhaltung zu weichen.

Mein Unstern will es, sagt er sich, daß ich Goethe heute nicht in der Stimmung finde, wie ich ihn mir so sehnlich gewünscht hätte. Ich muß ihn wohl ein andermal und, wenn es möglich ist, in nicht zu ferner Zukunft wiedersehn. Schillern will ich bitten, mich bei einem künftigen Aufenthalt in Jena wieder einzuladen, wenn er auch zugegen ist. Wie vollkommen würde mein Glück sein, wenn es dann Goethe gefiele, einmal offen und mitteilend zu sein, wenn ich dabei wäre. Damit ich ein Bild von seinem persönlichen Umgang hätte, das dem Bilde vom Schriftsteller entspräche.

Zwar ist es Hardenberg recht, daß Goethe den angehenden Wissenschaftler der Natur in ihm gesehen. Er ist ein solcher, will auch einer sein. Und hätte Goethe sich nur auf tiefere Probleme dieser Wissenschaften einlassen oder auch nur von seinen eigenen Schriften auf diesem Felde, welche Hardenberg gründlich kannte, detaillierter sprechen wollen, er hätte ihm schon Rede und Antwort gestanden.

Aber die schönen Künste trieb er doch auch. Goethe sollte schon noch merken, was er da zustande brächte, tröstet er sich.

Das neue Studienjahr ist schon im vollen Gange. Köhler ist erkrankt, so daß dessen Vorlesungen entfallen. Aber die Herren Werner, Lampadius und Lempe lesen, die Praktika setzen sich ebenso fort wie das Studium der Fachbücher, welche Hardenberg sich aus der Bibliothek entleiht. Dennoch ist er weiterhin so viel als möglich über seinen schriftstellerischen Arbeiten, so daß ihm die

Nächte immer kürzer werden und zu erholsamen Spaziergängen bei Tage keine Zeit mehr bleibt.

Ich bin ziemlich fleißig, stellt er zufrieden fest. Freilich hab ich jetzt mit so viel empirischem Wust zu tun, daß mir oft angst und bange wird, wo ich Verdauungskraft hernehmen soll. Ich will auch nicht zu lauter a+b werden. Vielmehr bin ich wahrhaft entschlossen, die Mathematik künftig sehr verächtlich zu traktieren, weil sie mich wie einen Abc-Schützen behandelt. Mit der Chemie ist die Gefahr größer, doch hat mich meine alte Neigung zum Absoluten auch diesmal glücklich aus dem Strudel der Empirie gerettet. Ich schwebe jetzt und vielleicht auf immer in lichten, eigentümlicheren Sphären. Wie wohl wird mir nicht, wenn ich meine liebe Spekulation hervorsuchen kann und mich hier allein stark und lebendig fühle. Es fehlt mir nur so sehr an Büchern – noch mehr an Menschen, mit denen ich philosophieren, an denen ich mich elektrisieren könnte. Ich produziere am meisten im Gespräch, und dies fehlt mir hier ganz. Die Briefe mit Schelling und den Schlegels müssen mich schadlos halten. Schlegel erwartet neue Fragmente – die soll er haben. Als politischen Schriftsteller werden sie mich kennenlernen, wenn ich ihm »Glauben und Liebe« schicke.

»Glauben und Liebe oder Der König und die Königin« – so nennt Hardenberg, was er dem neuen preußischen Königspaar zudenken will. Friedrich Wilhelm III. hat nach des Vaters Tod den Thron bestiegen, zur Erleichterung vieler, weil die glücklose Regierung nun hoffentlich ein Ende haben wird, desgleichen der Verfall der Sitten, der bei Hofe so ganz öffentlich und schamlos sichtbar geworden. Der junge König läßt auch gleich des Vaters Mätresse den Prozeß machen. An der Seite seiner Königin Luise, welche ihm bereits zwei Knaben geboren, erhebt er den Wert wahrer Häuslichkeit zur Höhe des Thrones, damit die große Familie des Volkes sich in diesem Bild wiedererkenne und in den schönen Kreis eintrete. Jeden Monat erscheint nun eine Zeitschrift in Berlin, »Jahrbücher der Preußischen Monarchie unter der Regierung Friedrich Wilhelms III.« betitelt, in welcher nicht nur von des Königs Politik, sondern auch von seinem und der Königin persönlichem Leben berichtet wird und Huldigungen des Volkes

Hans Georg von Carlowitz. Gemälde von Wilhelm Tischbein, um 1812. Der Studienfreund aus Leipziger Zeiten gehörte zu einer Fronde junger sächsischer Adeliger, die sich eine Reform der überholten sächsischen Ständeverfassung zum Ziel gesetzt hatte.

an die geliebten Monarchen sich finden. Hier will Hardenberg, der die Zeitschrift liest, nach Möglichkeit seine Fragmente gedruckt sehen. Friedrich Schlegel will er sie zur Vermittlung überschicken.

Doch vorerst kommt er nicht dazu, das Manuskript zum Druck fertigzumachen. Freund Carlowitz, dem Studiengefährten aus Leipziger Zeiten, ist er dringend vonnöten. Der weiß sich nämlich keinen Rat mehr, nachdem nicht nur die Liaison mit seiner Caroline von Schönberg von deren Mutter hintertrieben wird, sondern Caroline selbst nun ein Verhältnis mit dem weimarischen Kammerjunker von Lyncker angesponnen hat, welches Carlowitzen, als er nach Weimar geht, dem Ränkespiel etlicher dortiger Kavaliere, den Herzog selber eingeschlossen, dergestalt aussetzt, daß er diesen Lyncker und auch dessen intriganten Bruder zum Duell fordert — aber abschlägig beschieden wird. Entsetzt flieht Carlowitz aus Weimar, um sich schließlich auf sein Gut Oberschöna unweit von Freiberg zurückzuziehen, wo Hardenberg ihn denn gemütskrank findet, eingeschlossen wie in eine Klause, dem Unmut ausgeliefert, in grenzenloser Unentschlossenheit auf die Schlacken seines verkohlten Geistes starrend. Mit wenigen Funken weiß er aber ein alles verzehrendes Feuer zu verbreiten, das scheue Auge vom verderblichen Abgrunde weg in eine schöne Ferne zu locken und den Freund, der sich schon aufgegeben, wieder zu beruhigen.

Wenn schon sterben, dann sollten sie gemeinsam den Entschluß fassen, freiwilligen Abschied zu nehmen. Und niemand dürfe davon wissen. Der Entschluß müsse wie ein Palladium verwahrt werden, als Schatz für die Zukunft.

Zusammen reisen sie nach Liebstadt und über Dresden zurück, wo Hardenberg den Freund erst verläßt, als er ihn ganz gerettet und sich selbst zurückgegeben weiß.

Weil seine Studien nun ohnehin unterbrochen sind und es sich um den Geburtstag schlecht studieren läßt, beehrt er Anfang Mai gleich noch die Hofrätin von Manteuffel im nahen Tharandt, trifft sich daselbst mit Brachmann, sucht auch den Studienfreund Burgsdorff in Dresden wieder auf, Schlegels Schwester ebenso, welche in stündlicher Erwartung ihrer Schwägerin Caroline steht, und nimmt den Bruder Anton für einige Tage mit zu Miltitz auf Schloß Siebeneichen. Den 11. Mai 1798 schickt er dann seine Fragmente, dazu noch einige Blätter, »Politische Aphorismen« überschrieben, an Friedrich Schlegel nach Berlin. Er schreibt dazu:

»Ich schicke Dir hier etwas, was ich gern bald irgendwo abgedruckt hätte. Am besten schickt es sich in die Jahrbücher der Preußischen Monarchie, ihrem Plane nach. In Euer Journal paßt es, wie mich dünkt, nicht. Vielleicht schickte es sich auch zum einzelnen Abdruck mit einem Bilde des königlichen Paars – wenn der Buchhändler sein Konto dabei zu finden glaubt. In diesem Falle müßte es nur mit typographischer Eleganz erscheinen. Ich bitte Dich um die Besorgung dieser kleinen Pièce. Mach es mit dem Buchhändler ganz nach Deiner Meinung ab. Dein Urteil darüber bitt ich mir aus. Dein Bruder und die Schwägerin haben einzelne Fragmente daraus gehört und waren damit zufrieden. Ohne Glauben und Liebe ist es nicht zu lesen.

Ich habe bald wieder einen großen Vorrat zur Aufbereitung zusammen. Ich bin ziemlich fleißig und ziemlich reich an Einfällen.«

Schlegel seinerseits ist auch nicht faul gewesen. Hardenbergs »Blütenstaub«, von seinem Bruder August Wilhelm mit Anmerkungen überschickt, hat er nach eigenem Gutdünken zum Druck bearbeitet – einige Fragmente geteilt, andere zusammengefügt, etliche herausgenommen, eigene dazugetan, damit die fraternelle Wechselwirkung ihrer Symphilosophie recht vollendet würde. Freundlich in die Mitte geschlossen zwischen einem Aufsatz Wilhelms über die Sprache und Friedrichs Gedanken zum »Wilhelm Meister«, erscheint der »Blütenstaub« nun im ersten Heft des neuen »Athenaeums«. Aufsehen erregt das Heft, ganz wie erwartet. Goethe, welchem Schlegel senior von Jena aus ein Exemplar geschickt hat mit dem Hinweis, der »Blütenstaub« sei von einem philosophischen Freunde, der nicht unter seinem wahren Namen genannt sein wolle, Goethe liest das ganze Heft in *einem* Zuge aus. Er äußert sich zustimmend und dankbar für die entschiedene Neigung, mit der er und sein Werk hier begrüßt würden; hinfort betont er sein Interesse an Rat Schlegels »Athenaeum«-Kreis. Im Berliner Freundeskreis um Friedrich Schlegel, dem außer dem Prediger Schleiermacher auch Ludwig Tieck und die gebildeten Damen Henriette Herz und Rahel Levin und Brendel Veit, Schlegels besondere Freundin, zugehören, werden Hardenbergs Fragmente aufmerksam studiert und diskutiert, vornehmlich jenes lange von der Religion, welches so anhebt: »Nichts ist zur wahren Religiosität unentbehrlicher als ein Mittelglied, das uns mit der Gottheit verbindet. Unmittelbar kann der Mensch schlechterdings nicht mit derselben in Verhältnis stehn...« Eine neue Idee der Religion tritt hier auf! sind sie sich einig – während etwa Just in Tennstedt diese gar nicht zu fassen vermag. Daß aber Goethe als der wahre Statthalter des poetischen Geistes auf Erden bezeichnet wird, das macht den meisten Eindruck, ganz wie Hardenberg vermutete, und schmeckt den andren Herren Dichtern wenig. Der Herr Oberhofprediger von Herder zum Exempel erregt sich gegen Johann Wilhelm Gleim in Halberstadt: »Haben Sie das ›Athenaeum‹ gelesen? Ein einziger paradiert auf Erden, Apolls Stellvertreter, der Eindichter. Wir wollen hinunter, hinunter!« – Und Wieland, welchem, wie wir uns erinnern, seinerzeit des jungen Hardenbergs erste Veröffentlichung zu danken gewesen, Wieland schreibt an Karl August Böttiger in Weimar: »Da Sie das ›Athenaeum‹ noch nicht reklamiert haben, so habe ich daraus vermutet, ich dürfte es noch einige Tage, zur Nahrung und Stärkung meiner Seele an dem Blütenstaube des Herrn Novalis, zurückbehalten. Sie werden unter diesem Blütenstaube hier und da wirklich prächtige Dinge finden, aber auch so possierliche Fratzen, Kontorsionen und Affensprünge des verschrobensten, poetisch-philosophischen Aftergenies, daß man seine Lust daran sieht. Weil ich die ausgezeichneten Masken gern kennen mag, so wünschte ich wohl, daß Sie erfahren könnten, wer der mit Zungen redende Novalis ist?«

Unterdessen treffen Frau Schlegel und ihre Tochter Auguste mit der Kutsche wohlbehalten vor dem Haus des Hofsekretärs und Schwagers Ernst in Dresden ein. In ihrer Begleitung befindet sich der Übersetzer Gries, der seinerseits im »Goldenen Engel« absteigt. Weil er dort auf Bekannte trifft, die gerade eine Fahrt nach Freiberg planen, läßt er sich überreden, mitzufahren. Er kennt August von Herder, des Oberhofpredigers Sohn; den könnte er besuchen.

Der Herr von Herder sei nicht zugegen, wird ihm erklärt, wohl aber dessen Freund, der Herr von Hardenberg.

Zu seiner Freude erfährt er, daß Hardenberg just in dem Gasthof logiert, in dem er abgestiegen. Zwar kennt er ihn nur flüchtig – bei der kranken Braut in Jena hat er ihn gesehen, wohin Woltmann ihn mitgenommen –, aber das läßt sich ändern: er präsentiert sich also Hardenberg. Der führt ihn nun herum, zeigt ihm auch das Amalgamierwerk und nimmt ihn kurzerhand mit zur Familie Charpentier, wo Gries, außer der ganz erlesenen Bibliothek, in der hübschen und liebenswürdigen Tochter Karoline eine fertige Klavierspielerin findet. Einige Stunden verfließen ihnen so auf die angenehmste Weise, und am Abend macht Hardenberg ihn noch in ihrem Gasthof mit Professor Werner bekannt. Gries gefällt sich hier so gut, daß er die Gefährten allein nach Dresden zurückkehren läßt und ihnen erst einige Tage später, in der Begleitung Hardenbergs, folgt. Denn Hardenberg will Frau Schlegel und Auguste wiedersehen. August Wilhelm Schlegel ist dieweil bei seinem Bruder Friedrich in Berlin.

Wir wollen recht viel beisammensein, beschließen sie, besonders wenn Wilhelm hierher nachkommt und womöglich auch Friedrich mitzubringen vermag.

Da erreicht Hardenberg ein Bote aus Grüningen: die gute liebe Ma chère, die Danscour – sei nicht mehr, den 20. des Monats werde sie begraben!

Die Nachricht trifft ihn unvermittelt wie der Schlag.

Ist sie denn krank gewesen? Hat sie je geklagt? Doch freilich, von ihren Kopfschmerzen war schon dann und wann die Rede; die hatte niemand ernstgenommen.

Indem er sich nun alle dort denkt, erfaßt ihn eine heftige Sehnsucht nach Grüningen. Auch nach seiner stillen Klause bei den Justs in Tennstedt. Vor der Hand kann er nicht einfach reisen; aber zum Ende des Monats, des Monats Mai 1798, macht er sich auf. Die Reise freilich will ihm gar nicht bekommen. Zu stark tritt ihm sein altes Leid vor Augen durch die neue Trauer hier im gelben Schloß. Aus wahrer Sehnsucht nach Sophie sei die Danscour gestorben, sagt man ihm. Alle Winkel sprechen von den glücklicheren Zeiten, alle Augenblicke, alle Szenen und Gespräche sind erfüllt von den Erinnerungen an die beiden Hingegangenen. Auch in Tennstedt kann er – schon der Justen wegen – keine Ruhe finden.

Hier ist wohl sein Kreis nicht mehr?

Deutlich angegriffen, blaß und wie durchsichtig, kehrt er zurück – so angegriffen, daß man sich im Hause Charpentier recht um ihn sorgt. Er möge nun nicht länger im Gasthof logieren, sagt man ihm. In ihrem Hause sei doch Raum genug.

So zieht er ein.

Nachgerade mit beängstigender Vehemenz wirft er sich wieder auf seine Studien. Er legt sich besondere Studienhefte an, ein chemisches Heft, ein mathematisches Heft, um sich mit den gehörten Vorlesungen, aber auch mit der eigenen Lektüre zeitgemäßer, die wissenschaftlichen Gemüter bewegender Probleme auseinanderzusetzen – mit Oxydation und Desoxydation, mit Kristallisation und Magnetismus, mit der Erregungslehre des schottischen Arztes Brown und der Elektrizität nach Galvani. Nur daß er den Damen des Abends nicht aus solchen naturwissenschaftlichen Studien vorlesen kann. Und vorlesen soll er ihnen, möglichst oft und jetzt noch öfter, wo er doch nun Hausgenosse ist. Er wüßte auch kaum, was er lieber täte, als vor solchem Auditorium zu lesen! So sehen wir ihn wieder vor den beiden Töchtern des Hauses in der großen Stube sitzen.

Einen Dialog über das Bücherschreiben und Bücherlesen wolle

er heute lesen, sagt er, während er seine Manuskriptblätter ordnet, ausgetragen zwischen den Freunden A und B:

»A: Der neue Messekatalog?

B: Noch naß von der Presse.

A: Welche Last an Buchstaben, welche ungeheure Abgabe an Zeit.

B: Du scheinst zu den Omaristen zu gehören, wenn es erlaubt ist, Euch nach dem Konsequentesten unter Euch zu benennen.

A: Du willst doch nicht den Lobredner dieser Bücherseuche machen?

B: Warum den Lobredner? Aber ich freue mich im Ernst über die jährliche Zunahme dieses Handelsartikels, bei dem die Exportation nur Ehre, aber die Importation baren Gewinn bringt. Es sind doch bei uns mehr wahre gediegene Gedanken in Umlauf als bei unsern Nachbarn zusammengenommen. Die Entdeckung dieser mächtigen Minen in Deutschland, die wahrhaftig eine größere Revolution machen und machen werden als die Entdeckung von Amerika, fällt in die Mitte dieses Jahrhunderts. Wie haben wir nicht seitdem schon an wissenschaftlicher Gewinnung, Aufbereitung und glänzender und nutzbarer Bearbeitung zugenommen. Wir holen jetzt überall die rohen Erze oder die schönen Formen zusammen, schmelzen jene um und wissen diese nachzuahmen und zu übertreffen. Und du willst, daß wir alles zuschütten und zu der rohen Armut unsrer Väter zurückkehren sollen! Ist es nicht wenigstens eine Veranlassung zur Tätigkeit? Und ist nicht jede Tätigkeit lobenswert?

A: So läßt sich nichts dagegen einwenden. Aber nun laß uns doch die große Kunst und das edle Metall näher beleuchten.

B: Die Argumente gegen das Ganze, aus der Gebrechlichkeit und den Mängeln des einzelnen, laß ich nicht gelten. So etwas will im ganzen angesehen sein.

A: Ein Ganzes aus elenden Gliedern ist selbst ein elendes oder vielmehr gar kein Ganzes. Ja wenn es ein planmäßiger Fortschritt wäre. Wenn jedes Buch irgendwo eine Lücke ausfüllte und so jede Messe gleichsam ein systematisches Glied in der Bildungskette wäre. So wäre eine jede Messe eine notwendige Periode, und so entstände aus zweckmäßigen Fortschritten endlich ein vollendeter Weg zur idealischen Bildung. Ein solcher systematischer Katalog – wieviel kleiner an Volumen und wieviel größer an Gewicht!

B: Es geht dir und vielen wie den Juden. Sie hoffen ewig auf den Messias, und dieser ist schon längst da. Glaubst du denn, daß das Menschenschicksal oder, wenn du willst, die Natur der Menschheit erst nötig hat, unsre Hörsäle zu frequentieren, um zu erfahren, was ein System ist? Mir scheint es, als wenn unsre Systematiker noch bei der Natur der Menschheit in die Schule gehn könnten. Die Zufälle, ihr Zusammentreffen, das ist nicht wieder Zufall, sondern Gesetz, Erfolg der tiefsinnigsten, planmäßigsten Weisheit. Es ist kein Buch im Messekatalog, das nicht seine Frucht getragen hat, und hätt es auch nur den Boden gedüngt, auf dem es wuchs. Wir glauben viele Tautologien zu finden. Dort, wo sie entstanden, belebten sie doch diese und jene Ideen vorzüglich. Sie sind nur für das Ganze, für uns Tautologien; der schlechteste Roman hat wenigstens den Freunden und Freundinnen des Verfassers ein Vergnügen gewährt. Armselige Predigten und Erbauungsbücher haben ihr Publikum, ihre Anhänger, und wirken in typographischer Rüstung mit zehnfacher Energie auf ihre Hörer und Leser und so durchaus.

A: Du scheinst die nachteiligen Folgen des Lesens und den ungeheuren Kostenaufwand auf diesen Artikel des modernen Luxus ganz zu vergessen.

B: Lieber, ist nicht das Geld zum Beleben da? Warum soll es nun nicht auch diesem Bedürfnis unsrer Natur dienen, den Sinn für Gedanken beseelen und befriedigen? In Ansehung der nachteiligen Folgen, so bitt ich dich nur um ein augenblickliches ernstes Nachdenken, weil ein solcher Einwurf von dir mich beinah ärgert.

A: Ich weiß, wo du hinwillst, und ich wünsche in der Tat nicht, die echten Philisterbedenklichkeiten zu den meinigen zu machen, indes hast du nicht oft selbst genug über dein Bücherlesen geklagt? Hast du nicht oft von der fatalen Gewöhnung an die gedruckte Natur gesprochen?

B: Es kann sein, daß meine Klagen der Art Anlaß zu Mißverständnissen geben könnten, aber, abgerechnet daß es gewöhnlich nur Äußerungen mißmutiger Augenblicke sind, wo man nicht allgemein, sondern, wie die Leidenschaft und Laune, einseitig spricht, so hab ich mich damit mehr über die unvermeidliche Schwäche unsrer Natur, ihren Gewöhnungs- und Verwöhnungshang, und nicht im Grunde über die Chiffernwelt beschwert. Diese kann nichts dafür, daß wir am Ende nur noch Bücher, aber keine Dinge mehr sehn und unsre fünf leiblichen Sinne beinah so gut wie nicht mehr haben. Warum heften wir uns so einzig, wie kümmerliches Moos, an den Druckerstock?

A: Wenn das aber so fortgeht, so wird man am Ende keine ganze Wissenschaft mehr studieren können, so ungeheuer wächst der Umfang der Literatur.

B: Glaube das nicht. Übung macht den Meister und auch im Bücherlesen. Du lernst dich bald auf deine Leute verstehn. Man hat oft nicht zwei Seiten dem Autor zugehört, so weiß man schon, wen man vor sich hat. Oft ist der Titel selbst physiognomisch lesbar genug. Auch die Vorrede ist ein subtiler Büchermesser. Die Klügern lassen deshalb jetzt diesen verräterischen Inhaltsanzeiger gewöhnlich weg, und die Bequemen tun es, weil eine gute Vorrede schwerer ist als das Buch – denn, wie der junge, revolutionäre Lessing sich ausdrückt, so ist die Vorrede Wurzel und Quadrat des Buchs zugleich, und ich füge hinzu, mithin nichts anders als die echte Rezension desselben.

A: Ich weiß aber nicht, mir sind der vortrefflichen Bücher selbst zu viele. Wie lange bring ich nicht bei *einem* guten Buche zu, oder vielmehr jedes gute Buch wird mir zum Vehikel lebenslänglicher Beschäftigung, zum Gegenstand eines nie sich erschöpfenden Genusses. Warum schränkst du dich denn nur auf wenige gute und geistvolle Menschen ein? Ist es nicht aus demselben Grunde? Wir sind nun einmal so eingeschränkt, daß wir nur weniges ganz genießen können. Und ist es nicht am Ende besser, *einen* schönen Gegenstand sich durchaus zuzueignen, als an hunderten vorbeizustreichen, überall zu nippen und so mit vielen, oft sich widersprechenden halben Genüssen zeitig genug sich die Sinne abzustumpfen, ohne etwas dabei auf ewig gewonnen zu haben?

B: Du sprichst wie ein Heiliger. Leider triffst du einen Pantheisten in mir, dem die unermeßliche Welt gerade weit genug ist. Ich schränke mich auf wenige gute und geistvolle Menschen ein, weil ich muß. Wo hab ich denn mehr? So mit Büchern. Die Büchermacherei wird mir noch bei weitem nicht gehörig ins Große getrieben. Wenn ich das Glück hätte, Vater zu sein – Kinder könnt ich nicht genug haben, nicht etwa zehn bis zwölf – hundert wenigstens.

A: Nicht auch Frauen, Vielhaber?

B: Nein, nur *eine*, im vollen Ernste.

A: Welche bizarre Inkonsequenz.

B: Nicht bizarre und nicht mehr Inkonsequenz als nur *einen* Geist in mir und nicht hundert. So wie mein Geist aber sich in hundert und Millionen Geister verwandeln soll, so meine Frau in soviel Weiber, als es gibt. Jeder Mensch ist ohne Maß veränderlich. Wie mit den Kindern, so mit den Büchern. Ich möchte eine ganze Büchersammlung, aus allen Kunst- und Wissenschaftsarten, als Werk meines Geistes vor mir sehn. Und so mit allen. ›Wilhelm Meisters Lehrjahre‹ haben wir jetzt allein. Wir sollten soviel Lehrjahre, in demselben Geist geschrieben, besitzen, als nur möglich wären – die sämtlichen Lehrjahre aller Menschen, die je gelebt hätten –

A: Jetzt höre auf, mir schwindelt schon. Morgen mehr. Dann bin ich wieder imstande, einige Glas von deinem Lieblingswein mit dir zu trinken.«

Nicht immer ist es Hardenberg, der vorträgt. Karoline vermag die trauten Abendstunden mit ihrem seltsam schönen Klavierspiel zu verzaubern. Einmal spielt sie Mozart. Mozart. »Wenn die Liebe in deinen blauen Augen«, beginnt sie seelenvoll zu intonieren. Hardenberg und Julie, auf dem Sofa gegenüber, lassen sich von ihrem Spiel ergreifen, lauschen mit unsäglicher Empfindung in der ahnungsvollen Nähe eines ersten Kusses.

Es läßt sich nicht länger übersehen: Hardenbergs Gesundheit ist angegriffen. Er möge diesen Zustand doch nicht hinnehmen, dringt Charpentier in ihn, und Doktor Liebe rät zur Kur. In der Tat muß Hardenberg sich eingestehen, daß er, indem er die Kräfte seines Körpers länger schon beobachtet, eine Schwächung derselben, eine Mattigkeit und wachsende Unruhe gewahr wird, welche ihm bislang fremd gewesen. Sollte nicht auch der Tod der lieben Menschen, zuletzt nun der Danscour, sollte nicht sein fleißiges Studieren schon den frühen Morgen und meist bis in die Nacht, zu schweigen von den ungesunden Aufenthalten unter Tage in den Bergwerken während der Praktika, sollten nicht schließlich die Nöte seiner Seele allemal geeignet sein, ihm die Gesundheit auszuzehren? Er wählt das nahe böhmische Bad Teplitz zur Kur und setzt sein Verbleiben daselbst auf die Mitte des Juli bis zur Mitte des August 1798 fest.

Die Hinreise nimmt er über Dresden, weil er auf ein paar Tage bei den Schlegels sein will, deren Drängen nachgebend und der eigenen Sehnsucht. Denn die beiden Brüder sind soeben, von Berlin kommend, bei der Schwester eingetroffen. Hardenbergs Aufsatz erregt ihre Gemüter, oder richtiger desselben öffentliche Aufnahme. »Glauben und Liebe« ist nämlich gerade im Juli-Heft der Preußischen Jahrbücher erschienen, wofür Friedrich Schlegel nach Hardenbergs Wunsch Sorge getragen, nachdem er die Gedichte ausgesondert und noch im Juni-Heft unter dem Titel »Blumen« untergebracht hat.

»Der Aufsatz hat in Berlin große Sensation gemacht«, weiß Wilhelm Schlegel zu berichten. »Die Aufmerksamkeit des Königs selbst hat er auf sich gezogen, und ein Minister hat sich angelegentlich nach dem Verfasser erkundigt! Daß Sie ein Ideal der monarchischen Verfassung als in seiner Person realisiert betrachtet und dies zum Vehikel gebraucht haben, um Ihre Philosopheme darüber beinahe poetisch einzukleiden, das hat der König nicht verstanden.«

265

»Er hat deinen Aufsatz gelesen und nicht verstanden«, bestätigt Friedrich. »Man kann sich doch nur über die literarische und intellektuelle Mediokrität des königlichen Geistes wundern! Von einem König werde mehr verlangt, soll er gesagt haben, als er zu leisten fähig sei. Immer werde vergessen, daß er ein Mensch sei. Man solle nur einen Mann, der dem König seine Pflichten vorhalte, vom Schreibpult zum Thron bringen, und dann würde er erst die Schwierigkeiten sehen, die jenen umgeben und die zu heben nicht möglich sei. Und was jener Novalis gar von der Königin sage, soll er ergänzt haben, finde er abgeschmackt und unsittlich. – Dem Generaladjutanten Obristleutnant von Köckeritz hat er dann Ordre gegeben, Deinen Aufsatz zu lesen. Weil dieser ihn aber gleichfalls nicht verstanden, hat er den Konsistorialrat Niemeyer zu Rate gezogen. Dieser hat auch nicht verstanden, worüber er höchlich entrüstet gewesen und gemeint, es müsse ihn gewiß einer von den beiden Schlegeln geschrieben haben. Es ist nämlich für ihn wie für mehrere Philister: was man nicht versteht, das hat ein Schlegel geschrieben. – Darauf wurde der Kabinettsminister Graf von der Schulenburg zu Unger geschickt, weil der Verleger doch den wahren Namen des Novalis kennen mußte.«

»Hat er ihn preisgegeben?«

»Wo denkst du hin! Geschwiegen hat er und darauf bestanden, du lebtest in Rußland! – Freilich muß doch wer dir auf die Spur gekommen sein. Denn plötzlich hieß es, ein Neveu des Ministers von Hardenberg sei dieser Novalis! Ich vermute fest, daß Niemeyer mit Hilfe von Reichardt und Wolf die Konjektur gemacht hat. Was sie schon leicht können, da Reichardt und Wolf durch mich von dir wissen, und nachdem sie den ›Blütenstaub‹ mir nicht wohl zuschreiben konnten, fast nur auf dich fallen mußten. Ich rate dir, wechsle den fingierten Namen oder wähle einen Buchstaben. Die politischen Aphorismen sollen doch ins nächste Heft. Auch Unger meint, nachdem die Herren bei der Zensur nun aufmerksam geworden, dürfe gewiß nichts gedruckt werden, worunter der Name Novalis stehe: Du solltest dich lieber einer andern Unterschrift bedienen, damit man keine Vorurteile gegen dich fasse.«

»Das ist dem König wohl zu gefährlich erschienen, daß die Zeit kommen wird und bald, wo kein König ohne Republik bestehen kann!«

»Wie soll er deine Staatsauffassung auch verstehen in dieser Tropen- und Rätselsprache, wenn er nicht weiß, daß dein Geist reine Physik ist, reine Religion, reine Familie? Dein Royalismus, wissen *wir*, ist familiären Ursprungs.«

»Schelling übrigens«, mischt sich noch Frau Schlegel ein, »Schelling hat den Aufsatz mit großem Interesse gelesen. Er will sich aber selber mit Ihnen darüber besprechen.«

»Er hat sich merklich geändert«, stellt Friedrich Schlegel nach Hardenbergs Abreise fest. »Sein Gesicht ist länger geworden und windet sich gleichsam von dem Lager des Irdischen empor wie die Braut zu Korinth. Dabei hat er ganz die Augen eines Geistersehers, die farblos geradeaus leuchten.«

Ederer trinkt er und Pyrmonter Brunnen. Aber die Reizbarkeit der Atemwege will sich nicht entfernen, noch der Hang zu Anfällen. Erasmus steht ihm viel vor Augen – der gute, immer so fidele Mus, der dies alles kannte. Sollte seine Gesundheit sich hier nicht bessern lassen, denkt er Hofrat Stark in Jena zu konsultieren – und dabei der Gesellschaft Schillers sich zu erfreuen und, wo möglich, Schellings und Goethes. Vorsorglich teilt er Schiller diese Aussicht mit, als er ihm Gedichte der Louise Brachmann überschickt – jener Freundin seiner Schwester Sidonie, deren poetische Versuche er, wie wir uns erinnern, schon seit Jahren freundschaftlich begleitet und fördert. Doch der Ort ist sehr angenehm. Die Gegend scheint ihm die schönste, die er sah. Einige englische Gärten sind dicht an der Stadt. Beim Spazieren sieht man viele Menschen, ohne von ihnen gedrückt zu werden. Eine interessante Bekanntschaft hat er noch nicht gemacht. Der Romanschreiber Meißner ist da, aber höchst gewöhnlich, soviel ihm aus den wenigen Worten, die er mit ihm wechselt, hervorgeht. Schlegel hat ihn auf seine Rahel Levin gewiesen, die auch in Teplitz die Kur braucht. Er will sie aber erst am Ende seines Hierseins aufsuchen – wegen der langen Versäumnis die Entschuldigung machen, daß er nicht ihren falschen Namen gewußt und erst spät durch die Schlegels die

Entdeckung gemacht habe. Der Vater und die Schwester Caroline sind auch Gesellschaft genug.

Zwar fehlt es an Muße, Büchern und Erlaubnis, den Kopf anzustrengen; aber untätig ist er ganz und gar nicht. Das zweite Stück des »Athenaeums« hat er mitgebracht. Erst nimmt er sich die Fragmente zur Kritik vor, da Schlegel ihn noch aufgefordert hat, recht bald und recht freimütig darüber zu schreiben und sich auch auf dem kritischen Wege um das »Athenaeum« verdient zu machen.

»Versteh ich nicht. Auch kein Fragment«, notiert er an den Rand. »Artig, aber fingiert. – Ist zu scholastisch. – Woher weißt Du das? – In der Mitte etwas dunkel. – Der Blinde von der Farbe. – Zu nichts, um nichts, für nichts und sogar falsch. – Nichts rechts. – Auch das würde ich nicht aufgenommen haben.«

Dann sucht er den einzelnen Fragmenten Überschriften zu geben.

Was soll ein Titel sein? Ein organisches, individuelles Wort? Oder eine genetische Definition? Oder der Plan mit *einem* Worte? Eine allgemeine Formel?

Ganz wie nebenbei sammeln sich in Form von neuen Fragmenten seine Fragen und Gedanken an. Früchte einzelner Augenblicke noch. Doch bilden sich ihm Lieblingsthemen aus, welche seine Meditationen wie Zentralmonaden umkreisen. Das gewöhnliche Leben ist ein Lieblingsthema: Noten an den Rand des Lebens – über das Schlafengehn, das Müßiggehn, Essen, Abend, Morgen, das Jahr, die Woche, tägliche Beschäftigungen und Gesellschaften, Umgebung, Meublement und Kleidung. Die christliche Religion und die Frauen sind andere Lieblingsthemen, welche dank Sophie ihrerseits auch miteinander in Verbindung treten. Dank Sophie nur?

Alle Bezauberung ist ein künstlich erregter Wahnsinn, meditiert er. Alle Leidenschaft ist eine Bezauberung, ein reizendes Mädchen, eine reellere Zauberin, als man glaubt. Das Augenspiel gestattet einen äußerst mannigfaltigen Ausdruck. Die übrigen Gesichtsgebärden oder Mienen sind nur die Konsonanten zu den Augenvokalen. Die Frauen haben vorzüglich eine idealisierende Gebärdensprache des Gesichts. Sie vermögen die Empfindungen nicht bloß wahr, sondern auch reizend und schön, idealisch auszudrücken. Man könnte die Augen ein Lichtklavier nennen. Das Auge drückt sich auf eine ähnliche Weise wie die Kehle, durch höhere und tiefere Töne, die Vokale durch schwächere und stärkere Leuchtungen aus. Sollten die Farben nicht die Lichtkonsonanten sein? Ist die Umarmung nicht etwas dem Abendmahl Ähnliches? Das Essen ist nur ein akzentuiertes Leben. Essen, Trinken und Atmen entspricht der dreifachen Abteilung der Körper in feste, flüssige und luftige. Der ganze Körper atmet, nur die Lippen essen und trinken – gerade das Organ, was in mannigfachen Tönen das wieder aussondert, was der Geist bereitet und durch die übrigen Sinne empfangen hat. Die Lippen sind für die Geselligkeit so viel, wie sehr verdienen sie den Kuß. Jede sanfte, weiche Erhöhung ist ein symbolischer Wunsch der Berührung. So ladet uns alles in der Natur figürlich und bescheiden zu seinem Genuß ein, und so dürfte die ganze Natur wohl weiblich, Jungfrau und Mutter zugleich sein.

Das gemeinschaftliche Essen ist eine sinnbildliche Handlung der Vereinigung. Die Ehe ist eine Totalvereinigung. Alles Genießen, Zueignen und Assimilieren ist Essen, oder Essen ist vielmehr nichts als Zueignung. Alles geistige Genießen kann daher durch Essen ausgedrückt werden. In der Freundschaft ißt man in der Tat von seinem Freunde oder lebt von ihm. Es ist ein echter Trope, den Körper durch den Geist zu substituieren und bei einem Gedächtnismahle eines Freundes in jedem Bissen mit kühner, übersinnlicher Einbildungskraft sein Fleisch und in jedem Trunke sein Blut zu genießen. Dem weichlichen Geschmack unserer Zeiten kommt dies freilich ganz barbarisch vor. Aber wer heißt sie, gleich an rohes, verwesliches Blut und Fleisch zu denken? Die körperliche Aneignung ist geheimnisvoll genug, um ein schönes Bild der geistigen Meinung zu sein. Und sind denn Blut und Fleisch in der Tat etwas so Widriges und Unedles? Wahrlich, hier ist mehr als Gold und Diamant, und die Zeit ist nicht mehr fern, wo man höhere Begriffe vom organischen Körper haben wird.

Wer weiß, welches erhabene Symbol das Blut ist? Wir schaudern vor den organischen Bestandteilen wie vor Gespenstern und ahnen mit kindlichem Grausen in diesem sonderbaren Gemisch eine geheimnisvolle Welt, die eine alte Bekanntin sein dürfte.

Um aber auf das Gedächtnismahl zurückzukommen – ließe sich nicht denken, daß unser Freund jetzt ein Wesen wäre, dessen Fleisch Brot und dessen Blut Wein sein könnte? So genießen wir den Genius der Natur alle Tage, und so wird jedes Mahl zum Gedächtnismahl, zum seelennährenden wie zum körperlichen Mahl, zum geheimnisvollen Mittel einer Verklärung und Vergötterung auf Erden, eines belebenden Umgangs mit dem absolut Lebendigen.

Wenige wissen das Geheimnis der Liebe, fühlen Unersättlichkeit und ewigen Durst. Des Abendmahls göttliche Bedeutung ist den irdischen Sinnen Rätsel; aber wer jemals von heißen, geliebten Lippen Atem des Lebens sog, wem heilige Glut in zitternde Wellen das Herz schmolz, wem das Auge aufging, daß er des Himmels unergründliche Tiefe maß, wird essen von seinem Leibe und trinken von seinem Blute ewiglich. Wer hat des irdischen Leibes hohen Sinn erraten? Wer kann sagen, daß er das Blut versteht? Einst ist alles Leib, *ein* Leib, in himmlischem Blute schwimmt das selige Paar. O! daß das Weltmeer schon errötete, und in duftiges Fleisch aufquölle der Fels! Nie endet das süße Mahl, nie sättigt die Liebe sich. Nicht innig, nicht eigen genug kann sie haben den Geliebten. Von immer zärteren Lippen verwandelt wird das Genossene inniglicher und näher. Heißere Wollust durchbebt die Seele. Durstiger und hungriger wird das Herz: und so währet der Liebe Genuß von Ewigkeit zu Ewigkeit. Hätten die Nüchternen einmal gekostet, alles verließen sie und setzten sich zu uns an den Tisch der Sehnsucht, der nie leer wird. Sie erkennten der Liebe unendliche Fülle und priesen die Nahrung von Leib und Blut –

Daß der Aufenthalt in Teplitz seiner Gesundheit sonderlich gedient hätte, vermag er bei seiner Zurückkunft in Freiberg nicht zu sagen. Und zu dem Pyrmonter hat er länger keine Lust, den darf der Vater wieder abbestellen. Aber mit dem Pferd, das er ihm übermacht, hat der Vater ihm einen unschätzbaren Gefallen getan. Schon der Gedanke an die Heilsamkeit des Reitens ist ihm zuträglich. Einige Male kann er die Anfälle, welche doch allmählich seltener und schwächer werden, durch das Reiten beinahe ganz aufheben. Zudem sieht er sich nun in die Lage versetzt, geschwind zu den Schlegels zu gelangen.

»Hardenberg, unser aller Liebling, besucht uns oft«, stellt Frau Schlegel zufrieden fest.

Es sind ja auch die Gespräche bei den Schlegels weitaus philosophischer als die beim Freunde Carlowitz, welchen er auf der Rückreise von Teplitz noch einmal in Oberschöna besucht hat, wobei er auf der Hut sein mußte, sich nicht unversehens zum Führer jener Feuerköpfe machen zu lassen, die sich die Reform der Ständeverfassung zum Ziele gesetzt – einer Fronde junger sächsischer Adliger, zu denen auch Vetter Miltitz gehört. Carlowitz, noch immer verfolgt von den Intrigen des Rivalen, ist übrigens im Begriff, seine Verlobung aufzulösen, was freilich Hardenberg nicht gutgeheißen hat.

Einen philosophischen Konvent wollte Friedrich Schlegel schon immer zusammenbringen – mit Schelling und mit Hardenberg. Nun treffen sich die Freunde den 25. August des Jahres 1798 an der Schwester wohlgedecktem Tisch. Es ist ein Wochenende. Schelling ist schon die ganze Woche da.

Ob Hardenberg die zoologischen Fragmente bei sich trage, die ihm Schlegel angekündigt habe? will er wissen.

Und das Buch von Ritter, um das er ihn gebeten? fällt Schlegel ein. Und was er für das beste Handbuch der Mineralogie halte? Und ob ihm Darwins Zoonomie zu seiner, Schlegels, Lektüre nützlich und verständlich dünke? Er müsse ihm auch sein Sokrates in der Physik sein! Und die vielen Hefte und Ideen dazu lesen, die er eigens aufgezeichnet habe, damit er ein Gutachten von ihm erhalte.

Auf den Abend gehen sie zu Professor Becker, dem Inspektor der Antikensammlung. Die Beckern schwärmt Hardenberg von seiner Schwester Caroline vor, welche mit dem Vater auf der Rückreise von Teplitz bei den Manteuffels abgestiegen war. Alle Welt sei nun in Caroline verliebt, auch die Charpentiers, die ebenfalls zugegen gewesen, und die Manteuffeln selbst. Sie habe Carolinen gleich alle Schicksalsschläge ihres Lebens erzählen müssen.

Der Neumarkt zu Dresden von der Moritzstraße aus. Gemälde von Bernardo Belotto, gen. Canaletto, 1750. Häufig fuhr oder ritt Hardenberg von Freiberg aus die vierzig Kilometer nach Dresden, um dort gesellschaftlichen Anschluß zu finden.

Spät am Abend begeben sie sich noch in die Galerie. Mit Fackeln gehen sie herum, besehen die Antiken – der Herr Inspektor und die Frau Gemahlin, die beiden Schlegels, die Schwester Charlotte Ernst, Frau Schlegel und ihre Tochter Auguste, Schelling und Hardenberg, dazu der Übersetzer Gries, den wir schon aus Freiberg kennen, und der Gymnasialdirektor Böttiger aus Weimar, derselbe, welchen Wieland um Entschlüsselung des mit Zungen redenden Novalis gebeten hatte und der jetzt zu ihrer aller Belustigung den literarischen Harlekin macht. Ganz erfüllt von dem Erlebnis, verspricht Hardenberg auf der Stelle einen Brief über die Antiken. Der solle wohl des »Athenaeums« würdig sein!

Den Morgen schon erwartet ihn ein weiterer Genuß. Gemeinsam besuchen sie die Gemäldegalerie. Da wird es still und stiller in dem Kreis der Freunde, wie sie so tief ergriffen durch die Säle gehen, bis sie endlich in inniger Andacht vor ihr stehen – der Sixtinischen Madonna.

War Raffael Seelenmaler?

»Für den Dichter ist die Gemäldegalerie eine Vorratskammer indirekter Reize aller Art«, faßt Hardenberg zusammen, als sie schließlich heraustreten und sich wieder in der Welt finden. »Wie, wenn jeder seinen tiefen Eindruck auszudrücken suchte? Ich für mein Teil will Gemäldebeschreibungen anbieten, vorzüglich über Landschaftsmalerei und Malerei gegen Skulptur überhaupt.«

»Wir können ein Gespräch über die Gemälde beitragen«, meint August Wilhelm, »Caroline und ich. Gewissermaßen einen Kunstdialog.«

»Nur zögern solltet ihr nicht lange«, stimmt Friedrich bei. »Solche Schriften wären wohl die besten Früchte unsres Treffens und der allgemeinen Aufmerksamkeit im ›Athenaeum‹ gewiß.«

Schelling will noch länger bleiben, während Hardenberg schon Abschied nimmt.

»Mir ist es unmöglich, acht Tage bei euch zu bleiben. Der Aufenthalt in Teplitz hat zu lange gewährt und hat mich so genug in Freiberg zurückgesetzt«, sagt er Friedrich Schlegel.

»Wer weiß, wann wir einander wiedersehen!«

»Wenn du dich entschließen könntest, zu mir zu kommen? Du

bist weniger als ich gebunden und könntest mir immer acht Tage schenken. An Bequemlichkeit soll dir's nicht fehlen.«

»Ich sage dir, deine Einladung reizt mich sehr! Ich genieße dich allein ganz anders und eigentlicher als in dem gemeinschaftlichen Kreise. Die Levin ist noch nicht hiergewesen, um mich nach Berlin zurückzulocken. Indessen hab ich freilich den 4. September als letzten Termin meiner Abreise angesetzt. Und ich weiß nicht, ob ich ihn ändern kann. – Was hieltest du davon, uns in Berlin zu sehn? Wir würden einen schönen Kreis um dich bilden.«

»Das könnte nicht vor Ostern sein, wenn meine Studien enden.«

Das schöne Sommerdomizil in Dresden wird denn bald verlassen. Friedrich Schlegel reist mit Rahel Levin zurück nach Berlin, August Wilhelm mit Caroline und Auguste nach Jena, wo er Professor für Literatur und Ästhetik werden soll; Schelling schließt sich an.

Hardenberg wirft sich mit Eifer auf die Ausarbeitung der Ideen, die dieser Besuch in ihm wachgerufen hat. Der Aufforderung der Schlegelin, vor ihrer Abreise noch einmal zu ihnen zu kommen, hat er bedauernd aber entschlossen widerstanden.

»Weder kommen noch schicken hab ich können«, läßt er sie wissen. »Wer aber auch eine Natur und Welt zu bauen hat, kann wahrhaftig nicht abkommen. Auf meiner Entdeckungsreise oder Jagd bin ich, seitdem ich Sie nicht sah, auf sehr vielversprechende Küsten gestoßen, die vielleicht ein neues, wissenschaftliches Kontingent begrenzen. Von neuen Inseln wimmelt's in diesem Meere. Der Brief über die Antiken wird umgeschmolzen. Sie erhalten statt dessen ein romantisches Fragment: Der Antikenbesuch, nebst einer archäologischen Beilage. Ich hoffe beinah mit Zuversicht auf Ihr Interesse. Mir scheint Armut an Neuheiten wenigstens kein Fehler dieser Arbeit zu werden.

Meine Symphysik mit Friedrich betrifft meine neueste Masse allgemeiner philosophisch-physiologischer Experimente vorzüglich. An die Form kann ich unter diesen Umständen noch nicht denken. Schreiben Sie ihm das. Seine Papiere soll er ehestens erhalten, wann die meinigen – verbessert, vermehrt und geordnet –, das weiß ich noch nicht bestimmt zu sagen. An meinem

Fleiße soll das Spät nicht liegen, eher an der Unkultur des Gegenstandes und seiner unermeßlichen Mannigfaltigkeit, die zwar um deswillen auch höchst einfach ist, aber so schwer als solche gefaßt, gehalten und nachgebildet wird.

Je tiefer ich in die Unreife von Schellings ›Weltseele‹ eindringe, desto interessanter wird mir sein Kopf, der das Höchste ahnt und dem nur die reine Wiedergebungsgabe fehlt, die Goethe zum merkwürdigsten Physiker unsrer Zeit macht. Schelling faßt gut, er hält schon um vieles schlechter, und nachzubilden versteht er am wenigsten.

Empfehlen Sie mich der vortrefflichen Ernsten herzlich. Die Madonna erhalte Sie gesund und beschütze unsre Freundschaft.«

35 Texte zum Denken

Beschäftigt ist Hardenberg wahrlich. Schließlich ist er auch Student der Bergakademie, und ein fleißiger dazu. Er legt sich weitere Studienhefte an, um was ihm wichtig erscheint, aus den neuesten wissenschaftlichen Werken auszuziehen und die eigenen Gedankengänge daran anzuknüpfen – ein großes physikalisches Studienheft, noch ein mathematisches Heft und noch ein chemisches, Studienblätter zur Gravitationslehre und zum Bergbau, zur Kristallologie und Astronomie, zur Arithmetik und zur Allgemeinen Naturlehre oder Algebraischen Physik, zu Johann Wilhelm Ritters Lehre vom Galvanismus, Schellings neuer physikalischer Abhandlung »Von der Weltseele«, zu naturwissenschaftlichen und technischen Journalen. Daß er des Französischen mächtig ist, das wird ihm jetzt besonders dienlich, weil so viele der fortgeschrittensten Erkenntnisse von den Franzosen stammen. Freilich auch von Köpfen ganz in seiner Nähe – Werner und Lampadius, deren Schriften er in den Bibliotheken der Bergakademie findet. Was ihm aus den Studien und seiner Auseinandersetzung mit all diesen Wissenschaften an eigenen Entwürfen zuwächst, das trägt er auf gesonderten Bogen zusammen als Anfänge interessanter Gedan-

Abraham Gottlob Werner (1749–1817). Gemälde von Gerhard von Kügelgen. »Er war ein Mann aus alter Zeit nach dem Herzen Gottes. Mit tiefen Einsichten war er begabt und doch kindlich und demütig in seinem Tun«, beschrieb Hardenberg im »Heinrich von Ofterdingen« seinen Lehrmeister.

kenfolgen, Texte zum Denken. Eine Materialiensammlung soll es sein zu seinem großen Plan: die gleichsam wissenschaftliche Bibel, ein reales und ideales Muster aller Bücher zu schreiben, eine Enzyklopädie aller Wissenschaften, welche sich darin gegenseitig erklären, unterstützen und beleben sollen. Denn die Wissenschaft, so meint er, habe man, um sie leichter bearbeiten und bilden zu können, in einzelne Wissenschaften eingeteilt, wobei der Einteilungsgrund zufällig und fremd gewesen sei. Den Kontakt der lange getrennten Glieder der Totalwissenschaft will er wieder herstellen, die Glieder auf diese ursprüngliche Universalwissenschaft zurückführen, denn alle Wissenschaft sei *eine*. Eine Kombinationslehre der wissenschaftlichen Operationen, ein lebendiges wissenschaftliches Organon denkt er hervorzubringen, kurz nichts weniger als die Wissenschaft der Wissenschaften. Einstweilen kann er nur Notizen sammeln, in seinem heftartigen Manuskript; entsprechend nennt er es »Brouillon«, »Allgemeines Brouillon«.

Auch an den Vorlesungen nimmt er wieder pünktlich teil. Lempe liest Arithmetik, Geometrie, Ebene und Sphärische Trigonometrie sowie Angewandte Mathematik, dazu Experimentelle und Theoretische Physik und Bergmaschinenlehre. Lempes Mathematik mißfällt ihm aber so, daß er Privatstunden bei dem genialen französischen Kommilitonen d'Aubuisson nimmt.

Von ihm lern ich eigentlich Mathematik, macht er sich klar, das Geld an Lempe ist weggeworfen. Er gibt sich nicht die mindeste Mühe, seine Zuhörer wirklich weiterzubringen. Er liest äußerst unangenehm, läuft was er kann, und ist froh, wenn er nur sagen kann, ich habe gelesen. Werner und Lampadius sind darin besser. Werner hat einen großen systematischen Geist. Die Enzyklopädie der Bergwerkskunde ist unter seinen jetzigen Vorlesungen so anregend, daß es verlohnt, sie auf das genaueste nachzuarbeiten. Bei Werner glaub ich in großer Gunst zu stehen, weil ich mich in seine Lieblingsideen eindenken kann und auf seine Verdienste um die Wissenschaft lebhaft reagiere. Und Lampadius chemische Kollegien hör ich alle mit dem größten Interesse. Auch seine Salzversuche interessieren mich, vornehmlich jener, der die Gewinnung des Glaubersalzes betrifft. Die Mineraliensammlung muß ich aber noch zurückstellen, bis mehr Zeit ist. Gravitationslehre und Arithmetik will ich zuerst durchgehn. Jener soll eine Stunde, dieser zwei Stunden gewidmet werden. Was mir nebenher einfällt, wird in das Allgemeine Brouillon hineingeschrieben. Die übrige Zeit wird teils dem Roman, teils vermischter Lektüre gewidmet und der Chemie und Enzyklopädistik überhaupt. Der Gravitationslehre folgt die Mechanik. Eine Stunde wird den chemischen Bereitungen gewidmet, eine Stunde der Enzyklopädistik überhaupt. Diese enthält wissenschaftliche Algebra: Gleichungen – Verhältnisse, Ähnlichkeiten, Gleichheiten, Wirkungen der Wissenschaften aufeinander. Früh von 6–12 folgen sich diese Stunden. Nachmittags ist, wenn früh keine Stunde verlorengegangen ist, Roman und Lektüre. Briefe unterbrechen alle Stunden. Die übrige Stunde früh kann der Bewegung und den Pausen gewidmet sein. Von 9–10 z. B. wird spazieren geritten oder von 11–12. Wird früh von 6–7 etwa gelesen, so wird nachmittags eingeholt.

Auch für die Mitstudenten braucht er Zeit. Am meisten ist er mit Herder zusammen, der sich in allen Studien als glänzender Kopf beweist und auch ansonsten sehr gelehrig ist. Eben versucht er sich an Bergmannsgedichten, bei welchen Hardenberg ihm raten soll. Was Wunder, wenn da keine Zeit für Reisen bleibt, außer nur nach Hause zu den Eltern? Den versprochenen Besuch bei den Schlegels in Jena hat er wieder abgesagt, und Friedrich Schlegel drängt aus Berlin:

»Ich habe schon lange auf einen Brief von Dir gehofft, und nun höre ich, Du seist in Weißenfels! Gewiß bekomme ich bald etwas *von* Dir. Doch lieber hätte ich *Dich selbst.* In der Tat ist das fast das einzige oder doch das wichtigste, was ich Dir zu schreiben habe, daß ich über alles wünsche, Dich zu sehen und zu sprechen. Ich fange eigentlich erst an, Dich zu verstehn. Ich habe in der letzten Zeit manche Offenbarung gehabt, und ich würde Dich nun besser verstehn, da ich die Religion verstehe.

Ist es irgend möglich, hältst Du es nicht für nicht gut, so komme zu mir nach Berlin.

Was mich betrifft, so ist das Ziel meiner literarischen Projekte,

Jean Paul (1763–1825). Gemälde von Heinrich Pfenninger, 1798. Er erschien Novalis als »ein geborner Voluptuoso«.

eine neue Bibel zu schreiben und in Mohammeds und Luthers Fußtapfen zu wandeln. Ich sage nicht mehr, weil ich weiß, daß Du alles übrige denkst, und weil ich hoffe und glaube, Du kommst gewiß, wenn es möglich ist und gut. Du bist mir doch unglaublich wert und unauslöschlich ins Innerste gewurzelt. Ich habe diese Zeit her unglaublich oft oder vielmehr fast immer an Dich gedacht, und mit der zärtlichsten Freundschaft.«

Bei seinem Besuch in Weißenfels spricht man ihm viel von Jean Paul Richter. Mit Carl bekannt, ist dieser im September und auch jetzt im Oktober bei den Hardenbergs zu Gast gewesen.

»Ich sähe der Gräfin Moltke ähnlich, hat er gesagt«, weiß Caroline zu berichten. »Und Sidonie habe etwas unbeschreiblich Poetisches im Auge, wie sie mit gesenktem Kopfe dasitze, sinnend, und verdeckt aufblicke. Er wollte allezeit vor ihrem herrlichen Blick sein.«

»Auch den Salzherren will er nicht übel«, fügt der Vater schmunzelnd bei. »Die Salinendirektoren, Salzdirektoren, Salzfaktoren, Salzrevisoren – alle Salzherren hätten ihr Schönes, meint er. Daß er dich nicht bei uns angetroffen, war ihm übrigens leid. Willst du seine Besuche nicht in unser aller Namen erwidern?«

Auf der Rückreise von Weißenfels spricht Hardenberg also in Leipzig bei Richter vor. Groß und hager, blaß und blatternarbig findet er diesen und keineswegs so wunderlich, wie der Vater prophezeit. Vielmehr offenherzig und von schöner Unbefangenheit, dankbar auch für alle Anerkennung und die treffende Beurteilung, welche er ihm in Hinsicht seiner Werke darzulegen weiß.

Leider sei er gar nicht in der Lage, dem Besucher die Zeit zu widmen, die ihm gebühre, entschuldigt sich Richter. Er bereite ja seinen Abgang nach Weimar vor, wo er sich nun niederlassen wolle – in den Gefilden der drei Weisen, wie er lächelnd anfügt, Wieland, Herder, Goethe – und nicht nur der drei Weisen – – Auch müsse er eben noch Freund Jacobi schreiben; Fichte sei das Thema.

Als einen Fichtianer könne er sich längst bezeichnen, sagt Hardenberg, was er vorzüglich seinem Freunde Schlegel – Friedrich Schlegel, meine er – zu danken habe. Was aber Jacobi betreffe, so habe selbiger Schlegel dessen Werke einst alle auf einmal studiert, verschlungen, gepriesen, gesagt, er werde in seinem Leben keine solche Zeile machen können; darauf sich immer tiefer hineingearbeitet, und endlich sei ihm Licht über den Woldemarischen Egoismus aufgegangen. Schlegel mache nun, nach seinem Urteil, längst ganz genialische Zeilen. Er, Richter, kenne ja das »Athenaeum« und die »Griechen«.

Ja, ja, ein Spitzbube sei dieser Schlegel, ein kluger Kopf und doch wohl guten Sinnes, ob er andere gleich zu skalpieren versuche. Indes gefalle ihm von allen Schlegeln Madame am besten, seit er ihr den Mai in Dresden begegnet sei, wo er übrigens die Antikenabgüsse und die Gemäldegalerie besehen – –
worüber denn die beiden viel zu reden haben.

Sonst aber ist Hardenberg nicht nach Besuchen zumute. Zu sehr beschäftigen ihn seine Papiere, voran das »Allgemeine Brouillon«.

Alle meine Gedanken muß ich revidieren, ordnen und bezeichnen, ein Register der Bezeichnungen aufstellen, nimmt er sich vor. Dem Geist der Enzyklopädistik soll die Form entsprechen. Mannigfaltig soll sie sein, jedes Stück in äußerst verschiedner Manier geschrieben, in Fragmenten, Briefen, Gedichten, wissenschaftlich strengen Aufsätzen oder Märchen. Kupfertafeln und Tabellen müßte mein Buch haben, eine Vorrede, über deren Prinzip und Wesen nachzudenken wäre wie über den Titel, das Motto, die Noten und Beilagen und das Register. Jedes Stück des Buches ließe sich einem Freunde dedizieren oder einigen Freunden zugleich. Vielleicht auch eines Jean Paul Richter? Was wir gesprochen, gibt mir doch zu denken, sonderlich die Eigenheiten und das Wesen der Sprache und der Poesie betreffend. Und wie er seine Ansichten so recht poetisch auszudrücken wußte: Richter ist schließlich von höheren Graden Schriftsteller als die Schlegels etwa und von weitaus feineren. – Kann ich eigentlich, wie er es konnte, das Wesen der Poesie darstellen? Mir eine Theorie der Sprache bilden? Es ist eigentlich um das Sprechen und Schreiben eine närrische Sache; das rechte Gespräch ist ein bloßes Wortspiel. Der lächerliche Irrtum ist nur zu bewundern, daß die Leute meinen, sie sprächen um der Dinge willen. Gerade das Eigentümliche der Sprache, daß sie sich bloß um sich selbst bekümmert, weiß keiner. Darum ist sie ein so wunderbares und fruchtbares Geheimnis, daß wenn einer bloß spricht, um zu sprechen, er gerade die herrlichsten, originellsten Wahrheiten ausspricht. Will er aber von etwas Bestimmtem sprechen, so läßt ihn die launige Sprache das lächerlichste und verkehrteste Zeug sagen. Daraus entsteht auch der Haß, den so manche ernsthafte Leute gegen die Sprache haben. Sie merken ihren Mutwillen, merken aber nicht, daß das verächtliche Schwatzen die unendlich ernsthafte Seite der Sprache ist. Wenn man den Leuten nur begreiflich machen könnte, daß es mit der Sprache wie mit den mathematischen Formeln ist. Sie machen eine Welt für sich aus. Sie spielen nur mit sich selbst, drücken nichts als ihre wunderbare Natur aus, und eben darum sind sie so ausdrucksvoll, eben darum spiegelt sich in ihnen das seltsame Verhältnisspiel der Dinge. Nur durch ihre Freiheit sind sie Glieder der Natur und nur in ihren freien Bewegungen äußert sich die Weltseele und macht sie zu einem zarten Maßstab und Grundriß der Dinge. So ist es auch mit der Sprache. Wer ein feines Gefühl ihrer Applikatur, ihres Takts, ihres musikalischen Geistes hat, wer in sich das zarte Wirken ihrer innern Natur vernimmt und danach seine Zunge oder seine Hand bewegt, der wird ein Prophet sein, dagegen wer es wohl weiß, aber nicht Ohr und Sinn genug für sie hat, Wahrheiten wie diese schreiben, aber von der Sprache selbst zum besten gehalten und von den Menschen, wie Kassandra von den Trojanern, verspottet werden wird. Wenn ich damit das Wesen und Amt der Poesie auf das deutlichste angegeben zu haben glaube, so weiß ich doch, daß es kein Mensch verstehn kann und ich ganz was Albernes gesagt habe, weil ich es habe sagen wollen und so keine Poesie zustande kommt. Wie, wenn ich aber reden müßte? Und dieser Sprachtrieb das Kennzeichen der Eingebung der Sprache, der Wirksamkeit der Sprache in mir wäre? Und mein Wille nur auch alles wollte, was ich müßte? So könnte dies ja am Ende ohne mein Wissen und Glauben Poesie sein und ein Geheimnis der Sprache verständlich machen? Und so wär ich ein berufener Schriftsteller, denn ein Schriftsteller ist wohl nur ein Sprachbegeisterter?

Weidlich zu fragen und zu denken gibt ihm auch, was er im Hause Charpentier erlebt. Noch vor seiner Abreise nach Teplitz war Vater Charpentier erkrankt, und Julie, die jüngste Tochter, pflegte ihn mit einer zärtlichen Sorgfalt, daß Hardenberg über dem Anblick solcher wahrhaft aufopfernden Hingabe das Herz recht aufging. Dieses liebenswürdige Mädchen mit seinem sanften, bescheidenen Wesen hatte ihn gleich Zutrauen fassen lassen und ihn bald angezogen, wenn sie seinen Reden lauschte oder so seltsam schön auf ihrer Glasharmonika zu spielen verstand, auf welcher sie gewiß für eine Meisterin gelten konnte. Die Pflege ihres Vaters zeigte ihm dann die glänzende Seite ihres Herzens in vollem Licht. Ganz unmerklich nach und nach war ihm Julie unentbehrlich geworden, wie er ohne sie in Teplitz sich eingestehen mußte. Nun nach seiner Rückkehr findet er sie selbst geschwächt und in einem peinlichen Zustand. Die ständige Sorge um den Vater, der unterdessen wiederhergestellt ist, die vielen Nachtwachen haben ihrer Gesundheit empfindlich zugesetzt, so daß sie selbst von einem fürchterlichen Übel befallen ist: die eine Hälfte des Gesichts macht ihr den heftigsten Schmerz. Anfallartig tritt er auf, ein Reißen, welches sich zwar wieder legt, doch nur, um hernach mit neuer Heftigkeit zurückzukehren. Vor zwei Jahren habe das Übel sie schon einmal geplagt, dann aber zu Weihnachten von selbst aufgehört, erzählt sie.

Am liebsten würde Hardenberg abermals Hofrat Stark in Jena konsultieren. Doch wären ihm genauere Angaben respektive Nachfragen, sein Verhältnis zu der Patientin betreffend, gar nicht angenehm, so daß er sich entschließt, den Weg über Frau Schlegel zu versuchen. Die kluge Caroline errät, daß Hardenbergs Patientin niemand anders als seine Harmonika ist. Das Übel erkennt sie gleich als Gesichtsschmerz, den ihr erster Mann mit Belladonna zu behandeln pflegte. Dem Rat Stark schreibt sie vorsichtig von einer gemeinsamen Bekannten und legt seine Antwort bei. Die verschriebenen Mittel helfen zwar, doch kehrt das Übel wieder, so daß

Julie von Charpentier (1776–1811). Silberstiftzeichnung von Dora Stock. Hardenberg verlobte sich mit ihr Weihnachten 1798.

Julie immer noch häufig von dem fürchterlichen Gesichtsschmerz heimgesucht wird. Sie erträgt aber diese Krankheit mit der heitersten Resignation. Daß sie bisher munter und stark geblieben ist, will Hardenberg um so wunderbarer erscheinen, als so viele Nächte in der quälendsten Unruhe durchwacht werden. Juliens ganze Lage stellt sich ihm lebhaft vor Augen, auch ihre Zukunft, welche wegen der begrenzten Vermögensverhältnisse der Familie Charpentier eher eine unangenehme werden muß. Unaufhörlich sieht er ihre zarte Weiblichkeit, den treuen, hilfreichen Sinn, ihre Bildung; sie alle machen sie zu diesem äußerst liebenswürdigen Geschöpf.

Muß man nicht von Rechts wegen wenigstens halb in sie verliebt sein? Die Erde scheint mich noch viele Zeiten hindurch festhalten zu wollen. Soll ich ihr mein Leben widmen? Ohne eine liebende Gehilfin wird mir das Leben und die Teilnahme an den weltlichen Angelegenheiten eine drückende Last sein und bleiben. Eine treuere, zuverlässigere und zärtlichere Gattin kann ich nie finden. Auch muß mir eine beschränkte, meinen Fleiß aufregende Lage vorteilhaft sein, und kein Mädchen würde mir dieselbe leichter ertragen helfen, ebensowenig wie ich ihretwillen keine Aufopferung scheuen würde, ihr eine unangenehme Zukunft zu ersparen, ganz zu schweigen von den Verbindlichkeiten der Familie, die ich durch Übernahme solcher Beschwernisse abtragen könnte – Das ist alles gut und ehrenhaft den andern zu erzählen, unterbricht er sich: Unser Verhältnis ist immer inniger und fesselnder geworden! Ich sehe mich auf eine Art geliebt, wie ich noch nicht geliebt worden bin.

Man schreibt dieweil die Mitte des November 1798. Hardenbergs Unruhe wächst, seine Anfälle treten wieder auf. Drei Wochen ist er recht unpäßlich, wenngleich er zu arbeiten versucht. Auch Juliens Leiden hat sich wieder verschlimmert. Da liest er eines Abends, als die Schwestern auf dem Sofa sitzen, weiter von dem Lehrling zu Saïs vor, an dessen Geschichte er nun wieder arbeitet. Ein Märchen liest er vor, und das geht so:

»Vor langen Zeiten lebte weit gegen Abend ein blutjunger Mensch. Er war sehr gut, aber auch über die Maßen wunderlich.

Er grämte sich unaufhörlich um nichts und wieder nichts, ging immer still für sich hin, setzte sich einsam, wenn die andern spielten und fröhlich waren, und hing seltsamen Dingen nach. Höhlen und Wälder waren sein liebster Aufenhalt, und dann sprach er immerfort mit Tieren und Vögeln, mit Bäumen und Felsen, natürlich kein vernünftiges Wort, lauter närrisches Zeug zum Totlachen. Er blieb aber immer mürrisch und ernsthaft, ungeachtet sich das Eichhörnchen, die Meerkatze, der Papagei und der Gimpel alle Mühe gaben, ihn zu zerstreuen und ihn auf den richtigen Weg zu weisen. Die Gans erzählte Märchen, der Bach klimperte eine Ballade dazwischen, ein großer dicker Stein machte lächerliche Bocksprünge, die Rose schlich sich freundlich hinter ihm herum, kroch durch seine Locken, und der Efeu streichelte ihm die sorgenvolle Stirn. Allein der Mißmut und Ernst waren hartnäckig.

Seine Eltern waren sehr betrübt, sie wußten nicht, was sie anfangen sollten. Er war gesund und aß, nie hatten sie ihn beleidigt, er war auch bis vor wenigen Jahren fröhlich und lustig gewesen wie keiner; bei allen Spielen voran, von allen Mädchen gern gesehn. Er war recht bildschön, sah aus wie gemalt, tanzte wie ein Schatz. Unter den Mädchen war eine, ein köstliches, bildschönes Kind, sah aus wie Wachs, Haare wie goldne Seide, kirschrote Lippen, wie ein Püppchen gewachsen, brandrabenschwarze Augen. Wer sie sah, hätte mögen vergehn, so lieblich war sie.

Damals war Rosenblüte, so hieß sie, dem bildschönen Hyazinth, so hieß er, von Herzen gut, und er hatte sie lieb zum Sterben. Die andern Kinder wußten's nicht. Ein Veilchen hatte es ihnen zuerst gesagt, die Hauskätzchen hatten es wohl gemerkt, die Häuser ihrer Eltern lagen nahe beisammen. Wenn nun Hyazinth die Nacht an seinem Fenster stand und Rosenblüte an ihrem, und die Kätzchen auf den Mäusefang da vorbeiliefen, da sahen sie die beiden stehn und lachten und kicherten oft so laut, daß sie es hörten und böse wurden. Das Veilchen hatte es der Erdbeere im Vertrauen gesagt, die sagte es ihrer Freundin der Stachelbeere, die ließ nun das Sticheln nicht, wenn Hyazinth gegangen kam; so erfuhr's denn bald der ganze Garten und der Wald, und wenn Hyazinth ausging, so rief's von allen Seiten: Rosenblütchen ist mein Schätzchen! Nun ärgerte sich Hyazinth; und mußte doch auch wieder aus Herzensgrunde lachen, wenn das Eidechschen geschlüpft kam, sich auf einen warmen Stein setzte, mit dem Schwänzchen wedelte und sang:

> Rosenblütchen, das gute Kind,
> Ist geworden auf einmal blind,
> Denkt, die Mutter sei Hyazinth,
> Fällt ihm um den Hals geschwind;
> Merkt sie aber das fremde Gesicht,
> Denkt nur an, da erschrickt sie nicht,
> Fährt, als merkte sie kein Wort,
> Immer nur mit Küssen fort.

Ach! wie bald war die Herrlichkeit vorbei. Es kam ein Mann aus fremden Landen gegangen, der war erstaunlich weit gereist, hatte einen langen Bart, tiefe Augen, entsetzliche Augenbrauen, ein wunderliches Kleid mit vielen Falten und seltsamen Figuren hineingewebt. Er setzte sich vor das Haus, das Hyazinths Eltern gehörte. Nun war Hyazinth sehr neugierig und setzte sich zu ihm und holte ihm Brot und Wein. Da tat er seinen weißen Bart voneinander und erzählte bis tief in die Nacht, und Hyazinth wich und wankte nicht und wurde auch nicht müde, zuzuhören. Soviel man nachher vernahm, so hat er viel von fremden Ländern, unbekannten Gegenden, von erstaunlich wunderbaren Sachen erzählt und ist drei Tage dageblieben und mit Hyazinth in tiefe Schächte hinuntergekrochen. Rosenblütchen hat genug den alten Hexenmeister verwünscht; denn Hyazinth ist ganz versessen auf seine Gespräche gewesen und hat sich um nichts bekümmert; kaum daß er ein wenig Speise zu sich genommen.

Endlich hat jener sich fortgemacht, doch dem Hyazinth ein Büchelchen dagelassen, das kein Mensch lesen konnte. Dieser hat ihm noch Früchte, Brot und Wein mitgegeben und ihn weit weg begleitet. Und dann ist er tiefsinnig zurückgekommen und hat einen ganz neuen Lebenswandel begonnen. Rosenblütchen hat recht zum Erbarmen um ihn getan, denn von der Zeit an hat er sich wenig aus ihr gemacht und ist immer für sich geblieben.

Nun begab sich's, daß er einmal nach Hause kam und war wie neugeboren. Er fiel seinen Eltern um den Hals und weinte. Ich muß fort in fremde Lande, sagte er. Die alte wunderliche Frau im Walde hat mir erzählt, wie ich gesund werden müßte; das Buch hat sie ins Feuer geworfen und hat mich getrieben, zu Euch zu gehn und Euch um Euren Segen zu bitten. Vielleicht komme ich bald, vielleicht nie wieder. Grüßt Rosenblütchen. Ich hätte sie gern gesprochen, ich weiß nicht, wie mir ist, es drängt mich fort; wenn ich an die alten Zeiten zurückdenken will, so kommen gleich mächtigere Gedanken dazwischen, die Ruhe ist fort, Herz und Liebe mit, ich muß sie suchen gehn. Ich wollt Euch gern sagen, wohin, ich weiß selbst nicht – dahin, wo die Mutter der Dinge wohnt, die verschleierte Jungfrau. Nach der ist mein Gemüt entzündet. Lebt wohl. Er riß sich los und ging fort. Seine Eltern wehklagten und vergossen Tränen, Rosenblütchen blieb in ihrer Kammer und weinte bitterlich.

Hyazinth lief nun was er konnte, durch Täler und Wildnisse, über Berge und Ströme, dem geheimnisvollen Lande zu. Er fragte überall nach der heiligen Göttin Isis: Menschen und Tiere, Felsen und Bäume. Manche lachten, manche schwiegen, nirgends erhielt er Bescheid. Im Anfange kam er durch rauhes, wildes Land, Nebel und Wolken warfen sich ihm in den Weg, es stürmte immerfort; dann fand er unabsehliche Sandwüsten, glühenden Staub, und wie er wandelte, so veränderte sich auch sein Gemüt, die Zeit wurde ihm lang und die innre Unruhe legte sich, er wurde sanfter und das gewaltige Treiben in ihm allgemach zu einem leisen, aber starken Zuge, in den sein ganzes Gemüt sich auflöste. Es lag wie viele Jahre hinter ihm.

Nun wurde die Gegend auch wieder reicher und mannigfaltiger, die Luft lau und blau, der Weg ebener, grüne Büsche lockten ihn mit anmutigem Schatten, aber er verstand ihre Sprache nicht, sie schienen auch nicht zu sprechen, und doch erfüllten sie auch sein Herz mit grünen Farben und kühlem stillen Wesen. Immer höher wuchs jene stille Sehnsucht in ihm, und immer breiter und saftiger wurden die Blätter, immer lauter und lustiger die Vögel und Tiere, balsamischer die Früchte, dunkler der Himmel, wärmer die Luft und heißer seine Liebe; die Zeit ging immer schneller, als sähe sie sich bald am Ziele.

Eines Tages begegnete er einem kristallnen Quell und einer Menge Blumen, die kamen in ein Tal herunter zwischen schwarzen himmelhohen Säulen. Sie grüßten ihn freundlich mit bekannten Worten. Liebe Landsleute, sagte er, wo find ich wohl den geheiligten Wohnsitz der Isis? Hier herum muß er sein, und Ihr seid vielleicht hier bekannter als ich. Wir gehn auch nur hier durch, antworteten die Blumen. Eine Geisterfamilie ist auf der Reise, und wir bereiten ihr Weg und Quartier; indes sind wir vor kurzem durch eine Gegend gekommen, da hörten wir ihren Namen nennen. Gehe nur aufwärts, wo wir herkommen, so wirst du schon mehr erfahren. Die Blumen und die Quelle lächelten, wie sie das sagten, boten ihm einen frischen Trunk und gingen weiter.

Hyazinth folgte ihrem Rat, fragte und fragte und kam endlich zu jener längst gesuchten Wohnung, die unter Palmen und andern köstlichen Gewächsen versteckt lag. Sein Herz klopfte in unendlicher Sehnsucht, und die süßeste Bangigkeit durchdrang ihn in dieser Behausung der ewigen Jahreszeiten. Unter himmlischen Wohlgedüften entschlummerte er, weil ihn nur der Traum in das Allerheiligste führen durfte. Wunderlich führte ihn der Traum durch unendliche Gemächer voll seltsamer Sachen, auf lauter reizenden Klängen und in abwechselnden Akkorden. Es dünkte ihm alles so bekannt und doch in niegesehener Herrlichkeit, da schwand auch der letzte irdische Anflug, wie in Luft verzehrt, und er stand vor der himmlischen Jungfrau. Da hob er den leichten, glänzenden Schleier, und – Rosenblütchen sank in seine Arme. Eine ferne Musik umgab die Geheimnisse des liebenden Wiedersehns, die Ergießungen der Sehnsucht, und schloß alles Fremde von diesem entzückenden Orte aus. Hyazinth lebte nachher noch lange mit Rosenblütchen unter seinen frohen Eltern und Gespielen, und unzählige Enkel dankten der alten wunderlichen Frau für ihren Rat und ihr Feuer; denn damals bekamen die Menschen so viel Kinder, als sie wollten.«

Mit welcher Rührung Julie ihm zugehört, ist Hardenberg nicht entgangen. Den andern Tag findet er sie glücklich allein. Es kommt auch niemand, der sie stören könnte. Wenngleich er darauf keinen feierlichen Schritt bei ihren Eltern tut, sondern diese nur durch Julie umständlich mit seinen Hoffnungen und Plänen bekannt macht, sind sie doch so gütig, ihm den Umgang mit der Tochter zu erlauben. Den eigenen Vater will er zum ersten Vertrauten seiner Verlobung machen, aber behutsam und erst, wenn er wieder in Weißenfels ist. Er weiß ja, daß ihn Offenheit unendlich rührt, und verläßt sich auf die gänzliche Entfernung des Onkels von ihm, der jetzt wohl nicht mehr den alten Anteil an seinem fremdgewordenen Neveu nehmen dürfte. Julie aber wird wie durch ein Wunder, just auf den Heiligen Abend, wo das fürchterliche Übel plötzlich abreißt, wieder gesund. Und Hardenberg? »Der müde Fremdling ist verschwunden und hat dem Freunde Platz gemacht, der aus so vielen trüben Stunden ein treues Herz davongebracht« – so beginnt er sein Gedicht zum neuerlichen Geburtstag der Mutter Charpentier.

»Zu Weihnachten wünscht ich sie zu uns«, hat er zuvor Frau Rahel Just geschrieben. »Thielmanns kommen, mein Bruder kommt. Wir werden die Feiertage in Siebeneichen verbringen. In Dresden freu ich mich, Carlen mit Ihrer Manteuffeln und meiner Ernsten bekannt zu machen. In Tennstedt brächt ich sie indes doch noch lieber zu. Mein Herz klopft gleich viel milder, und mein moralischer Sinn bekommt Luft, wenn ich in Gedanken Tennstedt erwähne.

Nach Grüningen werd ich zu Weihnachten schreiben. Mit der Anhänglichkeit an die guten und unvergeßlichen Leute ist es wahrlich nicht aus, aber mit der Lust, an sie zu schreiben. Wahrscheinlich komm ich wieder im März hin, und bin ich erst wieder ganz in Thüringen, so werd ich auch oft in Grüningen sein, das mir der liebste Ort in der Welt ewig bleiben wird. Auch an der ganzen Familie nehm ich denselben Anteil wie an der meinigen, aber – das bloße, müßige Schreiben stört mich und hemmt mich. Der Ort selbst tut eine wohltätige, die Erinnerung eine erweichende, schädliche Wirkung auf mich.«

In Freiberg bleibt er also nicht über die Feiertage. Zwei Wochen ist er, wie geplant, mit Carl zusammen, und da bringt er es doch nicht über sich, so gar nichts von seiner Julie zu erzählen, zumal ja Carl nun nach Erasmus Tod ihm unter den Geschwistern am nächsten ist. Dessen Traum von der reichen Partie – vom Onkel eingefädelt, wie wir uns erinnern – hat sich übrigens nicht erfüllen wollen. Aber wie freut sich Carl nun mit dem Bruder, und wie freut sich auch die gute Ernsten, als sie beiden ihr Geheimnis von den Nasenspitzen abgelesen hat. Sie kommt auch gleich mit ihrer Neuigkeit heraus, daß Friedrich in Berlin sich nun ganz zu seiner Lebensfreundin bekenne. Eine Tochter des alten Mendelssohn sei sie – was freilich eine Heirat mit der nötigen Zeremonie schwierig mache, weil durch eine Taufe die Familie mehr als billig beleidigt würde, wie ihr Bruder meine. Zu wünschen sei doch aber, daß die neuen Verhältnisse auch bürgerlich sanktioniert würden, nicht wahr? Schließlich seien auch die Unannehmlichkeiten nicht zu übersehen, die den beiden daraus entspringen würden. Die arme Dorothea – wie sie sich hinfort statt jüdisch Brendel nennen wolle –, die arme Dorothea müsse ohnehin erst ihre gänzliche Scheidung von dem ersten Manne erreichen. Und dieser Veit scheine zwar zur gütlichen Verhandlung bereit, stelle aber die Bedingung, daß sie nicht wieder heiraten dürfe, sonst werde ihr der jüngere Sohn auch noch genommen wie schon der ältere.

Hardenberg sind Schlegels Verdrießlichkeiten im ganzen nicht unbekannt; Schlegel hatte ihn auch schon um eine Summe von 200 Talern gebeten, die er aber dank der eigenen Lage nicht schicken konnte. Es ist schon auffallend, denkt er, wie sich die Beispiele unsrer beider innern Symorganisation und Symevolution häufen. Schlegel hat sich auch ein Bibelprojekt vorgenommen und die Religion entdeckt. Er schreibt an seinem ersten Roman – »Lucinde« wird er heißen und vielleicht ein Milchbruder des »Lehrlings zu Saïs« werden? Und nun steht Schlegel ebenso im Begriff, sein zukünftiges Leben an eine Gefährtin zu binden. Das erleichtert es mir allerdings, dem Freund die eigenen Aussichten mitzuteilen. Oder anzudeuten jedenfalls. Mag Frau Schlegel ihn dann vollends unterrichten. Die Frauenzimmer haben mehr Talent, das Angedeutete zu lesen.

»*Liebe*«, fragt die Schlegelin zurück, »– welche? Wo? Im Him-

Dorothea Schlegel (1763–1839). Anonymes Pastellbild, 1798. Sie war die Tochter von Moses Mendelssohn, in erster Ehe mit dem Bankier Simon Veit verheiratet, den sie 1798 verließ, um dem fast 10 Jahre jüngeren Friedrich Schlegel zu folgen, den sie 1804 heiratete.

mel oder auf Erden? Und was haben Sie mir mündlich Schönes und Neues zu sagen? Tun sie es immer nur gleich, wenn es nichts sehr Weitläufiges, sondern etwas Bestimmtes ist. Es gibt keine Liebe, von der Sie da nicht sprechen könnten, wo, wie Sie wissen, lauter Liebe für Sie wohnt. In der Tat – darf ich alle Bedeutung in den Schluß Ihres Briefes legen, den er zu haben scheint: ›Ohne Liebe hielt ich's gar nicht aus‹? Ich will ruhig schweigen, bis Sie mir's sagen.«

Freund Schlegel übrigens versteht das Angedeutete durchaus: »Hardenbergs Schicksal ist nun wohl so gut wie entschieden. Er fühlt sich geliebt und wird also wohl tun, was man bei diesem Gefühl tut. Seid aber ja behutsam, diese Saite zu berühren, und erwartet, was er sagt. Ich freue mich unbeschreiblich darüber.«

»So ist es denn wahr, mein liebster Freund?« freut sich Frau Schlegel mit, als es denn endlich – Mitte Februar 1799 – gestanden ist. »Sie haben uns *recht* glücklich und froh gemacht. Ihren Freunden blieb bisher kein ander Mittel übrig, als nur an Sie allein, nicht an Ihre Zukunft zu denken, und Sie hatten uns auch oft alle Sorge verboten. Ich nahm das selbst so an – gegen die, die uns lieb sind, ist man so leicht gelehrig und gehorsam. Nie habe ich Sie gefragt, wie wird sich der Knoten lösen? Kann das so bleiben? Kaum habe ich mich selbst gefragt. Ich war ruhig im Glauben – denn ich habe doch am Ende mehr Glauben als Ihr alle –, nicht daß es gerade so kommen würde, aber daß sich an irgendeiner Brust die Spannung brechen müßte und das Himmlische mit dem Irdischen vermählen. Was Sie Scheidung zwischen beiden nennen, ist doch Verschmelzung. Warum soll es nicht? Ist das Irdische nicht auch wahrhaft himmlisch? Nennen Sie es aber, wie Sie wollen, genug, Sie sind glücklich. Ihr Brief ist eigentlich voll Wonne und wie auf Flügeln zu mir gekommen. Ich freue mich jetzt – wie Sie sich freuen werden – daran zu denken, wie dies so sich machen mußte. Nur in dieser fast öden Einsamkeit, durch das Band der süßen Gewohnheit, konnten Sie allmählich gewonnen werden. Wie weise und artig setzten Sie uns einmal auseinander, daß dies alles keine Gefahr habe. Gefahr nicht, aber Folgen doch. Soll das Liebenswürdige umsonst sein? – Mit Ihrem Vater ist wohl alles überlegt, und es stehn Ihnen keine Schwierigkeiten im Wege? Er wird nur froh sein, Sie froh zu wissen. Muß sich Thielmann nicht unendlich freuen! Ihren andern Schwager überlassen wir Fichten. Ich habe Fichten den größten Teil Ihres Briefes mitgeteilt, ja weil er Sie so liebt auch das, was Sie angeht und worüber er sich innig gefreut hat.

Leben Sie wohl, Bester, ich muß an Charlotten schreiben. Julie ist uns gegrüßt!«

37 Jetzt ist bei mir bürgerliche Baukunst

Weil die Lehrjahre zu Ende gehen und ihm das bürgerliche Leben nun mit manchen Anforderungen immer näher tritt, widmet Hardenberg sich noch einmal auf das gründlichste seinen Studien. Wenigstens drei bis vier Tage in der Woche ist er unter der Erde in den Gruben tätig, und über der Erde lebt er ganz in der Technik, wie es seiner Bildung zum kursächsischen Salinenbeamten dienlich ist. Bei mir war alles im Kirchenstil oder im dorischen Tempelstil komponiert, macht er sich klar. Jetzt ist bei mir bürgerliche Baukunst.

Unabhängig von dem Vater will er werden, seinen Lebensunterhalt und nicht nur seinen selbst erwerben, um von Heiratsplänen hier und dort, vor Julies Eltern und in Weißenfels beim Vater sprechen zu können. Schlegels Bitte um eine Summe Geldes, die er nicht erfüllen konnte, war schon dazu angetan, ihn von neuem in dem Vorsatz zu bestärken, womöglich ein reicher Mann zu werden, jedenfalls mit seinen über 27 Jahren dem Vater nicht länger zur Last zu sein.

Zwar reizvoll wäre es, so denkt er, hier in Freiberg zu bleiben, alleweil in der Nähe des bewunderten Lehrers Werner zu sein und Julie nah den Ihrigen zu wissen. Könnt ich nicht hier vielleicht noch Vorlesungen halten? Nur wär es weit vernünftiger, wieder in Weißenfels zu sein, im Amte eines Assessors dem Vater zu helfen und doch nicht mehr beschwerlich zu fallen. Schießt mir der Vater

nur die ersten Jahre noch etwas vor und verschafft mir Annehm-
lichkeiten durch seinen Garten und die freie Anfuhr von Erdkoh-
len, so hab ich ein Auskommen, wovon viele bürgerliche Familien
mit mehreren Personen leben müssen. Auch kann ich meine
Nebenstunden zu einträglichen literarischen Arbeiten benutzen.
Und überhaupt auf meinen Kopf setzen. Nicht, daß ich freilich nur
für mich und die Meinigen sorgen wollte, sagt er sich. Carlowitz
scheint das womöglich anzunehmen und auch Miltitz, weil ich
mich zu ihrer Sache nicht bequemen kann. Was soll von einer
Reform der Ständeverfassung auch zu hoffen sein? Ich weiß zu gut,
wie sehr es mit den Herrenständen im Argen liegt. Aber darum
werde ich doch nicht auf dem sächsischen Landtag auftreten, wie
Carlowitz mich drängt. Das hab ich ihm geschrieben, doch zufrieden geben will er sich wohl nicht –

Er holt die Briefe und überliest noch einmal, was Carlowitz
geschrieben hat:

»Du glaubst nicht, wie groß die Torheit und der Unverstand der
sächsischen Stände ist. Graf Tottleben hatte eine Schrift in der
Tasche, in der er auf Abschaffung der Taufe, des Abendmahles,
der Trauung usw. antrug. Er wurde höflich ersucht, sie in der
Tasche zu behalten. Der Domherr Holleufer, Scholasticus von
Merseburg, wünschte die Aufhebung aller Anstalten, wo Schul-
männer gebildet werden, weil dergleichen Kerls doch nichts lern-
ten und auch nichts zu wissen brauchten. Herr von Wietersheim
bittet um Schiffbarmachung aller Flüsse in Sachsen, damit die
Beschwerden über die Magazinfuhren erledigt werden möchten.
Graf Rohnow will die Witwen und Waisen der Steueroffizianten
verhungern lassen, weil sie sonst dem Staate zur Last fallen
könnten! Komm nur auf einen Tag zu mir, ich will Dich in den
Rittersaal führen, und Du wirst dort mehr lernen, als Du wissen
willst. Neugierig bin ich, welchen Eindruck es auf Dich machen
wird, wenn Du die vornehmsten Glieder unsres Landes, mit der
Schokoladentasse in der Hand, wie aristokratische Sansculotten
sprechen hörst. Wäre Rousseau auf den sächsischen Landtagen
erschienen, er hätte gewiß nicht gesagt, daß die Majorität die
Minorität nicht bloß an der Zahl, sondern auch an Verstande

übertrifft. – Dein Bild von den Ständen ist leider sehr wahr, aber der Entschluß, nie auf dem Landtage zu erscheinen, ist nicht patriotisch. Jeder tut für die gute Sache, was er kann, und gerade Du würdest viel können. Du bist der einzige mir bekannte Mensch, dem ich zutraue, daß er eine ganze Generation erheben und die verhaßte Stimme des Egoismus, der Dummheit und der Brutalität unterdrücken könnte; Du allein würdest uns von der Verachtung retten, die wir verdienen. Glaube nicht, daß meine Neigung zu Dir, die weder Dankbarkeit allein veranlaßt, noch das Wort Freundschaft in ihrem Umfang ausdrückt, mich zum Übertriebenen fortreißt. Ich habe mehr Selbständigkeit als viele von den andren, und doch fühle ich meine unbedingte Abhängigkeit von Dir: Ich weiß gewiß, daß auch dem Schwarm geborener Sklaven Deine Überlegenheit fühlbar sein müßte, die sich jetzt von einem Münchhausen, Planitz, Werthern am Narrenseile führen lassen. Sie machen die Mehrheit unter uns aus und würden sich gewiß unter einem würdigeren Chef mit eben der Bereitschaft zum Guten lenken lassen, mit der sie sich jetzt zu kleinlichen, entehrenden Zwecken hingeben. Nur Du könntest die Scheidewand zwischen den Guten und Bösen bei uns vernichten und das Band wieder knüpfen, das man mutwillig zerrissen hat, um uns alle der allgemeinen Verachtung und vielleicht künftig der Verantwortung bloßzustellen. Ich wollte gern alles darum geben, wenn Du unter uns wärst, denn der Schmerz, daß auch ich, beim besten Willen, von der Welt und, bei der heftigsten Widersetzlichkeit, an meiner Ehre leiden muß, ist unerträglich. Schulenburg, mein Bruder, Miltitz und andere sind gleicher Meinung. Wir formieren zwar eine Opposition und gewinnen jetzt täglich mehr an Ansehen, aber wir können doch nur das Böse verhindern, ohne deshalb das Gute zu befördern.«

Nein, mit der Reform der landständischen Verfassung wär es nicht getan, denkt Hardenberg und schiebt die Briefe zur Seite: es müßte denn deren gänzliche Abschaffung sein. Nicht diese Stände sind die Bestandteile der Gesellschaft: Naturmensch und Kunstmensch sind die eigentlichen, ursprünglichen Stände. Sollte mir eine Ritterschaft am Herzen liegen, so die Ritterschaft der höheren

Menschen, der Philosophen und Künstler. Das würde aber nicht verstanden werden. Sind denn »Glauben und Liebe« verstanden worden? Einen intellektuellen Ritterorden wollt ich wohl gründen, einen literarischen, republikanischen Orden, der durchaus merkantilisch politisch wäre, eine echte Kosmopolitenloge. Eine Buchdruckerei und ein Buchhandel müßten der Anfang sein. Jena, Hamburg oder die Schweiz, wenn Frieden wird, müßten der Sitz des Büros werden. Jeder schaffte einige tüchtige Kandidaten. Gemeinschaftlicher Fleiß, gemeinschaftlicher Kopf, gemeinschaftlicher Kredit könnten den kleinen Zündfunken bald vergrößern. Man würde nicht mehr von Buchhändlern literarisch und politisch gewissermaßen dependieren. Literarisch ließe sich vielleicht auch meine historische und philosophische Sehnsucht befriedigen. Ich hätte Lust, mein ganzes Leben an *einen* Roman zu wenden, der allein eine ganze Bibliothek ausmachen sollte. Lehrjahre würde er enthalten. Aber nicht nur eines einzelnen: Lehrjahre einer Nation! Die Schlegels würden das verstehn und Friedrichs Freunde in Berlin, Schleiermacher und Tieck, dessen just gedruckte »Fantasien über die Kunst« so viel Schönes enthalten und fantastisch genug sind. Schelling auch und Fichte und gewiß Jean Paul. Aber die Herren im Landtag –?!

Mitte März 1799 folgen einander nun wieder die Gedenktage – den 15. März der Verlobungstag mit Sophie, den 17. Sophiens Geburtstag, den 19. Sophiens Todestag, den 21. der Tag, an dem er die Nachricht ihres Todes erhielt, den 22. Karfreitag, an dem Erasmus starb, den 24. Ostersonntag, wo er ihr Grab zum ersten Mal besuchte. Hardenberg ist wieder Gast in Tennstedt und in Grüningen, wie das Jahr zuvor. Ergriffen fühlt er sich, doch nicht erschüttert. Zu den besondren Tagen ist ein weiterer hinzugekommen: Juliens Geburtstag, einen Tag vor dem Sophiens.

Mancherlei hat sich in Grüningen verändert. Der Hauptmann hat nun noch Klein-Sömmern in Pacht genommen. Jette ist in Weimar zur Erziehung bei der Tante Koppenfels. Die Thümmel hat sich eben wieder verheiratet und die Hofdame an den Nagel gehängt. Und Mutter Rockenthien scheint viel zu leiden, was

Hardenberg sehr mißfällt; sie will aber nichts brauchen und versichert, alles Medizinieren sei doch umsonst, worüber auch der Hauptmann recht mißvergnügt ist.

Mit dem alten Freund Just spricht Hardenberg viel über die Religion. Ihre beiderseitigen Vorstellungsarten erörtern sie wieder einmal, daß nämlich Just, wie er selbst meint, mehr auf dem Wege des Verstandes gehe und Hardenberg mehr auf dem der Fantasie und des Herzens.

»Gern gesteh ich«, so entgegnet ihm Hardenberg, »daß ich selbst glaube, sehr entfernt von Ihrer Weise die Religion zu betrachten und zu beurteilen, einen Weg eingeschlagen zu haben, der Ihnen wunderseltsam scheinen muß. Indes wir sind Freunde und werden Freunde sein, und hierin stoßen unsere Religionen, besser unsre Theologien, zusammen. Wenn Freundschaft, Liebe, Sittlichkeit und Tätigkeit das Resultat on beiden ist, so müssen wohl beide Schwestern Glieder jener heiligen Familie von Religionen sein, die, von jeher unter den Menschen einheimisch, die treuste Pflege alles Guten und Schönen bewiesen hat. Mit welchem Herzen nehmen Sie an der Bibel ein Unterpfand Gottes und der Unsterblichkeit in die Hand; wie glücklich müssen Sie sich vorkommen, wenn Sie sich überzeugt sehen, an ihr eine überirdische Schrift, eine bleibende Offenbarung zu besitzen, in diesen Blättern gleichsam eine leitende Hand aus einer höhern Sphäre festzuhalten! Ihre Theologie ist die Theologie des historisch-kritischen Verstandes; dieser sucht eine feste Grundlage, einen unumstößlichen Beweisgrund, und findet ihn in einer Sammlung von Urkunden, deren Erhaltung allein schon ein bestätigendes Wunder zu sein scheint und für deren Glaubwürdigkeit alle historischen Beweismittel und Herz und Vernunft zugleich sprechen. Ich fuße weniger auf urkundliche Gewißheit, weniger auf den Buchstaben, weniger auf die Wahrheit und Umständlichkeit der Geschichte; ich bin geneigter, in mir selbst höhern Einflüssen nachzuspüren und mir einen eignen Weg in die Urwelt zu bahnen; ich glaube in der Geschichte und den Lehren der christlichen Religion die symbolische Vorzeichnung einer allgemeinen, jeder Gestalt fähigen Weltreligion – das reinste Muster der Religion, als historische Erscheinung überhaupt – und wahrhaftig also auch die vollkommenste Offenbarung zu sehen; wenn mir aber eben aus diesem Standpunkt alle Theologien auf mehr oder minder glücklich begriffenen Offenbarungen zu ruhen, alle zusammen jedoch in dem sonderbarsten Parallelismus mit der Bildungsgeschichte der Menschheit zu stehn und in einer aufsteigenden Reihe sich friedlich zu ordnen dünken, so werden Sie das vorzüglichste Element meiner Existenz, die Fantasie, in der Bildung dieser Religionsansicht nicht verkennen.

Schlegel meint wie ich, die vollsten Keime der neuen Religion lägen im Christentum. Es müßte nur zum Rang der Grundlage, der projektierenden Kraft eines neuen Weltgebäudes und Menschentums erhoben werden. Das Christentum ist eine Religion der Zukunft, dieser eigentlichen bessern Welt, wie die griechische eine der Vergangenheit, schon bei den Alten selbst. Aber ist sie nicht noch mehr eine Religion des Todes, wie die klassische eine Religion des Lebens? Schlegel hat mich darauf aufmerksam gemacht. Er glaubt, ich sei vielleicht der erste Mensch in unserm Zeitalter, der Kunstsinn für den Tod hat. Christus und Sophie – – mir ist heute auf den Ostertag wieder lebhaft vorgekommen, daß ihrer beider Tod zur Apotheose der Zukunft wird. Wie schon kurz nach ihrem Tode ward mir heute wieder plötzlich wie von oben des Grabes Stein weggehoben und mein Innres aufgetan. – Was ich davon aufgeschrieben, ist übrigens ein Lied geworden, ein geistliches Lied und eines, mit dem Sie auch gewiß recht einig sein können.«

Im gelben Schloß in Grüningen, oben auf Sophiens Stube, schreibt er später noch an einem zweiten solchen Lied. Aber der kleine Fritz von Rockenthien will gar nicht einsehen, wo der Herr von Hardenberg so lange bleibt und was er da zu schreiben hat. Zahlen soll er für ihn schreiben, keine Verse: Schließlich wird er gleich nach Ostern das Gymnasium beziehen, und dann wird es bald heraus sein, ob er rechnen kann. »20×8 und 20×16 und $19 \times 300 = ?$« schreibt Hardenberg ihm willig auf und legt in Gottes Namen eine Rechenstunde ein.

Keine vier Wochen später – Mitte April – sehen wir ihn wieder einmal von Freiberg nach Dresden reiten. Selbstredend steigt er erst bei der guten Ernsten ab: sie ist auch eine Frau so recht nach seinem Herzen. Eben darum dauert ihn unendlich, daß seine künftige Wohnstätte so entfernt von Dresden sein wird, weil die Nähe der Ernsten ihm sehr viel wert ist. Diesmal trifft er dort noch andere Besucher an, unter ihnen Henriette Mendelssohn, eine Schwester von Schlegels Gefährtin Dorothea Veit. Wollen wir einmal wieder erfahren, mit welchen Augen man ihn sieht? Das Fräulein Mendelssohn schreibt noch den Abend nach Berlin:

»Ich habe Hardenberg gesehen, liebe Veit; damit muß ich nur gleich anfangen, denn etwas Interessanteres gibt es für mich nicht. Er ist diesen Mittag hier angekommen, und kam zur Ernst, die mir schon den Morgen mit dem wärmsten Interesse von ihm gesprochen hatte. Unglücklicherweise waren aber Neumanns da, so daß wir ihn gar nicht recht genießen konnten. Charlotte war einen Augenblick hinausgegangen, und auf einmal hören wir sie im Vorzimmer mit einem Menschen, der sehr laut sprach. Denk Dir, wie mir ward, als Ernst sagte: Mein Gott, das ist ja Hardenberg!

Sie blieb lange draußen mit ihm, aber wie er endlich hereintrat, war es auch um mich geschehn. Diese feine Gestalt, diese verklärten Augen – sie sind kleiner, aber noch verklärter als Schlegels – diese reizende Freundlichkeit in allen Zügen sind wirklich bezaubernd. Wenn Neumanns jemals dahin kommen, wo Charlotte und ich sie hingewünscht haben, so haben sie wenigstens bald in der Walpurgisnacht ein interessantes Schauspiel zu erwarten!

Er konnte den Abend nicht bei Charlotten bleiben; er mußte zu einem Hofprediger hier, und morgen reist er in aller Frühe ab. So muß ich wieder einmal einen abgebrochenen Pfeil im Herzen tragen, denn verliebt bin ich!«

Den andern Morgen trägt sie noch nach: »Ich will Dir erst in Ruhe von Wien aus schreiben, aber Hardenberg hat mich elektrisiert. Er läßt sich entschuldigen, daß er nicht geschrieben, und grüßt Schlegel herzlich. Ich tu es auch. Sein Hardenberg und seine Charlotte sind göttlich.«

Gar nicht göttlich will er hingegen dem Herrn Oberhofprediger

Reinhard vorkommen, welchem er den Abend seine Aufwartung macht. Der ist der andere Schwager seiner Julie, im fünften Jahr mit deren Schwester Ernestine verheiratet. Das wäre nun kein Schade, wenn er nicht fatalerweise in der Sache Fichtes eine Rolle spielte; eine mißliche zumal. Wir müssen nämlich wissen, daß Fichte einen Aufsatz über den Grund des Glaubens an eine göttliche Weltregierung geschrieben und in Niethammers Journal veröffentlicht hat, der bei der Regierung Anstoß erregte. Der Kurfürst ließ ein theologisches Gutachten anfertigen und auf Grund dieses Gutachtens das Journalheft konfiszieren: atheistische Äußerungen enthalte es; der Weimarer Hof solle die Herren Fichte und Niethammer bestrafen. Darauf verfaßte Fichte eine mutige Replik, eine Appellation an das Publikum, die nun erst recht als Zunder wirkt, so daß der Atheismusstreit das neueste Evénement in Jena ist. Hardenberg, durch Frau Schlegel und der Ernsten Vermittlung in den Besitz der Schrift gelangt, nimmt wie alle Schlegels ganz für Fichte Partei. Jenes Gutachten aber, das den Streit in Gang gesetzt, rührt von keinem andern her als eben dem zukünftigen Schwager. So verläuft der Abend nicht sehr angenehm. Reinhard, um zwei Jahrzehnte älter als sein Besucher und in der Würde seines Amtes, gibt sich zwar gesprächig. Doch wiewohl er seinerseits das Thema Fichte nicht forciert, sich auch sonst mit seiner raschen Art zurückzuhalten sucht, kann Hardenberg die Kühle und Parteilichkeit des anderen nicht übersehn und sich mithin nicht entschließen, seinem Plan zu folgen. Er macht nur Konversation. Er wollte eigentlich sich Reinhard öffnen und denselben um Vermittlung beim Geheimen Finanzrat Wagner ersuchen, weil der Vater, wenn er ihm demnächst von seinen Plänen spräche, zweifelsohne sich an diesen wenden würde. Wagner war ihm selbst bislang vorzüglich väterlich gesinnt, und dessen alte Freundschaft für das Charpentiersche Haus würde gewiß unendlich viel dazu beitragen, ihn für seine Anstellung bei den Salinen wärmer zu interessieren. Auch würde er dem alten Herrn unendlich gern die Freude machen, die jener ganz gewiß über sein glückliches Schicksal im Hause Charpentier empfände – aber er mag und darf doch von diesem Verhältnis nicht selbst mit ihm sprechen, als bis er mit dem Vater darüber einverstanden ist. Die Mutter freilich und die Schwester erfahren schon von seinem Geheimnis. Auf der Messe in Leipzig, zu der ihn Julie begleitet – und sogar ohne die Schwester Karoline –, auf der Messe, die die Damen Hardenberg ihrerseits in Carls Begleitung besuchen, auf der Messe treffen sie zusammen. Und leider gerät diese Begegnung nicht vorteilhaft für Julie, was das Urteil der Mutter anlangt; Sidonie hingegen will sie gleich das sanfteste, liebevollste weibliche Wesen scheinen, das diese noch je sah.

Zu Pfingsten 1799, Mitte Mai, verläßt Hardenberg Freiberg und Julie und kehrt wieder in sein Vaterhaus nach Weißenfels zurück. Gleich nimmt er die Geschäfte als Akzessist bei den Salinen wieder auf, denn eben hat sich kein Geringerer als der Herr von Oppel persönlich, der Sohn besagten Mitbegründers der Bergakademie und als Mitglied des Geheimen Finanzkollegiums in Dresden verantwortlich für das sächsische Berg-, Hütten- und Salzwesen, zu einer Inspektion der Salinen angesagt. Diese passende Gelegenheit denkt Hardenberg zu ergreifen, um dem sachverständigen Mann möglichst vorteilhaft bekannt zu werden und sich an ihm einen Fürsprecher bei dem Gesuch um die feste Anstellung bei den Salinen vorzubereiten, welcher er zur Gründung eines Hausstandes bedarf. Schon Werner hat ihm frohe Erwartungen auf die Bekanntschaft erregt. Das Glück ist ihm freilich auch vonnöten, wo der Vater nun zu früh von der Verlobung erfahren hat. Sehr unzufrieden ist der Vater mit des Sohnes Schritt! Er nötigt ihn, von diesem gänzlich stillzuschweigen.

Den 20. Mai trifft Oppel im Hardenbergischen Hause ein. Den nächsten Morgen findet sich das Salinendirektorium – aus Vater Hardenberg, Bergrat Heun und Salineninspektor Senf bestehend – mit Oppel zu einer Sitzung in Dürrenberg zusammen. Oppel stellt den Herren als Ziel seiner Kommission vor, mögliche Veränderungen in Rücksicht einer stärkeren Verwendung der Erd- oder Braunkohle beim Sieden des Salzes an Stelle des zumeist verwendeten und gar zu teuren Brennholzes zu erkunden und die technischen Vorschläge einer Verbesserung von seiten des Direktoriums, in Sonderheit des Herrn Inspektors Senf, vor Ort zu inspizieren.

Hardenberg führt bei der Sitzung das Protokoll. Dieses Amt soll er auch beibehalten, Oppel also bei der Inspektion der Salinen Dürrenberg, Kösen und Artern zur Seite sein. – Ganz nebenher ergibt es sich sehr passend, daß sie in Artern sind, als den Thielmanns ein Sohn geboren wird; auf die Namen Franz Julius Friedrich soll er getauft werden – nach dem Onkel Franz Reinhard in Dresden, dem Herrn Geheimen Finanzrat Julius Wilhelm von Oppel und dem künftigen Onkel Friedrich von Hardenberg, wobei Hardenberg es ist, der um den zweiten Namen gebeten hat.

Eifrig fertigt er nun Protokolle und Berichte an, die Oppel hernach dem Kurfürsten einreichen will. Nicht nur gelingt es ihm, den Vorgesetzten sattsam von den zu Freiberg erworbenen Kenntnissen und Fertigkeiten und von seinem Fleiß bei der Arbeit zu überzeugen; er kann Oppel auch persönlich bei ihrem Abschied zu seinen Freunden rechnen. Während der drei Wochen hat er ihm mit keinem Wort von seiner Hoffnung auf die feste Anstellung gesprochen. Erst danach trägt er seine Bitte um freundschaftliche Verwendung brieflich vor. Zusammen mit den umfangreichen Kommissionsakten reicht Oppel der Regierung seinen Bericht ein, in welchem er nicht nur auf Begehren des Herrn Salinendirektors Erasmus von Hardenberg zur Beförderung des Geschäftsganges bei der Direktion eine bestimmtere und kollegialere Verteilung der Arbeiten unter die Direktionsglieder sowie die Einführung eines Haushaltsprotokolls untertänigst vorschlägt, sondern auch empfiehlt, Herrn Friedrich von Hardenberg der Direktion als viertes Mitglied im Range eines Salinenassessors beizugeben und demselben jenes Haushaltsprotokoll zu übertragen, da zu dessen Führung unter allen Offizianten keiner so zu gebrauchen sei, auch nicht leicht ein geschickteres und so vorbereitetes Subjekt zu finden sein möchte als der schon ad acta und zum Protokollieren verpflichtete von Hardenberg. Auch möge man diesem die Oberaufsicht über die den Salinen gehörenden Erdkohlenwerke und die zu Dürrenberg neu entstehende chemische Fabrik zur Herstellung vornehmlich des Glauber- und Bittersalzes übertragen, ihn schließlich an der großen geognostischen Landesuntersuchung Sachsens beteiligen.

»Zu diesen Beschäftigungen«, schreibt er, »halte ich ihn für vollkommen geschickt, da ich das große Maß seiner theoretischen Kenntnisse in den Hilfswissenschaften, den guten Anfang, welchen er im Praktischen gemacht hat, seine vortrefflichen Anlagen und seinen unermüdeten Fleiß bei den ihm zugeteilten Arbeiten nicht bloß durch das vorteilhafteste Zeugnis seines Freiberger Lehrers, des Bergkommissionsrats Werner, und aller derer, die ihn näher kennen, sondern auch aus eigener Erfahrung bei der mir gnädigst kommittierten Lokalexpedition, wo er als Protokollist die Feder geführt und mit Fleiß und Einsicht gearbeitet hat, hiermit bezeugen kann.«

Der Vater verfaßt dazu ein Supplikat an Seine Kurfürstliche Durchlaucht, dem Sohn nach der Beendigung der Studien durch feste Anstellung bei praktischen Arbeiten Gelegenheit zu schaffen, sich zu einem nützlichen Diener bei Höchstdero Salzwerken zu bilden, und sucht bei diesen mit beständigen Reisen verknüpften Geschäften um gnädigste Bewilligung einer verhältnismäßigen Besoldung wie um huldreiche Beilegung eines schicklichen Prädikats submissest nach. Und Hardenberg tut ein übriges und schreibt an den verehrten Werner; er schreibt nun an den Hofprediger Reinhard um die erhoffte Vermittlung beim Geheimen Finanzrat Wagner; er schreibt auch an Frau Rahel Just, sie möge sich an die Manteuffel wenden, die wiederum ihren Vater, eben jenen Wagner, für ihn bitten solle; und schließlich schreibt er Wagner selbst.

Danach ist noch ein letzter Brief zu schreiben. Luise Freifrau von Miltitz auf Schloß Siebeneichen, Miltitz Mutter, hat Hardenberg dank seiner Besuche so ins Herz geschlossen, daß sie eine vorteilhafte Verbindung für den Neffen in die Wege zu leiten bestrebt ist. Das Fräulein Wilhelmine von Huldenberg hat sie für ihn ausersehen, ein achtbares Fräulein aus einer trefflichen und sehr vermögenden Familie. Da kann er nur für solche wahrhaft mütterlichen Gesinnungen und für das ehrenvolle Vertrauen unendlich danken und – seinen Bruder Carl als eben den Mann beschreiben, der alle Wünsche der Familie Huldenberg zu erfüllen imstande wäre, zumal er weiß, daß Carl nach Neigung und

Gesundheit seinen Abschied vom Soldatenstand nehmen möchte, wozu er aber eines ansehnlichen Vermögens bedürfte. Die Frau Tante nimmt die Absage denn auch gnädig auf; sie will den Antrag an die Huldenbergs also in Carls Namen machen.

38 *Deine Bekanntschaft hebt ein neues Buch in meinem Leben an*

Anfang Juli 1799 reist der Vater wieder nach Teplitz zur Kur; begleitet wird er von den Töchtern Caroline und Auguste, außerdem von Carl. Sie reisen über Siebeneichen, wo der Vater mit der Witwe Miltitz mancherlei zu klären hat in Rücksicht auf die Zukunft seines Sohnes Carl, und über Dresden, wo er sein Gesuch um feste Anstellung des Sohnes Fritz persönlich vorzulegen gedenkt. Für Hardenberg ergibt sich durch die Reise die Gelegenheit, sogleich zu desertieren. Er will nur geschwind ein, zwei Tage dort sein, wo ein mächtiger Magnet ihn ganz unwiderstehlich zu sich zieht. Doch Julie weilt in Dresden. Wie ist er ärgerlich und wie betrübt! Er schickt einen Boten nach Dresden, um Julies Rückkunft zu beschleunigen, und depeschiert, als sie dann glücklich eingetroffen ist, um Aufschub an Sidonie nach Weißenfels:

»Meine gute Mutter wird mich wohl entschuldigen, wenn ich erst in einer Woche wieder an Ort und Stelle bin«, schreibt er. »Neues ist nichts, außer daß ich Julien unendlich liebe – und sie mich – und Euch – besonders die Mutter.«

Sidonie ist mit ihren zwanzig Jahren recht zu einer Stütze Hardenbergs geworden. Seit sie Julie in Leipzig gesehn, hat sie der Mutter immer wieder von ihr gesprochen und von dem Glück, welches Julchens liebevolle, schöne Natur Fritz geben müsse. So ist die Mutter jetzt schon freundlicher gegen Julie gestimmt und nicht mehr abgeneigt zu glauben, diese könnte in Zukunft ihrem Herzen teuer werden.

Befriedigt und selig von Freiberg wieder angelangt, bricht Hardenberg noch denselben Nachmittag nach Jena auf. Bei Schlegels ist nämlich Ludwig Tieck eingetroffen, und beide, Tieck wie Hardenberg, brennen schon darauf, einander endlich zu begegnen. Tieck ist von Burg Giebichenstein bei Halle gekommen, von Reichardt, dem Schwager seiner Frau – jenem Reichardt, mit welchem Friedrich Schlegel sich seinerzeit überworfen hat. Nun will er sich in Jena umsehen, weil er dort den kommenden Winter zu leben gedenkt.

Es ist der 17. Juli 1799. Ein schöner warmer Sommernachmittag geht eben zu Ende, als Tieck und Hardenberg einander gegenübertreten. Schlegel macht als Hausherr den Vermittler. Auch Schelling ist zugegen. Aber es bedarf nicht der Vermittlung, nicht der Hilfe. Beide spüren sie sogleich den ersten Augenblick den Zauber und die Tiefe der Begegnung. In bewegten Gesprächen schließen sie die Herzen gegeneinander auf, prüfen die Gesinnungen und erkennen den Freund und Geistesbruder. Es währt nicht lang, da trinken sie beim Klang der Gläser Bruderschaft. Die Mitternacht ist unbemerkt herangekommen, die Freunde treten hinaus in die Sommernacht. Wieder ruht der volle Mond, der Dichter alter Freund, magisch und glanzvoll auf den Höhen um Jena. Sie ersteigen den Hausberg und eilen weiter über die Hügel. Erst als der Morgen nicht mehr fern ist, kehren sie zurück. Und als man endlich Abschied nimmt, sagt Tieck:

»Jetzt werde ich den ›Getreuen Eckart‹ vollenden.«

»Wenn du das kannst«, erwidert Schlegel, »nach diesem Abende, nach diesem Spaziergange, dann will ich dich hoch in Ehren halten!«

Noch in den Morgenstunden vollendet Tieck seine Erzählung. An demselben Tag trägt er sie den Freunden vor.

Von nun an schwärmen sie zu zweien aus. Tieck erzählt von seinem Freund Wackenroder. Wie sie als Studenten von Erlangen aus sich in Nürnberg und Bamberg und im fränkischen Land umgesehen hätten, darauf die Herzensergießungen ihres kunstliebenden Klosterbruders zusammengebracht, wobei dies eigentlich mehr Wackenroders Buch gewesen sei. Und wie sie dann in Berlin, schon während dessen Krankheit, auf langen Spaziergängen, hin

Ludwig Tieck (1773–1853). Zeichnung, um 1799. »Noch hat mich keiner so leise und doch so überall angeregt wie Du. Jedes Wort von Dir verstehe ich ganz. Nirgends stoße ich auch nur von weitem an«, schrieb Hardenberg an sein poetisches Alter ego.

und her im Tiergarten, den Plan zu einem großen romantischen Roman über einen Künstler gefaßt hätten, den er nun nach des lieben Freundes Tod allein habe schreiben müssen.

»Vielleicht bist du ein neuer Wackenroder?« hört ihn Hardenberg mit dieser unvergleichlichen Stimme fragen, deren Fähigkeit der Modulation er schon fortwährend bewundert und genießt. So spricht er ihm von seinem eigenen Roman zu Saïs und wie er über des Freundes »Sternbald« denkt und über Goethes »Meister«. Auch von der Idee zu einem weiteren Roman spricht er ihm, welche er in sich trage, seit er unlängst auf die Sage von dem Minnesinger Heinrich von Afterdingen gestoßen. Dann wieder will er mehr von dem Berliner Kreis erfahren, von den Salons der Rahel Levin und der Dorothea Veit, ja von der Veit besonders und von Schleiermacher.

»Der hat neulich Proben aus seiner neuen Abhandlung über die Religion gegeben«, erzählt Tieck; »aus Reden an die Gebildeten unter ihren Verächtern besteht sie und soll jetzt heraus. Friedrich hat sich die Besprechung vorbehalten für das nächste Stück des ›Athenaeums‹. Jetzt freilich dürfte Fichte wohl das erste Thema in Berlin sein.«

In der Tat: Fichte ist unlängst in Berlin eingetroffen, nachdem man ihn in Jena aus seinem Amt entlassen hat. In Preußen ist man nämlich, Gott sei Dank, honett verfahren; man wollte ihn nicht verurteilen wie in Kursachsen. Seine Familie befindet sich aber noch in Jena, und Hardenberg läßt sich von Frau Fichte den ganzen Hergang der Sache in ihrer Schweizer Mundart umständlich erzählen. Auf das äußerste aufgebracht von soviel üblen Machenschaften, besonders des leitenden Ministers Voigt in Weimar, ruft er am Ende aus, Voigt sei ein abscheulicher Mensch, und man müsse den Dresdner Hof aufklären! Fichte möge sich in Berlin nur getrost an seinen Onkel, den preußischen Minister, wenden. Einen Groll könne man doch gegen dieses Weimar und seine Regierung fassen!

Dabei sind sie für den andern Tag in Weimar angemeldet. Bei Goethe. Da der in diesem Sommer so selten in Jena ist, haben sie sich vorgenommen, den Sonntag eben nach Weimar hinüberzufahren – Schlegel, Tieck und Hardenberg. Schlegel will Tieck präsentieren.

Er kommt uns freundlich entgegen, beobachtet Hardenberg zu seiner Zufriedenheit, als Goethe sie nach der Begrüßung zu Tisch bittet. Tieck scheint er auf den ersten Anblick für eine leidliche Natur zu halten, was mir nur recht ist. Der spricht zwar wenig, welches auch beim Essen nicht weiter zu verwundern wäre, wiewohl er auch nicht so lebhaft erscheint wie bislang; aber er spricht gut: Goethen sagt er sichtlich zu. Was mich betrifft, so wird wohl Goethe wieder sein Interesse an dem Wissenschaftler der Natur nehmen?

Er habe sich in diesen Monaten neuerlich mit der Farbenlehre beschäftigt, fährt Goethe ganz gesprächig gegen ihn fort. Er habe sich Gedanken und Entwürfe zu dem Phänomen der Polarität gemacht und sei nun der Meinung, daß jede Substanz ihre engern Rapports mit sich selbst habe, wie das Eisen im Magnetismus. Dergleichen werde er in einer Schrift, den Magnet betreffend, niederlegen. – Von Freiberg werde er wohl oft nach Dresden geritten sein? so wechselt er das Thema. Dann kenne er gewiß den kurfürstlichen Orangengarten? Aber den Mann, dem diese Herrlichkeit recht eigentlich zu danken sei, den auch?

»Sie sollten ihn kennen«, sagt er sehr bestimmt. »Vor einigen Jahren, als ich mit dem Herzog nach Dresden reiste und Freund Meyer in der Gemäldegalerie aufsuchen wollte, habe ich ihn zuerst getroffen, den bejahrten Hofgärtner Johann Heinrich Seidel. Ich trug mich mit dem Gedanken, meinen Begriff von der Metamorphose der Pflanzen weiter zu entwickeln. Unser botanischer Garten hier zu Weimar ist ja nicht sehr bedeutend, so daß man mir die Dresdener Orangerie empfohlen hatte und jenen Seidel als den nicht nur berühmtesten und geschicktesten unter den Gartenkünstlern Dresdens, sondern auch den ersten Gärtner Deutschlands. Ich begab mich also zu ihm in den Garten. Er zeigte mir auf Anfrage und Verlangen verschiedene Pflanzen vor, die mir wegen deutlicher Manifestation der Metamorphose aus Nachbildungen merkwürdig geworden. Ich eröffnete ihm jedoch meinen Zweck nicht, weshalb ich mir von ihm diese Gefälligkeit erbäte.

Kaum hatte er mir einige der gewünschten Pflanzen hingestellt, als er mit Lächeln sagte: »Ich sehe wohl Ihre Absicht ein und kann mehrere dergleichen Beispiele, ja noch auffallendere vorführen.« Dies geschah und erheiterte uns zu fröhlicher Verwunderung: mich, indem ich gewahrte, daß er durch eine praktisch aufmerkende lange Lebenserfahrung diese große Maxime in der mannigfaltigen Naturerscheinung überall vor Augen zu schauen sich gewöhnt hatte; ihn, als er einsah, daß ich, als Laie in diesem Felde, eifrig und redlich beobachtend, die gleiche Gabe gewonnen hatte. Im vertrauten Gespräch entwickelte sich das weitere; er gestand, daß er durch diese Einsicht in die Verwandlungslehre der Pflanzen fähig geworden, manches Schwierige zu beurteilen, und zugleich für das Praktische glückliche Anwendung gefunden habe. Er hatte den Begriff der Metamorphose in seiner ganzen Folge nach und nach aus seiner eigenen Praxis vollständig errungen und verstand damit besser umzugehen als irgendein anderer. So hatte ich das Vergnügen, einen praktischen Mann völlig eingeweiht in diese offenbaren Naturgeheimnisse zu finden, indes doch der Begriff in Wissenschaft und Literatur sich erst langsam entwickelt. Die herrlichsten Exoten hat er eingewöhnt, darunter die Alraune; und hierzulande noch gänzlich unbekannte Arten hat er glücklich vermehren können, wobei ihm seine Lehrjahre an den berühmtesten Gärten Europas zugute gekommen. Selbst Pflanzen aus dem fünften Weltteil weiß er mit Geschick zu ziehen, als die Mimosa mit ihren gefiederten Blättern, oder die schönen Spezies der Erica lebana und der Erica mammosa, von den Pelargonien aus Afrika und den Azaleen aus Nordamerika gar nicht zu reden. Auch ist er im Besitze einer botanisch-hortensischen Bibliothek, was doch recht ungewöhnlich ist, und selber hat er manche Schrift herausgebracht. In seinem Fache, will mich dünken, ein vollkommen Wissender und weise überdies. Die Natur, so hat er mir gesagt, läßt sich wohl forcieren, aber nicht zwingen. Und alles, was wir theoretisch gegen sie vornehmen, sind Approximationen, bei denen die Bescheidenheit nicht genug zu empfehlen ist. In Dresden hoff ich ihn noch des öfteren aufzusuchen.«

Hernach, als man die Tafel aufhebt, fragt er sehr liebenswürdig, ob der Herr von Hardenberg, als ein Kenner, und auch die Herren Schlegel und Tieck wohl sein Mineralienkabinett mit ihm besehen wollten?

Natürlich ist Hardenberg ein kenntnisreicher Betrachter der schönen Sammlung. Aufmerksam folgt er Goethes Erläuterungen zu den besonderen Stücken. Nein, er besitze leider keine Steine aus Artern, bedauert dieser, als er ihm von dem seltenen Honigstein erzählt, der dort gefunden werde. Wenn der Herr von Hardenberg gelegentlich seiner Geschäfte in Artern die Güte haben wolle, ihm einen solchen Honigstein zu überschicken –?

Fürwahr! Hardenberg ist gänzlich angetan und glücklich, daß er Goethe diesmal so mitteilend und bemüht, so unverstellt und liebenswert angetroffen. Und wo sie einmal in Weimar sind, will er gleich noch Jean Paul Richter wiedersehn, womöglich noch den alten Herder kennenlernen, was ihm dessen Sohn auch immer wieder sehr nahegelegt hat. Er überredet also Tieck, doch mitzukommen. Was Richter anlangt, ist der ihm auch gerne zu Gefallen; von Schlegel nehmen sie Grüße mit und eine Einladung nach Jena. Aber zu Herder geht er ungern mit.

»Du weißt, ich habe gerade seine ›Metakritik‹ in meinem ›Zerbino‹ recht ironisch behandelt«, gibt er zu bedenken.

»Herder wird unmöglich einen leichten Scherz schwerer nehmen können, als er gemeint war«, beruhigt ihn Hardenberg.

Dennoch hat Tieck recht. Der Herr Generalsuperintendent und Oberhofprediger von Herder ist gekränkt und verfehlt nicht, es merken zu lassen. Er erscheint kalt und fremd, fast umgewandelt gegen Tieck, den er schon kennt. Frau Herder zeigt sich noch abstoßender; sie scheint überhaupt eine unangenehme Schärfe zu besitzen. Daß sie gebeten werden, den Tee mit ihnen zu nehmen, hat Tieck nur der Gegenwart des Freundes zu danken. Eine peinlich verlegene Szene entsteht, welche durch das trübselige Helldunkel des Zimmers einen noch beklemmenderen Charakter annimmt. Kein freies, offenes Gespräch will in Gang kommen, alle fühlen sich gedrückt. Da ist es eine Art Befreiung, als endlich ein neuer Gast, eben jener Kunst-Meyer, von welchem Goethe ihnen eben gesprochen, eintritt. Der muß nun die Kosten der Unterhal-

Johann Gottfried Herder (1744–1803). Gemälde von Anton Graff.
Eine Begegnung mit Herder zusammen mit Tieck im Juli 1799 verlief
in einer beklommenen Atmosphäre.

tung übernehmen. Er weiß auch mancherlei zu erzählen. Dem jüngeren Stolberg sei das vergangene Jahr durch seine Freunde eine ganz absonderliche Weihnachtsbescherung bereitet worden, gibt er zum besten, als man auf das nahe Fest zu sprechen kommt. Man habe ihm eine Krippe mit einer Puppe darin aufgebaut, und diese habe er dann angebetet.

Solchen und anderen spöttischen Reden macht Herder aber durch ein entschiedenes Wort ein Ende, und das verfehlt auch in dieser peinlichen Stimmung nicht seinen Eindruck auf die Gäste:

»Lassen wir das, mein Freund«, sagt er. »Man muß einem jeden seine Hausreligion lassen!«

Da indes der Einklang nicht wieder herzustellen ist, so verabschieden sich Tieck und Hardenberg bald darauf und treffen sich mit Schlegel, wie vereinbart, zur Rückfahrt. Zwar muß nun Tieck an seine Abreise denken; aber die Freunde können sich noch gar nicht trennen. Er möge doch noch mit zu Reichardt kommen, bittet Tieck. Dann müsse er zuerst sein Gast in Weißenfels sein, bittet Hardenberg. So ziehen sie gemeinsam Richtung Halle und kehren unterwegs im Hardenbergischen Haus ein. Der Eintritt in die Familie Hardenberg macht Tieck einen tiefen Eindruck. Das ernste, stille Leben sieht er, die prunklose, aber wahre Frömmigkeit, die hier herrscht, und den alten Hardenberg, diese hohe, ehrwürdige Natur, wie einen Patriarchen in der Mitte talentvoller Söhne und lieblicher Töchter. Einmal hört er den alten Herrn im Nebenzimmer in nicht eben glimpflicher Weise schelten und zürnen.

»Was ist vorgefallen?« fragt er besorgt einen eintretenden Bedienten.

»Nichts«, erwidert dieser trocken. »Der Herr hält Religionsstunde.«

Auf seiner Stube liest Hardenberg dem Freund seinen Roman vor; noch zu Freiberg hat er fleißig daran weitergearbeitet.

»Nicht: Der Lehrling, sondern ›Die Lehrlinge zu Saïs‹ soll er jetzt heißen.«

Und Fragmente liest er ihm, dazu geistliche Lieder, welche Tieck besonders gefallen.

»Vergiß nur nicht, dir den Böhme kommen zu lassen«, erinnert er Hardenberg. »Ich bin gewiß, seine Schriften müssen dir ebenso bedeutend werden wir mir.«

Gemeinsam reisen sie weiter auf den Giebichenstein, wo sie im Kreise Reichardts einen frohen Abend, reich an mannigfachen Genüssen, erleben, der durch den schönen Ort noch schöner herausgehoben wird.

»Eine einfache Beschreibung gäbe ein liebliches romantisches Bruchstück«, meint Hardenberg dazu.

»Deine Bekanntschaft«, bekennt er dem Freunde nun bei ihrem Abschied, »deine Bekannschaft hebt ein neues Buch in meinem Leben an. Noch hat mich keiner so leise und doch so überall angeregt wie du. Jedes Wort von dir versteh ich ganz. Nirgends stoß ich auch nur von weitem an. Nichts Menschliches ist dir fremd, du nimmst an allem teil. Und breitest dich, leicht wie ein Duft, gleich über alle Gegenstände und hängst am liebsten dich an Blumen. Du berührst mich in der Blüte und bist mir verwandt. – Gehe ja nicht an Weißenfels vorbei!«

Tieck verspricht, im Herbst, wenn er nach Jena übersiedelt, die Reise gewiß in Weißenfels zu unterbrechen.

Dann geht er zurück nach Berlin. Dort ist Friedrich Schlegel die neue, vertraute Freundschaft Hardenbergs zu Ohren gekommen.

»Machen Sie ihm viele Vorwürfe«, schreibt er der Frau Schwägerin, »daß er nichts von sich hören läßt. Und erzählen Sie mir viel von ihm. – Mit Ungeduld warte ich auf Briefe, besonders aber über Hardenberg. Wie lebt er? Wie liebt er? Was baut man jetzt an seinem bürgerlichen Baukunstwerk? Warum schreibt er mir nicht? Will er gar nichts mehr fürs ›Athenaeum‹ schicken? Liebt er uns noch? Was sagt er zu Fichte und zur Elegie? Ist ihm über die ›Lucinde‹ ein Licht aufgegangen? – Also Hardenberg hat die Elegie nicht vernommen? So! nun muß er warten.«

Auch den nächsten Monat sehen wir Hardenberg kaum in Weißenfels. Der Vater läßt ihn bitten, den zwölfjährigen Bruder Bernhard nach Dresden zu begleiten, wo dieser bei Hof als Page präsentiert werden soll. Die Reise nimmt er freudig an, bietet sie ihm doch eine Seitenausflucht in sein Paradies dar.

In Freiberg bei den Charpentiers, wohin sie sich zuerst begeben, trifft er den folgenden Tag auf den norwegischen Naturphilosophen Henrik Steffens. Als ein Freund Schellings und häufiger Gast im Hause Charpentier hat Steffens viel von Hardenberg sprechen hören, auch beschäftigen ihn die Fragmente dieses Novalis beständig, besonders die im »Blütenstaub«, so daß er vermeint, von kaum einem Menschen zu wissen, nach dessen persönlicher Bekanntschaft er sich wärmer sehnte als nach der dieses originellen Dichters, dessen ätherisch-fantastisches Wesen und tiefe, blitzähnliche Äußerungen ihn so merkwürdig anrühren und anziehen. Doch freut ihn nun das Treffen nicht so sehr, wie er geglaubt hat. Er nimmt zwar gleich den geistvollen Menschen wahr, und Hardenbergs höchst einfache Kleidung, die keine Vermutung der adligen Herkunft aufkommen läßt, empfindet er als äußerst angenehm. Auch bestaunt er die Anmut der Sprache und die Melodie des Stils, welche so gar nichts Erlerntes haben, sondern eben das Natürlichste zu sein scheinen. Und die feinen Lippen, zuweilen ironisch lächelnd, für gewöhnlich ernst, lassen ihn die größte Milde und Freundlichkeit vermuten. Aber er ist ganz Dichter, denkt Steffens, für wissenschaftlich strenge Konsequenz scheint er wenig Sinn zu haben. Die neue Sicht der Naturphilosophie scheint er auch nicht zu teilen: nicht eine Urduplizität, sondern einen Urinfinitismus der Natur will er haben. Und Wernern nennt er gleich einen Goethe im Beobachten.

Gleichgestimmte Geister sind sie aber schon. Auch wohl nicht durch Zufall beide auf den 2. Mai geboren.

Hardenberg hat freilich mehr mit Julie zu reden in diesen drei kurzen Tagen. Die nächste Woche wird der Vater auf der Rückreise von Teplitz über Dresden gehen. Dort, so plant er, will er ihn begrüßen und ihn – mit Julie bekannt machen. Er rechnet sehr darauf, daß seine Einwilligung gerade jetzt nicht schwerhalten kann und wird. Aus Teplitz kommen nämlich Nachrichten von einer glücklichen Begebenheit. Gleich nachdem sie dort eingetroffen, haben die Hardenbergs eine Familie Rechenberg aus der Oberlausitz kennengelernt, die gleichermaßen aus dem Vater, zwei Töchtern und einem Sohn bestand. Der Sohn, ein edler, liebenswürdiger Mann von dreißig Jahren, war nach Teplitz gekommen, um sich von dem Druck eines vieljährigen unglücklichen Schicksals, das ihn in seiner Ehe mit einer wahnsinnigen Frau getroffen, die nun im Mai gestorben war, zu erholen, und er fand in dem Umgang mit der achtundzwanzigjährigen Caroline bald einen Trost und Beruhigung, der ihm sonst nirgends wurde. Ihr teilnehmendes Wesen und ihre immer heitere Stimmung waren gerade, was er in seiner Lage bedurfte, und er näherte sich ihr von Tag zu Tag mehr. Endlich wandte er sich an Vater Hardenberg, der ihm auch eine völlige Erhörung seiner Wünsche gewähren wollte, jedoch unter der Bedingung, sie Carolinen nicht eher als nach voller Badekur zu entdecken, da er von dieser Unruhe nachteilige Folgen für ihre Gesundheit fürchtete. Carl aber, der ihr ganzes Vertrauen hatte, versicherte sich schon im voraus ihrer Neigung und konnte daher den armen Liebhaber, der in tausendfacher Angst war, eine abschlägige Antwort zu erhalten, beruhigen. Nun sollte noch dieses Jahr die Hochzeit sein.

Mit Bernhard geht Hardenberg also nach Dresden an den Hof. Er ist zufrieden mit seiner Mission, zumal Bernhard sich sehr leidlich aufführt. Dem Vater wird er vorteilhaft berichten können. Carl, der sie schon in Dresden erwartet hat, befindet sich hingegen im äußersten Zustand der Ungewißheit; er ist noch ohne Resolution, was seine Heiratspläne angeht. Gemeinsam machen sie Besuch auf Siebeneichen, wo die Tante Miltitz leider nicht mehr zu glauben vermag, daß das Fräulein von Huldenberg in die veränderten Pläne einwilligen und Carl ihr Jawort geben werde.

Jeanette von Rechenberg, des zukünftigen Schwagers Schwester, welche er soeben zu Teplitz kennengelernt, wäre vielleicht die geeignetere Gefährtin?

Noch ist Carl nicht über sie bestimmt.

Die Woche bleiben sie in Dresden, wo Hardenberg den Führer durch die Gemäldegalerie und die Antiken macht. Auf den Sonntag trifft der Vater dann mit den Geschwistern ein, desgleichen Julie aus Freiberg, und das Treffen beider gerät vollkommen nach Hardenbergs Wünschen. Denn daß Julies lieblicher Anblick und weiche, sanfte Natur den Vater gegen die Pläne des Sohnes milder stimmen, das läßt sich schnell bemerken! Der Vater ist auch zu erfüllt vom Glück der Lieblingstochter Caroline. Nun soll sein Ältester dem Wenden, wie er den zukünftigen Schwiegersohn zu nennen pflegt, als Abgesandter der Familie einen Besuch abstatten auf dem Familiensitz derer von Rechenberg zu Schönberg bei Bautzen. Und zugleich auch Carl begleiten, der also um das Fräulein werben will, nachdem die Huldenberg soeben für die Ehre hat danken lassen. Dies alles aber gleich und noch den Monat – was Hardenberg sich gern gefallen läßt.

Anfang September 1799 kommt Friedrich Schlegel von Berlin nach Jena. Das zweite Stück vom zweiten Band des »Athenaeums« ist nun heraus mit seiner Rezension der Schleiermacherischen »Reden über die Religion«. Auch Hardenberg wirft sich jetzt in seinen Nebenstunden auf das Studium der Reden, die er sich durch einen Expressen eigens von Jena hat holen lassen. Dazu befaßt er sich mit Schlegels eigener Religion, welche dieser als »Ideen« zu Papier gebracht hat und dem Freunde anvertraut in einer Abschrift von der Hand der Veit.

»Kaviar der Mystik hat Dorothea meine Gedanken genannt«, erzählt er.

Hardenberg nimmt sie sich gründlich vor; zu manchen macht er Randbemerkungen, zustimmende wie kritische. Plötzlich sieht er sich mitten im Lesen gemeint und angeredet: »Nicht in die politische Welt verschleudere Du Glauben und Liebe«, liest er, »aber in der göttlichen Welt der Wissenschaft und der Kunst opfere Dein Innerstes in den heiligen Feuerstrom ewiger Bildung.«

Friedrich Ernst Daniel Schleiermacher (1768–1834). Kupferstich von Johann Heinrich Lips, um 1799. Hardenberg kannte Schleiermacher nicht persönlich; besonders war er von dessen Schrift »Über die Religion« angetan. Friedrich Schlegel bemerkte zu dessen Einfluß: »Hardenberg ist dran, die Religion und die Physik durcheinander zu kneten. Das wird ein interessantes Rührei werden.«

»Ich folge diesem Worte, teurer Freund!« schreibt er an den Rand.

Am Ende stößt er noch auf eine veritable Widmung »An Novalis«: »Nicht auf der Grenze schwebst Du, sondern in Deinem Geiste haben sich Poesie und Philosophie innig durchdrungen. Dein Geist stand mir am nächsten bei diesen Bildern der unbegriffnen Wahrheit. Was Du gedacht hast, denke ich, was ich gedacht, wirst Du denken oder hast es schon gedacht. Es gibt Mißverständnisse, die das höchste Einverständnis neu bestätigen. Allen Künstlern gehört jede Lehre vom ewigen Orient. Dich nenne ich statt der andern.«

Neben diese Widmung schreibt er gleich zur Antwort: »Wenn irgend jemand zum Apostel in unsrer Zeit sich schickt und geboren ist, so bist Du es. Du wirst der Paulus der neuen Religion sein, die überall anbricht, einer der Erstlinge des neuen Zeitalters, des religiösen. Du verstehst die Geheimnisse der Zeit. Ein herrliches Gefühl belebt mich in dem Gedanken, daß Du mein Freund bist und an mich diese innersten Worte gerichtet hast. Ich weiß, daß wir in vielem eins sind, und glaube, daß wir es durchaus sind, weil *eine* Hoffnung, *eine* Sehnsucht unser Leben und unser Tod ist.«

Als er wieder schnell auf einen Besuch zu den Schlegels herüberkommt, vertraut er dem Freund an, wie er Schleiermachers Reden mit höchstem Interesse studiert habe und ganz von ihnen eingenommen, durchdrungen, begeistert und entzündet sei: jetzt werde er einen Aufsatz über den Katholizismus schreiben, gewissermaßen *seine* Rede.

Übrigens mag ihn Frau Schlegel diesmal gar nicht leiden. Er erscheint ihr so gesinnt, daß er – darauf will sie wetten – die Tieck ihr vorziehen wird.

Vier Wochen nach Friedrich Schlegel, als dieser es auch kaum mehr auszuhalten vermag, kommt Dorothea Veit mit ihrem jüngeren Sohn Philipp nach. Auf dem Weg macht ihre Kutsche zwar den Mittag Station in Weißenfels, und ein Mitreisender will sogar zum Hardenbergischen Hause; sie selbst tut aber nichts dazu, Hardenberg zu sehen, so begierig sie auch darauf ist. Von den Schlegels hat sie nämlich gehört, er sei ganz toll in Tieck und in dessen Frau, als Tiecks Frau, verliebt und behaupte, der wäre noch ein ganz anderer Dichter als Goethe und dergleichen. Seither verachte er alles übrige. Alles übrige, haben sie gesagt. Freilich muß sie auch gestehen, daß eine Bekanntschaft, vollends eine so interessante Bekanntschaft, sie immer in Verlegenheit setzt. Hätte sie seine Bekanntschaft machen können, ohne daß er die ihrige hätte machen müssen, so wäre es angegangen. – Da denken Tiecks doch mutiger. Wie er versprochen, unterbrechen sie ihren Umzug von Berlin nach Jena kurzerhand in Weißenfels – Tieck und seine zwanzigjährige Frau Amalie mit dem eben geborenen Töchterchen Dorothea. Hardenberg kann ihm nun zeigen, was er derweil an geistlichen Liedern hinzugedichtet hat. In seinen Plan weiht er ihn ein, die Lieder zu einem neuen Gesangbuch zu bestimmen und mit Gebeten und religiösen Fantasien zu begleiten, zu einer Art Erbauungsbuch vielleicht. Er spricht ihm auch von seinem Aufsatz über den Katholizismus, die Christenheit vom Mittelalter an betreffend. Doch will er noch nicht daraus lesen.

»Erst muß der Aufsatz gänzlich fertiggestellt sein, was vermutlich schon bald sein wird.«

»Dann kann ich womöglich bei der nämlichen Gelegenheit den Anfang meines Genoveva-Dramas lesen«, meint Tieck. »Der Stoff geht mir gewaltig im Kopfe herum, und ich glaube wohl, mich beflügelt unser beider Leidenschaft für jenen wahren Katholizismus.«

Es steigen auch noch weitere Besucher im Hardenbergischen Hause ab. Von Lucklum kommen Carl und Rechenberg zurück – Carl hat Carolines zukünftigen Gemahl daselbst dem Onkel vorgestellt. Nun hält sich Rechenberg den ganzen Tag auf Carolines und Sidonies Stube auf, es wird soviel geplaudert und gelacht, soviel gelärmt und geneckt, daß es selbst Sidonie ganz unmöglich ist, an eine ernstere Beschäftigung zu denken. Als sie abends alle traulich und froh beisammensitzen, werden sie durch die Ankunft Dietrich von Miltitzens und seiner englischen Sarah überrascht; die wollen auch für einige Tage bleiben. Den nächsten Tag erwartet sie nämlich ein Familienfest: der fünfzigste Geburtstag Mutter Hardenbergs. Den feiern sie mit Fröhlichkeit und mit viel Wein, weil Weinmond ist. Und Hardenberg trägt wieder einmal ein eigenes langes Festgedicht vor. – Kaum daß sie ausgefeiert, lassen sich schon neue Gäste melden, unter ihnen August von Herder von der Bergakademie, welcher Hardenberg daselbst doch sehr vermißt. Das eigentliche große Fest steht aber noch bevor. Den 10. November 1799 treffen sie sich auf dem Gute Schlöben unweit Jena, die von Rechenberg und die von Hardenberg. Im oberen Saal des Schlosses wird die Hochzeit gefeiert, nachdem Friedrich und Caroline einander in der Schloßkirche feierlich das Jawort gegeben. Und weil es die erste Hochzeit der jungen Hardenbergischen Generation ist, wird mit gebührendem Aufwand gefeiert. Alle sind vergnügt. Die Musik verscheucht die Zurückhaltung und reizt alle Neigungen zu munterem Spiel. Blumenkörbe duften auf dem Tisch, und der Wein schleicht zwischen den Schüsseln und Blumen umher, schüttelt seine goldnen Flügel und stellt bunte Tapeten zwischen die Welt und die Gäste.

»Viele Tage gehen vorüber, ohne eine Spur hinter sich zu lassen«, beginnt Hardenberg als Ältester der Geschwister seine Tischrede. »Nur wenige bleiben als feste Punkte des Lebens stehn. Keiner verdient wohl fester gehalten zu werden, als der Hochzeitstag. Was ist der Hochzeitstag? Wir feiern heute einen solchen Tag, laßt ihn uns ewig im Andenken behalten. Die Älteste führt auch hier billig den Reigen. Die meisten Hochzeitstage werden Tage der trüben Erinnerung: dieser wird es nicht sein. Der Tag sei uns allen ein Tag des festen Bundes, ein echter Familientag. Der Kranz soll ihr bleiben. Jetzt soll er erst blühen –«

Der Bruder Carl nur, Carl sieht nicht so fröhlich drein bei dieser Rede. Denn auch das Fräulein von Rechenberg, dort drüben an der Tafel sitzend, hat ihn nicht erhört.

Gleich von Schlöben aus reitet Hardenberg hinüber zu den Schlegels nach Jena. Carl nimmt er mit, schon um ihn aufzumuntern. Außerdem wendet dieser sich immer mehr den schönen Künsten und den Wissenschaften zu und ist ja selbst ein Dichter. Den Namen »Rostorf« hat der Bruder ihm zugelegt, welcher wie »Novalis« ein alter Name des Hardenbergischen Geschlechts ist.

Im Haus am Löbdergraben, nahe dem Roten Turm, sind sie alle versammelt – Wilhelm Schlegel und Caroline Schlegel, Friedrich Schlegel und die Veit, Tieck und seine Frau, Schelling, Hardenberg und Carl. Dazu Sohn Philipp Veit und das kleine Tieckchen; nur Carolines eben verreiste Tochter Auguste fehlt. Von morgens früh bis weit in die Nächte hinein, auf allen Stuben und allen Stockwerken des Hauses hört man sie laut und lebhaft reden – unten im Erdgeschoß, wo die Veits Quartier bezogen und auch die Tiecks untergekommen sind, darüber bei den Schlegels, wo sich der Salon befindet, und bis unters Dach, wo Friedrich Schlegel nun behaglich eingerichtet ist und wie der beste apanagierte Prinz logiert. Über die Religion und die Physik, die Philosophie und die Poesie reden sie, erzählen von Fichte und von Schleiermacher in Berlin, mutmaßen über Schiller und Goethe und was die beiden während des Besuchs des letzteren nur wenige Häuser weiter wohl eben ausbrüten werden. Überall geht es ziemlich bunt und störend durcheinander. Der Hausherr zeigt vor, was er von Shakespeares »Kaufmann von Venedig« eben übersetzt hat, Carl lobt Frau Schlegels schöne Handschrift, indem er das Blatt besieht, Tieck treibt die Religion wie Schiller das Schicksal, Hardenberg ist ganz und gar seiner Meinung. Er ist so in Tieck, mit Tieck, für Tieck, daß er für nichts anderes Raum findet, auch für die Veit nicht, wie diese bedauert. Zum Gespräch mit ihm ist sie noch gar nicht gekommen, nur zur reinen Anschauung beim Tee.

Er sieht wie ein Geisterseher aus, so will ihr scheinen, und hat sein ganz eignes Wesen für sich allein, selbst wenn es mir die Herren etwas zu toll treiben mit dem Christentum.

Schelling, der trotzige Schelling, blickt schon recht widerborstig bei so viel Religion. Da wendet er sich lieber Caroline zu, was Tieck nun seinerseits doch sehr verwundert, daß der Jüngling der Madame Schlegel so die Cour zu machen wagt, zumal sie ja viel älter ist. Die Veit bemerkt denn auch die ewigen Neckereien und Zankereien zwischen Frau Schlegel und ihrem Ehemann mit Unbehagen. Es ist nicht viel vom Sakrament zu merken, denkt sie sich. Sie ist sehr kokett! Wirklich recht sehr, aber doch auch hübsch, das kann man ihr nicht nehmen.

Caroline Schlegel (1763–1809). Gemälde von Johann Friedrich August Tischbein, 1798. Tochter des Orientalisten J. D. Michaelis, heiratete 1784 den Bergarzt J. W. F. Böhmer, nach dessen Tod 1796 A. W. Schlegel, den sie verließ, um 1803 F. W. J. Schelling zu heiraten. Sie und ihr Haus waren Mittelpunkt des frühromantischen Jenaer Kreises.

Der Schlegel ihrerseits mißfällt es, wie die Veit den jungen Schlegel schier vergöttert, was jenen nur noch eitler und bequemer mache. In dieses alles findet sich Frau Tieck nicht gleich hinein. Hätte sie Anmut und Leben und etwas mehr am Leibe als einen Sack, so könnte sie für hübsch gelten, denkt Frau Schlegel. Friedrich Schlegel schließlich gibt noch einmal zum besten, wie sie neulich über ein Gedicht von Schiller in dessen neuem Musenkalender, ein Lied von der Glocke, fast von den Stühlen gefallen wären vor Lachen. Dann amüsiert ihn, was zwei solche Feuer und Wasser sprudelnde Menschen wie Hardenberg und Tieck für ein Wesen zusammen treiben. Als aber Hardenberg und Schelling sich über die Chemie bereden, stellt er sich dazu, um einen durch den andern gleichsam zu verstehen. Die Veit will freilich wetten, die Herren Tieck, Hardenberg, Schelling, Schlegel verständen sich selbst nicht und einander nicht. Und Frau Schlegel sagt ganz unverblümt und fröhlich, als sie die Gesellschaft zu Tisch bittet:

»Ihr glaubt nicht, wie wenig ich eigentlich verstehe, was Ihr treibt. Was Ihr alle zusammen da schaffet, ist mir ein rechter Zauberkessel.«

Zu Tische findet sich auch noch der Herr Professor Paulus mit seiner Frau Gemahlin ein, die beide Hardenberg aus seiner Jenaer Studentenzeit von den Abenden bei Schillers vertraut sind; sie genießen den Mittagstisch der Schlegelin gegen ein Entgelt regelmäßig, geradeso wie der Herr Professor Schelling und wie zu Zeiten mancher andere Professor. Da hat die Hausfrau beide Hände voll zu tun, um ihre Gäste zu speisen, bei welchem Geschäft die Köchin und Rose, das Dienstmädchen, ihr probate Hilfen sind. Ihr Tisch ist aber so nett, reinlich, zierlich und einfach, sie macht auch die Wirtin mit so leichtem Anstand und in einer so angenehmen Manier, daß es jedem wohl dabei werden muß.

Nach Tisch spaziert die ganze Gesellschaft ausgiebig, bis Tieck, nachdem die Dunkelheit schon voll hereingebrochen ist, so fröstelt, daß er umzukehren bittet. Erst setzt man sich zu Tee und kalter Küche. Am Abend ist dann Lesung im Salon. Wilhelm Schlegel liest zuerst aus seinem »Tristan« vor, und jedermann ist angetan. Tieck, welchem Hardenberg den Vortritt läßt, Tieck liest als nächster in der Tat die erste Hälfte seiner »Genoveva«. Während dessen sind alle merklich ergriffen, zumal Tieck die wechselnden Partien ungemein mannigfaltig und ausdrucksvoll zu deklamieren weiß. Nicht nur Hardenberg ist ganz entzückt von solcher Fülle an Poesie. Auch die Schlegels rühmen den Nachdruck und den großen Ernst, der noch in keinem seiner Werke so hervorgetreten sei. Vielleicht, denkt Friedrich Schlegel, ist er jetzt in seiner schönsten Zeit und hat in der Tat ein ungeheures Talent?

Dann liest Hardenberg ihnen geistliche Lieder.

»Die sind nun das Göttlichste, was du je gemacht!« ruft Freund Schlegel aus. »Die Poesie darin hat mit nichts Ähnlichkeit als mit den innigsten und tiefsten unter Goethes früheren kleinen Gedichten.«

»Solche Lieder will ich auch machen«, vermeldet Tieck. Doch denkt sich Schlegel gleich: der bringt kein solches Lied heraus, wenn er auch Millionen innerliche Purzelbäume schlägt.

»Wir nehmen noch Predigten dazu und lassen alles zusammen drucken«, begeistert sich Tieck.

»Und dedizieren es Schleiermacher«, meint Hardenberg.

»Da du von Schleiermacher sprichst«, greift Schlegel ein, »wie steht es nun mit deinem Aufsatz?«

»Mein Aufsatz? – ›Die Christenheit oder Europa‹ hab ich ihn überschrieben, hier ist das Manuskript.«

»So lies und laß uns hören!«

»Es waren schöne, glänzende Zeiten«, hebt Hardenberg an, »wo Europa ein christliches Land war, wo *eine* Christenheit diesen menschlich gestalteten Weltteil bewohnte. *Ein* großes gemeinschaftliches Interesse verband die entlegensten Provinzen dieses weiten geistlichen Reichs.« Er liest vom Untergange solcher echtkatholischen Zeiten, von der wachsenden Trägheit, Gemeinheit und Habsucht der Menschen, von dem feuerfangenden Kopfe Luther, der den religiösen Sinn durch den Buchstaben verdrängte, so daß es um die Einigkeit der Christenheit getan war. Von dem neuen Orden der Jesuiten liest er, der mit großer Kraft das Alte zurüstete und mit wunderbarer Einsicht und Beharrlichkeit sich des päpstlichen Reiches und seiner mächtigeren Regeneration annahm, bis er dem Religionshaß der modernen Denkungsart, die sich Aufklärung nannte, fast ganz zum Opfer fiel. Er liest von der Revolution in Frankreich, vom Aufkeimen der Künste und Wissenschaften in Deutschland, wo sich nunmehr eine neue goldne Zeit ankündigt, heraufgeführt von einem neuen Schleier-macher für das Heilige, gefolgt von einer neuen Schar der Jünger. »Die Christenheit muß wieder lebendig und wirksam werden«, ruft er aus, »und sich wieder eine sichtbare Kirche ohne Rücksicht auf Landesgrenzen bilden, die alle nach dem Überirdischen durstige Seelen in ihren Schoß aufnimmt und gern Vermittlerin der alten und neuen Welt wird. Sie muß das alte Füllhorn des Segens wieder über die Völker ausgießen. Wann und wann eher? Danach ist nicht zu fragen. Nur Geduld, sie wird, sie muß kommen, die heilige Zeit des ewigen Friedens, wo das neue Jerusalem die Hauptstadt der Welt sein wird. Und bis dahin seid heiter und mutig in den Gefahren der Zeit, Genossen meines Glaubens; verkündigt mit Wort und Tat das göttliche Evangelium und bleibt dem wahrhaften, unendlichen Glauben treu bis in den Tod.«

Als er so geendigt hat, hält Schelling es nicht länger aus. Mit Vehemenz fährt er von seinem Stuhl und ist hinaus.

»Er sah die ganze Lesung schon sehr mißbehaglich aus«, bemerkt Frau Schlegel.

»Wer weiß, ob er nicht einen neuen Anfall von seinem alten Enthusiasmus für die Irreligion hat!« ruft Friedrich Schlegel händereibend. »Womöglich schreibt er eine Gegenrede.«

Und in der Tat: Den andern Tag bringt Schelling ein langes Poem in Knittelversen mit, »Epikurisch Glaubensbekenntnis Heinz Widerporstens« überschrieben. Natürlich muß er gleich vor aller Ohren lesen.

»Das ist mir eine ziemlich freche Parodie«, meint Wilhelm Schlegel nach der Lesung.

»Aber herrlich in Hans Sachs Goethens Manier entworfen«, begeistert sich der Bruder. »Wir sollten das zugleich mit Hardenbergs Rede im ›Athenaeum‹ drucken lassen. ›Europa‹ und der ›Widerborst‹ – das wäre eine allerschönste Blüte unsrer Philironie!«

Hardenberg hat nichts einzuwenden. Die Veit ist aber sehr dagegen. Wilhelm Schlegel meint, man müßte eine Note beigeben. Das aber will nun Schelling nicht.

»Dann provoziere ich auf Goethe«, klärt der Hausherr schließlich. »Goethe soll in dieser Sache der Schiedsrichter sein.«

Hardenberg sieht gut gelaunt von einem zum andern; er ist mit allem einverstanden.

Nur Ritter fehlt ihm noch in dieser Runde, Johann Wilhelm Ritter, der junge Physiker, dessen Schrift über den Galvanismus er gelesen, nein verschlungen hat.

»Ritter ist Ritter, und wir sind nur Knappen«, sagt er zu Schelling. »Er soll doch hier in Jena wohnen, ich will ihn aufsuchen.«

In der größten Zurückgezogenheit, in einer abgelegenen Gasse, in einem kümmerlich ausgestatteten Zimmer findet er den jungen Menschen. Der hat wahrlich nicht geglaubt, daß jemand Ursache finden könnte, sich in seiner Einsamkeit um ihn zu kümmern! Nun plötzlich steht ein Mann in seinem Zimmer, der ihm äußerlich äußerst unbedeutend aussieht, aber kaum noch zu sprechen anfangen darf, um ihm gleich wie ein uralter Bekannter, der alles um ihn weiß und mit dem man im geringsten nicht Umstände nötig hat, zu erscheinen. Sie verstehen sich den Augenblick. Dem Aufgesuchten liegt auch nicht die geringste Merkwürdigkeit in ihrem Zusammenkommen; ihm ist schlechterdings nur eben, als wenn er einmal laut mit sich selber sprechen könnte.

»Solches war von jeher das Zeichen völliger Gleichgesinntheit«, stellt er offen gegen den Besucher fest. »Dabei sehe ich oft wochenlang kein fremdes Gesicht. Meine Gesellschaft sind meine wenigen, aber guten Bücher, dann mein alter, wunderbarer Hauswirt und ich selbst.«

»Verlassen Sie denn nicht Ihr Zimmer?«

»Nein, das heißt nur selten. Jetzt hab ich es wieder vier Wochen nicht verlassen. Ich weiß im Grunde nicht, warum ich es verlassen sollte und zu wem zu gehen es übrigens auch der Mühe wert wäre.«

»Zu Schlegels wäre es der Mühe wert. Und zu Schelling. Kommen Sie, wir sind in einem lebendigen Kreise beisammen, ich führe Sie ein.«

»Das hab ich gleich gewettet«, frohlockt Tieck, »daß du ihn mitbringst. Deine Freundlichkeit und offne Mitteilung machen gleich, daß du allenthalben geliebt wirst.«

»Hier ist der Mann, der mit seinen Experimenten die eigentliche Weltseele der Natur aufsucht«, stellt Hardenberg den Mitgebrachten Schelling vor. Friedrich Schlegel eilt zu ihnen, sehr bemüht, den Neuankömmling näher kennenzulernen.

Den letzten Tag ihres Beisammenseins, wie sie wieder nach Tisch in der Umgebung spazieren und sich gerade im Paradies finden – so heißt hier ein Spaziergang –, wer erscheint da plötzlich vom Gebirg herab? Kein andrer als die alte göttliche Exzellenz, Goethe selbst. Der sieht die große Gesellschaft und weicht etwas aus. Aber die andern machen ein geschicktes Manöver: Gut die Hälfte der Gesellschaft zieht sich zurück, und die beiden Schlegels gehen ihm gerade entgegen. Wilhelm führt die Veit, Friedrich und Carl gehen hinterdrein. Wilhelm stellt die Veit vor, Friedrich den Leutnant von Hardenberg, und Goethe macht der Dame ein Kompliment. Dann dreht er ordentlicherweise mit ihnen um und geht wieder zurück und noch einmal den Berg hinauf. Er ist freundlich und liebenswürdig und ungezwungen und aufmerksam. Wilhelm Schlegel trägt ihm ihre Sache vor.

Nun sie ihn so geradezu als Schiedsrichter darüber anriefen, sagt Goethe schließlich, wolle er sich auch auf eine honette Weise als ein solcher zeigen. Der Rat Schlegel möge ihn nur bald aufsuchen, daß sie über das Verhältnis ihrer Sozietät, mithin des »Athenaeum«-Kreises, zum Publikum sich besprechen könnten.

Wie Hardenberg nach seiner Abreise erfährt, geht Goethe sehr in die Sache ein. Nach umständlicher und gründlicher Entwicklung seiner Gedanken entscheidet er, man solle weder Hardenbergs Aufsatz noch Schellings Gedicht ins »Athenaeum« geben aus Rücksicht auf das Publikum. Er habe eine große Erfahrung in diesem Fache, indem er sich nun, Gott sei gepriesen, an die dreißig Jahre in der Opposition befinde.

So bittet Hardenberg, ihm seinen Aufsatz zu überschicken; er hat schon eine andere Idee damit. Der Aufsatz soll mit einigen Veränderungen zu andern öffentlichen Reden kommen, die er noch schreiben will – Reden an Napoleon zum Beispiel, an die Fürsten, an das europäische Volk, an das neue Jahrhundert – und dann mit diesen gedruckt werden. Daß aber Schellings Glaubensbekenntnis nun auch nicht ins »Athenaeum« kommt, das tut ihm richtig leid.

40 Die Welt muß romantisiert werden

Bevor er nach Weißenfels zurückkehrt – nachdem er mit Tieck schnell noch Jean Paul Richter in Weimar aufgesucht hat – reist Hardenberg Richtung Halle bis Wettin, wo er das Steinkohlenwerk befährt und sich mit der Gegend etwas bekannt macht, um allgemeine und lokale geognostische Tatsachen zu sammeln, sich insbesondere über brennbare Fossilien Auskunft zu verschaffen, denn der Geheime Finanzrat von Oppel erwartet seinen Bericht. Zur ruhigeren Anfertigung des Berichtes und um zugleich im Auftrag des Vaters den Salinenetat für das künftige Jahr auszuarbeiten, geht er alsdann nach Artern, nachdem er zuvor auf den Salinen Kösen und Dürrenberg schon denselben Geschäften nachgekommen und übrigens zwischen Weimar und Kösen, in der Flur des Dorfes Mattstedt, die interessante Entdeckung eines Werkes gemacht, in welchem man eine streifig schimmernde, dem Alaunschiefer ähnliche Kohle abbaut, die zu keiner der bekannten Arten gehört, wovon er Oppel ebenfalls Bericht erstatten will. Es wäre wegen der Nähe zur Grenze immer zu vermuten, denkt er sich, daß dieses Flöz auch in userm Thüringen vorkäme.

Nun in Artern in der Einsamkeit hat er Muße, ziemlich ungestört seine Beschäftigungen einzuteilen. Gesellschaft in den Nebenstunden hat er nur an Julies Schwager Thielmann mit seiner liebenswerten Wilhelmine und dem kleinen Patensöhnchen Franz Julius Friedrich, sowie an Thielmanns Freund Funk, wobei der Umgang mit dem letzteren, den er noch von früher als einen geistvollen Mann zu schätzen weiß, ihm doch in mehr als einer Hinsicht wertvoll wird. Der Major, welcher zugleich ein beachtlicher Geschichtsgelehrter ist, stellt ihm nämlich seine Bibliothek ganz nach Belieben zur Benutzung frei. Da finden sich nun die herrlichsten alten Chroniken! Sogleich geht Hardenberg der Sage von dem Dichter Afterdingen wieder nach, welcher er hier schon einmal kurz begegnet war. Auch wird er durch eine treffliche biographische Abhandlung aus des Majors eigener Feder, den Kaiser Friedrich Barbarossa betreffend, dermaßen für diesen Regenten begeistert, daß er ihn in seinem Roman als das Muster eines Königs darzustellen beschließt. Denn die Idee zu dem Roman über Heinrich von Afterdingen, von welcher er bislang nur gegen Tieck gesprochen, tritt ihm lebhafter denn je vor Augen hier am Fuße des sagenumwobenen Kyffhäuserberges.

Drei Wegstunden etwa liegt der Kyffhäuser entfernt, und es dauert nicht lange, da sehen wir Hardenberg nach dem Harz zu wandern, mit überaus schnellen Schritten. Er hält sich nicht auf dem Weg, sondern geht immer feldein durch Tal und Wald, bis er den Berg immer höher hinaufkommt. Als er oben ist, sieht er die Goldene Aue vor sich und überschaut Thüringen weit und breit, so daß kein Berg in der Nähe umher ihm die Aussicht wehrt. Gegenüber liegt der Harz mit seinen dunklen Bergen, unzähligen Schlössern, Klöstern und Ortschaften. Wie ihm da nun innerlich so recht wohl wird, fühlt er sich mit einmal zurück in die alten Zeiten versetzt. In Gedanken gewahrt er eine Stiege, die in den Berg hineingeht, und macht sich hinunter. Nach langer Zeit kommt er in eine große Höhle, da sitzt ein Greis in einem langen Kleid vor einem eisernen Tisch und schaut unverwandt nach einem wunderschönen Mädchen, welches in Marmor gehauen vor ihm steht. Sein Bart ist durch den eisernen Tisch gewachsen und bedeckt seine Füße. Er sieht ernst und freundlich aus, und ein glänzendes Licht ist in der Höhle verbreitet. Nach einer Weile sieht er von weitem eine Dämmerung, als wollte das Tageslicht einbrechen. Er eilt darauf zu und befindet sich bald auf einem grünen Plan; aber es scheint ihm alles ganz anders als in Thüringen. Ungeheure Bäume, mit großen, glänzenden Blättern, verbreiten weit umher Schatten. Die Luft ist sehr heiß und doch nicht drückend. Überall Quellen und Blumen, und unter allen Blumen gefällt ihm *eine* ganz besonders, und es kommt ihm vor, als neigten sich die andern gegen sie.

Auf dem Weg hinab und zurück nach Artern denkt Hardenberg hin und her darüber nach, wie die Geschichte des Heinrich von Afterdingen zu erzählen wäre. Lehrjahre muß er haben wie Wilhelm Meister, denkt er, aber doch ganz anders. Goethe wird und muß übertroffen werden – aber nur wie die Dichter der Antike übertroffen werden können, an Gehalt und Kraft, an Mannigfaltigkeit und Tiefsinn, als Künstler eigentlich nicht? So dacht ich früher, nicht heute. Sein »Meister« ist im Grunde ein fatales und albernes Buch – so prätentiös und preziös – undichterisch im höchsten Grade, was den Geist betrifft. Die Welt muß romantisiert werden. So findet man den ursprünglichen Sinn wieder. Romantisieren ist nichts als eine qualitative Potenzierung. Das niedre Selbst wird mit einem bessern Selbst identifiziert. Indem ich dem Gemeinen einen hohen Sinn, dem Gewöhnlichen ein geheimnisvolles Ansehen, dem Bekannten die Würde des Unbekannten, dem Endlichen einen unendlichen Sinn gebe, so romantisiere ich es; umgekehrt bekommt das Höhere, Unbekannte, Mystische, Unendliche einen geläufigen Ausdruck. Die Kunst, auf eine angenehme Art zu befremden, einen Gegenstand fremd zu machen und doch bekannt und anziehend, das ist die romantische Poetik!

Sodann zu Weihnachten im Hause Charpentier – denn wo sollte er anders sein als bei seiner Julie? – zu Weihnachten, als der Abend schon weit vorgerückt ist und sie sich zu dreien beisammen finden wie vor Zeiten, bettelt Karoline noch um Poesie, und Julie stimmt ihr bei. Er möge doch so gut sein und ihnen aus jenem neuen Werke über Afterdingen lesen, von welchem er des Nachmittags auf dem Spaziergang so lebhaft gesprochen, bittet sie recht schön. Hardenberg ziert sich nicht. Er geht und holt den ersten Bogen. Die jungen Damen setzen sich erwartungsvoll zurecht, und er beginnt zu lesen:

»Die Eltern lagen schon und schliefen, die Wanduhr schlug ihren einförmigen Takt, vor den klappernden Fenstern sauste der Wind; abwechselnd wurde die Stube hell von dem Schimmer des Mondes. Der Jüngling lag unruhig auf seinem Lager. Nicht Schätze sind es, die ein so unaussprechliches Verlangen in mir wecken, sagte er zu sich selbst, fern ab liegt mir alle Habsucht: aber die blaue Blume sehn ich mich zu erblicken. Sie liegt mir unaufhörlich im Sinn, und ich kann nichts anders dichten und denken. So ist mir noch nie zumute gewesen: es ist, als hätt ich geträumt, oder ich wäre in eine andere Welt hinübergeschlummert; denn in der Welt, in der ich sonst lebte, wer hätte da sich um Blumen bekümmert, und gar von einer so seltsamen Leidenschaft für eine Blume hab ich damals nie gehört. Daß ich auch nicht einmal von meinem wunderlichen Zustande reden kann! Es ist mir oft so entzückend wohl, und nur dann, wenn ich die Blume nicht recht gegenwärtig habe, befällt mich so ein tiefes, inniges Treiben: das kann und wird keiner verstehn. Ich hörte einst von alten Zeiten reden; wie da die Tiere und Bäume und Felsen mit den Menschen gesprochen hätten. Mir ist gerade so, als wollten sie allaugenblicklich anfangen, und als könnte ich es ihnen ansehen, was sie mir sagen wollten. Es muß noch viel Worte geben, die ich nicht weiß: wüßte ich mehr, so könnte ich viel besser alles begreifen.

Der Jüngling verlor sich allmählich in süßen Fantasien und entschlummerte. Er durchlebte ein unendlich buntes Leben, liebte bis zur höchsten Leidenschaft und war dann wieder auf ewig von seiner Geliebten getrennt.

Endlich gegen Morgen, wie draußen die Dämmerung anbrach, wurde es stiller in seiner Seele, klarer und bleibender wurden die Bilder. Es kam ihm vor, als ginge er in einem dunkeln Walde allein. Nur selten schimmerte der Tag durch das grüne Netz. Bald kam er vor eine Felsenschlucht, die bergan stieg. Je höher er kam, desto lichter wurde der Wald. Endlich gelangte er zu einer Wiese, die am Hange des Berges lag. Hinter der Wiese erhob sich eine hohe Klippe, an deren Fuß er eine Öffnung erblickte, die der Anfang eines in den Felsen gehauenen Ganges zu sein schien. Der Gang führte ihn gemächlich eine Zeitlang eben fort bis zu einer großen Weitung, aus der ihm schon von fern ein helles Licht entgegenglänzte.

Wie er hineintrat, ward er einen mächtigen Strahl gewahr, der wie aus einem Springquell bis an die Decke des Gewölbes stieg und oben in unzählige Funken zerstäubte, die sich unten in einem großen Becken sammelten. Nicht das mindeste Geräusch war zu hören, eine heilige Stille umgab das herrliche Schauspiel. Er näherte sich dem Becken, das mit unendlichen Farben wogte und zitterte. Er tauchte seine Hand in das Becken und benetzte seine Lippen. Es war, als durchdränge ihn ein geistiger Hauch, und er fühlte sich innigst gestärkt und erfrischt. Ein unwiderstehliches Verlangen ergriff ihn, sich zu baden, er entkleidete sich und stieg in das Becken. Eine himmlische Empfindung überströmte sein Inneres; mit inniger Wollust strebten unzählbare Gedanken in ihm, sich zu vermischen; neue, nie gesehene Bilder entstanden, die auch ineinander flossen und zu sichtbaren Wesen um ihn wurden, und jede Welle des lieblichen Elements schmiegte sich wie ein zarter Busen an ihn. Die Flut schien eine Auflösung reizender Mädchen, die an dem Jünglinge sich augenblicklich verkörperten.

Berauscht von Entzücken und doch jedes Eindrucks bewußt, schwamm er gemach dem leuchtenden Strome nach, der aus dem Becken in den Felsen hineinfloß. Eine Art von süßem Schlummer befiel ihn, in welchem er unbeschreibliche Begebenheiten träumte und woraus ihn eine andere Erleuchtung weckte. Er fand sich auf einem weichen Rasen am Rande einer Quelle, die in die Luft hinausquoll und sich darin zu verzehren schien. Dunkelblaue Felsen mit bunten Adern erhoben sich in einiger Entfernung; das Tageslicht, das ihn umgab, war heller und milder als das gewöhnliche, der Himmel war schwarzblau und völlig rein. Was ihn aber mit voller Macht anzog, war eine hohe, lichtblaue Blume, die zunächst an der Quelle stand und ihn mit ihren breiten, glänzenden Blättern berührte. Rund um sie her standen unzählige Blumen von allen Farben, und der köstlichste Geruch erfüllte die Luft. Er sah nichts als die blaue Blume und betrachtete sie lange mit unnennbarer Zärtlichkeit. Endlich wollte er sich ihr nähern, als sie auf einmal sich zu bewegen und zu verändern anfing; die Blätter wurden glänzender und schmiegten sich an den wachsenden Stengel, die Blume neigte sich nach ihm zu, und die Blütenblätter zeigten einen blauen, ausgebreiteten Kragen, in welchem ein zartes Gesicht schwebte. Sein süßes Staunen wuchs mit der sonderbaren Verwandlung, als ihn plötzlich die Stimme seiner Mutter weckte und er sich in der elterlichen Stube fand, die schon die Morgensonne vergoldete.«

Das neue Jahr – 1800 – begrüßt Hardenberg im Vollgefühl der schönsten Hoffnungen. Der Kurfürst hat seine Anstellung als Salinenassessor genehmigt. Ein Gehalt von 400 Reichstalern jährlich soll ihm nun verabreicht werden; und wenn er auch auf 500 Taler gehofft hat, so läßt sich doch dem Wunsche nähertreten, mit Julie ein häusliches Glück und Familienwesen zu gründen. Der Vater, denkt er, wird nun seine Bedenklichkeiten ganz aufgeben müssen. Seine Gesinnung gegen Julie selbst hat er ohnedies schon geändert. Er sieht sich unvermögend, mich beträchtlich zu unterstützen, und traut mir nicht zu, mich in die eingeschränkte Lage finden zu können, die mir in den ersten Jahren bevorsteht. Er fürchtet, mich in Not geraten zu sehen, und dies hält ihn zurück. Schießt er mir aber nur die ersten Jahre noch 100 Taler jährlich vor, so soll's schon gehn. Kostspielige Bedürfnisse hab ich nicht, und Julie ebensowenig. Außerdem verdien ich noch durch meine literarischen Arbeiten. Die Lieder können, wie sie sind, ins »Athenaeum«, Schlegel will sie dringend haben. Die Hymne von der Nacht wäre freilich noch zu überarbeiten.

Er nimmt ein langes Gedicht vor, das er schon weiland in Freiberg niedergeschrieben, als er sich zurückgedacht in seinen Schmerz um Sophie damals in Grüningen auf ihrem Grab – wie ihm die Jahrhunderte da plötzlich wie Momente waren und die Nähe Sophies fühlbar, als sollte sie immer vortreten. Er sucht den Teil, den er zuerst geschrieben, um ihn von neuem zu lesen:

»Einst, da ich bittre Tränen vergoß, da in Schmerz aufgelöst meine Hoffnung zerrann, und ich einsam stand an dem dürren Hügel, der in engen, dunkeln Raum die Gestalt meines Lebens begrub, einsam, wie noch kein Einsamer war, von unsäglicher Angst getrieben, kraftlos, nur ein Gedanke des Elends noch; wie ich da nach Hilfe umherschaute, vorwärts nicht konnte und rückwärts nicht, und am fliehenden, verlöschten Leben mit unendlicher Sehnsucht hing, da kam aus blauen Fernen, von den Höhen meiner alten Seligkeit ein Dämmrungsschauer, und mit einemmale riß das Band der Geburt, des Lichtes Fessel. Hin floh die irdische Herrlichkeit und meine Trauer mit ihr. Zusammen floß die Wehmut in eine neue, unergründliche Welt – du Nachtbegeisterung, Schlummer des Himmels, kamst über mich. Die Gegend hob sich sacht empor, über der Gegend schwebte mein entbundner, neugeborner Geist. Zur Staubwolke wurde der Hügel, und durch die Wolke sah ich die verklärten Züge der Geliebten. In ihren Augen ruhte die Ewigkeit. Ich faßte ihre Hände, und die Tränen wurden ein funkelndes, unzerreißliches Band. Jahrtausende zogen abwärts in die Ferne, wie Ungewitter. An ihrem Halse weint ich dem neuen Leben entzückende Tränen. – Das war der erste Traum in ihr. Er zog vorüber, aber sein Abglanz blieb der ewige, unerschütterliche Glaube an den Nachthimmel und seine Sonne, die Geliebte.«

War es nicht der Ostersonntag, da ich zuerst ihr Grab gesehn?

»Christus«, schreibt er auf, und: »Er hebt den Stein vom Grabe.«

Nicht mein eigen Schicksal nur, das Geschick der ganzen Menschheit ist in diesem Grab beschlossen, weil der Tod die Augen öffnet für die unsichtbare Welt.

»Alte Welt, der Tod« – notiert er schnell – »Christus, neue Welt. Die Welt der Zukunft: sein Leiden – Jugend – Botschaft – Auferstehung. Mit den Menschen ändert sich die Welt. Schluß. Aufruf.« Noch den Augenblick beginnt er mit der Ausarbeitung dieser Notizen.

Wiewohl er wahrlich tausend Geschäfte auf den Salinen hat und auch wieder reisen muß, finden wir ihn nun jede freie Stunde streng am Schreibtisch über seinen poetischen Arbeiten; sie sind ihm doch recht zu Lieblingsbeschäftigungen geworden.

»Meinen Liedern gebt die Aufschrift: ›Probe eines neuen, geistlichen Gesangbuchs‹«, teilt er Friedrich Schlegel am Ende des Monats nach Jena mit. »Außerdem schick ich Euch noch ein langes Gedicht, die ›Hymnen an die Nacht‹; vielleicht paßt es Euch zu Eurem Plan. Das Neueste von mir ist ein bald fertiger Roman – ›Heinrich von Afterdingen‹. Wenn nicht alles entgegen ist, so kommt er schon Ostern. Sobald ich fertig bin, erhältst Du ihn im

Manuskripte. Ich habe jetzt nichts im Kopfe als Romane und Lustspiele. Der Lehrling zu Saïs kommt nach der Vollendung des obigen Romans sogleich in die Arbeit. Lieder füllen einzelne Nebenstunden aus. Zu einem geistlichen Journal sammle ich bis Michaelis Stoff. Ich bin mit Arbeiten überhäuft, da ich noch Teil an einem technischen Journal in Freiberg nehmen soll. Indes bin ich heiter und rüstig und habe keinen andern Wunsch, als Julien bald zu besitzen und gesund zu sein, um meine Zeit so gut und ruhig als möglich benützen zu können.

Ich würde sehr erfreut sein, wenn Du und Tieck und Wilhelm mich auf einige Tage in Kösen besuchen wolltet. Nur müßt ich es vorher wissen. Wir könnten dort einige höchstangenehme Tage zubringen. Wilhelm antwort ich nicht besonders, dieser Brief ist auch an ihn. Ihr seid ein einziges, unteilbares Wesen.

Wenn ich heute toll untereinandergeschrieben habe, so wundre Dich nicht – nach meiner Abwesenheit hab ich so manche Geschäfte vorgefunden, die mich alle nach verschiednen Seiten ziehn und mich zerstreun. Grüße die ganze poetische Familie und behalt lieb Deinen Freund Hardenberg.

Carl grüßt Euch herzlich.«

Wie beneidet er die Schlegels und Tieck, daß sie sich über alle ihre Arbeiten gleich miteinander bereden können!

Wie kümmerlich ich nur vom eignen Fette zehren muß, denkt er. Außer mit Carl kann ich mit keinem Menschen von meinen Lieblingsbeschäftigungen reden; und den sehe ich doch selten genug. Aber er ist fleißig, und es rührt sich nun in ihm gewaltig unser gemeinschaftliches Band, die Poesie. Er dichtet und schreibt, und wie mich dünkt, nicht ohne Hoffnungen. Er hat in kurzer Zeit viele Schwierigkeiten überwunden, und seine Versifikation bildet sich immer mehr. Er muß nur emsig fortfahren und sich von den Fehlern nicht abschrecken lassen. Er muß sich auch nachgerade von dem Einfluß seiner Lieblingsmuster losmachen lernen. Man lernt nur ohne Hilfe gehen, und es ist gut, wenn die Muster ihren eignen poetischen Gang gehn. Tieck ist ihm noch hinderlich. Er hat sich in ihn hineingelesen, und nun wird alles tieckisch. Ich muß ihn mit guter Manier abwendig machen. Kann er erst selbst gehn, so mag er immer in seine Fußtapfen treten. Es freut mich sein Eifer, der ihm gewiß belohnt wird, und ich sehe ihn gern in eine Beschäftigung vertieft, die auf alle Weise zur Reife befördert und den anmutigsten Lebensgenuß gewährt.

»Freund«, schreibt er Carl nach Lützen, indem er ihm seine jüngsten Blätter zurückschickt, »ich habe teils korrigiert, teils bloß angestrichen. Dein poetisches Gefühl wird Dir schon sagen, was anstößig ist. In Gedichten vermeide Wortklang. In Prosa werde voller, gedrängter. In den Gedanken originell, wunderlich, neu; in der Komposition wie in den Gedanken. Ja keine Nachahmung der Natur. Die Poesie ist durchaus das Gegenteil. Höchstens kann die Nachahmung der Natur, mithin der Wirklichkeit, nur allegorisch oder im Gegensatz oder des tragischen und lustigen Effekts wegen hin und wieder gebraucht werden. Alles muß *poetisch* sein.«

Was Wunder, daß Carl sich so für Tieck begeistert. Immer wieder reden die Brüder von dem Treffen in Jena, immer wieder lesen sie in Tiecks Schriften und erwärmen sich an dessen Poesie. Dabei geht es dem armen Tieck recht jämmerlich. Seine Rheumatismen wollen gar nicht weichen, er leidet empfindlich an dieser winterlichen Kälte. Frau Schlegel hat zwar in der großen Stube vor den Ofen noch ein zweites kleines Sofa gesetzt, doch will sich Tieck, welcher inzwischen mit seiner Familie eine eigne Wohnung gefunden, partout nicht sehen lassen aus Angst vor Frost und Schnee, so daß die Schlegels – und Steffens, der mit Schelling oft zu Gast ist, was übrigens Auguste insgeheim besonders wohlgefällt – daß die Schlegels also nicht umhin können, sich alle in den Schlitten zu setzen oder so manchen Abend eine Völkerwanderung zu den Tiecks auf sich zu nehmen. Hardenberg nimmt den herzlichsten Anteil an dem widrigen Schicksal des Freundes. Er freut sich seinetwegen auf das Frühjahr mit seinen kräftigen Essenzen in tausenderlei Gestalt.

»Der Winter ist nichts für Tieck«, sagt er. »Er muß, wenn das nicht zu heben wäre, schlechthin in ein südlicheres Klima.«

»Es tut mir herzlich leid, daß Du noch immer Dein Kniereißen nicht los bist«, schreibt er dem Freund. »Hoffentlich hast Du alles gebraucht, was in solchen Fällen versucht wird – als warme Bäder,

Bandagen von Wachstaffent, Elektrizität, Guajaköl und Rum, Säuren und Merkurialmittel. Gern hätt ich Dich besucht, aber bis jetzt war es nicht möglich. Du mußt im Frühjahr nach Teplitz gehn, wenn es sich nicht verliert. Ich kann mir denken, daß Du sehr gelitten hast. Mich wundert, daß Du dabei so heitern Sinns geblieben bist, um so schöne Sachen auszudenken. Ich höre, daß Du eine wundersame ›Melusine‹ gedichtet hast. Auf alles bin ich gespannt, besonders auch auf Dein Gedicht über Böhme. Friedrich verharrt im Müßiggange und hat nichts als einige Gedichte, von denen ich mehr zu wissen wünschte, zustande gebracht. Du hast Dich mit Wilhelm zum gemeinschaftlichen Angriff des Cervantes verbunden, welches eine angenehme Aussicht eröffnet.

Ich bin wirklich sehr fleißig. Wenn Du die mannigfaltigen Zerstreuungen, Zeitverluste und Geschäfte meines Berufs kenntest, so würdest Du mir ein gutes Lob erteilen, daß ich soviel nebenbei gemacht habe. Mein Roman ist im vollen Gange. Zwölf gedruckte Bogen sind ohngefähr fertig. Der ganze Plan ruht ziemlich ausgeführt in meinem Kopfe. Es werden zwei Bände werden, der erste ist in drei Wochen hoffentlich fertig. Er enthält die Andeutungen und das Fußgestell des zweiten Teils. Das Ganze soll eine Apotheose der Poesie sein. Heinrich von Afterdingen wird im ersten Teile zum Dichter reif und im zweiten als Dichter verklärt. Er wird mancherlei Ähnlichkeiten mit Deinem Sternbald haben, nur nicht die Leichtigkeit. Doch wird dieser Mangel vielleicht dem Inhalt nicht ungünstig. Es ist ein erster Versuch in jeder Hinsicht, die erste Frucht der bei mir wieder erwachten Poesie, um deren Entstehung Deine Bekanntschaft das größte Verdienst hat. Es sind einige Lieder drin nach meiner Art. Ich gefalle mir sehr in der eigentlichen Romanze. Ich werde mannigfachen Nutzen von meinem Roman haben, der Kopf wimmelt mir von Ideen zu Romanen und Lustspielen. Sollt ich Dich bald sehn, so bring ich eine Erzählung und ein Märchen aus meinem Roman zur Probe mit.

Jakob Böhme les ich jetzt im Zusammenhange und fange ihn an zu verstehen, wie er verstanden werden muß. Man sieht durchaus in ihm den gewaltigen Frühling mit seinen quellenden, treibenden, bildenden und mischenden Kräften, die von innen heraus die Welt gebären – ein echtes Chaos voll dunkler Begier und wunderbarem Leben, einen wahren, auseinandergehenden Mikrokosmos. Es ist mir sehr lieb, ihn durch Dich kennengelernt zu haben. Um so besser ist es, daß die ›Lehrlinge‹ ruhn, die jetzt auf eine ganz andre Art erscheinen sollen. Es soll ein echt sinnbildlicher Naturroman werden. Erst muß ›Heinrich‹ fertig sein – eins nach dem andern, sonst wird nichts fertig. Darum sind auch die Predigten liegen geblieben, und ich denke, sie sollen nichts verlieren.

Wenn die »Literatur-Zeitung« nicht so jämmerlich wäre, so hätt ich Lust gehabt, eine Rezension von ›Wilhelm Meisters Lehrjahren‹ einzuschicken, die freilich das völlige Gegenstück zu Friedrichs Aufsatz sein würde. Soviel ich auch aus ›Meister‹ gelernt habe und noch lerne, so odiös ist doch im Grunde das ganze Buch. Ich habe die ganze Rezension im Kopfe: ›Wilhelm Meisters Lehrjahre oder Die Wallfahrt nach dem Adelsdiplom‹. Es ist ein ›Candide‹ gegen die Poesie, ein nobilitierter Roman. Man weiß nicht, wer schlechter wegkommt, die Poesie oder der Adel – jene, weil er sie zum Adel, dieser, weil er ihn zur Poesie rechnet. Die Poesie ist der Harlekin in der ganzen Farce. Mit Stroh und Läppchen ist der Garten der Poesie nachgemacht. Anstatt die Komödiantinnen zu Musen zu machen, werden die Musen zu Komödiantinnen gemacht. Abenteurer, Komödianten, Mätressen, Krämer und Philister sind die Bestandteile des Romans. Wer ihn recht zu Herzen nimmt, liest keinen Roman mehr. – Ich wollte noch viel darüber sagen, denn es ist mir alles so klar und ich sehe so deutlich die große Kunst, mit der die Poesie durch sich selbst im ›Meister‹ vernichtet wird. Es ist mir unbegreiflich, wie ich so lange habe blind sein können.«

Kaum daß Hardenberg zum Assessor bei der Salinendirektion ernannt und als solcher feierlich in die Pflicht genommen worden, indem er des Mittags um 12 Uhr die ihm vorgetragene Eidesformel mit deutlichen Worten nachgesprochen und gegen den Herrn Salinenkondirektor Heun wie gegen den Herrn Kommissionsrat und kurfürstlichen Amtmann Jahn die unverbrüchliche Festhaltung derselben mit Handschlag bekräftigt hat; kaum daß er seine Dankesschreiben an die Herren Geheimen Finanzräte von Oppel und von Wagner wie an den Herrn Kabinettsminister und den Herrn Präsidenten des Finanzkollegiums, die Grafen von Loeben und Wallwitz, nach Dresden gesandt für die gnädige Fürsprache und Empfehlung in Rücksicht dieses Amtes, so macht er sich auch schon mit Fleiß an die gelobten Pflichten. Weil wir aber nicht wissen werden, welche Pflichten ein Salinenassessor hat, lesen wir mit ihm die höchstkurfürstliche Instruktion, die ihn über die allgemeinen und besonderen Obliegenheiten in seinem Amte belehrt. Lang, sieht er, ist die Instruktion, sehr lang. Doch liest er aufmerksam:

»Vor allen Dingen soll er Uns nach seiner geleisteten Pflicht getreu, hold, gehorsam und dienstgewärtig sein, Unser Bestes, Ehre und Nutzen allerwegen fördern, Schaden und Nachteil mit allem Fleiß abwenden und sich in der Nähe bei den Salzkokturen wesentlich aufhalten, ohne Unseren vorgängig erbetenen Urlaub nicht außer Landes verreisen, die ihm als Assessor aufgetragenen Verrichtungen, seinem besten Wissen und Vermögen nach, treulich abwarten, unverpflichteten Leuten aber hiervon nichts übertragen, weder durch Freundschaft, Friedschaft, Genuß, Gabe, noch sonst irgendeine andere Ursache von genauer Beobachtung seiner Pflichten sich abwendig machen lassen, sondern sich allenthalben, wie einem treuen kurfürstlichen Diener eignet und gebühret, bezeigen ...«

Er überfliegt den nächsten langen Passus und liest weiter:

»Es ist seine Pflicht, mit Eifer an Vermehrung und Bearbeitung seiner Kenntnisse und Übung seiner Fähigkeiten zu denken, um dem in ihn gesetzten Zutrauen nach seinen Kräften zu entsprechen. Hierzu hat er zuvörderst sich immer genauer mit der Verfassung und dem Zustande seines Vaterlandes und insbesondere mit der Einrichtung des kursächsischen Salzwesens und dem Gange der Fabrikation, Kalkulatur und Administration der Kokturen bekannt zu machen, das Verhältnis und den Betrieb jedes einzelnen Zweiges emsig zu verfolgen, sich überall fleißig selbst einzufinden und durch aufmerksame Betrachtung sich intuitive Begriffe und lebendige Erfahrungen zu sammeln, bei entstehenden Zweifeln sich durch Nachdenken und Befragung kunsterfahrener Männer zu belehren, keinen Fleiß in der Untersuchung wissenswürdiger Daten zu sparen, vorzüglich die bewährten Einsichten der andern Direktionsmitglieder bestens zu benutzen und überhaupt durch Privatfleiß sich in allen auf Salinenverwaltung einschlagenden Fächern nach Möglichkeit zu orientieren, damit ihm nichts entgehe, was zur Vervollkommnung derselben gereichen könnte. Insonderheit selber die Entdeckung und Akquirierung neuer Erdkohlenlager, sowie die Einleitung zu neuen Erdkohlenlieferungskontrakten sich angelegen sein lassen, die den Kokturen bereits eigentümlich angehörigen Kohlenwerke in besonderer steter Aufsicht erhalten, zu dem Ende dieselben oft besuchen, die vorhandenen Schächte und Baue fleißig befahren, die Arbeiter gehörig revidieren, den Abbau sowie alle diesfalls getroffenen Veranstaltungen sorgfältig untersuchen, und dafern er ein fehlerhaftes und nachteiliges Verfahren bemerkt, demselben abhelfliche Maße geben, über seine Expedition ein Protokoll aufnehmen und solches, nebst der daraus zu fertigenden gutachtlichen Anzeige, bei dem Haushaltstage der Direktion vorlegen und die darüber gefaßte Resolution sofort zur Wirksamkeit bringen. Außerdem über die monatliche Geld- und Naturaleinnahme und -ausgabe in Scheffel- und Formkohle sowohl auf den Kohlewerken, als Kokturen, nach den von den Expeditionen und respektive dem Schichtmeister und Obersteiger ihm zuzuschickenden Rechnungsextrakten, monatliche Generaltabellen führen und aus denselben zum

Schluß des Jahres eine jährliche, dem Hauptbericht beizulegende Generaltabelle fertigen.

Nicht minder bei entstehenden Differenzen mit den Grundstücksbesitzern, Arbeitsleuten, Gewerken und Fuhrleuten, sowie bei angebrachten Gesuchen um Lohnerhöhung, ingleichen eintretenden Hindernissen, Inkonvenienzien und Besorgnissen sofort, auf die von den Behörden erhaltene Notiz, der Direktion Nachricht davon geben und baldige Entschließungen veranlassen. Ferner die Streichplätze fleißig revidieren und darauf sehen, daß die Ziegel gehörig gestrichen werden, endlich nach beendigter Streichzeit die nötigen, vollständigen Etats über den Feuerwerkshaushalt der Salinen für das künftige Jahr entwerfen und der Direktion zur Deliberation und Fertigung der nötigen Anweisungen an die Behörden übergeben. Über den Gang und Ertrag der Chemischen und Düngesalzfabrik soll er gleichfalls aus den monatlichen Extrakten der dabei angestellten Rechnungsoffizianten monatliche Tabellen führen und am Ende des Jahres eine jährliche, daraus gezogene Tabelle zu den Beilagen des Hauptberichts bringen und der Direktion in den Haushaltskonferenzen vorlegen.«

Da das Ende des Papieres abzusehen ist, liest Hardenberg geduldig weiter:

»Die praktische Bekanntschaft mit der Bergbaukunde zu Freiberg qualifiziert ihn zu einer besondern Aufsicht auf die Sortenschächte, Kunstgezeuge und die der Saline zustehenden Steinbrüche, welche er fleißig zu befahren und zu beobachten, die damit beschäftigten Arbeiter zu ihrer schuldigen Arbeit anzuhalten und darüber benötigten Falls die behufigen Anzeigen für die Direktion zu machen hat.

Mit gleicher Sorgfalt soll er den Betrieb der zur Saline Kösen gehörigen Kalk- und Ziegelhütte zu Punkwitz inspizieren, ebenfalls jeden Monat sich die nötigen Extrakte vom Obersteiger zuschicken lassen und daraus seine monatlichen und jährlichen Anzeigen für die Direktion und als respektive Beilagen zum Hauptbericht fertigen.

Hierüber liegt ihm vorzüglich ob, den Haushaltskonferenzen

der Lokalsalinendirektion ordentlich beizuwohnen, über die daselbst erstatteten Vorträge, die dabei gepflogenen Beratschlagungen und die gefaßten Entschließungen ein genaues und getreues Protokoll abzufassen und die protokollarischen Extrakte den respektiven Expeditionen und Behörden zu ihrer Nachachtung zufertigen zu lassen, am Schluß jeden Monats aus jenen Protokollen sowie aus den eingelaufenen Monatsextrakten der Kokturen die gewöhnlichen Monats- sowie alle anderen Berichte, welche sich auf das Haushaltsprotokoll gründen, zu verfertigen, nach beendigtem Abschluß der Jahresrechnungen die Herbeischaffung der Hauptberichtsbeilagen zu besorgen und sodann denselben selbst aus den gesammelten Haushaltsprotokollen und Beilagen zu entwerfen, auch die Signatur der Belege und ihre sorgfältige Examination nicht zu verabsäumen und die ihm aufgetragenen Kassenrevisionen mit Behutsamkeit und Genauigkeit zu expedieren.

Schließlich hat er sich um die Gerechtsame der Kokturen und die Pflege der Justiz auf denselben, sowie auch um die Polizei auf den Kokturen fleißig zu bekümmern, jene bestens zu wahren und diese mit Achtsamkeit zu respizieren, welchem allem treulich und unverbrüchlich nachzukommen er sich schriftlich reversieret hat.«

Hardenberg ist nun unermüdlich tätig. Er bereist die Salinen, die Hüttenwerke, die Kohlenlagerstätten; er verfaßt einen umfangreichen Erdkohlenbericht, ein Gutachten über die Fabrikationsmethode des Alaunwerkes zu Hohenebra, einen Bericht über

◁ Faksimile der ersten Seiten des Protokolls einer Salinenuntersuchung am 11. Juni 1799. Es kam Hardenberg darauf an, durch seine Untersuchungen die von den Fachwissenschaften gesetzten Grenzen zu durchbrechen und aufzuheben, Chemie und Philosophie, Mathematik und Poetik, Geologie und Geschichte in Beziehung zu setzen und zu verbinden.

Zeitgenössische Ansicht vom Freiberger Obermarkt. Freiberg mit ▷ seiner Bergakademie stand im Zentrum der Auseinandersetzungen der zeitgenössischen Naturwissenschaften.

347

die Behelligungen der Kohlenförderung zu Knapendorf, einen Bericht über den Ankauf von Kohlengrundstücken zu Mertendorf, einen Bericht über die Fabrikation des inländischen Düngesalzes, einen Bericht über die enklavierten ausländischen Ortschaften und die ihnen konzedierte freie Salzerhebung; er entwirft ein Regulativ der Erdkohlenwerksverfassung; er macht sich Aufzeichnungen zu den Kunstgezeugen, zu den Maschinen und zum Rechnungswesen, zur Sonnensalzfabrikation des Herrn Salzinspektors Senf, welcher zugleich mit Hardenbergs Ernennung seinerseits zum Bergrat avanciert ist und dessen eigenwillige Persönlichkeit der Assessor, übrigens auch in Rücksicht des kollegialen respektive unkollegialen Benehmens gegen den Ersten Direktor, ebenso kritisch betrachtet wie die Schwächen des letzteren; er macht sich Risse von mancherlei Einrichtungen auf den Salinen; er nimmt ökonomische Studien in Angriff, etwa die Verbesserung der Feuerstätten, Maschinen, Siedevorrichtungen betreffend; er notiert sich praktische Einfälle und Ideen, so den Versuch, das Kohlenpulver beim Salzsieden zu gebrauchen oder Kalksteine durch Sole zur Salpetererzeugung geschickt zu machen; zu Dürrenberg stellt er Versuche mit der Verdampfbarkeit der Sole an; er beobachtet den Einfluß der Witterung, zu welchem Zwecke er meteorologische Tabellen anlegt; er hantiert mit Thermometern, Hygrometern, Eudiometern, Barometern, Elektrometern, Magnetometern, Anthrakometern und Pyrometern; er analysiert die chemische Beschaffenheit von Salzsole und Kochsalz und Glaubersalz und geht seinen Beobachtungen, Fragen, Forschungen und mannigfaltigen Einfällen noch in privaten Studienheften nach, wobei wir von den beständigen Aufzeichnungen der Sitzungsprotokolle und Haushaltsberichte gar nicht mehr reden wollen.

Im kursächsischen Oberbergamt zu Freiberg wird man bald aufmerksam auf den Salinenassessor Friedrich von Hardenberg. Seit Jahren hegt man dort den Plan, das gesamte Land Sachsen geognostisch zu erforschen, mithin zu wirtschaftlichem Zweck besonders die vorhandenen Kohlenlager und andere wertvolle Mineralien aufzuspüren und diese dann zu wissenschaftlichem Zweck in genaueren Beschreibungen und Karten zu erfassen. Der

Auftrag zu solcher Untersuchung des Landes ist bereits an keinen anderen als den Herrn Professor Werner in Freiberg ergangen, welcher auch anno 1790 mit den Arbeiten begonnen, dieselben aber wegen dringlicherer Untersuchungen zur Abhilfe des an Wassermangel leidenden Freiberger Bergbaus hat zurückstellen müssen. Nun läßt der Kurfürst durch sein Oberbergamt Wernern erneut mahnen, sein Hauptaugenmerk auf nützliche Fossilien aller Art, hauptsächlich unterirdische Brennmittel zu richten. Er will auch gnädigst Mittel und Personen für die erforderlichen umfangreichen Untersuchungen freistellen. – Werner plant neun große Expeditionen. Für jede sieht er zwei Personen vor, wobei die eine verantwortlich, die andere behilflich sein soll. An erster Stelle seiner Personenliste, die er dem Bergamte einreicht, figuriert sein Schüler Hardenberg. Also ergeht vom Oberbergamt an diesen der ehrenvolle Auftrag, die Mitbereisung des Landes in geognostischer Hinsicht, unter Zugebung eines oder des andern Freiberger Bergstipendiaten, vornehmen zu dürfen. Und da Werner nicht nur robuste und Strapazen ertragen könnende Leute, sondern gute, womöglich vorzügliche Köpfe mit naturhistorischen Anlagen und Tendenzen haben will, welche überdies über hinlängliche Schulwissenschaften verfügen und besonders einen guten schriftlichen Aufsatz zu fertigen imstande sein sollen, dazu Fertigkeiten und Kenntnisse im Zeichnen, Orientieren, Markscheiden, in der Bergbaukunst, Geognosie und Oryktognosie sowie der Lehre von den Gebirgsuntersuchungen haben müssen, so ist der Auftrag an Hardenberg, der ja nur ein kurzes Studium zu Freiberg absolviert hat, in der Tat sehr auszeichnend. Doch damit nicht genug: Wiederum auf Fürsprache Werners, welcher ein neuentdecktes Erdkohlenlager in der Gegend bei Colditz untersucht und für abbauwürdig befunden hat, schlägt das Oberbergamt dem Kurfürsten vor, dem Assessor bei den Salinen die spezielle Aufsicht darüber dergestalt gehörig zu kommittieren geruhen zu wollen, daß jener den Betrieb unter seiner Anweisung bewerkstelligen lasse.

Aber auch Hardenberg strebt seinerseits nach einer Ausweitung seiner Tätigkeit, zumal um seine ökonomische Lage durch ein zusätzliches Gehalt so zu verbessern, daß er sich recht bald mit Julie verbinden kann. Der Vater ist nämlich in diesem Punkt weiterhin bedenklich. Er ist jetzt ohnehin verdrießlich und empfindlich genug, seit er den Verlust seines Bruders, jenes Landkomturs in Lucklum, hat hinnehmen müssen, welchen er nun einmal wie einen Vater geliebt und über alles um Rat gefragt, so daß er ihm schier unentbehrlich geworden. Auf die Nachricht von seiner Erkrankung war der Vater sogleich nach Lucklum geeilt. Kaum daß er aber beruhigt zurückgekehrt, hatte sich die Krankheit so verschlimmert, daß der Onkel nach drei Tagen, im 72. Jahre seines Alters, einem Lungenschlag erlegen war. Auch Hardenberg beklagt ihn herzlich, wiewohl des Onkels Vorurteile seinen Neigungen im Wege gestanden und ihn viel geängstigt haben.

Mein Unwille gegen ihn ist längst erloschen, sagt er sich; in meiner Jugend hab ich dem Großkreuz viel zu danken gehabt. Zudem seh ich, wie der Vater leidet.

»Dieser Todesfall«, schreibt er dem Bruder Anton, »ist für uns alle eine Aufforderung, näher uns an den Vater anzuschließen und ihm seine Lage durch Klugheit, Teilnahme, Einigkeit und rechte Aufführung zu erleichtern und nicht durch das Gegenteil sein uns so kostbares Leben mit zu verkürzen.«

Doch von den neuen dienstlichen Plänen sollte eigentlich die Rede sein. Zu Weißenfels ist durch die Beförderung des Amtsinhabers die Stelle eines Supernumerariamtshauptmannes im Thüringischen Kreise vakant geworden. Den 10. April 1800 schreibt Hardenberg – er selbst, nicht mehr der Vater – dem Durchlauchtigsten Fürsten und Herrn, Herrn Friedrich August, Herzog zu Sachsen, Jülich, Berg, Engern, Cleve und Westfalen, des Heiligen Römischen Reiches Erzmarschall und Kurfürsten, Landgrafen in Thüringen, Markgrafen zu Meißen, auch Ober- und Niederlausitz, Burggrafen zu Magdeburg, Gefürstetem Grafen zu Henneberg, Hanau und Barby, Herrn zu Ravenstein, und legt ihm sein untertänigstes Gesuch zu Füßen.

Das könne er doch vor sich selbst nicht leugnen, daß die angestrengte Tätigkeit im Dienste des Kurfürsten und zum Wohle des Landes an seinen Kräften zu zehren beginne, bedrängt ihn seine

Familie. Man sorgt sich über sein bleicheres und mageres Aussehen, das die lange Gestalt noch hagerer macht. Dennoch will er sich keine Ruhe gönnen und auch die schönen Bindungen nicht Schaden nehmen lassen. Die liebe Ernsten kommt aus Dresden in Weißenfels vorbei, und ob er sie gleich nach Jena zu begleiten gehofft hat, kann er erst zum Ende des Monats dort absteigen, auf dem Weg zu seinem dieses Jahr verspäteten österlichen Besuch in Tennstedt und Grüningen.

Friedrich Schlegel hat das Manuskript der »Monologen« seines Freundes Schleiermacher da. Ritter meint, die seien höher und heiliger noch als die »Reden«. Aber Hardenberg ist zu kurz zu Gast, als daß er die »Monologen« gleich lesen könnte; Schlegel gibt sie ihm mit. Dafür bekommt Schlegel den fertigen ersten Teil des »Afterdingen« in die Hand. Als er nur eben das Ende desselben, das Märchen, das der Dichter Klingsohr von dem schönen Knaben Eros und der Amme Ginnistan und der kleinen Milchschwester Fabel erzählt, angelesen, ruft er schon aus:

»In Märchen bist du einzig! Du kannst bald auch so vollendet und gewandt und sicher darin sein wie in Liedern und Gedichten.«

»Euer Urteil bitt ich mir aus und Wilhelms ausdrücklich von dem deinigen separiert«, sagt Hardenberg. »Deins ist allemal eigentümlich, das seinige historisch und allgemein. Die Schwägerin wird sich gewiß mit mäßigem Anschaun begnügen; außer einer gemütlichen Kritik darf man wohl nichts von ihr erwarten?«

Als sie für einen Augenblick allein sind, dankt Ritter Hardenberg für die stattliche Summe Geldes, die dieser ihm zur Abhilfe seiner kümmerlichen Verhältnisse abermals hat anweisen lassen. Dann begleiten die Freunde Hardenberg noch ein Stück des Wegs. Als Wilhelm Schlegel, Caroline und Auguste wenig später nach Bad Bocklet reisen, wo Frau Schlegel die Kur nehmen will, um sich von einem gefährlichen Nervenfieber gänzlich zu erholen – welches Schelling übrigens nach der Erregungslehre Browns kuriert, für die sich ja auch Hardenberg schon länger und ganz ungemein erwärmt –, da steigen sie ihrerseits kurz in Weißenfels ab.

»Süße Wehmut ist der eigentliche Charakter einer echten Liebe, das Element der Sehnsucht und Vereinigung«, schreibt indessen Hardenberg in sein Tagebuch, bis er endlich Ende Mai zu seiner Julie nach Freiberg reisen kann. Er will sich dort bei Werner seine Instruktionen und seinen Gefährten für die geognostische Untersuchung abholen, welche nun im Juni ausgeführt werden soll. Julie findet er freilich ängstlich und besorgt. Sie grämt sich unbeschreiblich, weil ihr gänzlicher Mangel an Vermögen ihn manche Sorge voraussehen lassen und seine Eltern mit der getroffenen Wahl des Sohnes unzufrieden machen müsse. Zwar hat der Vater in Hinsicht auf die zusätzliche Anstellung, um die sich Hardenberg beworben, der Heirat nun zugestimmt; doch will sie lieber noch in dieser Sache einen bittenden Brief an die teuerste Mutter in Weißenfels richten, ob diese und ihr verehrter Gatte ihr wohl je ihre Vergebung bewilligten? Und sie wohl hoffen dürfte, daß beide sie einst auch mit ihrer gewohnten Güte unter ihre geliebten Kinder aufnähmen? Sie grämt sich so, daß ihre Gesundheit darunter zu leiden beginnt. Auch Hardenbergs blasses Aussehn macht ihr Sorgen, und sie gäbe viel darum, wenn er nur nicht diese gewiß anstrengende Reise unternehmen müßte.

Die Gebirgsuntersuchungsexpedition also, die Hardenberg unter Beigabe des Bergakademisten Haupt durchzuführen die Ehre haben wird, soll sich über die Gegend von Zeitz, Pegau und Zwenka bis Leipzig erstrecken.

»Der zu untersuchende Distrikt wird gegen Abend und Mitternacht von der Elster, gegen Morgen von der Pleiße und gegen Mittag von der Altenburgischen Grenze eingeschlossen«, beginnt Werner seine Instruktion. »Er kann jedoch da, wo es, um den Zusammenhang der Gebirge besser herauszubringen und darzustellen, erforderlich sein sollte, noch auf ein und zwei Stunden erweitert werden.«

Und weil er nun ausführlich sich über das erzgebirgische Urgebirge und vornehmlich über das thüringische Flözgebirge verbreitet, das den größten Teil des Distriktes einnimmt mit seinen sechs aufeinander folgenden Hauptformationen, welche bekanntlich das alte oder rote Sandsteingebirge, das alte Kalk- oder Kupferschiefergebirge, das alte Gips- oder Salzsolengebirge, das neue oder bunte Sandsteingebirge, das neue oder Fasergipsgebirge und das neue oder Muschelkalkgebirge sind, die nächst der Aufsuchung mineralogischer Brennmaterialien der zweite Hauptgegenstand der zu machenden Untersuchung und Bestimmung sein sollen – – was alles uns so brennend wohl nicht interessiert wie diese beiden Geognosten, so wollen wir sie erst wieder bei ihrer Expedition begleiten.

Auf den Pfingstsonntag, den 1. Junius 1800, treffen sie sich in Zeitz – Hardenberg von Weißenfels, wohin er doch noch einmal zurückgekehrt, und Haupt von Freiberg kommend. Wetter und Weg sind günstig, die Reise machen sie zu Fuß. Sie wandern von Zeitz über Haynsburg durch den Forst nach Silbitz, von da an der Elster hinunter nach Köstritz. Bei Zeitz bis in die Gegend von Gleina, wo sie den Nachmittag sind, finden sie nichts als buntes Sandsteingebirge, was mit mehr oder weniger Kalk gemischt ist und so allmählich in den Roggenstein übergeht. Nur ein einziges Kalklager bei Silbitz, welches sie nach ihren Beobachtungen zum alten Flözkalk rechnen möchten, treffen sie, können jedoch seine Auflagerungsverhältnisse nicht entdecken; leer an Versteinerungen und stark mit Stinkstein gemischt, kommt der Flözkalk unten am Berg ziemlich horizontal zum Vorschein. Bei Köstritz entdekken sie einen alten Gangbergbau in Tonschiefer, Übergangstonschiefer, wie sie vermuten. Die Gangmasse scheint fast aus nichts als Braunspat bestanden zu haben; Kupfergrün und Kupferlasur sind die Erzspuren, die sie finden können. Dieses Gebirge bildet nur einige Kuppen. Gleich darüber liegt bunter Sandstein, und dieser soll sich von da durch den ganzen Wald nach Lausnitz, Eisenberg und Gangloff ziehen, wie sie aus Erzählungen Einheimischer schließen können. Der alte Kalk streicht am linken Ufer der Elster nach Deschütz herauf und bildet Höhlen, die sie besuchen und deren Entstehung durch Kreuzung offner Gangräume sie deutlich beobachten können. Dieser Kalk enthält auch häufig eingesprengten Bleiglanz und Schwefelkies, auch Spuren von Kupfererzen. Haupt geht über Krossen bis in die Gegend von Podebuls an der Elster und findet bei Kaschnitz alten Gips, bei Krossen bunten Sandstein und dann bei Podebuls wieder besagten

Kalkstein in einem isolierten Berg. Hardenberg geht über Steinbrücken, Roben, Langenberg, Dinz, Roschütz nach Gera und findet durchaus die Berge bis Langenberg aus buntem Sandstein bestehend, unten im Tal aber überall den nämlichen Kalk, der einen porösen Kalkstein zum Dach hat, die sogenannte Rauchwacke, wie er annimmt. Eine einzige Sonderbarkeit bemerkt er an einigen bei Roschütz gebrochnen Kalksteinen, deren Bruch wieder zugeschüttet ist, nämlich einen deutlichen Übergang in grobkörnigen Roggenstein.

Den andern Tag wandern sie morgens um 4 Uhr los und so nun jeden Tag. Sie untersuchen das Gelände und tragen ihre Beobachtungen sogleich in Schreibtafeln ein. Jede Kuppe wird betrachtet, vorwiegend aber in Täler und Schluchten gegangen, bis dann von einem hohen Punkte aus die beobachtete Gegend insgesamt überblickt werden kann und sich aus den einzelnen Untersuchungen ein Ganzes formieren will. Wo immer es sich machen läßt, schlagen sie Proben des Gesteins, die ordentlich zu numerieren und verzeichnen sind. Desgleichen befragen sie die Bauern und Ansässigen und ziehen auf den Ämtern und auch sonst recht fleißig Nachrichten über die Umgebung ein. In der Gegend von Corbussen treffen sie auf den bedeutenden Naturforscher und Arzt Doktor Sulzer aus Ronneburg, welcher Hardenberg ein schönes Stück Lischwitzer Kohlenblende übermacht, deren letzten Vorrat er aufgekauft hat, und einige schöne Stücke Geraische Schaumerde, die sie in Gera nicht erfragen und erforschen konnten, wiewohl Haupt zweimal in dieser Absicht ausgewesen ist.

»Einige Leute machen ein Arkanum aus dem Orte ihres Vorkommens, und die Nachrichten, die wir davon erfahren konnten, waren unrichtig«, sagt ihm Hardenberg.

Des Abends wird das Tagebuch geführt, die Rechnung für den Tag gemacht und der Plan für den folgenden aufgestellt. Übrigens ist Hardenberg mit Haupt äußerst zufrieden; auch kommen ihm dessen Erfahrungen über die höherliegenden Gegenden sehr zustatten, so daß die Arbeit gut vorangeht. Sie treffen schon nach fünfzehn Tagen in Leipzig ein. Als sie voneinander Abschied nehmen, bekräftigen sie noch einmal ihren Plan: Haupt soll das Reisejournal schreiben, während sich Hardenberg den eigentlichen Bericht einschließlich einer geognostischen Karte vorbehält, was alles dann dem Oberbergamt ebenso einzureichen wäre wie die gemachten Rechnungen. Letztere belaufen sich auf 58 Reichstaler und 17 Groschen.

42 Laß dies Thema ruhn

Kaum ist Hardenberg von der Expedition zurückgekehrt nach Weißenfels, da macht er sich schon – neben den Zivilgeschäften wohlgemerkt – an den zweiten Teil seines Romans.

In der Form soll der noch weit poetischer werden als der erste Teil, nimmt er sich vor. Schlegel schreibt in seinem Briefe hier auch manches Kritische, womit er recht hat. Diese Ungeschicklichkeit in Übergängen, diese Schwerfälligkeit in der Behandlung des bewegten Lebens ist meine Hauptschwierigkeit, und geschmeidige Prosa ist mein frommer Wunsch. Ich muß mich mehr auf diese Arbeit werfen – aber wie, wo ich so kaum zu Hause bin, nur immerfort auf Reisen? Es ist ein Glück, daß sie von Jena kommen, wie vereinbart. Dann werden wir in Muße über meinen »Afterdingen« reden können und über vieles Schöne sonst. Ich freue mich ganz unbeschreiblich, sie zu sehen!

Doch dann kommen nur die Tiecks. Sie unterbrechen ihre Reise nach Naumburg und treffen just zum Ende der Woche bei köstlichstem Wetter ein. Die Hardenbergs führen sie überall herum, wo es schön ist in und um Weißenfels, und die Freude, welche die Gäste über alles äußern, vermehrt die ihrige noch um vieles. Sidonie macht sich genauer mit Frau Tieck bekannt und sieht ihre erste Meinung über diese immer mehr bestätigt. Was ihr am meisten gefällt, ist deren Zärtlichkeit für ihren Mann und für die kleine Dorothea. Und wie die Frauen nun in ihren Gesprächen recht einverstanden zusammen sind und einander recht schwesterlich nahekommen, erzählt Frau Tieck Sidonien die Geschichte ihrer Liebe: Beide hätten sie zum ersten Male geliebt, und beide seien sie einander treu geblieben, obgleich Tieck erst achtzehn Jahre gewesen, als er sie kennenlernte.

»Das ist ein glänzender Beweis der Männertreue!« triumphiert Sidonie. »Ich muß Ihnen nämlich sagen, meine liebe Tieck, daß ich von jeher einen wahren innerlichen Greuel vor allen zweiten Heiraten und wiederholten Editionen der Liebe habe. Wenn nämlich, wie es bei uns Frauen ja nicht anders sein kann, ein Bund für die Ewigkeit geschlossen wurde, verlange ich diese Feststellung der Treue auch von den Männern, so gern ich ihnen die Simultanliebe übersehe. Nur einen Fall nehme ich aus: wenn sie sich in dem Gegenstand ihrer Wahl getäuscht hätten.«

»Darin bin ich völlig mit Ihnen einig«, versichert die Tiecken. »Ich kann gar nicht begreifen, wie man mehr als einmal lieben kann. Man begeht doch auf jeden Fall einen Meineid, entweder bei dem ersten oder dem zweiten Gelübde.«

»Daß ich auch von den Männern nicht zuviel verlange, darin hat mich mein Bruder Fritz bestärkt«, erwidert Sidonie. »Er hat mir bekannt, daß er seinen Fall, daß wirklich zwei sehr liebenswürdige Wesen ihn gefesselt hätten, für einzig in seiner Art halte. Außer diesen ganz besonderen Verhältnissen und Umständen erachte auch er jede zweite Verbindung für eine große Versündigung an der ersten.«

Auch Tieck selbst macht wieder eine Eroberung an Sidonie und allen Hardenbergs. Seine Physiognomie und sein ganzes Tun und Wesen haben etwas ungemein Anziehendes und Interessantes, und ungeachtet seiner Simplizität und seines sehr stillen Äußern sieht man ihm gleich den Dichter an. Durch seine höchst komischen Einfälle, die er mit der größten Ernsthaftigkeit vorbringt, vermag er die Gesellschaft immer wieder zum Lachen zu reizen. Die Abende schenkt er ihnen viele sehr glückliche Stunden durch sein herrliches Vorlesen einiger Shakespearischer und Holbergischer Stücke. Er hat soviel Abwechslung im Ton der Stimme und im Ausdruck, daß sie sich ganz der Täuschung hingeben, mehrere Personen zu hören. Am besten gelingen ihm die komischen Stutzer; doch macht er auch die andern ungemein schön, und selbst

Heldenrollen weiß er eine Kraft und Würde zu geben, die sie ihm gar nicht zugetraut hätten.

Wenn die Damen nicht mit von der Partie sind, reiten die Freunde spazieren oder klimmen die Hügel hinan. Unter munteren Gesprächen gehen sie sehr schnell, und Tieck beobachtet Hardenberg heimlich, kann aber bei jeder auch gewaltsamen Bewegung keine Schwäche der Brust oder kürzeren Atem an ihm wahrnehmen.

»Ich verstehe nicht«, meint er schließlich, »warum die Deinigen besorgt sind und Blässe und zunehmende Magerkeit an dir bemerken wollen. Ich finde dich wohl und heiter, auch dein Aussehn unverändert. Wenn du meine Ansicht wissen willst – du solltest getrost wieder Wein trinken und stärkende Nahrungsmittel wie Fleischspeisen zu dir nehmen. Du nährst dich ja fast nur von Milch und Vegetabilien! Zuviele Aufmerksamkeit auf die Diät bekommt doch selten. Ich halte deine Entwöhnung jedenfalls für irrig und für falsche Ängstlichkeit.«

»Ach, lieber Freund. Laß dies Thema ruhn, du meinst es ja recht gut. Ich werde dir dafür von »Afterdingen« erzählen und von den mannigfachen Plänen, die sich in meinem Kopfe tummeln. Damit du aber siehst, wie sehr mein Leben sich hinfort in die reichste Tätigkeit und Liebe ausbreiten soll: Meine Wohnung ist schon eingerichtet! Sobald der Kurfürst sich in meiner Sache gnädig zeigt, will ich meine Verbindung mit Julien feiern – womöglich schon den nächsten Monat.«

Bis tief in die Nacht hinein setzen sie zu Hause ihre Unterhaltung fort. Hardenberg wird gar nicht müde; er bricht nur willkürlich ab, um zu ruhen, und liest auch dann noch, ehe er einschläft.

Nach drei ungemein schönen und fruchtbaren Tagen reisen Tiecks weiter. Wie er Tieck bei ihrem ersten Zusammensein noch zu Reichardt nach Giebichenstein begleitet hat, so begleitet Hardenberg ihn und seine Familie auch jetzt mit Freuden, zumal er sich von der liebenswürdigen Reichardtschen Familie sowie den herrlichen Anlagen, welche Reichardt auf seinem Landsitze besorgt hat, wieder viel Vergnügen erwartet. Danach reist er mit dem Vater und dem Bruder Anton, welcher soeben zum Leutnant avanciert ist; er muß sich auch um die Geschäfte in Artern kümmern. Selbstredend macht er eine Ausflucht zu den Thielmanns, und die Gegend, wo er seinen Roman begonnen, ermuntert ihn aufs neue, an die Planung des weiteren Fortgangs zu denken, ehe er schon wieder weiterreisen muß nach Kösen.

Daß ich kaum einmal in Ruhe an demselben Ort sein kann! sagt er sich betrübt. Nicht einmal in Dresden, wohin ich doch bald zu gehen hoffe, wenn der Kurfürst mein Gesuch entgegennimmt, was heißen wird, daß ich eine Probeschrift einreichen und zur Anfertigung derselben mir die nötigen Akten in Dresden werde holen müssen. Die Bildergalerie und die Antiken will ich erneut besehen, dazu die Kupferstichsammlung und Raffaels Tapeten. Auch das Grüne Gewölbe mit seinen Kostbarkeiten und die Rüstkammer, nach Möglichkeit das Kabinett des Kammerherrn zu Racknitz, der ganz erlesene mineralogische Stücke besitzen soll. Besuche wären auch vonnöten, bei Oppeln und bei Reinhards, bei dem Amtsvorgänger Witzleben und dem Freunde Brachmann. Der Bibliothek sollte tunlichst einige Zeit gewidmet sein mit ihrer alten Literatur, den Werken zur Geschichte und den botanischen Büchern. Gar den botanischen Garten will ich aufsuchen und endlich jenen Hofgärtner Seidel kennenlernen, von welchem mir Goethe so lobend gesprochen. Vorzüglich die Alraunen möchte ich wohl sehn! – Ein Paar Schuhe und zwei Paar Halbstiefel sollt ich auch erwerben, lieber gleich noch ein Paar Pelzstiefel dazu. Und berlinerblauen Manchester, Westen, eine graue Hose, einen dicken Morgenrock, schwarzseidene Unterbindtücher, Schnallen und weißseidene Strümpfe. Sollte nicht ein Hochzeiter recht angenehm gekleidet sein?

Nun hat der Kurfürst aber unterdessen sein Geheimes Finanzkollegium zur gutachterlichen Anzeige, mit Wiedereinreichung der Anfuge des Salinenassessors von Hardenberg, aufgefordert.

»Es läßt sich von dem Supplikanten«, hat das Kollegium ihm unverzüglich und gehorsamst vorgetragen, »nach demjenigen, was bereits wegen seiner Anstellung bei der Salinendirektion angezeigt worden und danach, wie er seitdem als Assessor in praktischen Arbeiten sich zu üben Gelegenheit gehabt und auch gezeigt hat, mit gutem Grunde erwarten, daß er künftig als Amtshauptmann mit Nutzen zu gebrauchen sein und die besonderen Erfordernisse hierzu sich gar bald erwerben werde. Und da die Ämter teils seinem Wohnorte Weißenfels, teils den von ihm zu bereisenden Salinen und ihren Kohlenwerken nahe gelegen sind, so würde das Geheime Finanzkollegium bei Verteilung und einzelnen Aufträgen stets den Bedacht darauf nehmen können, daß des Supplikanten doppelte Dienstleistung wohl nebeneinander bestehen möchte. Dasselbe findet daher keinen Anstand, das gnädigst erforderte Gutachten dahin zu eröffnen, daß des Assessors von Hardenberg Suchen, wenn zuvörderst die gewöhnliche Probeschrift von ihm der Erwartung gemäß gefertigt worden, auch wegen der erforderlichen Ansässigkeit im Thüringischen Kreise, in welchem sein Vater mit dem Rittergute Wiederstedt im Mansfeldischen angesessen ist, eine befriedigende Erklärung erfolgt, in Gnaden zu deferieren sein möchte.«

Darauf ergeht von Schloß Pillnitz an das Finanzkollegium, des von Hardenberg Gesuch betreffend, das Begehren, demselben die Akten zum Behuf der Ausarbeitung einer Probeschrift zu überstellen, welch letztere sodann, zu Fassung fernerer Entschließung, mittelst gutachterlicher Anzeige, gehorsamst einzureichen sei. So ist die Reise nach Dresden nicht länger vonnöten. Hardenbergs Ernennung hängt noch allein von seiner Geschicklichkeit ab.

»Sie ist mir mithin gewiß«, jubelt er, »und meine Julie auch!«

Im Überschwang des Glücks setzt er wieder seine Dankesschreiben auf und alle auf denselben Tag – an den Geheimen Finanzrat von Wagner, an den Grafen Wallwitz, an den Kabinettsminister Graf von Loeben, an den Konferenzminister von Burgsdorff, welcher übrigens der Vater seines Schul- und Studienfreundes ist, an den Geheimrat von Ferber, Direktor im Finanzkollegium, an den Freiherrn von Manteuffel, Leiter der Amtsverwaltung – für alle gnädige Protektion. Und an den Durchlauchtigsten Kurfürsten selbst, für die erzeigte Höchste Huld.

43 Nur nicht den Mut und den Glauben verloren!

Blut! Er wirft Blut aus! Gerade als er zu seiner Hochzeit nach Freiberg reisen will. Die Ärzte erklären das Übel für hämorrhoidalisch und unbedeutend. Doch greift es ihn an, so daß die Hochzeit aufgeschoben werden muß. Erasmus steht ihm vor Augen, der gute, fidele Asmus, der jetzt Geburtstag hätte. Er hat auch Blut ausgeworfen.

Wenn man recht fleißig an die unendliche Unsicherheit der menschlichen Glücksgüter denkt, so muß man endlich gleichgültig und mutig werden, redet er sich zu. Alle Ängstlichkeit kommt vom Teufel! Der Mut und die Freudigkeit ist von Gott. Es gibt unendlich viel unbekanntes Unglück, aber es gibt auch gewiß unendlich viel unbekannte Wohltaten Gottes. Was ist eine ängstliche Stunde, eine peinvolle Nacht, womöglich ein trüber Monat gegen die lange, glückliche Ewigkeit? Ist denn Julie glücklicher und sicherer mit mir als mit Gott? Unglück ist der Beruf zu Gott. Wo Sophie und Erasmus wachen, kann ich wohl ruhig sein. Mußte nicht Christus seine Mutter auch unendlich leiden sehn? O! er weiß, wie einem zumute ist, wenn man seine Geliebten leiden sieht, weil wir leiden.

Du hast so viele Lieben um dich und genießest so wenig ihre Liebe. Die Liebe sollte eigentlich der wahre Trost und Lebensgenuß eines echten Christen sein. Wenn nur körperliche Unruhe nicht immer Seelenunruhe würde. Auf den Körper läßt sich nicht immer wirken, aber in der Seele sollte man sich die Herrschaft mit Gottes Hilfe zu erwerben suchen, um recht ruhig zu sein. Ist die Seele ruhig, so wird auch der Körper bald beruhigt.

Man sollte sich schämen, wenn man es nicht mit den Gedanken dahin bringen könnte, zu denken, was man wollte. Bitte Gott um seinen Beistand, daß er dir die ängstlichen Gedanken verjagen helfe! Mit innigem Gebet und festem Vorsatz ist vieles möglich. Sobald du ängstlich wirst und traurige, bängliche Vorstellungen sich dir aufdringen, fange an, recht herzlich zu beten. Gelingt's die ersten Male nicht, so gelingt's gewiß mit der Zeit. Was nicht gleich helfen will, hilft nachgerade. Nur nicht den Mut und den Glauben verloren! Hat man Gott im Herzen, so grübelt man nicht. Man hat nur *eine* große, erhebende Empfindung in seiner Seele. Aus dem göttlichen Gesichtspunkte gibt's keine Wolken, da ist nur *ein* Glanz, *eine* Herrlichkeit.

Stelle dir vor, du seist ein Fremder und müßtest dich trösten. Würdest du da nicht oft sagen: Herr, sein Sie kein Kind! Die Bänglichkeit geht vorüber. Heißt das Christentum, so kleinmütig zu sein? Habt Ihr denn nicht einen Funken Stolz, und Scham in Eurem Herzen? Schämt Euch, großer Mensch, vor Euch selbst. Hat Euch darum der liebe Gott so harte Prüfungen zugeschickt, daß Ihr gleich verzagen müßt? Es wird besser, und statt kindlich dankbar zu sein, bangt Ihr wie ein Weib.

Wer aber eine reizbare Seele hat, bei dem weckt ganz natürlich die Gegenwart *eines* Unglücks die ganze Schar des andern Unglücks auf, und nun geht's im Sturm und Zittern alles bunt durcheinander, ohne Verstand und Überlegung.

> Nur Glauben, Herr, und Zuversicht,
> so fürcht ich mich für mich und die Geliebte nicht.

Trotz der Schmerzen in der Brust, zu denen sich noch solche des Unterleibs hinzugesellen, trotz des Blutauswerfens, welches sich periodisch wiederholt, arbeitet er. Er arbeitet an seiner Probeschrift, indem er die vier Stück Akten durchstudiert, die man ihm über die Gemeinde Hermsdorf und das Amt Frauenstein im Erzgebirgischen überstellt hat, auf daß er den umstrittenen Rechtsfall aus dem Jahre 1797 behandle, in welchem der Erbrichter Ehregott Leberecht Martini zu Hermsdorf im Amte Frauenstein Klage erhoben gegen die Steuer fordernde Staatskasse, weil doch das Erbrichtergut anno 1626 seine Braugerechtigkeit gegen das Recht auf Steuerfreiheit eingetauscht. Er ist auch in seinen dienstlichen Geschäften tätig und reist auf die Salinen wie zuvor. In Schulpforta trifft er sich mit den zukünftigen Schwagern Reinhard und Thielmann, um familiäre Angelegenheiten zu besprechen. Daneben widmet er sich angestrengt den literarischen Arbeiten, namentlich dem Roman. Er schreibt auch wieder Lieder und Gedichte, darunter solche geistlicher Art, welche ihm in seinem Zustande viel Trost und Zuversicht zu geben vermögen. Im neuen Heft des »Athenaeums« erscheinen just seine, respektive des Novalis, »Hymnen an die Nacht«, statt der eigentlich vorgesehenen geistlichen Lieder, welche er zu Jena vorgelesen. Und als er ein Porträt seiner geliebten Julie in Händen hält, das er sich unendlich gewünscht, weil er das frühe Hinscheiden der Braut nun einmal fürchtet und ihre teuren Züge festgehalten sehen möchte, ein Blatt mit Kreide herrlich gezeichnet von Dorchen Stock in Dresden, jener Schwägerin Körners, die er in dessen Hause vor Jahren kennengelernt hatte, als er dieses Blatt in Händen hält, da fließt der Dank an die Künstlerin nebst der Verehrung für die Braut sogleich in ein langes Gedicht.

»Heute hatte ich einen äußerst gesegneten Tag«, schreibt er den 1. September 1800 in sein Tagebuch.« Nur früh einige leise Anwandlungen von Ängstlichkeit. Nachher den ganzen Tag unaussprechlich ruhig, stark, mutig, frei und gelassen. Ich habe Gott recht herzlich gedankt. Ach! um meiner guten Julie willen; auch wegen meiner andern Lieben. Ich sehe schon tausend Früchte dieser trüben Stunden. Die Liebe der Meinigen und andrer guter Menschen, die Pflichten gegen Kranke und Notleidende, das hohe Glück der innern Gesundheit und Ruhe, die innigere Anhänglichkeit an Gott und Jesus, der Trost eines unbescholtenen Lebenswandels und eines sanften, gutmütigen Bezeugens gegen andre Menschen – alles ist mir klarer, deutlicher und kräftiger geworden. Auch über die Natur der Angst und die Mittel, sie wenigstens zu mäßigen, habe ich einige wohltätige Erfahrungen gemacht. Sobald eine recht bestimmte Empfindung kommt, ist die Angst weg. Die Angst ist ein Schwanken, eine Ungewißheit, meist körperlich. Der Gesunde ist immer ruhig, selbst unter den schlimmsten Umständen.«

»Wenn man sich nur immer recht lebhaft sagen könnte, daß die Angst meist körperlich ist«, notiert er einige Tage später. »Lediglich mein Magen hat mir vorgestern und gestern die trüben und unruhigen Stunden verursacht. Heute früh währte es nur eine

Weile. Sobald ich den Magen gestärkt, ward ich unbeschreiblich ruhig und heiter und habe so bis jetzt zugebracht. Die Welt wird dann in einem Augenblick anders. Selbst das Traurigste erscheint mild, und man findet wieder an allem Behagen – an Arbeiten, Gehn, Sitzen, Gesellschaft etc. Alle Hoffnungen erwachen; der Nebel verschwindet, und der innigste Dank gegen Gott erfüllt uns auf das wohltätigste. Ruhe ist der wahre Zustand des Menschen. Für den Ruhigen ist jede äußere Lage erträglich, ja selbst angenehm. Es ist nicht das fatale Treiben zu spüren, und selbst Langeweile erträgt sich leicht. Dem Ruhigen ist alles leicht und bequem. Alle Vorstellungen, alle Gedanken an Religion werden kräftig und erfreulich, und die wahrhaft himmlische Lust der Tätigkeit erwacht mit Kraft. Ich kann noch lange Blut auswerfen. Aber wird das helfen, daß ich mich jedesmal von neuem ängstige? Angst schadet, Mut stärkt. So ein Anfall verliert sich nicht gleich. Ich muß darauf gefaßt sein und denken, es wird sich schon nachgerade verlieren. Hat es der Rektor doch zwei Jahre gehabt. Geduld und Ergebung in den Willen Gottes sind die besten Hilfsmittel. Auch diese Läuterung soll ich empfangen. Gott weiß die Zeit der Krankheit, denn jegliche Krankheit hat ihre Zeit. Fein kindlich, das ist das beste. Es ist nichts schwerer, als mit sich selbst Geduld haben, seine eigne Schwachheit zu tragen. Gott hilft zu allem; sein Wille geschehe, nicht der meinige.«

Schleiermacher will kommen, Schleiermacher, den Hardenberg sich sehr zu sehen wünscht, und welcher seinerseits begierig genug ist, ihn kennenzulernen. Nach Jena will er kommen zu den Schlegels. Die Veit freut sich schon ausgelassen, die ganze Kirche in ihrem Zimmer versammelt zu sehen. Doch Schleiermacher kommt nicht. Die einst so freundliche Schlegelei am Löbdergraben ist nicht mehr: Frau Schlegel, von ihrer Badereise nicht mehr heimgekehrt, ist von Friedrich Schlegel und der Veit die Freundschaft aufgekündigt worden, weil sie sich von ihrem Manne ab- und Schelling gänzlich zugewandt, und Auguste, die fünfzehnjährige Auguste, ist gar in Bad Bocklet an der Ruhr verstorben, so daß Wilhelm Schlegel, wiewohl er nicht ihr Vater war, fast vermeint, aus Schmerz darüber wahnsinnig werden zu müssen.

»Wilhelm dauert mich am meisten«, schreibt Hardenberg an Friedrich Schlegel. »Hat ihr Tod einen Zusammenhang mit Carolinens Geschichte? Du schreibst mir nicht deutlich darüber. Auguste war ein liebes, hübsches Mädchen. Die hellen Farben und der schlanke Wuchs kündigten das frühe Hinscheiden wohl an. Sie wäre sehr reizend geworden. Der Himmel hat sich ihrer angenommen, da ihre Mutter sie verließ und ihr Vater sie hingab. Eben auf der Schwelle der Welt mußte sie umkehren. Sie ist einem trüben Schicksal entgangen, und laß uns ihr glückwünschen und uns freuen, daß sie ein reines, jugendliches Andenken von dieser Welt noch mitnahm. Der Friede ihrer Seele komme auf Wilhelm. Für die Mutter ist es eine ernste Warnung. Ein solches Kind läßt sich nicht so leicht, wie ein Liebhaber, erhalten. Ich zweifle, daß sie es so nimmt, wie es zu nehmen wäre.«

So ist die Stimmung ungewohnt gedrückt, als Hardenberg in der Begleitung Carls bei Schlegels absteigt. Er ist nach Jena gereist, um sich von Hofrat Stark kurieren zu lassen. Ganz elend kommt er ihnen vor und so armselig, daß es sie wahrlich mit Sorge erfüllt. Obendrein bringt er die Nachricht mit, Sidonies Busenfreundin Louise Brachmann, die begabte Dichterin, um deren Bildung er sich seit früher Zeit bemüht, für deren Gedichte er auch den Fürsprecher bei Schiller und den Schlegels gemacht hat, Louise Brachmann sei plötzlich wahnsinnig geworden, sie habe sich jedenfalls das Leben zu nehmen gesucht; er hoffe sehr, es handle sich um eine bloß körperliche Krankheit.

Weil es mit seiner eignen Krankheit nicht recht besser werden will, treibt er wieder, wie während Sophies Krankenlager, mancherlei medizinische Studien, besonders das Brownische System betreffend.

»Sthenie ist Entzündung«, notiert er sich, »Asthenie Paralyse. Aller Entzündung folgt indirekte Asthenie, sowie aller Asthenie indirekte Sthenie. Reiz ist vermehrtes Dasein, Erhöhung und Vermehrung der sinnlich unterscheidbaren Wirksamkeit. In Sthenien muß Verminderung des Daseins das Augenmerk des Arztes sein, Aufhebung der Gemeinschaft mit dem Reizmittel. Sthenie wird mit Asthenie kuriert und umgekehrt, indirekte Asthenie mit indirekter Sthenie und umgekehrt. Sthenie und Asthenie werden durch absolute Schwächungen und Reize geheilt, indirekte Sthenie und indirekte Asthenie aber durch relative Schwächungen und Reize. Die Gesundheit wird durch einen Konflikt von mannigfachen spezifischen Reizen und Schwächungen unterhalten. Was den Magen reizt, kann den Kopf schwächen.

In der Seele findet wahrscheinlich auch eine Art von Irritabilität statt, daher besteht auch mehr oder minder Disposition zur Krankheit. Krankheit ist Willkür und damit Sünde, Verstoß gegen den Willen der Natur. Der sittliche Mensch muß eine gegenstrebende Natur haben. Die Sittlichkeit, die kämpfende Kraft, die Energie des intellektuellen Wesens, und Religiosität werden dem Kränklichen unentbehrlich, aber auch wohltätiger als irgend einem andern. Krankheiten, besonders langwierige, sind Lehrjahre der Lebenskunst und der Gemütsbildung. Man muß sie durch tägliche Bemerkungen zu benutzen suchen. Ist denn nicht das Leben des gebildeten Menschen eine beständige Aufforderung zum Lernen? Der gebildete Mensch lebt durchaus für die Zukunft. Sein Leben ist Kampf, seine Erhaltung und sein Zweck Wissenschaft und Kunst. Je mehr man lernt, nicht mehr in Augenblicken, sondern in Jahren usw. zu leben, desto edler wird man. Die hastige Unruh, das kleinliche Treiben des Geistes geht in große, ruhige, einfache und vielumfassende Tätigkeit über, und die herrliche Geduld findet sich ein. Immer triumphierender werden Religion und Sittlichkeit, diese Grundvesten unseres Daseins. Jede Bedrängnis der Natur ist eine Erinnerung höherer Heimat, einer höhern, verwandteren Natur.«

Um sich gründlicher ärztlich behandeln zu lassen, als dies zu Weißenfels möglich ist, und auch um Julie näher zu sein, geht Hardenberg zur Mitte des Oktober 1800 nach Dresden. Carl begleitet ihn, dazu Sidonie und die Eltern, die freilich in die Lausitz weiterreisen wollen zu Caroline, welche sich übrigens guter Hoffnung fühlt. Die Probeschrift hat er zuvor, auf fünfzehn Blatt Folio gründlich ausgeführt, dem Durchlauchtigsten Kurfürsten überschickt und dessen weisester Dejudikation in aller Untertänigkeit unterworfen.

Die Reise läßt sich auch recht glücklich an, da sie zunächst nach Siebeneichen gehen, wo die Tante Miltitz ihn ganz mütterlich aufnimmt und pflegt. Auch kann er, wie gehofft, Doktor Weigel zu Meißen konsultieren, welcher nach der Brownischen Methode praktiziert. Doch obschon ihm hernach in Dresden die Gegenwart und liebevolle Zuwendung der Brüder Carl und Anton, welch letzterer sich ohnehin zu Dresden befindet, ungemein wohltun, und auch Doktor Petzold, der erste Arzt und ganz nach seinem Sinn, sich alle Mühe gibt – sein Zustand scheint sich eher zu verschlechtern, so augenscheinlich schwächer wird er. Opium und Mandelwasser schafft er an. Petzold versucht es mit Chinarinde, welche aber so purgierend wirkt, daß damit wieder aufzuhören ist. Umständlich schreibt der Kranke seinen Fall an Röschlaub, Professor an dem Ludwigsspitale zu Bamberg, welcher auch ein Anhänger der Brownischen Methode ist und Schelling eng befreundet, der Frau Schlegel diesem ausdrücklich anvertraute, als sie auf der Reise nach Bad Bocklet einige Zeit in Bamberg war.

Jetzt vor der Hand hab ich auf zwei Fälle zu denken, sagt er sich: 1. auf den Fall, daß ich heirate; 2. auf den Fall, daß ich nicht heirate. Ad 1 gibt sich alles von selbst. Dann hab ich nur um Entschlossenheit und Pflichtgefühl zu bitten und auf Arbeit und Zerstreuung zu denken. Ad 2 muß ich mich mit Lektüre versehn. Thukydides und Livius, Tacitus und Sallust. Ich lese römische Geschichte und sächsische Geschichte und Schmidts Geschichte der Deutschen. Bei unserm Hofmeister les ich die lateinischen Geschichtsbücher, und er kann mir Gesellschaft leisten und vorlesen. Dazu Humes Geschichte von England in der französischen Übersetzung, die in Schlöben ist, oder sonst französische Bücher. Ich mache mich mit dem Superintendenten und mit dem neuen Direktor des Schullehrerseminars bekannt, sehe mehrere Leute, als vornehmlich die Herren Pfarrer von Weißenfels. Wird es schlimmer, so verreis ich nach Leipzig, Bamberg oder Jena und konsultiere daselbst die Professoren Kapp, Röschlaub oder Stark. Sonst reis ich viel mit dem Vater und bin fleißig in der Mathematik. Wenn ich nicht heirate, will ich in südlicheres Klima, nach Reichenhall ins Solbad oder nach Klagenfurt.

Jedoch an Reisen ist gar nicht zu denken, auch nicht zurück nach Weißenfels. Überdies kommen noch schlechte Nachrichten. Die Thielmanns haben ein Kind verloren. Bernhard, sein dreizehnjähriger Bruder, derselbe, den er jüngst bei Hof als Page präsentiert, Bernhard ist durch jugendliche Unvorsicht – in der Saale ertrunken. Der Schrecken über diese Nachricht zieht ihm einen heftigen Blutsturz zu, und von dem Augenblick erklären seine beiden Ärzte seine Krankheit für unheilbar.

Nur wenige Tage später hört er, daß Mutter Rockenthien verstorben sei. Der Schmerz des Hauptmanns, Carolinchens und der ganzen lieben Grüninger Familie geht ihm bedenklich nah. Da ist es gut, daß Julie nun zu ihm eilt. Sie bleibt bei ihm und teilt sich mit den Brüdern in die Pflege, wiewohl ihre eigne Mutter auch gefährlich krank darniederliegt. Es kommen auch die Eltern für zehn Tage auf Besuch. Doch weil die Mutter, deren Liebling Bernhard war, und die, wie wir uns vielleicht erinnern, schon früher zum Trübsinn neigte, über den Verlust nun völlig melancholisch geworden, gerät ihm die Gesellschaft nicht zum Nutzen. Lieber vergräbt er sich in Lektüre, zumal ihm alles Sprechen Mühe macht und auch nicht angeraten ist. Insonderheit studiert er wieder Jakob Böhmes Werke, welche er sich sämtlich aus der kurfürstlichen Bibliothek hat kommen lassen. Und weil denn bei der Lungensucht, nach Meinung aller, recht viel körperliche Bewegung in frischer Luft der Genesung förderlich sei, fährt er zweimal täglich in der Kälte aus und will auch wieder reiten. Doch ist er schwach und äußerst abgezehrt. Und das Blutspeien hört nicht auf.

Den 6. Dezember 1800 ergeht des Kurfürsten gnädigstes Begehren an das Geheime Finanzkollegium, welches zuvor bekundet, daß der von Hardenberg in der Vollständigkeit, Genauigkeit und Deutlichkeit der Darstellung wie in der Schreibart das geleistet habe, was von einer Probeschrift verlangt werden könne, und in der Beurteilung Kenntnis mit allen einschlagenden Landesgesetzen, oft eigene Meditation, auch an einigen Stellen eine nicht gemeine Einsicht gezeigt habe, den 6. Dezember ergeht nun Hardenbergs Ernennung zum Supernumeraramtshauptmanne im thüringischen Kreis, in der Voraussetzung, daß er die eigne Verfer-

tigung der Probeschrift eidlich versichern und wegen seiner Ansässigkeit in besagtem Kreis eine befriedigende Erklärung beibringen werde. Das Kollegium vermittelt daraufhin, den 20. Dezember, dem zu Dresden anwesenden von Hardenberg eine Abschrift der Registratur.

Über Weihnachten wird er also in Dresden bleiben müssen. Die
Ärzte widerraten jegliche Reise, schon wegen der sehr rauhen
Witterung, solche in ein südlicheres Klima ebenso wie die nach
Weißenfels. Julie bleibt bei ihm; Carl pflegt ihn weiterhin so
zärtlich und so wahrhaft aufopfernd, daß er dem geliebten Bruder
ein inniges Sonett zum Dank schreibt. Gesellschaft stellt sich
häufig ein, besonders oft die liebe Ernsten, welcher dieses ganze
Unglück sehr zu Herzen geht, und auch die Malerin Alberti, der
Tiecken Schwester, die ihn trefflich über ihre Madonnenbilder zu
unterhalten weiß.

»Wenn mich nicht körperliche Unruhe verwirrt, welches doch
nicht häufig geschieht, so ist mein Gemüt hell und still«, teilt er
dem guten Just zum scheidenden Jahrhundert mit. »Religion ist
der große Orient in uns, der selten getrübt wird. Ohne sie wäre ich
unglücklich. So vereinigt sich alles in *einen* großen, friedlichen
Gedanken, in *einen* stillen ewigen Glauben.«

Das neue Jahrhundert begrüßt er mit einem Brief an Freund
Tieck, dem er nicht mehr geschrieben, seit sie sich zuletzt in
Weißenfels gesehn.

»Dein Brief hat mich herzlich gefreut«, schreibt er langsam und
mit etlicher Mühe. »Wie lange wär ich Dir zuvorgekommen, wenn
nicht seit dem August mich eine langwierige Krankheit des Unter-
leibes und der Brust außer Tätigkeit gesetzt hätte. Noch währt sie
und kann lange währen. An Arbeit ist jetzt nicht zu denken. Der
Winter legt meiner Genesung große Schwierigkeiten in den Weg,
und ich kann vor dem Sommer und vielleicht dem Gebrauch des
Karlsbades auf keine gründliche Besserung hoffen. Ich schlendre
so hin. Carl ist mein beständiger Pfleger; Julien ist auch hier, und
ich habe bis auf Kräfte und Gesundheit alles, was mir angenehm
sein kann. In die Zeit meiner Krankheit haben sich überdies die
traurigsten Ereignisse für meine und Juliens Familie gedrängt, die

sich alle auf Krankheit und Tod beziehn, so daß es eine trübe Zeit gewesen ist. Ich bin meist heiter gewesen.

Urteile bitt ich Dich mir jetzt zu erlassen. Gearbeitet habe ich gar nichts, aber mich viel mit Poesie in Gedanken und im Lesen beschäftigt. Mündlich könnt ich Dir viel sagen. Sobald ich wieder etwas machen kann, bin ich zu jeder Teilnahme bereitwillig. Von Schlegels habe ich seit langer Zeit wenig gehört und gesehn.

Deine Sonette haben mir herrlich gefallen.

Ich bleibe noch längere Zeit hier. Deine Briefe werden mir äußerst lieb sein, aber Du mußt mit magern Antworten vorlieb nehmen. Was mich sehr plagt ist, daß ich nicht viel sprechen darf, und das war mir zum Denken fast unentbehrlich.«

44 *Wo gehn wir denn hin? – Immer nach Hause*

Man schreibt also das Jahr 1801. Trotz Wind und Wetter fährt Hardenberg eisern täglich vier Stunden spazieren. Er braucht jetzt Kalkwasser und Eselsmilch und ist von heiterm Humor. Allein sein Zustand verschlechtert sich weiter, so daß wenig Hoffnung zu seinem Aufkommen ist. Die gute Ernsten kommt fast täglich. Es jammert sie, diesen jungen Menschen zu sehen, wie er kaum noch ein Schatten ist, ganz erschlafft an Geist und gar nicht mehr kennbar. Er mischt sich selten ins Gespräch, hört nur zu, das Sprechen wird ihm sehr sauer, und oft schläft er ein, wo er dann ganz einem Toten ähnlich sieht.

Carl lebt in den traurigsten Erwartungen. Deshalb reist der Vater von Weißenfels an. Den 13. Januar nachmittags gelangt er nach Dresden, Carl und Anton sind ihm schon entgegengefahren. Carl steigt gleich in seinen Wagen und berichtet von des Kranken Zustand. Wie der Vater zu diesem in die Stube tritt, findet er alles auch so. Das Fieber ist kaum zu spüren, die Beängstigungen kommen nicht alle Tage, und das Aussehen hat sich, seit er ihn zuletzt gesehn, nicht sehr geändert. Allein der Husten und der kurze Atem sind schlimm, so schlimm, daß dem Geplagten das

Sprechen sehr schwer wird. Da seine beiden Doktoren auch krank sind und die Wohnung nicht besonders, trägt der Vater sehr darauf an, nach Weißenfels zu gehen.

Den andern Tag macht er sich gleich mit Carl zu Doktor Petzold auf, und der gibt seinen Konsens zur Reise, wenn sie die Jungfer Charpentier mitnehmen wollten, damit der Kranke die Reise gern tue. Er gibt übrigens wenig Hoffnung, aber doch noch einige, aus einem Fall, den er auf die gleiche Weise behandelt habe.

»Gott mach es, wie es ihm und uns gut und heilsam ist, und mache unsre Seele stille«, sagt der Vater. »Last von ihm, die läßt sich tragen, selbstgemachte trägt sich schwer.«

Daß Julie mitgehen will, steht außer Frage, zumal der Kranke sie darum bittet. Nun kommt es darauf an, ob ihr Vater ja dazu sagt. Deshalb sucht der alte Hardenberg den Geheimen Finanzrat von Wagner auf, um zu sehen, wie er mit Charpentiers Schwiegersohn, dem Oberhofprediger Reinhard, wird fertig werden, welcher der Verbindung ja nicht so wohlwollend entgegensieht, wobei er meint, die Eltern Hardenberg wären Julie nicht gewogen und kränkten dadurch deren Vater. Durch Wagners Intervention wird aber die Sache mit Reinhard beigelegt. Auch diesen sucht der alte Hardenberg noch auf, und Reinhard verspricht ihm, in Freiberg für Julies Mitreise zu sprechen. Da fügt es sich, daß der Herr Professor Charpentier den nächsten Mittag selbst nach Dresden kommt. Zusammen essen sie bei Reinhards. Dort gibt Charpentier seine Einwilligung in Julies Mitreise, worauf Vater Hardenberg gleich den Entschluß faßt, in zwei Tagen abzureisen. Den ersten Tag planen sie bis Meißen zu gehen, den zweiten bis Hubertusburg, den dritten, wenn es möglich ist, bis Leipzig, wo Carl und der Kranke einen Tag bleiben sollen, um Professor Kapp zu sprechen. Den vierten oder fünften Tag müßten sie dann in Weißenfels eintreffen.

Hardenbergs Fieber ist unterdessen wieder bemerkbarer, aber der Humor noch heiterer. Der Husten nimmt eher ab als zu. Zwei Tage später wiederholt sich aber der gefürchtete Anfall, so daß der Kranke gar nicht wohl ist. Ganz hoffnungslos nimmt er Abschied von der Ernsten, die der Anblick tief erschüttert. Und doch, so meint sie, ist es gut, daß er nun wegkommt: er hat hier keine rechte Heimat.

Carl zeigt sich als ein vortrefflicher Mensch, selten hat man das Bild der brüderlichen Liebe so vollkommen gesehn. Und Julie, die den Kranken gar nicht verläßt, drängt die Tränen, die beständig in ihren Augen stehn, zurück, um ihm ein freundliches Lächeln zu zeigen. Sie reist nicht gerne mit nach Weißenfels, sie fürchtet sich vor seinen Eltern, wenn diese auch auf ihren ängstlichen Brief im Sommer sehr liebevoll und gütig geantwortet haben. Doch ist es ihr unmöglich, den geliebten Kranken zu verlassen.

Fünf mühevolle Tage sind sie unterwegs, bis sie aber glücklich in Weißenfels eintreffen. Die Ruhe, die Bequemlichkeit in dem von Jugend an vertrauten Vaterhaus, die gänzliche Lossagung von Geschäften und unruhigen Zerstreuungen, dies alles tut Hardenberg unendlich wohl. Fast frei von Schmerzen, hält er sich nicht sowohl für krank, als nur für matt und hofft vom herannahenden Frühjahr seine Genesung. Er folgt auch gewissenhaft der neuen Kur des Doktors und lebt allein von Milch, was ihm zu bekommen scheint. Mit dem Schreiben geht es noch schlecht, aber lesen, denken und teilnehmen kann er wieder etwas. An Büchern bittet er sich die Bibel aus, dazu die geistlichen Schriften von Zinzendorf und Lavater, die er schon früher geliebt. Als Just ihm einen Gruß schickt, freut er sich schon, den Guten wiederzusehen, was doch auf der Ostermesse geschehen werde.

Während er sich immer besser glaubt, besonders da der Schlaf nach Mitternacht jetzt leidlich ist, mehren sich die üblen Anzeichen, wie die Ärzte sie vorausgesagt haben. Jetzt fangen die Füße an zu schwellen. Carl pflegt ihn weiter unermüdlich und mit solcher Treue, daß die Familie auch für seine Gesundheit zu fürchten beginnt. Carl wiederum sorgt sich um Julie, die nun auch krank wird; es hätte ihn gewundert, wenn sie gesund geblieben wäre. Doch daß die gute Mutter Julie für ihr Kind dem Herzen nach erkennt, daß auch diese sich so an die Mutter anschließt und der Vater mit dem Verhältnis nun völlig ausgesöhnt ist, das ist ihnen allen eine Befriedigung, für die sie dem Allgütigen nicht genug danken zu können vermeinen. So feiert Carl den

13. März 1801,seinen 25. Geburtstag, still und in treuer, sorgfältiger Pflege des geliebten Bruders. Sidonie, welche noch immer bei der Schwester Caroline in der Lausitz weilt, bangt von ferne mit; sie wird allmählich besser, nachdem sie auch recht krank gewesen. Und Caroline, der Geburt ihres ersten Kindes entgegensehend, müht sich vergeblich, ihren traurigen Gedanken an den Bruder jetzt nicht nachzuhängen.

Tieck, welcher auch wieder krank gewesen, sagt seine Reise nach Weißenfels lieber ab.

»Um Hardenberg bin ich sehr betrübt«, gesteht er Friedrich Schlegel. »Ich verberge es vor mir selber, was ich fürchte und wie ich mich härme. Es hat mir mit diesen Winter verdorben. Die rechten Menschen sterben, die Lumpen leben, Gott und dem Teufel zum Trotz.«

August Wilhelm Schlegel bekümmern die Nachrichten aus Weißenfels besonders tief; sie sind ihm eine neue Wunde neben der unheilbaren, die Augustes Tod ihm beigebracht. Friedrich Schlegel, der noch immer in Jena weilt, sucht Hofrat Stark auf, um sich umständlich mit ihm über Hardenbergs Gesundheit zu besprechen. Mitte Februar hat dieser den Patienten zuletzt gesehn: er gibt ihn völlig auf.

»Aber eben darum muß man noch hoffen«, ermutigt Schlegel seinen Bruder. »Gab er doch auch Goethe gleich auf. Und überhaupt soll er ganz eigentlich der Wundarzt aus dem ›Meister‹ sein, dessen Ausspruch immer umgekehrt gilt.«

Schlegel ist es noch ganz unmöglich, im Ernst um Hardenberg zu fürchten. Sobald er seine wichtigsten Arbeiten erledigt haben wird, die Disputation vorbei ist und der Doktorschmaus auch – denn Schlegel ist nun promoviert – will er nach Weißenfels reisen.

Zu Weißenfels im Haus am Kloster, oben in der Stube des Kranken, sitzen Carl und Julie an seinem Bett. Hardenberg ist aufgeräumt und heiter, und wie immer, wenn er jetzt nicht lesen kann, durchdenkt er seine Arbeiten. Carl hat die letzten beiden Bogen des »Afterdingen«-Manuskripts auf den Knien; er soll ihm daraus lesen – wie Heinrich auf seiner Pilgerfahrt das junge Mädchen findet, nachdem er eben sein Lied vollendet hat.

»Unter seinem Gesang war er nichts gewahr geworden«, hebt Carl zu lesen an. »Wie er aber aufsah, stand ein junges Mädchen nah bei ihm am Felsen, die ihn freundlich, wie einen alten Bekannten, grüßte und ihn einlud, mit zu ihrer Wohnung zu gehen, wo sie ihm schon ein Abendessen zubereitet habe. Er schloß sie zärtlich in seinen Arm. Ihr ganzes Wesen und Tun war ihm befreundet. Sie bat ihn, noch einige Augenblicke zu verziehn, trat unter einen Baum, sah mit einem unaussprechlichen Lächeln hinauf und schüttete aus ihrer Schürze viele Rosen auf das Gras. Sie kniete still daneben, stand aber bald wieder auf und führte den Pilger fort.

Wer hat dir von mir gesagt? fragte der Pilgrim.

Unsre Mutter.

Wer ist deine Mutter?

Die Mutter Gottes.

Seit wann bist du hier?

Seitdem ich aus dem Grabe gekommen bin.

Warst du schon einmal gestorben?

Wie könnt ich denn leben?

Lebst du hier ganz allein?

Ein alter Mann ist zu Hause, doch kenn ich noch viele, die gelebt haben.

Woher kennst du mich?

O! von alten Zeiten.

Wo gehn wir denn hin?

Immer nach Hause.«

Auf Sophies Todestag, den 19. März, wird Hardenberg merklich schwächer. Den Tag darauf trifft Carlowitz ein; er hat ihn bitten lassen.

Alle Ärzte hätten sein Leben nur noch auf wenige Tage berechnet, hat er ihm schreiben lassen; er sei ruhig über den Eintritt in die Ewigkeit, und der Abschied von den Freunden sei noch, was er wünsche.

Als Carlowitz gegangen ist, befindet er sich ruhig. Die Nacht ist gut, aber den folgenden Abend bekommt er den Stickhusten, so daß 373er sehr schlecht schläft.

Den 23. März trifft Friedrich Schlegel ein. Hardenberg freut sich unendlich über des Freundes Ankunft. So viel als möglich unterhält er sich mit ihm, vorzüglich über ihre beiderseitigen Arbeiten. Auch hat er eine große Freude an den Gedichten aus dem Spanischen, die Schlegel ihm von seinem Bruder mitgebracht. Er ist von einer unbeschreiblichen Heiterkeit, und obgleich ihn dann die große Kraftlosigkeit daran hindert, selbst zu sprechen, so nimmt er doch an allem den liebenswürdigsten Anteil. Die Nacht schläft er wieder ruhig und gut. Den nächsten Tag ist er sehr freundlich und liebevoll gestimmt, wenn auch recht matt. Die Füße und das Gesicht sind geschwollen, was ihn etwas entstellt. Doch spricht er ziemlich lebhaft von seinen literarischen Plänen. Was die Fortsetzung des »Afterdingen« betreffe, so habe er seinen Plan ganz und durchaus geändert, sagt er.

»Wenn ich erst wieder besser bin, dann sollt ihr erst erfahren, was Poesie ist. Ich habe herrliche Gedichte und Lieder im Kopfe!«

Die Nacht auf Mittwoch, den 25. März 1801, schläft er leidlich. Früh um sechs Uhr läßt er sich von Carl zwei Bücher geben und schlägt darin etwas nach. Dann bestellt er sein Frühstück und spricht recht lebhaft. Davon wird er aber so ermattet, daß er um halb acht Uhr wieder einschläft. Um acht Uhr kommt der Doktor und versichert, heute könnte sein Lebensende sein. Er schläft wieder ein und wacht viermal auf. Gegen neun Uhr bittet er Carl, ihm etwas auf dem Klavier zu spielen. Über den melodischen Klängen schläft er ruhig ein. Er schläft tief, röchelt, und der Atem setzt ganze Züge aus; er erwacht nur auf Augenblicke und spricht dann recht irre; nur manchmal ist er bei sich, aber überaus ruhig und dem Anschein nach ganz ohne Schmerzen. Carl, welcher alleine bei ihm wacht, nimmt leise sein Tagebuch zur Hand und schreibt:

»Der Tag, dem ich fast sieben Monate entgegengesehen habe und die letzten zwei bis drei Monate mit Gewißheit, ist nun da – und Gott, Du weißt es, er erschreckt mich doch. Du hast mir aber Kräfte gegeben, daß ich ruhiger und ergebener als je in den letzten Stunden des Geliebtesten meines Herzens gegenwärtig sein kann. Erhalt mir meinen Mut und schenke mir ferner Deinen Segen, daß ich der armen Julie, die nur Du allein trösten wirst, beistehen kann.«

Bald darauf tritt Schlegel in die Stube und findet Hardenberg ruhig schlafend. So schläft er bis nach zwölf Uhr. Darauf stirbt er sanft und fast unmerklich, ohne die mindeste Bewegung. Sein Gesicht ist im Tod so unverändert freundlich, als wenn er noch lebte.

Nach drei Tagen wird er auf dem Gottesacker zu Weißenfels begraben. Carl steht nicht an seinem Grab. Er ist mit Julie abgereist, um sie zu ihren Verwandten zu bringen.

»Unsern Freunden und Verwandten mach ich hierdurch bekannt«, zeigt Vater Hardenberg in der Leipziger Zeitung an, »daß mein ältester Sohn, Georg Philipp Friedrich von Hardenberg, Assessor bei der Lokalsalinendirektion, am 25. dieses Monats an der Auszehrung im 29. Jahre seines Alters gestorben ist, und verbitte alle Beileidsversicherungen.«

Bei dem Schmerz des Vaters halten es die Herren Bergräte Heun und Senf für ihre untertänigste Pflicht, des Assessors Ableben dem Kurfürsten anzuzeigen.

»Wir können zugleich nicht unterlassen, zu bemerken«, fügen sie hinzu, »daß Euer Kurfürstliche Durchlaucht einen treuen, geschickten Diener in ihm verlieren, welcher das allgemeine Bedauern der bei den Salinen angestellten Personen über seinen Abgang mit sich nimmt.«

»O Sie wissen nicht, was wir an ihm verloren haben!« äußert Heun gegen Just.

»Auch Du verlierst ihn, mehr als wir, weil Du ihn noch weniger hattest«, teilt Friedrich Schlegel Schleiermacher mit. »Ich bin zu angegriffen, um mehr darüber zu schreiben. Für das Innre unsrer äußern Existenz ist durch den Tod unsres unvergeßlichen Hardenberg eine Lücke entstanden, die vielleicht nie ersetzt werden kann.«

»Du glaubst nicht, wie mich dieser verhaltene Schmerz schon seit dem Winter gestört, geängstigt, fast zerrüttet hat: Ich kann nicht davon sprechen und mich so erleichtern«, schreibt Tieck an Friedrich Schlegel. »Es ist bei mir nicht die Trennung, die Entfer-

Novalis Schriften.

Herausgegeben

von

Friedrich Schlegel

und

Ludwig Tieck.

Erster Theil.

Berlin, 1802.
In der Buchhandlung der Realschule.

Titelblatt der Erstausgabe 1802

nung, was mich zerschneidet, sondern es ist in meiner Seele, und so wird es Dir auch sein – was dem Körper ein verlorenes Glied ist: Er war uns notwendig, er war eins mit uns, Gedanken und Liebe hatten eine gemeinschaftliche Wurzel. Für so vieles fehlt mir nun das Element, in dem es Leben gewinnen könnte, mir ist, als hätte die Liebe in mir einen Riß bekommen, es ist kein Verlust mehr, der mir bloß als Mensch geschehen ist.

Unser Leben muß ein gemeinschaftliches sein, wenn wir uns anders angehören, und so ist der grausamste Schnitt in diese Einheit geschehn. Lange nachher habe ich oft seine Gedanken und Gefühle verstanden, wie bei mir erst alles tiefe Wurzel fassen muß und spät zum Vorschein kommt, so daß er mir oft unvermutet in einem Worte, in einer neuen Bedeutung aufgeht. Und so wäre die Einigkeit, der gegenseitige Bund und die notwendige Eigenheit eines jeden immer schöner geworden: denn man könnte sich gar nicht verstehn, wenn man ganz dasselbe dächte und fühlte; es muß immer ein Annähern bleiben, damit jedes Wort in uns wieder einen neuen Weg suchen kann.«

In ihrem Schmerz um Hardenberg vereinigen sich die Freunde zu der Aufgabe, seine hinterlassenen Schriften zu veröffentlichen. Den Namen seines Afterdingen ändern sie in Ofterdingen. *Seinen* Namen lassen sie: Novalis.

ANHANG

ZEITTAFEL

1772 2. Mai: Geburt Friedrich von Hardenbergs
3. Mai: Taufe auf Schloß Oberwiederstedt bei Hettstedt
Erziehung durch die Mutter, danach durch Hofmeister

1780 Schwere Erkrankung an der Ruhr

1782 Erste Reise mit dem Vater zum Onkel Landkomtur nach Lucklum

1783 Körperliche und seelische Erkrankung der Mutter

1784 14. Dezember: Ernennung des Vaters zum Ersten Direktor der kurfürstlichen Salinendirektion von Dürrenberg, Kösen und Artern
Erste Gedichte

1785 Übersiedlung der Familie nach Weißenfels

1786/87 Einjähriger Aufenthalt Hardenbergs in Lucklum

1788 Besonderer Unterricht in den klassischen Sprachen

1789 Mai: Begegnung mit Gottfried August Bürger in Langendorf bei Weißenfels
Gedichte, dramatische Entwürfe, Verserzählungen, Aufsätze, Übersetzungen

1790 Juni–Oktober: Besuch der Prima des Luthergymnasiums in Eisleben, Wohnung und Unterricht bei Christian David Jani. Übersetzungen klassischer Autoren
23. Oktober: Immatrikulation für das Studium der Rechte an der Universität Jena

1791 Philosophie- und Geschichtsstudien bei Karl Leonhard Reinhold und Friedrich Schiller. Beschäftigung mit Kant. Freundschaft mit Schiller
April: Veröffentlichung des Gedichts »Klagen eines Jünglings« im »Neuen Teutschen Merkur« Wielands
24. Oktober: Immatrikulation an der Universität Leipzig. Studium der Rechte, Mathematik, Philosophie

1792 Januar: Begegnung mit Friedrich Schlegel. Anleitung zu Geschichts- und Philosophiestudien besonders Kants und Fichtes

Im Sommersemester fröhliches Studentenleben mit dem Bruder Erasmus. Liebe zu Juliane Eisenstuck. Krise mit dem Vater

1793 10. März: Fluchtartiger Abgang aus Leipzig. Idee, Soldat zu werden

Mitte April: Harzreise mit Karl Salomo Zachariä

27. Mai: Immatrikulation an der Universität Wittenberg

1794 Schlechter Gesundheitszustand des Bruders Erasmus. Weitere Krise mit dem Vater und dem Lucklumer Onkel wegen eines Ausflugs nach Wörlitz mit den Brüdern Anfang Mai

14. Juni: Juristisches Staatsexamen

Ende Juni–Oktober: Bei der Familie in Weißenfels. Heimaturlaub des Bruders Carl, vertrauter Umgang beider mit Friederike von Lindenau

25. Oktober: Übersiedlung nach Tennstedt

8. November: Dienstantritt als Vizeaktuarius beim Kreisamt. Ausbildung durch den Kreisamtmann August Coelestin Just. Freundschaft mit Just und dessen Nichte Caroline

17. November: Begegnung mit der 12jährigen Sophie von Kühn in Grüningen und augenblickliche Liebe zu ihr. Freundschaft mit der Familie von Rockenthien/von Kühn, ständige Besuche in Grüningen

1795 15. März: Inoffizielle Verlobung mit Sophie

Ende Mai: Begegnung mit Johann Gottlieb Fichte und Friedrich Hölderlin bei Friedrich Immanuel Niethammer in Jena

24.–26. Juni und 10.–13. August: Besuch der Brüder Erasmus und Carl in Grüningen

Ab Herbst: Fichte-Studien

7. November: Erkrankung Sophies

Anfang Dezember: Ernennung zum Akzessisten bei der Salinendirektion in Weißenfels

1796 Januar: Knapp zweiwöchiger Kursus in Chemie, speziell Halurgie, bei Johann Christian Wiegleb in Langensalza

Februar: Dienstantritt in Weißenfels. Seither ständige Geschäftsreisen auf die Salinen

Ende Februar: Carls Abschiedsbesuch in Grüningen vor dessen Ausmarsch gegen die Franzosen

Mai: Reise nach Nörten zum Familientreffen

Anfang Juni: In Grüningen

Eröffnung der heimlichen Verlobung gegenüber den Eltern

Zinzendorf-Studien

5. Juli: Erste Operation Sophies in Jena, seither häufige Besuche am Krankenbett

Ende Juli: Besuch Friedrich Schlegels in Weißenfels, anschließend bei der kranken Sophie

August: Zweite und dritte Operation Sophies. Besuch von Hardenbergs Eltern und Schwestern bei Sophie

September: Besuch u. a. Goethes bei Sophie

Dezember: Bruch mit dem intriganten Lucklumer Onkel

16. Dezember: Rückkehr der kranken Sophie nach Grüningen

1797 Januar: In Grüningen

Erasmus erleidet ersten Blutsturz

Besuch Friedrich Schlegels in Weißenfels

1.–10. März: Letzter Besuch bei Sophie

19. März: Sophies Tod

12. April–31. Mai: In Tennstedt und Grüningen

14. April: Erasmus Tod

16. April, Ostersonntag: Zum ersten Mal an Sophies Grab

18. April–6. Juli: Selbstkritisches Tagebuch (Journal). Beschäftigung mit Goethes »Wilhelm Meister« und Shakespeares »Romeo und Julia« in A. W. Schlegels Übersetzung. Philosophische Studien

13. Mai: Vision auf Sophies Grab

1.–17. Juni: In Oberwiederstedt

17.–19. Juni: Harzwanderung mit dem Hofmeister der Geschwister

22.–27. Juni: Ausflugsreise mit der Familie, danach wieder in Weißenfels

3.–Mitte Juli: Besuch Friedrich Schlegels in Weißenfels

August: Begegnung mit August Wilhelm und Caroline Schlegel in Jena, anschließend öfter ihr Gast. Besuch bei Fichte

September: Entschluß zum gründlichen Studium der Naturwissenschaften an der kurfürstlich sächsischen Bergakademie Freiberg

Oktober–November: Hemsterhuis-Studien

1. Dezember: Auf der Reise nach Freiberg Begegnung mit Joseph Schelling in Leipzig

Besuche bei Christian Gottfried Körner in Dresden und Vetter Dietrich von Miltitz auf Schloß Siebeneichen bei Meißen

1798 Januar: Besuch bei Schlegels Schwester Charlotte Ernst in Dresden, danach häufiger dort. Aufnahme des Studiums an der Bergakademie. Begegnung mit Julie von Charpentier im Haus ihrer Eltern, freundschaftlicher Umgang mit der Familie

»Blütenstaub«-Fragmente, Logologische Fragmente, Poetizismen, Beschäftigung mit Physik und Philosophie

März: Zum ersten Jahrestag von Sophies Tod in Tennstedt und Grüningen. Auf dem Rückweg bei Schlegels in Jena

29. März: Mit A. W. Schlegel bei Goethe in Jena, abends bei Schiller

April: Politische Fragmente und Aphorismen, Beginn der Arbeit an »Der Lehrling zu Saïs« (später: »Die Lehrlinge...«). Bei Studienfreund Hans Georg von Carlowitz auf Gut Oberschöna bei Freiberg

Mai: Besuche bei Freunden und Bekannten in und um Dresden und bei Miltitz auf Siebeneichen. Veröffentlichung der »Blütenstaub«-Fragmente im ersten Heft des Schlegelschen »Athenaeum« unter dem Namen »Novalis«

Ende Mai: Besuch in Grüningen, ausgelöst durch den Tod der Jeannette Danscour. Angegriffener Gesundheitszustand

Juni/Juli: Veröffentlichung von »Blumen« und »Glauben und Liebe oder Der König und die Königin« in den »Jahrbüchern der Preußischen Monarchie...«. »Dialogen« und »Monolog«, private naturwissenschaftliche Studien

15. Juli–Mitte August: Kuraufenthalt in Teplitz. Teplitzer Fragmente. Auf der Hinreise bei Schlegels in Dresden, auf der Rückreise bei Carlowitz in Oberschöna

25./26. August: Treffen mit Schelling und allen Schlegels bei Charlotte Ernst in Dresden. Gemeinsamer Besuch der Antikensammlung und der Gemäldegalerie mit Sixtinischer Madonna

September: Beginn des »Allgemeinen Brouillon«

Oktober: Begegnung mit Jean Paul (Richter) in Leipzig

Dezember: Verlobung mit Julie von Charpentier

1799 Anfang Januar: Mit Carl in Dresden

Januar–März: Intensive naturwissenschaftliche Studien, literarische Pläne

Ende März: Zum 2. Jahresgedächtnistag von Sophies Tod in Tennstedt und Grüningen. Frühe »Geistliche Lieder«

April: Besuche in Dresden, u. a. bei Oberhofprediger Franz Volkmar Reinhard. Leipziger Messe mit Treffen zwischen Julie und Mutter Hardenberg

Mitte Mai: Rückübersiedlung nach Weißenfels und Wiederaufnahme des Dienstes als Akzessist bei der Salinendirektion

20. Mai–15. Juni: Protokollant bei der Salineninspektion durch Julius Wilhelm von Oppel

Juli: Bei Julie in Freiberg

17. Juli: Begegnung mit Ludwig Tieck bei Schlegels in Jena. Seither Freundschaft mit wechselseitigen dichterischen Impulsen

21. Juli: Besuch bei Goethe in Weimar mit A. W. Schlegel und Tieck. Begegnung mit Johann Gottfried Herder. Tieck in Weißenfels, Hardenberg mit ihm bei Johann Friedrich Reichardt auf dem Giebichenstein bei Halle

August: Begegnung mit Henrik Steffens in Freiberg

Mit dem Bruder Bernhard bei Hof in Dresden. Treffen zwischen Julie und Vater Hardenberg. Reise mit Carl zur Familie von Rechenberg nach Schönberg bei Bautzen

September–Oktober: Studium von Schleiermachers »Reden über die Religion ...«. Randbemerkungen zu Friedrich Schlegels »Ideen«

Oktober–November: »Die Christenheit oder Europa« und weitere »Geistliche Lieder«

Besuch von Tieck mit Familie in Weißenfels. Familienfeste zum 50. Geburtstag von Mutter Hardenberg in Weißenfels und zur Hochzeit Caroline von Hardenbergs mit Friedrich von Rechenberg in Schlöben

11.–14. November: Treffen mit Schelling und Tieck bei Schlegels in Jena. Begegnung mit Johann Wilhelm Ritter

15. November: Mit Tieck bei Jean Paul (Richter) in Weimar

Ende November: Beginn der Arbeit an »Heinrich von Afterdingen« (postum: »Ofterdingen«) in Artern. Wanderung zum Kyffhäuser. Erneute Auseinandersetzung mit Goethes »Wilhelm Meister«

7. Dezember: Ernennung zum vierten Mitglied der Salinendirektion Weißenfels im Rang eines Salinenassessors

Weihnachten bei Julie in Freiberg

1800 Januar: Abschluß der »Hymnen an die Nacht«
Februar: Böhme-Studien

4. März: Tod des Onkels in Lucklum

5. April: Abschluß des ersten Teils von »Heinrich von Afterdingen«

Aufreibende dienstliche Tätigkeiten und Reisen

10. April: Bewerbung um die Stelle eines Supernumeraramtshauptmanns im Thüringischen Kreis

April–Mai: Zum 3. Jahresgedächtnis von Sophies Tod in Tennstedt und Grüningen. Besuche bei Schlegels in Jena, von Charlotte Ernst und Schlegels in Weißenfels. Bei Professor Werner und Julie in Freiberg

1.–16. Juni: Geologische Gebirgsuntersuchung zwischen Zeitz und Leipzig mit dem Freiberger Bergstudenten Friedrich Traugott Michael Haupt

20.–22. Juni: Besuche von Tieck mit Familie in Weißenfels, von Tiecks und Hardenberg bei Reichardt auf dem Giebichenstein

Juli: Arbeit am zweiten Teil von »Heinrich von Afterdingen«

19. Juli: Anweisung des Kurfürsten an das Geheime Finanzkollegium in Dresden, Hardenberg Akten für die Probeschrift zur Amtshauptmannsstelle vorzulegen

August: Veröffentlichung der »Hymnen an die Nacht« im sechsten Heft des »Athenaeum«

Ende August: Schwere Erkrankung. Aufschub der Hochzeit. Arbeit an der Probeschrift. Gedichte, weitere »Geistliche Lieder«, medizinische Studien

Mitte September: Bei Schlegels in Jena. Konsultation von Hofrat Stark

28. September: Absendung der Probeschrift

Mitte Oktober: Reise über Siebeneichen nach Meißen zu Dr. Weigel und Dresden zu Dr. Petzold. Pflege durch die Brüder Carl und Anton in Dresden. Blutsturz bei Nachricht vom Ertrinken des Bruders Bernhard am 28. Okt.

Anfang November: Tod von Sophies Mutter. Julie übernimmt Teile der Krankenpflege

Besuch der Eltern in Dresden

6. Dezember: Ernennung zum Supernumeraramts-
hauptmann

1801 13. Januar: Eintreffen Vater Hardenbergs in Dresden
20.–24. Januar: Gemeinsame Rückreise nach Weißenfels. Lektüre der Bibel, der Schriften Zinzendorfs und
Lavaters, literarische Pläne

19. März: An Sophies Todestag merkliche Verringerung
der Kräfte. Wunsch, von den Freunden Abschied zu
nehmen

20. März: Carlowitz in Weißenfels

23. März: Eintreffen Friedrich Schlegels

25. März: Friedrich von Hardenbergs Tod

GEOGRAPHISCHE LEBENSSKIZZE

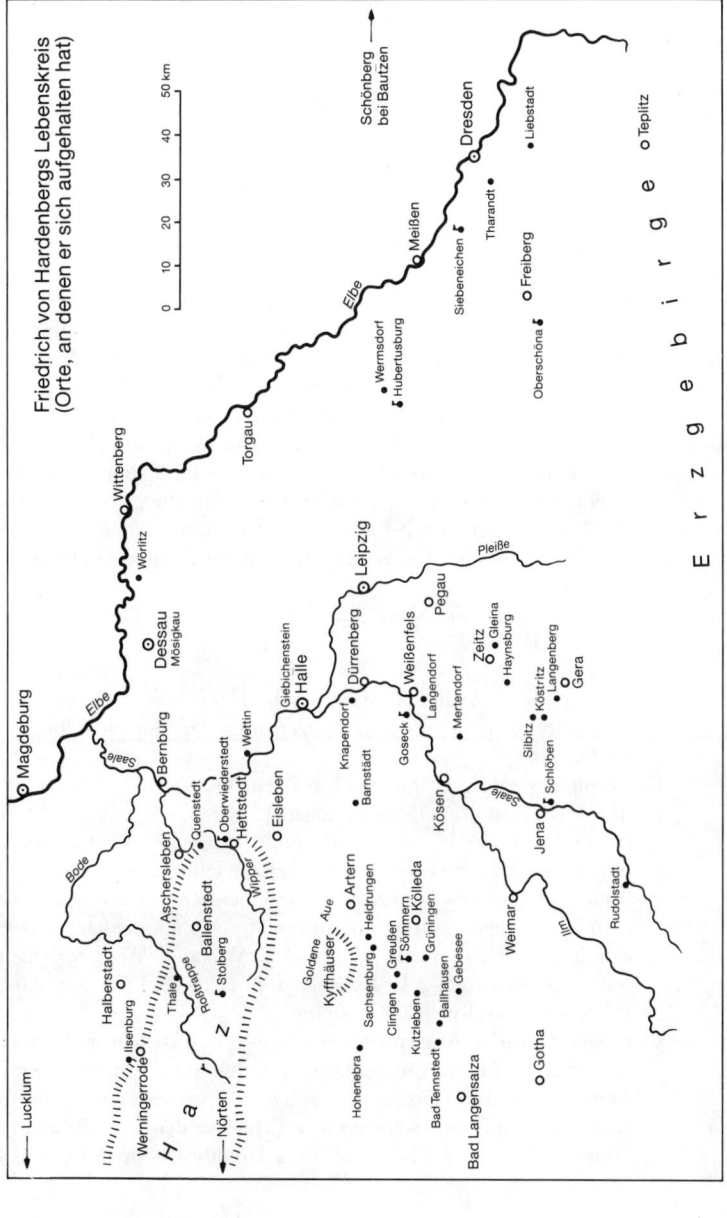

Friedrich von Hardenbergs Lebenskreis
(Orte, an denen er sich aufgehalten hat)

ANMERKUNGEN

Wo nicht anders vermerkt, wird nach der historisch-kritischen Novalis-Werkausgabe, hg. von Paul Kluckhohn und Richard Samuel, Stuttgart 1960ff., 2. Aufl. (Bd I = 3. Aufl.) zitiert.

11 *Herrnhuter Brüdergemeine*: pietistische Glaubens- und Lebensgemeinschaft, 1722 durch Ansiedlung vertriebener, der böhmischen Brüder-Unität angehöriger Deutscher auf dem Landsitz des Grafen von Zinzendorf in Herrnhut, Kreis Löbau in der Oberlausitz, gegründet mit Heimen, Seminaren, Ausbildungs- und Werkstätten. Ausgedehnte Erziehungs- und Missionstätigkeit führte schnell zur Gründung ähnlicher Kolonien im In- und Ausland mit strenger Sitte und Lebensweise. – *»Ich...«*: (Sophie von Hardenberg): Friedrich von Hardenberg (genannt Novalis). Eine Nachlese aus den Quellen des Familienarchivs hg. von einem Mitglied der Familie. Gotha 2. Aufl. 1883, S. 5

12 *Friedrichs kindlicher Sinn... zieht*: nach IV, 538. – *Der gibt... gewesen*: nach IV, 567f.

20 *»Tityre...«*: I, 752f.

24 *Herzog*: Karl Wilhelm Ferdinand, Herzog von Braunschweig (1735–1806). – *Jabot*: (frz.) Spitzenrüsche an der Hemdbrust des 18. Jh.s

26 *Joseph*: Joseph II., 1765–1790 Kaiser von Österreich

27 *Aber mein Haus... heilsam ist*: nach IV, 568

29 *»Mein lieber...«*: IV, 64f. – *Wieland*: Christoph Martin Wieland (1733–1813), Dichter des Rokoko, Schriftsteller, Übersetzer, Journalist und Herausgeber von Zeitschriften. Schrieb u. a. den Bildungsroman »(Geschichte des) Agathon« 1766/67, der Hardenberg in der 2., erweiterten Fassung von 1773 vorlag. Wielands Werke erschienen seit 1794 bei Göschen in Leipzig in 36 Bdn. Drei Töchter: Amalie (Malchen), Caroline (Lina), Sophie

30 *Bürger*: Gottfried August Bürger (1747–1794), Dichter und Übersetzer, Mitglied im Göttinger Hainbund. Seit 1772 Justizamtmann in Altengleichen bei Göttingen, seit 1784 Privatdozent in Göttingen, Ende 1789 zum unbesoldeten a. o. Professor der Ästhetik und Philosophie ernannt. Er heiratete 1774 Dorothea (Dorette) Leonhart,

liebte aber zugleich deren jüngere Schwester Auguste – die Molly seiner Gedichte und Mutter seines Sohnes Emil – leidenschaftlich. Nachdem Dorette 1784 gestorben war, heiratete er 1785 Auguste; sie starb 1786. 1790 unglückliche Ehe mit Elise Hahn, 1792 geschieden. Bürgers Privatleben untergrub seinen Ruf als Dichter, den er sich besonders mit der Ballade »Lenore« im »Göttinger Musenalmanach für 1774« erworben hatte. Schillers vernichtende Rezension »Über Bürgers Gedichte« in der Jenaer »Allgemeine Literatur-Zeitung« 1791 tat ein übriges.

31 *»Glück auf...«*: I, 495. – *»Verehrungswürdigster...«*: IV, 71. – *»Verehrungswürdigster...«*: IV, 72

32 *»Ein Brief...«*: IV, 72 f.

34 *»Trotz... Deutschen«*: I, 495. – *»Wohlgeborner...«*: IV, 74

36 *»An...«*: I, 497 f.

37 *»Hochedelgeborner...«*: IV, 76 f.

38 *Sie leben... Tempeln*: IV, 79

41 *Reinhold*: Karl Leonhard Reinhold (1758–1823), Professor der Philosophie, Kantianer. Als er 1794 nach Kiel ging, wurde Fichte sein Nachfolger in Jena

43 *»Auf welchem...«*: aus Schillers Vorlesung »Universalhistorische Übersicht der vornehmsten an den Kreuzzügen teilnehmenden Nationen«, erschienen in »Allgemeine Sammlung Historischer Memoires...« I, 1 (Jena 1790)

45 *Was er... Augen*: nach IV, 82

46 *Niethammer*: Friedrich Immanuel Niethammer (1766–1848) wurde 1793 a. o., 1795 o. Professor der Philosophie. Er gab das »Philosophische Journal einer Gesellschaft Teutscher Gelehrten« (ab 1797 zusammen mit Fichte) heraus.

47 *wenn sich... Energie*: I, 538 f. – *»Ich rücke...«*: I, 743 f.

49 *Er wird... erwartet*: nach IV, 570. – *»Elegie...«*: I, 534

50 *»Bester...«*: IV, 89–91

52 *»Ich leb...«*: IV, 98–102

54 *»Ermüdet...«*: IV, 91–98

58 *Jurisprudenz... hätte*: nach IV, 97. – *»Das Schicksal...«*: IV, 571 f.

60 *Ihn zu beherrschen... nichts*: IV, 572 f. – *Hemsterhuis*: Frans Hemsterhuis (1721–1790), holländischer Philosoph und Philologe, dessen französisch geschriebene Werke Hardenberg in Übersetzungen durch Herder und Jacobi zugänglich waren. Besonders Hemsterhuis' Ideen vom goldenen Zeitalter, vom moralischen Organ, von der unendlichen Liebe, von der poetischen Behandlung der Wissenschaften zogen ihn an. – *Alle Künste...sich*: IV, 573

183 *Wolf*: Friedrich August Wolf (1759–1824), Begründer einer umfassenden Altertumswissenschaft. Seit 1783 Professor der klassischen Philologie in Halle, ab 1807 in Berlin. Studien zur griech. und röm. Literaturgeschichte, bahnbrechend sein Hauptwerk »Prolegomena ad Homerum...« 1795. – *Reichardt*: Johann Friedrich Reichardt (1752–1814), Komponist und Hofkapellmeister in Berlin, 1794 wegen jakobinischer Sympathien entlassen. Ging als Salineninspektor nach Halle und lebte auf seinem Landsitz Giebichenstein bei Halle, wo er Künstler und Schriftsteller um sich versammelte. Dank seiner positiven Einstellung zur Französischen Revolution führender Vertreter des Republikanismus in Deutschland. Herausgeber der politisch wie literarisch interessanten Journale »Frankreich« (1795–1805), »Deutschland« (1796–97) und »Lyceum der schönen Künste« (1797–98). Für letztere beiden gewann er Schlegel als Mitarbeiter und druckte dessen erste Fragmente, einen Auszug aus »Über das Studium der griechischen Poesie« als »Göthe. Ein Fragment«, den Aufsatz »Versuch über den Begriff des Republikanismus, veranlaßt durch die Kantische Schrift zum ewigen Frieden«, vor allem aber in der gegen Schillers »Horen« gegründeten Zeitschrift »Deutschland« Schlegels Angriff auf Schiller in dem Brief »An den Herausgeber Deutschlands, Schillers Musen-Almanach betreffend« im 6. Stück, Juli 1796

184 *»Du...«*: IV, 186–188. – *Griechen*: Schlegels Buch »Die Griechen und Römer. Historische und kritische Versuche über das Klassische Altertum«, Bd 1, erschien Januar 1797 bei Michaelis in Neustrelitz

187 *Zinzendorf*: Nikolaus Ludwig Graf von Zinzendorf (1700–1760), religiöser Schriftsteller und Liederdichter, lutherischer Geistlicher und mährischer Bischof, Stifter der Herrnhuter Brüdergemeine. Erklärte und tolerierte die verschiedenen Kirchengemeinschaften in seiner sog. Tropenlehre als Erscheinungsformen (grch. tropoi) der *einen* Kirche, was Hardenbergs Denken entgegenkam. Starke Beeinflussung Hardenbergs durch Zinzendorfs geistliche Lieder und seine Idee der Analogie von Ehe und Abendmahl, die häufig mißverstanden und verspottet wurde

194 *Woltmann*: Karl Ludwig von Woltmann (1770–1817), seit 1795

Professor der Geschichte in Jena, verließ 1798 sein Amt und übersiedelte 1799 nach Berlin. – *Goethe in Jena*: vom 18. 8.–15. 10., besuchte Sophie um den 10. 9. – *Da vermag... öffnen*: nach IV, 453.– *»Ihre Frühreife...«*: IV, 24 f.

196 *Büchersendungen, Manuskriptstudien*: Schlegel schickte nacheinander die druckfrischen Stücke 7–10 des Journals »Deutschland« mit seinen Beiträgen. Außerdem paketweise Hefte mit »Philosophischen Fragmenten«, in denen er sich vor allem mit Kant und Fichte auseinandersetzt. Bei seinem Besuch im Juli brachte er die ersten zehn ausgedruckten Bogen des ersten Versuchs seiner »Griechen und Römer« unter dem Titel »Über das Studium der griechischen Poesie« mit. – *»Kommst...«*: IV, 468

198 *»An...«*: IV, 466 f.

200 *»Mir...«*: IV, 196, 199, 202–204

201 *»Ich habe...«*: IV, 468 f., 474 f.

202 *Er scheint... Läuse*: IV, 194. – *Richter*: Jean Paul alias Johann Paul Friedrich Richter (1763–1825), Erzähler und Romanschriftsteller. Nach theologischen Studien zunächst Hauslehrer, 1797–98 in Leipzig, 1796 und 1798–1800 in Weimar, wo er u. a. mit Charlotte von Kalb und Herder befreundet war. Jean Pauls erster Roman, »Die unsichtbare Loge. Eine Biographie« (Untertitel: »Mumien«), Berlin 1793, wird im Briefwechsel der Brüder Hardenberg öfter erwähnt; Hardenberg hatte ihn Erasmus als außerordentliches Werk empfohlen. Er kannte auch die übrigen Schriften Jean Pauls, ebenso wie Carl, der zuerst mit diesem persönlich bekannt war

203 *»Was meine...«*: IV, 471. – *»Ich schrieb...«*: IV, 473

204 *»Mit meiner...«*: IV, 602

205 *»Sollte...«*: IV, 607

206 *»Heute...«*: IV, 27. – *»Ich bin...«*: IV, 204 f.

207 *Die Nacht... hinüber*: nach IV, 604. – *»Heute früh...«*: IV, 28

208 *»Heute vormittag...«*: IV, 603

208–215 zusammengestellt aus IV, 206–215

217 *Es ist... nach*: nach IV, 218 f. – *»Sei getrost...«*: IV, 223

218 *»Sein Sie...«*: IV, 607

219–222: IV, 29–33

223 *Einen Abend... bringen*: nach IV, 35–39. – *Die Menschen... befürchtete*: IV, 43. – *Weil er... auf*: nach IV, 46 f., 231–234

224 *»Mich...«*: IV, 48 f.

226–229 Dialog nach IV, 227–230, 481–483, 485 f., 488

229 *»Gibt...«*: IV, 237

230 *»Viel...«*: Musen-Almanach für das Jahr 1798, S. 171 f.

233 *Organ... Akt*: II, 370–374
234 *»Du...«*: IV, 491. – *»Wißt...«*: IV, 609. – *»Durchlauchtigster...«*: IV, 611
235 *»Hochwohlgeborner...«*: IV, 611 f.
      Schelling: Friedrich Wilhelm Joseph Schelling (1775–1854), Philosoph. Seit 1796 Hofmeister in Leipzig, kam auf Goethes Empfehlung 1798 als a. o. Professor nach Jena, wo er viel bei Schlegels verkehrte. Heiratete Caroline Schlegel 1803 und lehrte als o. Professor in Würzburg, später in Erlangen, München und Berlin. 1808 geadelt. Seine Frühwerke stehen der idealistischen Philosophie Fichtes nahe, aus deren Ansatz er seine romantische Naturphilosophie entwickelt (»Ideen zu einer Philosophie der Natur« 1797, »Von der Weltseele, eine Hypothese der höheren Physik« 1798, »Erster Entwurf eines Systems der Naturphilosophie« 1799) und 1800 sein »System des transzendentalen Idealimus« entwirft. Hardenberg setzte sich intensiv mit Schellings Gedanken auseinander. – Besuch bei Schelling nach IV, 240, 242
236 Besuch bei Körner nach IV, 240, 242 f. – *»Ich...«*: IV, 612
239 *Das soll... denken*: nach IV, 245–247
240 *»Wir...«*: IV, 613
242 *Liebens... zumuten*: IV, 249
244 *»Müde...«*: I, 399 f.
245 *Karoline... wird*: nach IV, 249 f. – *Julchen... stundenlang*: IV, 249 f.
246 *Schleiermacher*: Friedrich Ernst Daniel Schleiermacher (1768–1834), führender ev. Theologe der Zeit, seit 1796 Prediger an der Berliner Charité. Von Einfluß auf Hardenberg waren besonders seine fünf »Reden über die Religion. An die Gebildeten unter ihren Verächtern« (1799) als theologisches Korrelat zu Fichtes Ich-Begriff. »Monologen« 1800. – *»Meisters... unterworfen«*: nach IV, 239 f., 242
247 *»Die Kunst...«*: II, 462
248 *»Wir träumen...«*: II, 417 f., 420, 422, 426, 428. – *»Freunde...«*: II, 413
249 *»Wir suchen...«*: II, 413. – *»Ihr...«*: IV, 251 f.
250 *Seine... hätte*: nach IV, 222. – *»Goethe...«*: nach II, 459 bzw. 466
253 *Mein Unstern... entspräche*: nach IV, 256 f.
254 *Ich bin... ganz*: nach IV, 247, 251
257 *»Ich schicke...«*: IV, 253 f.
258 *Henriette Herz*: geb. de Lemos (1764–1847). In ihrem Salon lernte Friedrich Schlegel 1797 Ludwig Tieck kennen. – *Rahel Levin*: (1771–1833), Briefschriftstellerin. Beeinflußte das literarische Leben ihrer Zeit. Auch ihr Salon war Treffpunkt der Romantiker sowie der Anhänger des Jungen Deutschland. Heiratete 1814 den Diplomaten

und Schriftsteller Karl August Varnhagen von Ense. – »*Nichts*...«: II, 441–445. – »*Haben*...«: IV, 617. – *Böttiger*: Karl August Böttiger (1760–1835), Gymnasialdirektor, Hofrat und Literaturkritiker, Theaterkorrespondent für das Weimarer »Journal des Luxus und der Moden«. Gehörte zum Kreis um Goethe und Schiller. – »*Da*...«: IV, 617

259 *Gries*: Johann Diederich Gries (1775–1842), Dichter und Übersetzer. Gehörte zum Jenaer Kreis. Verdienste besonders als Übersetzer von Ariost, Tasso, Cervantes, Calderon

260 *Brown*: John Brown (1735–1788), Vater der romantischen Medizin in Deutschland, bekannt geworden durch sein »System der Heilkunde«, Kopenhagen 1796. Schelling und Hardenberg waren Anhänger seiner Heilmethode, die auf dem Ausgleich zwischen Mangel und Übermaß an Erregung im menschlichen Körper, vom Nervensystem gesteuert, beruht. Mangel erzeugt Asthenie, Übermaß Sthenie, gegen das er u. a. Opium verordnete. – *Galvani*: s. u.: *Ritter*

261 »*A*...«: II, 661–664. – *Omaristen:* nach dem Kalifen Omar, der 641 die Bibliothek von Alexandria mit der Begründung zerstören ließ, entweder stimmten die Bücher mit dem Koran überein, dann seien sie überflüssig, oder sie widersprächen ihm, dann müsse man sie vernichten.

265 Gespräch nach IV, 497–500, 621

266 *Unger*: Johann Friedrich Gottlieb Unger (1753–1804), Buchdrucker und Verleger mit eigener Druckerei, Schriftgießerei und Verlagsbuchhandlung. Ab 1800 Professor der Holzschneidekunst an der Berliner Akademie. Brachte viele Werke der Goethezeit heraus. Als gelernter Form- und Stempelschneider schuf er 1794 eine klarere Frakturschrift (sog. Unger-Fraktur), in der er Goethes »Wilhelm Meister« zuerst druckte. Hardenberg wollte seinen »Ofterdingen« entsprechend bei ihm drucken lassen.

267 »*Er hat*...«: IV, 619. – *Meißner*: August Gottlieb Meißner (1753–1807), Professor der schönen Wissenschaften in Prag, bekannter Romanschriftsteller der Zeit

268 »*Versteh*...«: II, 623f. – *Was soll*... *Formel*: II, 597. – *Noten*... *Kleidung*: II, 596f. – *Alle* ... *Lebendigen*: II, 596, 601, 611, 618, 620f.

270 *Wenige*... *Blut*: I, 166–168

271 *Caroline.* Briefe aus der Frühromantik. Nach Georg Waitz vermehrt, hg. von Erich Schmidt. Bd. I, Leipzig 1913, S. 453. – *Ritter*: Johann Wilhelm Ritter (1776–1810), Physiker. Privatgelehrter in Jena, später Mitglied der Münchener Akademie. Entdeckte 1798 den thermoelektrischen Effekt an kristallinen Metallen, 1801 u. a. die ultra-

violetten Strahlen und erfand 1802 die Trockensäule und die Ladungssäule, eine Vorform des Akkumulators. Hardenberg interessierte Ritters Auseinandersetzung mit dem Galvanismus, der nach ihrem Entdecker Luigi Galvani (1737–1798) genannten Lehre von der durch Berührung von Metallen und leitenden Flüssigkeiten erzeugten Elektrizität, mit der er sich selbst befaßte. Gemeint ist Ritters Buch »Beweis, daß ein beständiger Galvanismus den Lebensprozeß in dem Tierreich begleite«, Weimar 1798. Nach ihrer Begegnung unterstützte Hardenberg Ritter finanziell.

274 *War... Seelenmaler*: III, 242. – »*Für...*«: II, 648. – »*Mir... bilden*«: nach IV, 257, 500

275 »*Weder...*«: IV, 260f.

278 *Von ihm... eingeholt*: nach IV, 259f. und III, 279f.

279 »*Ich habe...*«: IV, 501f.

281 »*Ich sähe... Schönes*«: IV, 623. – Besuch bei Jean Paul nach IV, 653

282 *Es ist... Sprachbegeisterter*: II, 672f.

286 *Muß man... bin*: nach IV, 212f., 273. – »*Vor...*«: I, 91–95

291 »*Der müde...*«: I, 405. – »*Zu Weihnachten...*«: IV, 266f.

292 *Mendelssohn*: Moses Mendelssohn (1729–1786), Philosoph der Aufklärung. Gab 1759–65 mit seinem Freund Lessing und mit Friedrich Nicolai die »Briefe, die neueste Literatur betreffend« heraus. Als einer der angesehensten Juden leitete er die Emanzipation des Judentums in Deutschland ein. – »*Liebe...*«: IV, 518

294 »*Hardenbergs...*«: IV, 624. – »*So...*«: IV, 521–523

295 *Bei mir... Baukunst*: IV, 281. – *Könnt ich... halten*: III, 368. – *Schießt... müssen*: nach IV, 313

296 »*Du...*«: IV, 516, 520f.

297 *Naturmensch... Nation*: nach IV, 268f., 279, 281

299 »*Gern...*«: nach IV, 271f., 274, 525, 48 und I, 164

300 »*20 × 8...*«: vgl. Heinz Ritter, Der unbekannte Novalis. Göttingen 1967, S. 142

301 »*Ich habe...*«: IV, 625f.

305 »*Zu...*«: IV, 634

306 »*Meine...*«: IV, 291

307 *In bewegten... vor*: nach IV, 632. – *Wackenroder*: Wilhelm Heinrich Wackenroder (1773–1798), Musiker und Schriftsteller. Gleichaltrig mit Tieck und von Jugend an mit diesem befreundet. Seine »Herzensergießungen eines kunstliebenden Klosterbruders«, eine 1796 anonym erschienene Sammlung von vierzehn kunsttheoretischen Stükken, zu denen Tieck drei weitere und das Vorwort beisteuerte, wirkten nachhaltig durch ihre frühromantische Kunstauffassung, von Goethe

abgelehnt. Den vorwiegend als Chroniken italienischer und altdeutscher Maler geschriebenen Erzählungen folgt mit der Lebensgeschichte des Musikers Joseph Berglinger eine autobiographisch zu verstehende, tragische Künstlerexistenz der Zeit, die E. T. A. Hoffmanns Kunstnovellen anregte. Wackenroders »Phantasien über die Kunst für Freunde der Kunst« gab Tieck 1799 postum heraus. Der erste Teil seines eigenen Künstlerromans, »Franz Sternbalds Wanderungen«, 1798 erschienen, läßt die Inspiration durch Wackenroder erkennen – abgesehen von der Auseinandersetzung mit Goethes »Wilhelm Meister«, die diesem ersten romantischen Roman wie allen Nachfolgern, auch Hardenbergs »Ofterdingen« und Jean Pauls »Titan«, zugrunde liegt

310 *Er habe … Magnetismus:* nach III, 573. – *»Sie sollten…«*: nach Goethes Aufsatz »Wirkung meiner Schrift die Metamorphose der Pflanzen und weitere Entfaltung der darin vorgetragenen Idee« 1831, Brief an Schiller vom 25. Feb. 1798, Tagebuch vom 12. Aug. 1813, Georg Balzer: Gestalten aus Goethes Gärtnerbekanntschaften, I. 2: Der Dresdener Hofgärtner Johann Heinrich Seidel, ein »Gedankenfreund« der Metamorphose, in: Jahrbuch der Goethe-Gesellschaft 14–15 (1952–53), S. 328–333, sowie dem Familienarchiv der Autorin. – *Meyer:* Johann Heinrich Meyer (1760–1832), Maler und Kunstgelehrter, Schüler Füßlis des Älteren in Zürich. Ging 1784 nach Rom, wo er Goethe kennenlernte. 1792 als Professor an die Weimarer Zeichenschule berufen, 1807 als Direktor an die dortige Zeichenakademie. 1795–97 erneut in Italien. Als Kunstkenner Berater Goethes, der ihn im August 1794 in Dresden aufsuchte. – *Seidel* (1744–1815), seit 1778 Hofgärtner in Dresden. Von seinen Besuchen bei Seidel vermerkte Goethe diejenigen im August 1794, am 21. und 25. Sept. 1810, am 12. und 14. Aug. 1813

312 Besuch bei Herder nach IV, 633

314 *Der Eintritt… Religionsstunde:* nach IV, 632 f.

315 *Böhme:* Jakob Böhme (1575–1624), protestantischer Mystiker und Schuhmachermeister in Görlitz. Beeinflußte die Romantiker durch seine Zusammenschau von Mystik und Naturphilosophie. Wie Tieck und Friedrich Schlegel bewunderte Hardenberg an Böhmes Schriften Fülle des Gefühls, Fantasie und poetische Schönheit, während Schelling sich der wissenschaftlichen Entwicklung seiner Grundgedanken zuwandte. Hardenberg plante Anfang 1800 eine Abhandlung über Jakob Böhme und seinen Wert als Dichter und notierte sich Ende 1800 dessen Werke nach der Amsterdamer Edition von 1682. – *»Eine… vorbei«:* IV, 293 f. – *»Machen…«:* IV, 631, 637

BIBLIOGRAPHIE

I. WERKE FRIEDRICH VON HARDENBERGS
UND IHRE AUSGABEN

Veröffentlichungen zu seinen Lebzeiten

»Klagen eines Jünglings« in: Der Neue Teutsche Merkur vom Jahre 1791,
hg. von C. M. Wieland. Erster Band, Weimar 1791, S. 410–413

»Blütenstaub« in: Athenaeum. Eine Zeitschrift von August Wilhelm
Schlegel und Friedrich Schlegel. Ersten Bandes Erstes Stück, Berlin
1798, S. 70–106

»Blumen« und »Glauben und Liebe oder Der König und die Königin« in:
Jahrbücher der Preußischen Monarchie unter der Regierung von Friedrich Wilhelm III., hg. von F. E. Rambach. Bd II, Berlin 1798, S. 184 f.
und S. 269–286

»Hymnen an die Nacht« in: Athenaeum. Eine Zeitschrift von August
Wilhelm Schlegel und Friedrich Schlegel. Dritten Bandes Zweites
Stück, Berlin 1800, S. 188–204

Postume Veröffentlichungen

Hardenbergs Schriften wurden nach seinem Tod von den Freunden
Friedrich Schlegel und Ludwig Tieck herausgegeben: 2 Bde, Berlin 1802;
2. Aufl. 1805; 3. Aufl. 1815; 4. Aufl. 1826; 5. Aufl. 1837. Sie wurden
erweitert durch Bd 3, 1846 hg. von Ludwig Tieck und Eduard von Bülow.
Zum 100. Todestag Hardenbergs erschien eine kritische Neuausgabe auf
Grund des handschriftlichen Nachlasses, hg. von Ernst Heilborn, 3 Bde,
Berlin 1901. Es folgten die vierbändigen Ausgaben von Jakob Minor (Jena
1907), Ernst Kamnitzer (München 1924) und Paul Kluckhohn und Richard Samuel (Leipzig 1929), letztere Ausgabe nach den Handschriften
ergänzt und neu geordnet. Im selben Jahr erschien die erste vollständige,
geordnete Ausgabe der Fragmente, hg. von Ernst Kamnitzer, Dresden
1929.

Die historisch-kritische Gesamtausgabe von Hardenbergs Schriften, als
zweite, nach den Handschriften ergänzte, erweiterte und verbesserte Auf-

402

lage der Ausgabe von Kluckhohn und Samuel in 4 Bänden und 1 Begleit-
band geplant, die seit 1960 erscheint, ist die bislang vollständigste und
verläßlichste Werkausgabe.

Bd I: Das dichterische Werk, hg. von Paul Kluckhohn und Richard Samuel
unter Mitarbeit von Heinz Ritter und Gerhard Schulz, Stuttgart 1960,
3. Aufl. 1977, enthält: »Die Lehrlinge zu Saïs«, »Hymnen an die Nacht«,
»Geistliche Lieder«, »Heinrich von Ofterdingen«, Drei Novellenent-
würfe, Vermischte Gedichte (Sommer 1794–Ende Nov. 1800), Dichterische Pläne (1799–1800): Romanstudien, Briefe und Geschichten an
Julie, Aufzeichnungen; Dichterische Jugendarbeiten (1788–April
1791): Gedichte, Verserzählungen, Übersetzungsversuche, Dramenbruchstücke, Prosastücke und Fabeln, Pläne und Entwürfe.

Bd II: Das philosophische Werk I, hg. von Richard Samuel in Zusammenarbeit mit Hans-Joachim Mähl und Gerhard Schulz, Stuttgart 1965,
3. Aufl. 1981, enthält: Prosaarbeiten (1788–90), Fichte-Studien (1795/
96), Hemsterhuis- und Kant-Studien (1797), »Vermischte Bemerkungen«, »Blütenstaub«, »Blumen«, »Glauben und Liebe oder Der König
und die Königin«, Politische Aphorismen, »Logologische Fragmente«,
»Fragmente oder Denkaufgaben«, Anekdoten, Teplitzer Fragmente,
Kritik der Athenaeumsfragmente, Titel der Fragmente, Über Goethe,
Studien zur Bildenden Kunst, »Dialogen« und »Monolog«.

Bd III: Das philosophische Werk II, hg. von Richard Samuel in Zusammenarbeit mit Hans-Joachim Mähl und Gerhard Schulz, Stuttgart
1968, 3. Aufl. 1983, enthält: Freiberger naturwissenschaftliche Studien
(1798/99), »Das Allgemeine Brouillon«, Randbemerkungen zu Friedrich Schlegels »Ideen«, »Die Christenheit oder Europa«, Fragmente
und Studien (1799–1800), Technische Aufzeichnungen und Schriften
aus der Berufstätigkeit.

Bd IV: Tagebücher, Briefwechsel, Zeitgenössische Zeugnisse, hg. von
Richard Samuel in Zusammenarbeit mit Hans-Joachim Mähl und
Gerhard Schulz. Mit einem Anhang: Bibliographische Notizen und
Bücherlisten, bearbeitet von Dirk Schröder, Stuttgart 1975, enthält:
Tagebücher, Kalendereintragungen, Notizen und Briefe.

Bd V (Registerband), hg. von Hans-Joachim Mähl und Richard Samuel,
der 1988 erscheinen soll, wird »Des Dichters Reich«, Fragmente ver-
mischten Inhalts und ein Verzeichnis der sog. Salinenschriften als
Regestendruck enthalten.

Bd VI (Ergänzungsband), hg. von Hans-Joachim Mähl in Zusammenarbeit mit Margot Seidel, wird den dichterischen Jugendnachlaß, Schriften aus der Berufstätigkeit (1798–1800) und weitere, neu aufgefundene Dokumente enthalten.

Zusätzliche Veröffentlichungen aus dem Jugendnachlaß liegen vor im Anhang zu Hans-Joachim Mähl: Die Idee des goldenen Zeitalters im Werk des Novalis. Studien zur Wesensbestimmung der frühromantischen Utopie und zu ihren ideengeschichtlichen Voraussetzungen, Heidelberg 1965 (= Probleme der Dichtung. Studien zur deutschen Literaturgeschichte 7) und in Margot Seidel: Friedrich von Hardenberg (Novalis). Die unveröffentlichte religiöse Jugendlyrik, in: Jahrbuch des Freien Deutschen Hochstifts. Tübingen 1981, S. 261–337.

II. LITERATUR ÜBER FRIEDRICH VON HARDENBERG

Zur Biographie (chronologisch)

Carl von Hardenberg: Lebensbeschreibung seines Bruders Philipp Friedrich Freiherr von Hardenberg (Novalis) [zwischen 1803 und 1805].
  Abdruck: IV, 531–535
August Coelestin Just: Friedrich von Hardenberg [1805]. Abdruck: IV, 536–550
Ludwig Tieck: Vorrede zur dritten Auflage von Novalis' Schriften (1815).
  Abdruck: IV, 551–560
[Sophie von Hardenberg]: Friedrich von Hardenberg (genannt Novalis). Eine Nachlese aus den Quellen des Familienarchivs hg. von einem Mitglied der Familie. Gotha 1873, 2. Aufl. 1883
A. Schubart: Novalis' Leben, Dichten und Denken. Auf Grund neuerer Publikationen im Zusammenhang dargestellt. Gütersloh 1887
Just Bing: Novalis (Friedrich von Hardenberg). Eine biographische Charakteristik. Hamburg/Leipzig 1893
Ernst Heilborn: Novalis, der Romantiker. Berlin 1901
Franz Blei: Novalis. Berlin 1904
Johannes Schlaf: Novalis und Sophie von Kühn. Eine psychophysiologische Studie. München 1906
Richard Samuel: Ahnentafel des Dichters Friedrich von Hardenberg (genannt Novalis). Ahnentafeln berühmter Deutscher. Leipzig 1929
Richard Samuel: Der berufliche Werdegang Friedrich von Hardenbergs.
  In: Romantik-Forschungen. Halle 1929, S. 83–112

Wilhelm von Scholz: Novalis. In: Die großen Deutschen. Neue deutsche Biographie (1937). Neuauflage Frankfurt a. M. 1956, Bd 2, S. 335–344

Edgar Hederer: Novalis. Wien 1949

Friedrich Hiebel: Novalis. Der Dichter der blauen Blume. München 1951. Als 2., überarbeitete und stark vermehrte Aufl.: Novalis. Deutscher Dichter, europäischer Denker, christlicher Seher. München 1972

Paul Kluckhohn: Friedrich von Hardenbergs Entwicklung und Dichtung. Einleitung zu Schriften Bd I, Stuttgart 1960

Gerhard Schulz: Die Berufslaufbahn Friedrich von Hardenbergs (Novalis). In: Jahrbuch der deutschen Schillergesellschaft 7 (1963), S. 253–312

Hans-Joachim Mähl: Friedrich von Hardenberg (Novalis). In: Neue Deutsche Biographie. Bd 7. Berlin 1966, S. 652–658

Heinz Ritter: Der unbekannte Novalis. Friedrich von Hardenberg im Spiegel seiner Dichtungen. Göttingen 1967

Gerhard Schulz: Novalis in Selbstzeugnissen und Bilddokumenten. Reinbek 1969, 6. Aufl. 1979 (= rowohlts monographien 154)

Richard Samuel: Einleitung zu Schriften Bd IV. Stuttgart 1975

(Hg.) Hans Adolf Graf von Hardenberg: Burg Hardenberg. Eine historische und baugeschichtliche Untersuchung. Plesse-Archiv, Heft 7 (1972), Nachdruck 1978

Heinz Ritter-Schaumburg: Novalis und seine erste Braut. Stuttgart 1986

Hermann Kurzke: Novalis. München 1988 (= Beck'sche Reihe Autorenbücher 606)

Die nachfolgende Auswahl soll dem Leser Ansätze zur wissenschaftlichen Beschäftigung mit Novalis vermitteln.

Zur Lyrik

Heinz Ritter: Novalis' »Hymnen an die Nacht«. Ihre Deutung nach Inhalt und Aufbau auf textkritischer Grundlage. Heidelberg 1930, 2., wesentlich erweiterte Aufl. mit dem Faksimile der Hymnen-Handschrift, Heidelberg 1974 (= Beiträge zur neueren Literaturgeschichte. 3/17)

Margot Seidel: Novalis' »Geistliche Lieder«. Frankfurt a. M. 1983 (= Europäische Hochschulschriften I/730)

Zur Epik

Heinz Bollinger: Novalis. »Die Lehrlinge zu Saïs«. Versuch einer Erläuterung. Winterthur 1954

Jurij Striedter: Die Komposition der »Lehrlinge zu Saïs«: In: Der Deutschunterricht 7 (1959), Heft 2, S. 5–23

Heinz Ritter: Die Entstehung des »Heinrich von Ofterdingen«. In: Euphorion 55 (1961), S. 163–195

Dietrich Löffler: »Heinrich von Ofterdingen« als romantischer Roman. Diss. Leipzig 1963

Richard Samuel: Novalis. »Heinrich von Ofterdingen«. In: Der deutsche Roman. Struktur und Geschichte, hg. von Benno von Wiese. Bd 1, Düsseldorf 1963, S. 252–300

Zu Geschichte und Politik

Richard Samuel: Die Form von Friedrich von Hardenbergs Abhandlung »Die Christenheit oder Europa« (1962). Abdruck in: Selected Writings. Melbourne 1965, S. 41–59

Wilfried Malsch: »Europa«. Poetische Rede des Novalis. Deutung der französischen Revolution und Reflexion auf die Poesie in der Geschichte. Stuttgart 1965

Richard Samuel: Die poetische Staats- und Geschichtsauffassung Friedrich von Hardenbergs (Novalis). Studien zur romantischen Geschichtsphilosophie. Frankfurt a. M. 1925, Nachdruck Hildesheim 1975

Hans Wolfgang Kuhn: Der Apokalyptiker und die Politik. Studien zur Staatsphilosophie des Novalis. Freiburg i. B. 1961

Hans-Joachim Mähl: Die Idee des goldenen Zeitalters im Werk des Novalis. Studien zur Wesensbestimmung der frühromantischen Utopie und zu ihren ideengeschichtlichen Voraussetzungen. Heidelberg 1965 (= Probleme der Dichtung. Studien zur deutschen Literaturgeschichte 7)

Zur Philosophie

Hugo Kuhn: Poetische Synthesis oder ein kritischer Versuch über romantische Philosophie und Poesie aus Novalis' Fragmenten (1950/51). Abdruck in: Text und Theorie. Stuttgart 1969, S. 246–283

Jurij Striedter: Die Fragmente des Novalis als »Präfigurationen« seiner Dichtung. Diss. Heidelberg 1953

Theodor Haering: Novalis als Philosoph. Stuttgart 1954
Joachim Stieghahn: Magisches Denken in den Fragmenten Friedrich von
Hardenbergs. Diss. Berlin 1964

Zu Naturwissenschaften und Medizin

Gerhard Schulz: Novalis und der Bergbau. In: Freiberger Forschungshefte
D 11. Berlin 1955, S. 242–263
Martin Dyck: Novalis and Mathematics. A Study of Friedrich von Harden-
berg's Fragments on Mathematics and its Relation to Magic, Music,
Religion, Philosophy, Language and Literature. Chapel Hill 1960
John Neubauer: Stimulation Theory of Medicine in the Fragments of
Friedrich von Hardenberg. Diss. Evanstone 1965
Peter Kapitza: Die frühromantische Theorie der Mischung. Eine Untersu-
chung über den Zusammenhang von chemischer Wissenschaft und
romantischer Philosophie und Dichtungstheorie. Diss. München 1968

Zur Beeinflussung

Johann R. Thierstein: Novalis und der Pietismus. Diss. Bern 1910
Paul Kluckhohn: Schillers Wirkung auf Friedrich von Hardenberg (Nova-
lis). In: Dichtung und Volkstum 35 (1934), S. 507–514
Ursula Flickenschildt: Novalis' Begegnung mit Fichte und Hemsterhuis.
Diss. Kiel 1947
Hans-Joachim Mähl: Novalis' »Wilhelm Meister«-Studien des Jahres
1797. In: Neophilologus 47 (1963), S. 286–305
Rudolf Unger: Jean Paul und Novalis (1925). Abdruck in: Gesammelte
Studien. Darmstadt 1966, Bd 2, S. 104–121
Carl Paschek: Der Einfluß Jakob Böhmes auf das Werk Friedrich von
Hardenbergs (Novalis). Diss. Bonn 1967

Zur Wirkung

Otto Borst: Friedrich von Hardenbergs Wirkungen in der zweiten und
dritten Phase der deutschen Romantik. Diss. Tübingen 1956
Werner Vordtriede: Novalis und die französischen Symbolisten. Zur Ent-
stehungsgeschichte des dichterischen Symbols. Stuttgart 1963

Hans-Joachim Mähl: Goethes Urteil über Novalis. Ein Beitrag zur Geschichte der Kritik an der deutschen Romantik. In: Jahrbuch des Freien Deutschen Hochstifts. Tübingen 1967, S. 130–270

Leif Ludwig Albertsen: Novalismus. In: Germanisch-Romanische Monatsschrift. Neue Folge 17 (1967), S. 272–285

Ursula Heukenkamp: Die Wiederentdeckung des »Wegs nach innen«. Über die Ursachen der Novalis-Renaissance in der gegenwärtigen bürgerlichen Literaturwissenschaft. In: Weimarer Beiträge 19 (1973), S. 105–128

PERSONENREGISTER

Alberti, Maria 368

Barbarossa 331
Becker, Wilhelm Gottlieb 271, 274
Berger, Ludwig von 61
Beyer 216
Blödau 202ff.
Böhme, Jacob 339, 367
Böhmer, Auguste 227, 259, 274f., 323, 338, 363
Böhmer, Johann Friedrich Wilhelm 227
Böltzig, Carl von 10
Böltzig, Erdmuthe Albertine von 10
Böttiger, Karl August 258, 274
Brachmann, Friedrich 81, 256, 358
Brachmann, Louise 81f., 267, 364
Brown, John 260, 351, 366
Bürger, Auguste (»Molly«) 32
Bürger, Emil 32ff., 36
Bürger, Gottfried August 30, 32f., 35f., 50, 53
Burgsdorff, Christoph Gottlob von 359
Burgsdorff, Louis von 83, 85, 256, 359

Canaletto (Bernardo Belotto) 273
Carlowitz, Hans Georg von 94, 255f., 271, 296, 373
Charpentier, von (Familie) 259f., 271, 284, 286, 295, 302, 316, 332
Charpentier, George von 244

Charpentier, Johanna Dorothea Wilhelmina von 244f.
Charpentier, Johann Friedrich Wilhelm von 242ff., 246, 264, 284, 370
Charpentier, Julie von 244f., 264, 284ff., 290f., 295, 298, 302f., 306, 316, 318, 332, 335, 337, 352, 359, 362, 367f., 370ff., 375
Charpentier, Karoline von 244f., 264, 303, 332
Claudius, Matthias 36
Cotta, Heinrich 199
Creuzer, Leonhard 46
Cronegk, Friedrich von 36

Dalberg, Karl Theodor 51
Damm von der Pforte, Hans 29
Danscour, Jeanette 109, 127f., 138, 150f., 154, 158, 161, 166, 171f., 188, 193, 202, 205, 215, 218, 223, 259f., 265
Darwin, Charles 271
Demosthenes 39
Döderlein, J. C. 45

Ebhard, Friedrich Christian Wilhelm 158, 196f.
Eisenstuck, Johann Gottlieb 63
Eisenstuck, Juliane 63f., 112, 186
Ernst, Charlotte 239, 256, 274, 295, 301
Ernst, Ludwig Emanuel 259

Ferber, Friedrich Wilhelm von 359

413

292, 294f., 298f., 301, 307, 309f., 312, 314ff., 318, 320, 323, 326f., 329, 336, 351, 355, 363f., 372, 374f.

Schleiermacher, Friedrich Ernst Daniel 246, 258, 298, 309, 319, 323, 326, 351, 363

Schmid, Carl Christian Erhard 12, 16, 18, 44, 48f.

Schmidt, Johanna 131

Schmidt, Michael Ignaz 366

Schönberg, Caroline von 256

Schütz, Christian Gottlieb 45

Schulenburg, Friedrich Wilhelm von der 266

Schulenburg, Moritz Levin Friedrich von der 297

Schweinitz, Hans Julius Wilhelm Graf von 61, 66

Seidel, Johann Heinrich 310, 358

Selmnitz, von (Familie) 124, 129, 131

Selmnitz, Adolf von 124, 140

Selmnitz, Ernestine von 124, 197

Selmnitz, Luise von 124, 197

Selmnitz, Sophie von 124

Semler, Johann Adam 37

Senf, Erdmann Friedrich 303

Severin, Friedrich 37

Shakespeare, William 228ff., 323, 356

Spiegel, Ernst Ludwig von 79

Stapf, George Gottlieb 177

Stark, Johann Christian 47, 187f., 191, 193, 203, 267, 284, 364, 366, 372

Steffens, Henrik 316

Stock, Dorothea 238, 362

Steinbrecher 29

Stolberg-Stolberg, Christian Graf zu 36

Stolberg-Stolberg, Friedrich Leopold Graf zu 36, 314

Sulzer, Friedrich Gabriel 354

Tennemann, Wilhelm Gottlieb 45

Theokrit 39

Thielmann, von (Familie) 330, 358, 367

Thielmann, Franz Julius Friedrich von 304, 330

Thielmann, Johann Adolf von 233, 242, 244, 291, 295, 304, 361

Thielmann, Wilhelmine von 244, 291

Thümmel, Wilhelmine von 158, 169, 298

Thukydides 366

Tieck (Familie) 355, 357

Tieck, Amalie 321, 323, 325, 356

Tieck, Dorothea 321, 323

Tieck, Ludwig 258, 298, 307ff., 312, 314f., 320f., 323, 325f., 330, 337f., 372, 375

Tottleben, Graf 296

Unger, Johann Friedrich 266

Uz, Johann Peter 36

Veit, Philipp 320, 323

Veit, Simon 292f.

Vergil 20, 39

Voigt, Gottfried Christoph 309

Voltaire (François-Marie Arouet) 53

Vonende 187, 203

Voß, Johann Heinrich 36

Wackenroder, Wilhelm Heinrich 307f.

Wagner, Andreas von 239, 305, 341, 370

BILDNACHWEIS